Reinhold Messner
Die Freiheit, aufzubrechen, wohin ich will

Zu diesem Buch

Einer der letzten großen Abenteurer unserer Zeit erzählt seinen Werdegang. Von den heimischen Dolomiten führten seine Touren ins Eis der Westalpen, in die Anden, schließlich zu den grandiosen Achttausendern des Himalaya. Nicht nur die sensationellen Triumphe schildert Messner, auch die großen Niederlagen stellt er schonungslos dar. In seinem Wechselspiel zwischen bergsteigerischem Leistungsbeweis und persönlicher Selbsterfahrung steht dieses Buch einmalig in der Fülle der alpinen Literatur da. »Wem die dünnste Luft noch nicht dünn genug ist, wem die höchsten Berge nicht hoch genug sind..., der darf sich wohl auch erlauben, mit gerade 45 Jahren Endgültiges zu sagen.« (Frankfurter Allgemeine Zeitung)

Reinhold Messner, geboren 1944 in Villnöß / Südtirol, gilt als der berühmteste Bergsteiger unserer Zeit. Als erster Mensch hat er alle 14 Achttausender bestiegen, dazu eine Vielzahl von Erstbegehungen auf allen Kontinenten unternommen. Der Bericht über seine Durchquerung der Antarktis zu Fuß erschien unter dem Titel »Antarktis – Himmel und Hölle zugleich« 1990 bei Piper, 1992 wurde »Rund um Südtirol« veröffentlicht und zu seinem 50. Geburtstag 1994 »Dreizehn Spiegel meiner Seele«.

Reinhold Messner

Die Freiheit, aufzubrechen, wohin ich will
Ein Bergsteigerleben

Mit zahlreichen Fotos

Piper München Zürich

Von Reinhold Messner liegen in der Serie Piper außerdem vor:
Antarktis (1711)
Die Option (Hrsg., 2133)

Unveränderte Taschenbuchausgabe
1. Auflage August 1991
2. Auflage Oktober 1995
© 1989 R. Piper GmbH & Co. KG, München
Umschlag: Büro Hamburg
Simone Leitenberger, Susanne Schmitt
Foto Umschlagvorderseite: Reinhold Messner
(Cerro Torre in Patagonien)
Foto Umschlagrückseite: Fotoatelier Gerda Herrmann
Satz: Kösel, Kempten
Druck und Bindung: Clausen & Bosse, Leck
Printed in Germany   ISBN 3-492-21362-6

Lebenslauf

Größeres wolltest auch du, aber die Liebe zwingt
　All uns nieder, das Leid beuget gewaltiger,
　　Doch es kehret umsonst nicht
　　　Unser Bogen, woher er kommt.

Aufwärts oder hinab! herrschet in heiliger Nacht,
　Wo die stumme Natur werdende Tage sinnt,
　　Herrscht im schiefesten Orkus
　　　Nicht ein Grades, ein Recht noch auch?

Dies erfuhr ich. Denn nie, sterblichen Meistern gleich
　Habt ihr Himmlischen, ihr Alleserhaltenden,
　　Daß ich wüßte, mit Vorsicht
　　　Mich des ebenen Pfads geführt.

Alles prüfe der Mensch, sagen die Himmlischen,
　Daß er, kräftig genährt, danken für Alles lern,
　　Und verstehe die Freiheit,
　　　Aufzubrechen, wohin er will.

　　　　　　　　　　　　Friedrich Hölderlin

Es war Kriegsende, 1945, als dieses Foto entstand. Mein Vater hat es aufgenommen. Er war gerade aus dem Krieg heimgekehrt. Wir Kinder, Helmut war zweieinhalb, ich noch kein Jahr alt, hatten Keuchhusten, und die Eltern zogen mit uns auf die Brogles-Alm. Unter den Fermeda-Türmen, in einer Höhe von 2000 Metern, sollten wir uns erholen. Ob diese ersten Eindrücke von den schlanken Dolomitenfelsen und den Weiten der Hochalm mich geprägt haben, weiß ich nicht. Jedenfalls wurde ich rasch gesund und später ein Bergsteiger und Jäger wie mein Vater, der vor dem Krieg aus Neugierde auf die umliegenden Berge geklettert war und nach dem Krieg aus Not wilderte.

1. Villnöß

Kinderjahre in den Dolomiten, mein erster Dreitausender

Unser Haus lag an der Dorfstraße. Ein Haus wie viele andere, mit roten Ziegeln am Dach, einem Kamin, einer Treppe aus Porphyrquadern und einer wilden Weinrebe, die im Sommer die Ostseite völlig überwucherte. Die Steinmauer unter der Treppe war kaum vier Meter hoch und doch schimpfte der Vater immer, wenn wir an ihr herumkletterten.

Zum Spielen gingen wir deshalb in die Stadel der umliegenden Bauernhöfe, versteckten uns in Baumkronen oder stiegen hinauf bis zum Glockenstuhl, wenn die Kirchturmtür zufällig offenstand. Von dort konnten wir St. Magdalena sehen, die letzte Ortschaft im Tal, wo die Großeltern wohnten, bei denen wir die Sommermonate verbrachten. Wenn jeder von uns tief in seinem Herzen an eine Heimat als eine Art von Paradies glaubt, hier war sie.

Die mächtige Kette der Geislerspitzen war so nah und kam einer Herausforderung gleich. Sie ließ jene Harmonie in uns erwachen, die heute zwischen Hochhäusern und Autobahnen nicht entstehen kann. Es war alles friedlich und einfach und doch so reich, daß ich zufrieden war.

Der Vater pachtete für die Sommermonate eine Almhütte auf Gschmagenhart und war jedes Jahr ein paar Wochen lang mit der Mutter oben. Im Herbst brachten sie einen großen Sack mit Zirbelnüssen mit und erzählten von den Geislerspitzen, von der Mittagsscharte, von den Gemsen im Puezkar.

Oft saß ich zwischen den Hühner- und Kaninchenställen, in denen mein Vater Kleingetier züchtete, und schaute den Wolken zu, wie sie über den schmalen Streifen Himmel zogen, der zwischen hohen Waldrücken und düsteren Bergen zu sehen war. Sie kamen und gingen, oft dauerte ihr Spiel nur einige Minuten. So eingezwängt im Tal liegt dieser Ort, Pitzack, wo wir wohnten.

Jahrelang war Villnöß, das Tal, in dem ich aufwuchs, die ganze Welt für mich. Kindergarten gab es keinen und so spielten wir Dorfkinder gemeinsam von früh bis spät. Als ich vier oder fünf Jahre alt war, wurde ich neugierig und wollte wissen, wohin die Wolken verschwanden. Was lag hinter diesen Bergen, die um mein Tal herum wie ein unüberschreit-

Der Troi-Clan (die Familie meiner Mutter) 1947. Links meine Eltern, vorne links mein Bruder Helmut, der mir den Arm um die Schulter legt.

barer Schutzwall standen? Die Bauern hatten kein Verständnis für so viel Neugierde. Nur selten fuhren sie mit dem Linienbus in die Stadt oder zum nächstgelegenen Markt. Im Ort gingen alle zu Fuß. Autos gab es nur einige wenige.

Die Bauern im Tal waren fleißige Leute, zäh und bei der Feldarbeit auf zwei Pferde und ihre Kinder angewiesen. Große stattliche Höfe gab es nicht. Am Sonnenhang wirtschafteten kleine und mittlere Bauern, in der Talsohle einige Häusler. Die Felder zogen weit hinauf, und es überwogen die trockenen und kargen Böden. Die Almen reichten weit über die Waldgrenze, unmittelbar darüber standen die Dolomiten, die dem Talschluß einen wilden und zugleich harmonischen Abschluß verliehen.

Unser Vater war Lehrer in St. Peter. In seiner Jugend, kurz vor dem Zweiten Weltkrieg, war er in den Geislerspitzen geklettert. Nun, da seine Kletterpartner ausgewandert waren, wollte er uns Buben mitnehmen auf die Große Fermeda, die Furchetta, uns die Welt seiner Jugenderinnerungen zeigen.

Die Gespräche der Bauern verrieten, daß sie sich mehr mit Feld und Vieh beschäftigten als mit der Landschaft. Sie verstanden die Städter

Pitzack (italienisch Pizzago) in Villnöß: Das Geburtshaus meiner Mutter und, unten rechts im zweiten Stock, unsere Wohnung.

nicht, die zum Wandern und Bergsteigen nach Villnöß kamen. Sie hatten ihr Auskommen und begnügten sich damit. Wenn einer im Tal Geld ausgab für Urlaub, fuhr er in die Stadt oder ans Meer.

Ich ging noch nicht zur Schule, als mich die Eltern erstmals auf die Gschmagenhartalm mitnahmen. Mein älterer Bruder Helmut und ich stapften hinter dem Vater her. Dort, wo der Fahrweg aufhörte und ein schmaler, steiler Steig begann, rasteten wir zum erstenmal. Während der Vater Himbeeren pflückte, fragte ich die Mutter, wie weit es noch wäre, so müde war ich schon. Im Zickzack führte der Steig dann durch einen großen Kahlschlag, weiter oben querten wir andere Wege, stiegen über Wurzeln und Steinblöcke. Vereinzelt nur mehr standen Fichten zwischen den Zirbeln und ganz oben blühten die Alpenrosen.

Als wir auf die freie Almwiese traten, standen die Geislerspitzen so unmittelbar über uns, daß sie mir wie mit dem Fernglas hergeholt erschienen; aus dem fahlen Kar wuchsen sie erschreckend groß und bedrückend empor. So etwas Gewaltiges hatte ich nie zuvor gesehen.

Die Hütte stand zwischen Felsklötzen und einer Gruppe von Zirbeln. Der Vater machte die Läden auf und ging dann weg, um Wasser zu holen.

Florian Leitner und mein Vater auf dem Gipfel der Großen Fermeda. Rechts das »Wandl«.

Eigentlich hätten Helmut und ich noch am gleichen Tag zurück zu den Großeltern gehen sollen. Als sich aber herausstellte, daß wir die Petroleumlampe beim ersten Rastplatz vergessen hatten, kam für uns die Gelegenheit, mit der wir uns einige Ferientage auf Gschmagenhart verdienen konnten.

»Ihr dürft dableiben, wenn ihr die Lampe bringt!« sagte der Vater, und in der Türschwelle noch: »Paßt auf, es sind vier Querstiege, und beeilt euch, es wird bald Nacht!« Schon liefen wir über die Wiese hinunter. Alle Anstrengung war vergessen, alle Müdigkeit vorbei.

Im Wald war es schlüpfrig, und der Steig war oft nicht zu erkennen. Der einfache, klar vorgezeichnete Weg, auf dem wir hinter dem Vater hergestiegen waren, erschien jetzt geheimnisvoll. Die vorherige Gewißheit war eine Falle, die sich jetzt, da wir allein gingen, in jeder Abzweigung auftat. Ein erfahrener Bergsteiger oder Jäger findet sich im Wald immer zurecht. Wir aber suchten erstmals den Weg selbst und vermuteten hinter jedem Geräusch ein Reh. Bei jeder Wegbiegung standen wir vor einem Rätsel.

Von Schneise zu Schneise, von Baum zu Baum tasteten wir uns

Meine Mutter auf der Großen Fermeda. Die Kletterleidenschaft meiner Mutter hielt sich in Grenzen.

abwärts. Als wir die Lampe tatsächlich gefunden hatten, packte uns ein kindlicher Stolz. Wir durften also ein paar Tage auf Gschmagenhart bleiben!

Bald kannten wir die Namen der Geislerspitzen: die Kleine Fermeda ganz rechts, die Große Fermeda, der Villnößer Turm, die Odla ... das sind die kleinen Geisler, die Mittagsscharte trennt sie von der Hauptgruppe. Dort steht der breite Saß Rigais, mehr als 3000 Meter hoch, und links davon die schöne und schmale Furchetta, die fast gleich hoch ist. Dann kommen noch der Wasserkofel, die Valdussa-Odla, der Wasserstuhl und der Kampiller Turm. Ich erinnerte mich an die Erzählungen des Vaters, der auf allen Gipfeln, die wir sahen, schon gestanden hatte. Vielleicht entstand damals der Wunsch, einmal alle diese Zacken zu erklettern.

Endlich kam der Tag, an dem auch wir mitgehen durften. Um fünf Uhr früh wurden wir geweckt. Ich kroch aus dem warmen Heu, schob die dicke Stadeltür zurück, sah, daß noch Sterne am Himmel waren, und zog mich zähneklappernd an. Ich war nicht aufgeregt, ich war voller Erwartung.

Eine halbe Stunde später gingen wir über die Wiese hinauf zum Waldrand. Reif hing am vergilbten Gras, und die Zirbelbäume hoben sich wie schwarze Ungeheuer gegen das helle Kar ab. Ein roter Farbfleck verriet den Beginn des Steiges, der zum Munkelweg hinabführt, am Nordfuß der Geislerspitzen entlang von Bogles bis St. Zenon. Eben war die Sonne aufgegangen und streifte die Nordkante der Furchetta. Das erweckte den Eindruck, oben sei ein Hauch von Wärme, in dieser unerreichbaren Welt – als ob die Geislerspitzen ein riesiger Vorhang wären, eine Trennwand zwischen zwei Welten. Die Luft war klar, durchsichtig vor Kälte. Sie trug jedes Geräusch weithin, so daß wir unwillkürlich flüsterten.

In Weißbrunn füllte der Vater die Wasserflasche. Der Steig führte durch ein Latschendickicht, dann im Zickzack durch die letzten Grasflecken und vorbei an verwitterten Zirbeln. Endlos erschien mir der Aufstieg im Kar hinauf bis zur Mittagsscharte. Im Morgenlicht schienen die Geislerspitzen jede Vorstellung von Höhe zu übertreffen. Dahinter ahnte ich ungezählte, noch unberührte Geheimnisse.

Am letzten Baum, einer krummen Zirbel, die kaum zwei Mann hoch gewachsen war, rasteten wir. Ich erinnere mich an eine Episode, die ohne Bedeutung war: Der Vater versteckte seine Zigarettendose in ihrem hohlen Stamm. Er legte einen platten Stein darauf und mahnte zum Aufbruch. Damit wurde mir bewußt, daß mein Vater rauchte.

Das Steigen im Kar war anstrengender, als ich es mir nach den Erzählungen der Eltern ausgemalt hatte. Je höher wir kamen, desto feiner wurde der Schotter, desto mehr rutschte ich bei jedem Schritt zurück. Dabei lernte ich, daß man beim Steigen die ganze Schuhsohle aufsetzt und besser große Steinblöcke als Tritte ausnutzt. »Man muß langsam und gleichmäßig steigen, wenn man ans Ziel kommen will«, wußte mein Vater.

In der Mittagsscharte lag der erste Schnee. Und dahinter ein Meer von Gipfeln! Auf der anderen Seite liefen wir durch das Kar bis zur dritten Schluchtmündung hinunter. Wir suchten jeweils die Rinnen mit dem feinsten Schotter aus und sprangen mit Rücklage hinunter. Entschlossen mit den Fersen voraus, so daß die Steine spritzten.

»Das ist der Einstieg,« rief mein Vater. Wir blieben stehen. Ein feines Plätschern drang durch die Stille. Ab und zu fiel ein Stein. »Die Sonne löst das Eis, das sich in der Nacht gebildet hat«, sagte der Vater und zog das Hanfseil aus dem Rucksack. Mein Herz begann zu klopfen: die Kletterei fing an!

Wir standen am Beginn einer steilen Felsschlucht. Die Wände links und rechts waren gelb, zum Teil überhängend. Mir fehlte das rechte Selbstvertrauen, wenn ich so hinaufschaute. Hausgroße Klemmblöcke sperrten die Schlucht über mir, und an allen Schattenstellen glänzte das Eis.

Die Mutter stieg voraus, der Vater dicht hinter Helmut und mir her. Noch sicherte er uns nicht mit dem Seil. Die Kletterei war weit einfacher, als ich erwartet hatte. Immer gab es ein Band, einen Durchschlupf. Wir konnten bis unterm Gipfel auf das Seil verzichten. Kein einziges Stück war auch nur annähernd so schwierig zu überwinden wie die Stiegenmauer daheim. Zudem war an den steilsten Stellen ein Drahtseil fixiert.

Ich war müde, und nach jedem Felsaufbau suchte ich mit den Augen nach dem Gipfel. Ich wartete auf den Grat oder einen großen Steinmann. Bis heute weiß ich nicht, was dem Aufstieg eine solche Spannung gab, daß ich mit meinen fünf Jahren durchhielt. Ich hätte ja auch sitzen bleiben können, aber das tat ich nicht.

Dann sahen wir ihn plötzlich: »Der Gipfel«, bestätigte der Vater. Ein luftiger Grat trennte uns noch von ihm. Rechts fiel die Wand steil ins Wassertal ab, links ging es so senkrecht und tief hinunter, daß ich mich nicht hinunterzuschauen traute. »Sehr exponiert«, sagte einer der Männer, die gerade abstiegen und mir am Grat halfen. Ich hörte das Wort zum ersten Mal, verstand es aber gleich. Am Gipfel saßen einige Bergsteiger, die über den Ostgrat aufgestiegen waren. Sie schüttelten uns die Hände wie zu einem wohlvorbereiteten Fest. Gemeinsam genossen wir die gehobene Stimmung. Dabei war ich unendlich müde. Um uns nur Sonne, Wind, und unter uns, 1000 Meter tiefer, die Gschmagenhartalm, auf die wir noch am gleichen Tag zurückkehren mußten.

Der Saß Rigais war auch für Erwachsene eine schwierige Tagestour, für mich war er der Anfang einer lebenslangen Leidenschaft.

Blick vom Gipfelgrat des Saß Rigais auf den Sella-Stock. Dies war mein erster Eindruck von den Dolomiten.

2. Als erster am Seil

Mit meinem Vater durch die Ostwand der Kleinen Fermeda

Als ich ein kleiner Bub war, schien mir die Ostwand der Kleinen Fermeda das Schwierigste zu sein, was es im Fels gab. Sie wirkte so steil und abweisend, daß meine Augen nirgends Halt finden konnten. In ihrem tiefen Kamin, der vor Nässe troff, verlief eine geheimnisvolle Route. Ich wollte sie durchklettern, obwohl ich erst zwölf Jahre alt war. Meine Phantasie regte sie so stark an, daß ich von ihr träumte.

So verwandelte eine Wand, nichts anderes als eine Felswand, alle Steine im Dorf in einen Klettergarten. Ich wußte schon lange, daß man beim Klettern immer drei feste Haltepunkte haben muß, entweder zwei Griffe und einen Tritt oder zwei Tritte und einen Griff. Ich befolgte streng diese Drei-Punkte-Regel und übte an der Treppe daheim, an der Friedhofsmauer, an einem Felsbrocken im Bachbett.

Wie stark hat sich diese Wand seit damals verändert! Die große Erfahrung, die ich in den Jahren gesammelt habe, hat sie entzaubert, obwohl die Wand gleich steil und gleich schwierig geblieben ist. Heute wundere ich mich manchmal darüber, daß diese 300 Meter hohe Felsflucht für mich das Wichtigste war, was es gab, der nasse Kamin mit den beiden Klemmblöcken der Inbegriff für Schwierigkeiten schlechthin, das große Geheimnis.

Schmerzlich muß ich heute einsehen, daß es ein bleibendes Geheimnis nicht gibt. Es genügt nicht, meinem heutigen Können gemäß größeren und schwierigeren Wänden gegenüberzustehen – ich müßte noch einmal so klein und so unerfahren sein, um Eingang in diese Welt der ersten Träume zu haben.

Als ich das erste Mal unter der Ostwand stand, war ich ein Schulbub. Mit einer einfachen Sackstichschlinge band ich mich ans Seil, legte es dann so um die Schulter, daß das Ende, welches mich mit meinem Vater verband, unter der rechten Achsel lief, das andere über die linke Schulter. Das war die Schultersicherung.

Mein Vater hatte sich zwei Haken an die Brustschlinge gehängt und stieg los. Ich stand unten, folgte allen seinen Bewegungen und war bemüht, das Seil so nachzugeben, daß es nie spannte. Nach 30 Metern blieb mein Vater stehen, zog das restliche Seil ein und verklemmte sich im Kaminspalt. So hätte ich ihn nicht herausreißen können.

»Nachkommen!«, rief er herunter und der Widerhall seiner Worte sprang mehrmals von einer Wand zur anderen. »Ich komme!« Der Fels war anfangs brüchig. Ich prüfte aufmerksam jeden Griff, bevor ich ihn belastete, klopfte mit der Fußspitze an fragwürdige Tritte und bemühte mich, die Haltepunkte vorwiegend nach unten zu belasten.

Nach den ersten Seillängen wurde es schwieriger. Die beiden Kaminwände waren etwa einen Meter voneinander entfernt und strebten senkrecht in die Höhe. Sie erschienen mir wie endlose Säulen. Weit oben steckte ein Block im Kamin und versperrte den Blick nach oben. Darüber mußte das Geheimnis liegen, davon war ich fest überzeugt.

Vater war immer der erste, der den richtigen Verlauf der Route erkannte. Als Führer unserer Seilschaft wog er die Schwierigkeiten der folgenden Seillängen ab und wies mich auf besonders schwere Stellen hin. Anfangs staunte ich über seine Erfahrung. Er konnte jeden Standplatz von unten entdecken und die bevorstehenden Probleme voraussehen.

Die Ostwand der Kleinen Fermeda ist mit dem dritten Schwierigkeitsgrad bewertet. Damals schon wußte ich, daß eine Bewertung mit dem dritten Grad »schwierig« bedeutet. Insgesamt gab es damals sechs Schwierigkeitsgrade. Der erste war der unterste, er galt für Routen, die leicht waren, wo die Hände nur ab und zu zum Halten des Gleichgewichts gebraucht wurden. Der sechste Grad bezeichnete Schwierigkeiten, die, so hieß es wenigstens in der Definition, nur von den besten Bergsteigern der Welt bewältigt werden konnten. Ob ich je den sechsten Grad erreichen konnte?

Heute weiß ich, daß das mit dem sechsten Grad etwas übertrieben war. Es gab damals schon tausend Kletterer, die den sechsten Grad beherrschten. Vor sechzig Jahren waren es noch keine zwanzig, die so extrem klettern konnten. Heute sind es schätzungsweise mehr als hunderttausend – in Amerika, in England, in Japan und in Mitteleuropa vor allem, wo man zuerst mit dem extremen Bergsteigen begonnen hat.

Obwohl ich unerfahren war und mich die Ausgesetztheit der Route beeindruckte, erschrak ich nicht, als mir Vater unter dem zweiten Kaminüberhang die Führung anbot. Ich durfte als Seilerster klettern!

»Paß gut auf und klettere langsam!« betonte er nachdrücklich. »Und wenn du oben bist, häng' deine Selbstsicherung an einen festen Felszacken!«

Bei einer Zweierseilschaft klettert jeweils nur einer, der andere sichert.

Mein Vater war als junger Kletterer auf allen Gipfeln der Geislergruppe. Später, als ich selbst das Fermeda-»Wandl« führte, träumte ich von Erstbegehungen.

Wenn der Seilerste nach 20, 30 oder 40 Metern eine flache, geschützte Stelle findet, einen »Standplatz«, hängt er sich an einen Felszacken oder an einen Haken, den er in eine Ritze treibt. Er sichert sich selbst. Dann erst läßt er den zweiten am gestrafften Seil nachkommen. Der Seilerste wird von unten gesichert. Im Gegensatz zu einem Sturz des Seilzweiten ist ein Sturz des Seilersten immer äußerst gefährlich. Er kann bei einer Seillänge von 30 Metern bis zu 60 Meter stürzen. Für den Seilzweiten ist es ungemein schwierig, einen so schweren Sturz abzufangen. Würde er sich nicht an mehrere Haken oder Felszacken binden, es risse ihn unweigerlich aus der Wand. Deshalb habe ich es mir zum Grundsatz gemacht, am Standplatz immer eine einwandfreie Selbstsicherung zu haben. Mein oberster Grundsatz war es aber, als Seilerster nicht zu stürzen. Und er ist es bis heute geblieben.

Ich schaute nochmals zum Vater, der im Kamin stand und sich an einen Haken gebunden hatte. Er hatte das Seil fest in der Hand und zeigte keinerlei Spuren von Bedenken. Im Gegenteil, an der Gelassenheit seiner Bewegungen erkannte ich zu meiner Erleichterung, daß er mir die kommende Seillänge zutraute.

Fünf Jahre lang hatte ich immer nur als zweiter klettern dürfen. Nun freute ich mich zu sehen, wie das Seil nicht mehr von meiner Brust nach oben lief, sondern zwischen den Beinen nach unten. Einmal wollte mich Vater gerade vor brüchigen Steinen warnen, doch da hatte ich die gefährliche Stelle schon umgangen.

In den darauffolgenden Seillängen wechselten wir uns in der Führung ab. Glücklich und so umsichtig wie möglich stieg ich voraus, wenn ich an der Reihe war. Als wir den Gipfel erreichten, meinte ich, daß ich ein bißchen erwachsener aussehen müßte.

3. Zwei Buben, zwei Haken und ein Helm
Mit meinem Bruder Günther durch die Saß-Rigais-Nordwand

Vier Jahre später sollte ich jenen Kamin wiederfinden, durch den mein Vater und ich in den fünfziger Jahren in die Nordwand des Saß Rigais eingestiegen waren. Die Route durch diese Wand in der Mitte der Geislergruppe war in Vergessenheit geraten, als Emil Solleder und Fritz Wiessner die benachbarte Nordwand der Furchetta durchstiegen und mit dieser Erstbegehung eine neue Epoche in der Erschließungsgeschichte der Dolomiten eingeleitet hatten.

Während man vor hundert und mehr Jahren allein darauf aus war, alle Gipfel zu besteigen, begannen die führenden Bergsteiger um die Jahrhundertwende, einzelne Wände, Kanten oder Grate zu durchklettern. Nicht mehr allein der Gipfel war ausschlaggebend, sondern die mehr oder weniger schwierige Route, über die man ihn erreichte.

Später bemühte man sich, neben bereits vorhandenen Führen noch andere zu finden, schwierigere, direktere. Diese Epoche hat vor knapp fünfzig Jahren begonnen und bestimmte wenig später auch das Bergsteigen in den Anden, im Himalaya, im Karakorum.

Die Route in der Nordwand des Saß Rigais war für uns Buben damals ein Rätsel: Ein Gewirr von Rissen, Bändern und Kaminen, die in diese 800 Meter hohe Kalkmauer eingegraben waren. Keine andere Wand sah so dunkel und gespenstisch aus – wie die Beine einer Riesenspinne.

Die Route war uns so wenig vertraut, daß wir ein Foto vom Saß Rigais in die Tasche steckten, um oben die Orientierung nicht zu verlieren.

An einem Julinachmittag schlugen mein jüngerer Bruder Günther und ich nahe an der Waldgrenze unser Zelt auf. Zuerst holten wir Wasser und Holz. Günther brachte trockene Zirbelnadeln zum Lagerplatz. Dann zogen wir einen Graben ums Zelt. Bevor es Nacht wurde, polsterten wir den Zeltboden mit den Nadeln aus, weil wir damals noch keine Luftmatratzen besaßen.

In der Nacht schüttelte es uns vor Kälte. Mit Grauen dachte ich dabei an ein richtiges Wandbiwak. Ich erinnerte mich an eine nächtliche Irrfahrt in den Odla-Türmen. Damals war ich noch ein Kind und war so lange weggeblieben, daß mein Vater die Bergwacht verständigt hatte. Ich lief

Als Sechzehnjähriger übte ich viel in den Kletterfelsen am Waldrand. Im Winter gingen wir Brüder auf Skitour.

Rinnen hinauf und Rinnen hinab, suchte, tastete mich über Absätze abwärts. Die Stunden dehnten sich, und weit nach Mitternacht erst kam ich auf einen Steig im hintersten Talboden.

Am Morgen, als wir in die Wand einsteigen wollten, war die Kälte am schlimmsten. Wir waren so durchgefroren, daß keiner von uns beiden Lust hatte, sich zu waschen. Heimlich dachten wir beide in dieser eisigen Atmosphäre ans Aufgeben, an den Abstieg ins Tal. Aber weil sich dies keiner von uns beiden zuzugeben traute, schulterten wir unsere Rucksäcke und mühten uns über das Kar zum Einstieg hinauf. Wir waren ziemlich kleinlaut.

Wenige Wochen zuvor hatte uns der Vater einen Steinschlaghelm aus der Stadt mitgebracht. Es war eines der ersten Modelle, hergestellt aus weißem Plastik und mit einem Schild vorne. Er war einem Grubenhelm ähnlicher als einem Sturzhelm. Am Einstieg stopften wir Handschuhe, eine Mütze und Zeitungspapier hinein, um ihn so auszupolstern.

Weil wir nur ein Exemplar besaßen, setzten wir ihn in der Wand abwechselnd auf, und zwar trug ihn jeweils der Seilzweite. In der Wandmitte, wo es eine Steinschlagrinne zu queren galt, erwogen wir, ihn

Oft sind wir im Winter auf die Gampen-, die Brogles- oder die Gschmagenhart-Alm gestiegen. (Rechts ich beim Wachsen.)

beide aufzusetzen. Dazu hätten wir ihn aber am Seil über eine Schlucht ziehen müssen, und weil das Seil für dieses Manöver zu kurz war, kletterte ich ohne Helm und dementsprechend schneller, um nicht von den Steinen erschlagen zu werden.

Auf der großen, schrägen Rampe in der Wandmitte verloren wir die Route. Wir stiegen viel zu hoch. Erst als wir oben nicht mehr weiterkamen, entdeckten wir den richtigen Routenverlauf. Weit unter uns führte eine graue Plattenzone hinauf zu einem Riß in der senkrechten Schlußwand.

Als wir unter dieser Wand standen, konnten wir begreifen, daß sich unser Vater in seiner Jugend vergeblich an dieser Nordwand versucht hatte. Steil und naß stand sie vor uns. Wenn ich bedachte, daß man früher ohne Haken, allein mit einem Hanfseil und Kletterpatschen ausgerüstet kletterte, wuchs mein Respekt vor den Pionieren. Von hier hatte Vater wieder abgeseilt. Jetzt erschien uns sogar sein Rückzug als eine Pioniertat.

Wir hatten zwei Haken dabei, zwei Eisenstifte, die der Dorfschmied nach Wunsch gefertigt hatte. Zusammen wogen sie ein Pfund, und die Ösen waren so stark, daß die beiden Karabiner, die uns der Feuerwehr-

hauptmann im Dorfe leihweise zur Verfügung gestellt hatte, nur mit Mühe eingehängt werden konnten.

Auch das Seil, ein gedrehter Perlonstrick, war steif und bockig. Man hätte den indischen Seiltrick an ihm versuchen können. Das alles sage ich heute, dreißig Jahre später, wo uns so gute Ausrüstung zur Verfügung steht, daß sich unsere Einstellung zu diesen Wänden völlig verändert hat. Damals wußten wir nichts von all dem und kamen uns mit dem einen Steinschlaghelm, den beiden Haken und dem ersten Kunststoffseil vor wie im Training für die Eiger-Nordwand.

Auf kleinen Standplätzen schlug ich nun jeweils einen der beiden Stifte ein und band mich an ihm fest, um Günther nachsichern zu können. Verbissen bemühte er sich, die Standhaken wieder herauszuschlagen, weil wir sie ja notwendig brauchten. Erst in den Ausstiegsrissen, die vollkommen vereist waren, schlug ich einen Zwischenhaken. Es war der erste, den ich in meinem Leben anbrachte, und als ihn Günther nicht mehr entfernen konnte, war ich nicht wenig stolz, weil er so fest steckte. Gleichzeitig aber war ich ein bißchen traurig, weil wir nun nur mehr einen Haken besaßen, einen einzigen Haken.

Erstmals setzten wir ins Gipfelbuch neben unsere Namen auch den der Nordwandroute, über die wir aufgestiegen waren. Als unser Vater von dem Abenteuer erfuhr, war er nicht weniger stolz als wir selbst, obwohl er an dieser Wand immer abgeblitzt war.

Wir waren damals so jung, so unerfahren. Aber wir waren hungrig nach Abenteuern. Wir trugen weite Bundhosen aus Cord, verwaschene Anoraks und ein Seil aus Hanf. Wir konnten nicht tanzen, kauften den Mädchen keine Blumen und wurden rot, wenn wir einmal eines ans Seil nahmen.

Wir marschierten nach der Frühmesse von daheim los und kamen am Abend zurück. Auf die Bauern, die über unsere Rucksäcke den Kopf schüttelten, blickten wir gleichgültig. Wir besuchten keine Lokale und verachteten alle, die sich am Sonntag dort die Zeit vertrieben.

Mit der Durchsteigung der Saß-Rigais-Nordwand war unsere Kindheit vorbei. Wir hatten unsere Erfahrungen gesammelt. Und diese Welt, diese undurchdringliche Natur gab mir die Fähigkeit, mich dem Zufall auszusetzen. Ich hatte gelernt, auch bei großen Schwierigkeiten selbst die Verantwortung zu übernehmen, überall und zu jeder Zeit mir selbst treu zu bleiben. Damals und dort wurde ich der, der ich heute bin.

Im Mittelteil der Saß-Rigais-Nordwand. Wir waren unerfahren und bescheiden ausgerüstet, aber hatten den Instinkt zum Überleben schon entwickelt.

4. Frei Solo
Alleinbegehung der Kleinen-Fermeda-Nordwestwand

Bis zum Beginn der eigentlichen Steilwand waren wir zu zweit geklettert. Mein Vater und ich sicherten uns abwechselnd. Diesen Teil der Route kannte er seit vielen Jahren, vielleicht war er ihn in seiner Jugend als erster gegangen. Das wußte niemand so recht. Jedenfalls hatte mich mein Vater schon früher durch diese offene Schlucht geführt, die aus dem Kar unter den Fermeda-Türmen in eine V-förmige Einschartung zwischen der Kleinen Fermeda und dem Seceda-Kamm leitet. Von unten, aus dem Tal, sah diese Schlucht aus wie ein halbaufgeschlagenes Buch, und bis spät in den Sommer hinein lagen Schneeflecken zwischen den grauen Felsen.

Hier oben sah alles ganz anders aus. Es war düster, kalt. Nur am Himmel, weit über den senkrecht aufragenden Felswänden links und rechts von uns, hing ein heller Schimmer. Nach einigen leichten Seillängen zwängten wir uns durch einen engen Spalt und stiegen dann über weniger steile Felsen. Der Berg lag nun als unförmige, riesenhafte Felsmasse vor uns, so unübersichtlich, daß ich den Weg allein nicht hätte finden können.

Das ist immer so: was von unten logisch und geradlinig aussieht, ist oben am Berg eine einzige Ungereimtheit. Die Dimensionen verschieben sich, die Steilheit erscheint nicht beängstigend. Sie erschreckt nur beim Blick nach unten. Die Orientierung wird ein ernstes Problem. Aber mein Vater kannte den Weg und ich stieg hinter ihm her. Ohne jeden Zweifel, voller Vertrauen zu ihm.

Dort, wo der Steilfels der Kleinen Fermeda eine seichte Einbuchtung hat, blieben wir stehen. Eine Serie von handbreiten Rissen zog schnurgerade durch das Grau dieser Dolomitenwand. Sie war senkrecht und höher als mehrere übereinandergestellte Kirchtürme.

Führte da wirklich eine Route hinauf? Wir wußten es nicht genau. Ich aber wollte es wissen und bat meinen Vater, wenigstens ein Stück weit hinaufklettern zu dürfen. Er zögerte zuerst, ließ mich dann aber lossteigen. Der Fels war griffig, aber nicht überall fest. Vater mahnte zur Vorsicht, wobei er – alle meine Kletterbewegungen verfolgend – das Seil bediente und so gut es ging sicherte.

Mein Vater vor seinem Ferienhaus in St. Magdalena. Von ihm habe ich mein wichtigstes Wissen. Im Hintergrund die Geislerspitzen.

Ich war damals Schüler. Nach vielen leichten Bergtouren war ich trittsicher und ausdauernd, aber kein extremer Kletterer. Weder mein Vater noch ich wußten wirklich, wie wir uns gegenseitig in einer so steilen Wand hätten halten sollen, wenn einer gestürzt wäre. Das Seil zwischen uns, dieser 40 Meter lange und steife Nylonstrick, war mehr eine psychische als eine praktische Hilfe. Es war angenehm, diese Sicherung zu haben.

Das erste Stück kam ich gut voran. Die Finger wurden zwar klamm am kalten Fels, aber meine Hände und Füße fanden immer wieder festen Halt, so daß ich ohne Angst höher steigen konnte. Zügig, Griff um Griff, Tritt um Tritt schob und wand ich mich aufwärts. Vor mir, das Blickfeld war auf wenige Quadratmeter geschrumpft, zog der Fels vorbei. Die Landschaft unter mir hatte ich ganz vergessen. Der Wind zischte ab und zu an den Graten über mir, und aus dem Tal rauschte Wasser. Immer noch stieg die grauglänzende Felsflucht vor mir ins Unermeßliche hoch, wenn ich nach oben schaute, noch steiler als am Anfang. Wolken segelten irgendwo darüber.

Mein Vater gab immer noch Seil nach. Er sah dabei etwas ängstlich aus.

Unaufhörlich beobachtete er mich. Nach 40 Metern, das Seil war zu Ende, fand ich einen winzigen Standplatz. Vater sollte nachkommen. Aber er zögerte. Ich konnte nicht richtig stehen. Hing mehr schlecht als recht am Fels. Ich war kaum in der Lage, das Seil zu bedienen, zu sichern. Ich sollte zurück, meinte mein Vater. »Seil ab!« Das ging nicht am einfachen Seil. Abklettern konnte ich auch nicht mehr. Abseilen kam deshalb nicht in Frage, weil ich 20 Meter tiefer das Seil nicht hätte befestigen können. Weiterklettern erschien mir als der sicherste Ausweg.

Was tun? Abwechselnd schaute ich zum Vater hinunter, der immer noch zögerte, und nach oben, wo überhängender Fels, der von schwarzen Wasserstreifen durchzogen war, die Sicht versperrte. Instinktiv hielt ich mich besser fest. »Ich steige allein zum Gipfel«, rief ich zum Vater hinunter. »Ich komme dann über den leichten Normalweg zurück.« Mein Vater war nicht damit einverstanden. Aber er sagte nichts. Also band ich mich vom Seil los, ließ es fallen und stand nun »vogelfrei« in der Wand. Ich war ganz auf mich allein gestellt. Um die Angst zu überwinden und keine Kraft zu verlieren, stieg ich gleich weiter. Bei einer ersten ruckartigen Bewegung hätte ich beinahe den Halt verloren. Ich mußte jetzt sehr aufpassen und durfte keinen Fehler machen. Bald kletterte ich ruhig. Alle gefährlichen, weil lockeren Griffe faßte ich nicht an. Ich mußte ohne sie auskommen.

Mein Vater sah mir von unten angespannt zu. Er verfolgte meine Bewegungen, bis er mich nicht mehr sehen konnte. Dann nahm er das Seil und stieg in die Scharte unter dem Normalweg auf. Dort wartete er. Still saß er in der Sonne.

Als die Wand an Steilheit verlor, rannte ich fast über die Felsen hinauf. Ich sprach mir selber Mut zu. Jetzt, da ich die Überhänge bewältigt hatte, konnte mich nichts mehr aufhalten. Ich hatte es geschafft. So wie die Sache aussah, waren weiter oben keine großen Schwierigkeiten mehr zu erwarten. Trotzdem schaute ich gespannt voraus. Hinter jeder Felskante erwartete ich Unerwartetes.

Niemand im Tal hatte etwas von dieser Route gewußt, die Castiglioni erstbegangen hat, wie ich später erfuhr. Kein Haken und kein Steinmann wies mir den Weg. Ich stieg aufwärts, allein meinen Instinkten folgend. Über eine letzte Wandstufe und einen seichten Riß erreichte ich den Gipfelgrat und wenige Minuten später den Gipfel selbst. Damit waren Spannung und Aufregung vorbei. Den Abstieg kannte ich.

In meinem Vater saß die Angst tiefer, als ich befürchtet hatte. Als wir auf dem Rückweg über die Pana-Scharte nochmals die Wand sahen,

Abseilen im senkrechten Dolomitenfels. Das hat nichts mit Kletterkunst zu tun. Es ist ein Trick, schnell wieder vom Berg herunterzukommen.

schüttelte er immer wieder den Kopf. Auch ich hatte zu großen Respekt vor so viel Höhe und Steilheit, als daß ich hätte übermütig werden können. Damals aber begann ich zu begreifen, daß wir in diesen Felswänden keinerlei Spuren hinterlassen sollten. Das Geheimnisvolle war ihnen sonst genommen. Jenes Unbegreifliche, das mich auch beim Abstieg noch schaudern ließ.

5. Jugend am Berg
Meine ersten Varianten und Erstbegehungen

Ich verstand lange jene Bergsteiger nicht, die ein Tourenbuch führen. Meines war bis dahin mein Gedächtnis gewesen. Viele werden darüber lachen, wenn ich behaupte, das Gedächtnis sei das beste Tagebuch. Lacht nur! Trotzdem höre ich immer noch, wie die Äste knacken, während ich mit meinen Eltern den steilen Pfad nach Gschmagenhart hinaufsteige. Es war im Herbst, ich muß damals fünf Jahre alt gewesen sein. Immer noch kommt diese unbändige Freude auf, wenn ich an jenen Sommertag denke, als ich die Kleine Fermeda gleich viermal bestieg: über die Südwand, die Südostkante, die Südwestkante und den Normalweg. Allein und einfach so.

Seltsam, unserem Gedächtnis gefällt es, gerade das Abscheuliche zu bewahren ... Das Häßliche und Widerwärtige vergessen wir nicht, besonders dann nicht, wenn wir es vergessen wollen. Sollen wir Alltägliches, Selbstverständliches behalten, so müssen wir Tagebuch führen.

Aber auch das Schöne, das Aufregende bleibt in Erinnerung, ohne daß wir es auf Papier niederschreiben.

Ja, ich höre den Wind am Felsgrat und jeden fallenden Stein und freue mich über diese Geräusche und die Anspannung, die ich von damals bewahrt habe.

Mein ungeschriebenes »Tourenbuch« ist auch bebildert – mit beweglichen Bildern. Damals, vor fünfundzwanzig Jahren, sah ich die Geisler aus allen Blickwinkeln und zu allen Tageszeiten, im Morgengrauen, nachts, im Mondlicht.

Als wir einmal aus dem Dunkel des Zirbelwaldes auf eine Lichtung traten, erschrak ich über sie. Dunkel standen diese bizarren Zacken gegen den Nachthimmel. Wie abstrakte Malerei.

Dieses mein »Tourenbuch« ist mehr als ein bebildertes Buch, es ist ein kleines Lichtspielhaus. Es werden dort große Bilder gezeigt. In keinem Kino habe ich je solche Bilder gesehen. Mein Film läuft ohne Apparat und ohne Strom. Es braucht nur eine Anregung, dann kommt die Erinnerung.

Inzwischen sind sie kleiner geworden, die Geislerspitzen. Nicht wegen der Verwitterung, nein, einfach kleiner, weil ich sie nicht mehr so sehe wie damals. Als ich ein Bild von ihnen auf die erste Seite meines Tourenbuches klebte, verloren sie viel von ihrem Mythos für mich.

Im Sommer 1963 kletterte ich meine erste »Sechsertour« – die Tissi-Route am Ersten Sellaturm – und meine erste Eiswand – die Similaun-Nordwand in den Ötztaler Alpen. Ich war 18 Jahre alt.

All meine Begeisterungsfähigkeit galt jetzt dem Bergsteigen. Wenn ich in der Turnstunde laufen ging, trainierte ich für die Eiswände; wenn ich im Klettergarten war, übte ich für die großen Dolomitenwände.

Ich war inzwischen Schüler der Oberschule für Geometer in Bozen und nur den Sommer über daheim, wo ich in der stetig wachsenden Geflügelfarm meines Vaters mithelfen mußte. An jedem Wochenende aber waren Günther und ich auf Tour. Wir beide, ich, der zweitälteste und Günther, der drittälteste Lehrerbub von St. Peter in Villnöß, hatten uns als Kinder nicht besonders vertragen. Erst jetzt, mit unserer wachsenden Kletterleidenschaft, wurden wir ein unzertrennliches Paar.

Schon im Frühsommer 1964 gelangen uns eine Reihe schwieriger Fels- und Eistouren, durch die Vertain-Nordwand, die Hochfeiler-Nordwand und die Ortler-Nordwand, wobei wir im Zentralteil direkt über den senkrechten Hängegletscher stiegen. Im Juli glückte mir mit Paul Kantioler und Heindl Messner eine Begehung der Furchetta-Nordwand. Wir stiegen zu weit links in der Ostwand ein und eröffneten so, ohne es zu wollen, eine Variante zur berühmten Solleder-Route, die seit Jahren mein größter Wunschtraum gewesen war.

Günther und ich waren nicht nur Brüder, wir waren eine eingespielte Seilschaft. Im Sommer 1965 wollten wir unsere Träume in die Tat umsetzen: Erstbegehungen in den Dolomiten, eine Fahrt in die Westalpen und alle Eiswände in Südtirol standen auf unserem Programm.

Wir suchten die Routen selbst, immer wieder neue, schwierigere. Öfters hatten wir Glück und natürlich auch Angst; jeder wurde wenigstens einmal vom Steinschlag verletzt. Aber eine Woche danach kamen wir wieder. Als Brüderpaar hatten wir viele Touren gemacht und Erfahrungen gesammelt, aber immer noch träumten wir von den ganz großen Abenteuern.

Wir lasen die Bücher von Heinrich Harrer, Hermann Buhl und Walter Bonatti. Wir lauschten alpinen Vorträgen und den Erzählungen der »Extremen« im ungeheizten Hüttenraum. Viel später erst, als ich selbst schon alle Kontinente bereist hatte, ahnte ich, daß das Abenteuer nicht in fernen Ländern und nicht in Gipfelhöhen besteht, sondern einzig und

Am Gipfelgrat. Günther ist voraus, Erich und ich in der Mitte. Im Hintergrund die südöstlichen Dolomiten, in der rechten Bildmitte der Saß Songher.

allein in der Bereitschaft, den häuslichen Herd gegen eine ungewisse Lagerstätte zu vertauschen.

So stillstehend ruhig mein Leben, das Leben eines Bergdorfbuben auch war, es begeisterte mich. Ein wahrhaftig lebendiges Leben!

Auch leblose Gegenstände konnten in meiner Welt sprechen und handeln. Ja, ich redete mit den Wolken und Felsen. Bis ich zwanzig war, habe ich meinen Vater jedesmal um Erlaubnis gefragt, wenn ich weiter weg wollte oder seine »Lambretta« brauchte. Dann meldete ich mich nur noch ab. »Morgen gehen wir in die Große Fermeda-Nordwand«, rief ich in die Küche. Ich sagte es nur, weil ich übermütig war, ganz einfach übermütig. Ich begann den Rucksack zu packen, begeisterte Günther für das Unternehmen und wartete nicht auf ein Verbot des Vaters. Er war großzügig, wenn es darum ging, uns am Berg unsere Freiheit zu lassen.

Heute bewundere ich meinen Vater dafür, daß er uns solche Erstbegehungen nicht verbot. Von Freiheit hatte ich damals ein verwirrtes Bild: »Der Name ist heute das einzige, was die Menschen an der Freiheit kennen. Frei von Gesetzen, frei von Sorge des Alltags, frei von Haß, frei von Ehrgeiz wollen sie sein. Wer kennt ihn, diesen Zustand? Niemand.

Ich denke oft, wir Bergsteiger sind ihm am nächsten, diesem Paradies auf Erden. Oder: Der freie Bergsteiger wählt keine Gesetze. Er ist kein Ehrgeizling (besser zu sein als der oder so gut zu bleiben wie jener, ist nicht mein Ziel), kein Sklave der anderen (um bei ihm Eindruck zu machen) oder Sklave der Gipfelfallinie (die Direttissima-Männer). Mir tun sie alle leid, besonders aber die, die es gar nicht merken, daß zwischen sie und die Berge sich die Gesetze drängen.«

Der Plan stand fest. Mit Heindl und Paul werden Günther und ich bis unmittelbar unter das breite Kar der Fermeda-Nordwand gehen. Schwer bepackt gingen wir durchs Dorf. Die Vorbeigehenden grinsten oder schüttelten den Kopf. Knapp über dem Wald wurde es steil, und Latschen standen überall. Nur vereinzelt noch buschige Zirbelbäume.

Günther war kleiner als ich, schwarz. Wir hatten damals noch keine Bärte. Wir waren kurz geschoren. Wie die Schafe im Frühjahr beim Almauftrieb. Wir trugen Schnürlsamthosen, Bergschuhe mit Profilgummisohlen und verwaschene Anoraks. Im Rucksack, einem »Schnärfer«, wie die Holzarbeiter ihn nannten, lagen einige Haken, Kletterhämmer, ein Pullover und sonstiger Kleinkram.

Die Sonne ging auf. Das helle Licht verwandelte das Schwarz-Weiß in eine bunte Welt. Alles Entsetzen der Seele, die morgendliche Angst, war aufgehoben. Wir vier schauten empor, schauten diese lange graue Wand an und merkten, daß sie nicht ins Unendliche aufstrebte. Es waren Absätze da, auf denen man stehen konnte, von denen aus immer wieder erneut eine Möglichkeit zum Weitersteigen zu finden sein mußte. Aus unserer Perspektive hatte sich die Wand zum Machbaren verkürzt.

Es war am Peter-und-Paul-Tag, Kirchtag in Villnöß. Ihn wollten wir an den Fermeda-Türmen »feiern«. Über eine steile Rinne zwischen Großer Fermeda und Villnößer Turm stiegen wir ein. Der Quergang darüber war ausgesetzt, und wir kletterten direkt bis auf einen großen Absatz hinauf. Ein Riß führte von dort 25 Meter nach rechts aufwärts zu einem Standplatz. Nun ging es durch eine 20 Meter hohe, schwach ausgeprägte Verschneidung weiter und nach links durch eine überhängende Rißverschneidung in ein Kaminloch. In diesem Kamin stiegen wir auf und balancierten in die linke Wandhälfte hinüber. Ein gerade schuhgroßer Tritt war da. Von diesem ließen wir uns wieder in die andere Wand fallen, die Hände voraus. Über dem Kamin zogen wir uns an kleinen Griffen zwei Meter an der überhängenden Wand hoch. Es folgte eine glatte Verschneidung, und in zwei weiteren Seillängen turnten wir über Platten zum Gipfel. Der Fels war fast durchwegs brüchig gewesen.

Günther und ich nach einer Tour wieder im Tal. Neben uns die Großmutter, die Klosterfrau Beatrix (eine Schwester des Vaters), Mutter und Schwester Waltraud.

Erst Jahre später wurde diese Erstbegehung in den Fachzeitschriften erwähnt: »Die 600 Meter hohe Nordwand der Großen Fermeda (V+) wurde im Sommer 1965 durch die Villnößer Paul Kantioler, Heindl Messner, Günther Messner und Reinhold Messner erstmals durchstiegen. Die Führe verläuft unmittelbar über die abgerundete Nordkante der Großen Fermeda.«

1965 fuhr ich zum erstenmal in die Westalpen. Zusammen mit meinem Bruder Günther wollte ich neue Dimensionen kennenlernen, größere Berge. Es gelangen uns eine Wiederholung an der direkten Nordwand der Courtes und die vierte Wiederholung an der direkten Nordwand der Triolet. Dabei stiegen wir über eine neue Route an der Nordwestseite ab, die Route, die Renato Casarotto und Giancarlo Grassi 15 Jahre später im Aufstieg wiederholten. Wir hatten uns eigens für diese Unternehmungen durch Dauerläufe trainiert. Auch hatten wir im Winter das Eisklettern an gefrorenen Wasserfällen geübt.

Im selben Sommer glückten mir einige klassische Touren in der Bernina-Gruppe und weitere Erstbegehungen in den Dolomiten: die direkte Südwand der Neunerspitze im Fanes-Gebiet und der Nordwest-

pfeiler an der Villnößer-Odla (Wandhöhe 500 Meter; Schwierigkeit V+). Die Route wurde bis heute nie wiederholt.

In diesem Sommer war ich glücklich. Von Juni bis September, von morgens bis abends.

Was ich genoß, war dieses Gefühl der Unsterblichkeit auf der Haut, dieser Dunst in der Luft, wenn ich unausgeschlafen und widerstandslos zum Einstieg ging oder am Abend zerschunden und schwerelos vor Müdigkeit am Gipfel saß. Die Zukunft war eine Gerade.

Mit in Rissen verkeilten Fingern, tagelangen Eilmärschen, Käse und Brot im Rucksack führte ich – oft hart an der Grenze des Machbaren – ein unbeschwertes Leben.

Was ich in den ersten Schuljahren und daheim gelernt hatte, hätte für mein Leben gereicht. Später habe ich auf der Schulbank meine Zeit totgeschlagen, aber plötzlich stand ich auf eigenen Füßen. Heute noch kann ich auf jeden Berg klettern, wochenlang marschieren und im Notfall einen Mann mit der bloßen Faust erschlagen. Ich bin Bauer geworden und ernähre mich selbst. Für eines aber fehlt mir heute wie damals die Ausdauer: mich ein für allemal der Obhut unseres Sozialstaates anzuvertrauen. Ich bin von meinem Vater zu einem gehorsamen Bürger erzogen worden, und er hätte es gerne gesehen, wenn ich Angestellter geworden wäre. Von meiner Familie war ich zum Techniker bestimmt. Niemand weiß warum. Es gibt für mich kein langweiligeres Thema als Technik und keines, das mir ferner läge.

Trotzdem sollte es ein Jahrzehnt lang dauern, bis ich mich aus einer Gesellschaft, die die Menschen in Berufsgruppen einteilt, befreien konnte. Der Mensch hat von Natur aus keinen Beruf. Vielleicht eine Berufung. Wer einmal eine Zeit erlebt hat, in der keine Stunde der anderen gleicht, in der sie alle verfliegen, die Stunden, und im Rückblick doch unendlich lang sind, weil einzigartig, der sucht, der braucht diese Zeit immer wieder.

So wurde ich süchtig nach diesen intensiven Erlebnissen am Berg, und ich habe gelernt, mich einzuschränken, um weiterzukommen. In der Freiheit gibt es den Verzicht, aber keine Grenzen.

An der Südwand des Torre Grande in der Cinque-Torri-Gruppe. Mit achtzehn war ich fasziniert von Haken und Strickleitern.

6. Wettersturz in der Pelmo-Nordwand
Eine dramatische Wiederholung der Simon-Rossi-Route

Unser »Hubschrauber« lärmte die Paßstraße zum Falzarego hinauf. »Hubschrauber« nannten wir Vaters Motorrad, wenn er selbst nicht dabei war. Er stellte uns den Motorroller, eine klapprige »Lambretta«, Sonntag für Sonntag zur Verfügung und wir rollten so weit wie möglich in irgendein Tal hinein, plagten uns durch Wald und Schutt zum Einstieg dieser oder jener Wand, durchstiegen sie oder kehrten in halber Höhe um, suchten den schnellsten Weg ins Tal, erreichten müde den Roller und fuhren nach Hause.

Wir kannten die Dolomiten damals schon gründlich und waren nun darauf aus, die großen Wände auf ihren klassischen Routen zu durchsteigen. Wir träumten von der Solleder-Führe in der Civetta-Nordwestwand, von den Südwandrouten an der Marmolada, von der Nordwand der Großen Zinne. Die alpine Geschichte kannten wir besser als die Geschichte der italienischen Freiheitskriege. Besonders angetan hatte es uns die Kühnheit von Hans Vinatzer, Emil Solleder, Emilio Comici, Gino Soldà, Riccardo Cassin, Anderl Heckmaier und Hias Rebitsch.

Emil Solleder galt damals meine große Bewunderung. Er war es, der vor knapp fünfzig Jahren in die Dolomiten gekommen war und alle großen Probleme gelöst hatte, an denen die besten Kletterer der Vorkriegszeit gescheitert waren. Vor allem imponierte mir sein Stil. An einem Tag nur stieg er durch die 1100 Meter hohe Nordwestwand der Civetta, und noch schneller löste er das Problem der Furchetta-Nordwand. Die Ostwand des Saß Maor durchstieg er ein Jahr später, 1926. Er war es, der die Einführung des sechsten Schwierigkeitsgrades notwendig machte, und seine drei großen Routen galten neben der Pelmo-Nordwand längere Zeit als die schwierigsten der Dolomiten, ja der Alpen überhaupt.

Wir fuhren unter der Civetta-Wand vorbei und Günther schrie mir ins Ohr: »Die kommt als nächste dran!« Wir konnten damals nicht ahnen, was uns in der Pelmo-Nordwand bevorstand.

Uns beide juckte bereits das Sitzleder und ungeduldig rutschten wir auf dem Sattel hin und her. Neun Monate hindurch waren wir auf der

Schulbank gehockt, und doch fehlte uns die nötige Abhärtung in dieser Beziehung. »Nicht einmal dafür nützt das Schulegehen«, lachte mein Bruder. Günther ging damals wie ich in Bozen in die Schule. Er war Handelsoberschüler, ich lernte, Land zu vermessen und Häuser zu bauen. Im Sommer verschwendeten wir keinen Gedanken ans Lernen.

Oft schon hatten wir den Monte Pelmo auf einer Ansichtskarte gesehen und noch öfter seine markante Gestalt von der Mittagsscharte in der Geislergruppe aus bewundert. Endlich konnten wir seine breite Nordwand aus nächster Nähe betrachten. Wir bogen vom Fahrweg ab, ließen unsere Maschine rasten und schauten hinauf in die Wand. Verdammt naß sah sie aus. Unter den Schneeflecken waren lange schwarze Streifen zu erkennen – Schmelzwasser.

Auf dem Weg zum Rifugio di Fiume machte der »Hubschrauber« seinem Namen nochmals alle Ehre, aber er tat seinen Dienst. Noch einen Blick auf die Wand – auch das Wetter versprach zu halten. Wir gingen zur Hütte. Am Eingang aber versperrte uns die Wirtin den Weg. Uns von oben bis unten musternd, machte sie ein Gesicht, als seien ihr Menschen in unserem Aufzug noch nie über den Weg gelaufen. In ihrer Vorstellungswelt ließen sich Milchgesichter offensichtlich nicht mit extremen Kletterhosen verbinden.

Aufgrund ihrer Miene vermuteten wir, auf der falschen Hütte zu sein und fragten etwas verlegen, ob dies die Ausgangshütte zur Pelmo-Nordwand sei. »Sapete che la parete nord è molto difficile?« war ihre Antwort. Ja, wir wußten, daß die Nordwand besonders schwierig war, gerade deshalb waren wir hier. Wir suchten Schwierigkeiten, wir waren sogar stolz auf unsere ersten großen Klettertouren, die wir, auf uns selbst gestellt, gemeistert hatten. Natürlich wußten wir auch, daß man den Monte Pelmo von Süden her leichter besteigen kann als über seine glatte, senkrechte Nordwand.

Wir wollten aber nicht den Gipfel erreichen, wir wollten die Pelmo-Nordwand klettern, auch wenn die Wirtin ein finsteres Gesicht machte.

Wir richteten das Lager her, packten die Rucksäcke aus, baten den Wirt, den Schlüssel stecken zu lassen und gingen in die Stube. Der Wirt machte Feuer im offenen Herd, und bald wurde der Gästeraum zur Selchküche. Wie ausgeräucherte Füchse verließen wir das Zimmer und krochen in unser Lager. Das mit dem Rauch – dachte ich beim Einschlafen – ist ein schlechtes Wetterzeichen, und wenn morgen die Wetterprognosen nicht gut sind, wollen wir nicht einsteigen.

Früh wachten wir auf. Die Wand war in ihren Umrissen klar zu erkennen. Der Himmel hing voller Sterne. Auf Socken schlichen wir die Treppe zur Stube hinunter. Wir wollten gleich ins Freie treten. Was für eine Enttäuschung! Die Tür war abgesperrt, der Schlüssel abgezogen.

Wir saßen also im Käfig. Mein Bruder fand, seinem Hausverstand folgend, den Schlüssel in einer Schublade in der Küche. Inzwischen war es drei Uhr morgens. Wir gingen ins Freie. Die »Schlüsselstelle« war überwunden – der Weg zur Wand war frei.

Wir stolperten durch den Wald, durchquerten ein Latschenfeld, stiegen im ersten Morgengrauen übers Kar zum Einstieg auf. Mit dem Tageslicht nahm auch unsere Selbstsicherheit zu. Die Spannung zwischen Vertrautheit und Freude ließ uns besonders wachsam werden.

Wir standen am Einstieg, als die ersten Sonnenstrahlen den Gipfel trafen. Obwohl der höchste Punkt aus der Froschperspektive zum Greifen nahe schien, wußten wir, daß uns 850 Meter von ihm trennten.

Wir übersprangen die gewaltige Spalte zwischen Fels und Gletscher an ihrer schmalsten Stelle und gingen den ersten Felspfeiler an. Aber nach einigen Metern schon kamen wir nicht mehr weiter. Das Gelände sah leicht aus und auch der Führer sprach von unschwierig; aber wir mußten gleich feststellen, daß wir uns getäuscht hatten: der Fels war glatt, abgewaschen, feucht und teilweise brüchig. Wir seilten uns an. Ich ging los, während Günther sicherte. Die ersten Bewegungen waren steif, ungeschickt, es fehlte der richtige Rhythmus. Vier Haken steckten in dieser Seillänge; so viele haben wir später in keiner mehr gefunden.

Bald war uns der Fels vertraut und die Bewegungen wurden flüssiger. Die extreme Kletterei begann. Wir querten auf brüchigen Platten höher, überlisteten eine Seilstufe durch einen engen Riß, verfolgten eine steile Rinne und erreichten ein Band. An diesem querten wir nach links, spreizten eine Verschneidung hinauf, schoben uns an glatter Wand rechts in einen Kamin, überwanden in diesem spreizend einen Überhang und erreichten eine schmale Leiste, die uns auf den ersten großen Absatz der Wand leitete.

Bedingt durch die Konzentration, ganz in der Kletterei aufgehend, hatten wir übersehen, daß sich das Wetter verschlechtert hatte. Die nächste Steilstufe konnten wir nicht mehr sehen, Nebel verhüllte die Wand. Trotzdem fanden wir den richtigen Riß, arbeiteten uns in ihm hinauf und querten oben zwischen zwei Überhängen nach rechts.

Trotz des einsetzenden Regens ließ die Freude am Steigen keinen Unmut aufkommen. Die Route war klar vorgezeichnet, nur die Beschreibung ließ da und dort Zweifel offen.

Günther und ich auf dem Roller vor unserer Wohnung in Pitzack. Wir fahren in die Westalpen.

Wir hatten den unteren Rand des zweiten Absatzes erreicht, als der Regen plötzlich zum Wolkenbruch ausartete. Ohne Schutz standen wir da, im Unwetter, mitten in der Pelmo-Nordwand. Wie besessen stürmten wir eine Rinne hinauf, durch die schon ein Wasserstrahl schoß. Wir mußten so schnell wie möglich einen Unterschlupf finden! Beide fühlten wir, daß es jetzt ums Überleben ging. 500 Meter Wand unter uns, der Gipfel weit weg. Eine kleine Steilstufe sperrte die Rinne. Ich sah mir jeden Griff und Tritt an, überlegte jede Bewegung im voraus und sprang hinein in den Wasserfall. Das kalte Wasser raubte mir schier den Atem. Es rann durch Ärmel, Kragen, in die Schuhe und durchnäßte mich bis auf die Haut. Das ersetzte nicht nur unsere versäumte Morgenwäsche, es war eine Dusche, eine eisige Dusche.

Oben fand ich eine Höhle. Mit fliegendem Atem warf ich mich hinein, verschnaufte. Da polterten auch schon die ersten Steine durch die Wasserrinne in die Tiefe.

Günther konnte meine Seilkommandos nicht mehr hören. Der Sturm heulte, das Wasser rauschte, die Steine krachten. Von Zeit zu Zeit übertönte ein Donner diesen höllischen Lärm. Ich zuckte dreimal am Seil, das hieß: nachkommen. Günther konnte die Rinne nicht mehr benützen, kletterte an schwerem Fels rechts davon hinauf und kroch heil, aber triefend, zu mir in die Höhle.

Wir starrten entgeistert in das Grau des Nebels, durch das dunkle Geschosse schwirrten. Steinschlag. Bald ging der Regen in Schnee über, ein kalter Wind schüttelte uns. Vom schützenden Überhang fielen stetig Tropfen. Wir waren patschnaß. Es war knapp nach zehn Uhr. Wir hatten zwei Drittel der Wand unter uns und keine Ahnung, wie es weitergehen sollte. Wir zogen alles an, was wir hatten, stülpten den Biwaksack über. Wir wollten vorerst abwarten. Der Traum von einer schnellen Durchsteigung der Pelmo-Nordwand war zu Ende. Wir wollten raus aus dieser Wand. Wir wären jetzt gern unten gewesen, in der Hütte, in Sicherheit, im Tal. Aber wir waren freiwillig eingestiegen, hatten einen Wettersturz nicht ausgeschlossen, und wir verfluchten nun unsere Lage.

Nichts bereitet mir größere Sorgen am Berg als Steinschlag, Lawinen oder ein plötzlicher Wetterumsturz. Die Schwierigkeiten kann man überwinden, ob rasch oder langsam ist gleichgültig. Oder man kann umdrehen. Wetterstürzen aber ist man ausgeliefert. Manchmal kann man warten, oft entscheidet allein das Tempo.

Wir wußten, daß wir allein waren, auf uns selbst gestellt. Damals gab es noch keine Hubschrauber-Rettung aus der Wand. Niemand hätte uns holen können. Der dichte Nebel machte uns das noch deutlicher. Doch wir hatten Glück. Nach zwei Stunden war alles vorbei. Das Unwetter zog ab, der Steinschlag verstummte, die Nebel lösten sich nach oben auf. Nur ab und zu platzten noch Steine auf die Bänder herab. Im Westen stand eine dunkle Wolkenbank.

Im Tal sah ich wieder die Straßen mäandernd durch die Wälder ziehen. Ortschaft kettete sich an Ortschaft. Einzelne Häuser standen am Waldrand, und im fernen Nordwesten wurden die Geislerspitzen frei.

Wir krochen aus der Höhle, richteten uns und unsere Ausrüstung wieder und suchten nach dem Weiterweg. Da die Route, die nun über die abgerundete Kante verlief, ziemlich steinschlagsicher war, entschlossen wir uns für den Aufstieg. Wasser lief durch die Rinnen und Risse, denn der Schnee war nicht gefroren. Er lag schwer und naß auf den Bändern, hängte sich an die Seile. Rasch kamen wir wieder in Schwung, alles lief glatt. Allein der heftige Sturm, der nun von Nordwesten her in die Wand fiel, machte uns das Warten auf den Standplätzen fast unerträglich. Er fraß sich in die nassen Kleider, er warf uns das Wasser, das von den Überhängen heruntertropfte, mitten ins Gesicht. Er schüttelte uns – wie die Kälte, die uns im ganzen Körper saß. Wir waren unterkühlt, ein Biwak hätten wir in diesem Zustand nicht überstanden.

Überall rann es über den Fels, mir graute vor dem Klettern. Knapp rechts von der fast senkrechten Kante kletterte ich steif und zitternd eine glatte Wand hinauf – ein großer Spreizschritt brachte mich in einen äußerst brüchigen Kamin, der in einen überhängenden Riß leitete. Dieser Riß machte mir zu schaffen. Dabei wurde mir warm, die alte Sicherheit kehrte zurück. Ich erreichte den Standplatz, einen tiefen, in seinem Grunde eisigen Riß. Günther kam nach. Durch einen nach außen geschlossenen Kamin kamen wir in mittelschweres Gelände. Wir wechselten uns in der Führung ab, kamen aber trotzdem nur langsam weiter. Fortwährend krochen die Schatten der aufsteigenden Nebelfetzen über die Wand. Es war eine gespenstische Stimmung um uns. So, als wären wir auf einer anderen, verkehrten Welt. Plötzlich brach die Sonne durch. Voller Zuversicht kletterten wir hinaus an die Kante, hinaus ins wärmende Sonnenlicht. Obwohl es hier schwieriger war als in der Rinne, kamen wir nun rascher vorwärts. Seillänge um Seillänge brachten wir hinter uns. Aber die Wand wollte kein Ende nehmen. Nach jeder Seillänge hofften wir, die Gipfelschlucht zu erreichen. Sie kam nicht. Nur eine neue düstere Wolkenbank schob sich näher und näher. Sie verschluckte bald wieder die Sonne.

Schon hatte der Sturm die Wolkenbank ganz zu uns herangetragen. Er jagte Schneeflocken vor sich her. Weiter, dachte ich, weiter, raus aus dieser Wand, ehe es zu spät ist. Ein zweites Unwetter entlud sich über uns: Hagel, Schnee, Sturm, Donner. Der Berg bebte. Wie besessen kletterten wir weiter. Ohne Zwischenhaken, immer aufwärts. Vom Abwarten sprach keiner mehr. Es wäre das Ende gewesen.

Da lenkte ein rotes Seil, das an der nächsten Steilstufe über uns hing, meine Aufmerksamkeit auf sich. Ich stutzte... War da eine andere Seilschaft in der Wand? Nein, das Seil hing an einigen Haken zwischen zwei mächtigen Überhängen. Der Strick baumelte im Wind. Ein Haken, der darangebunden war, klirrte. Ununterbrochen dieses helle Geräusch, wenn Eisen an Fels stößt. Da kreuzte plötzlich ein Satz durch meine Gedanken: »Sie gerieten in eine Zone von Überhängen und kamen weder vor noch zurück.« Diese Erinnerung tauchte immer deutlicher aus meinem Unterbewußtsein auf und verband sich mit diesem Seil. Je länger ich die Situation zwischen den beiden Überhängen betrachtete, desto sicherer wußte ich, daß wir in einer Falle steckten. Das Radio hatte im vergangenen Sommer von einer Rettung aus dieser Wand berichtet. Zwei

Croda da Lago, auch Monte Pelmo (beherrschend im Hintergrund) in den Dolomiten. Die großen Wände wurden mein Fluchtpunkt.

Bergsteiger hatten sich in der Pelmo-Nordwand verstiegen und mußten von der Bergwacht geholt werden.

»Sie gerieten in eine Zone von Überhängen und kamen weder vor noch zurück.« Das war der Kommentar des Ansagers gewesen. Immer wieder sagte ich diesen Satz vor mich hin und dabei wurde mir bewußt, daß wir in der gleichen Lage waren. Wir schauten nach rechts, spähten nach links um die Kante – unmöglich! Also ging es doch gerade hinauf.

Ich holte noch einmal alle Energiereserven aus mir heraus. Ein kleiner Überhang, eine steile, glatte Wand und dann ein überhängender Riß – Standplatz. Ich atmete auf. Günther führte die Seillänge bis zur Gipfelschlucht. Ich stieg an ihm vorbei und wollte die Gipfelschlucht nehmen. Welche Täuschung! Der Fels war hier vereist und brüchig. Überall flossen Rinnsale. Nach mehreren Versuchen gab ich auf und versuchte mein Glück an der linken Kante der Schlucht. 800 Meter überm Kar stieg ich an senkrechten Felsen empor. Geschafft – bessere Stimmung kam auf.

Ein umgeschlagener Haken zeigte uns, daß wir nicht die ersten waren, die hier ausweichen mußten. Nach drei weiteren Seillängen erreichten wir den Gipfel. Wir waren glücklich, wieder auf ebenem Boden zu stehen. Endlich. Die Finger waren durchgeklettert, blutig. Die Kleider hingen schwer und naß an uns herab. Regen fiel, Nebelfetzen jagten wie Ungeheuer an uns vorbei. Sie versperrten uns jede Sicht.

Keine Zeit zum Rasten. Wir mußten hinunter – zurück zur Hütte. Steinmänner markierten den Weg. Wir fanden die Normalführe. Im Nebel liefen wir an Bändern entlang und erreichten bald den Einstieg. Nun ging es in endlosem Marsch westseitig um den Monte Pelmo herum. Bei Nacht und Nebel erreichten wir die Straße zum Straulanza-Paß. Ein weiterer Wolkenbruch ergoß sich über uns, wir wurden von Blitzen geblendet. Wie in Trance gingen wir weiter.

Wir suchten keinen Unterschlupf mehr. Triefend erreichten wir die Hütte. Nach langem Klopfen öffnete uns der Wirt die Tür. Er hatte uns nicht mehr erwartet. Von ihm erfuhren wir, daß die drei Unwetter dieses Tages schwere Verwüstungen im ganzen Land angerichtet hatten.

Erst zwei Tage später kamen wir von unserem Abenteuer in der Pelmo-Nordwand nach Hause. Die Straßen waren durch das Unwetter allerorts vermurt, einige Brücken eingestürzt. Das Vertrauen unseres Vaters in unsere Kletterkunst aber war gewachsen.

7. Die Kunst, am Leben zu bleiben

Begegnung mit Sepp Mayerl, genannt »Blasl«

Meine Schwester hatte ihn kennengelernt. Er hatte sich bei ihr nach dem Weg zur Furchetta-Nordwand erkundigt und nun saß er in unserer Wohnküche.

Sepp Mayerl war damals als einer der Bergsteiger bekannt, die in jedem Gelände weiterkamen. Er war kein Spezialist. Im Eis nicht so erfahren wie im Fels, galt er doch als alpiner Spitzenbergsteiger. Und dieser Sepp Mayerl lud mich ein, mit ihm zu klettern. Mit ihm durchstieg ich die Tissi-Route an der Tofana di Rozes und die »Via Italia« am Piz-de-Ciavàces. Eine neue Welt tat sich mir auf. Bis dahin hatte ich keinen alpinen Lehrmeister gehabt als meinen Vater. Den Rest hatte ich durch die Aktivität selbst gelernt: Schritt für Schritt, besonders durch Fehler, war mein Können gewachsen.

Das allseitige Können von Sepp Mayerl kam mir schnell zugute. Seine Erfahrung war auf den Umstand zurückzuführen, daß er viel mehr geklettert war als ich. Er war sieben Jahre älter. Wie sein Werdegang deutlich zeigt, war er ein konservativer Bergsteiger, und doch beherrschte er die moderne Hakentechnik perfekt. Ich habe sie von ihm gelernt. Sepp war mit den Bergen vertraut, er war in ihnen groß geworden. Sepp war nicht mein Vorbild, er wurde mein Lehrmeister. Obwohl ich damals schon Paul Preuß, Emil Solleder und Hermann Buhl bewunderte, Vorbilder waren sie mir nicht. Es waren ihr Können und ihre Einstellung, die mich faszinierten. Wären sie nicht abgestürzt, ich hätte sicher versucht, sie kennenzulernen.

In Dölsach in Osttirol geboren, auf dem elterlichen »Blasl-Hof« aufgewachsen, war Sepp Mayerl in seiner frühesten Jugend schon auf die Berge gestiegen. Er lernte als Hüterbub die Schobergruppe kennen und unternahm dabei – getrieben von Neugier und Bewegungslust – die ersten Kletterversuche. Bei seiner außergewöhnlichen Geschicklichkeit und der Bewunderung für Toni Egger war es kein Wunder, daß er wenig später schon in den Lienzer Dolomiten kletterte. Er wiederholte die klassischen Führen am Hochstadel und an der Laserwand oft allein, fand neue Routen. Er wurde Mitglied der Klettergilde »Alpenraute Lienz«.

Nach seiner Lehre als Kirchturmdecker verband er Beruf und Bergsteigen auf ideale Weise. Mit der Arbeit dehnte er auch seine Bergfahrten aus und kam so in den Wilden Kaiser, in die Julischen Alpen, das Karwendel und die Dolomiten. So kam er zu uns. Sein Können sprach sich in Südtirol rasch herum, und bald war er ein begehrter Seilpartner. Wochenende für Wochenende gelangen ihm in den Dolomiten Neutouren oder schwierige Wiederholungen. Es folgten die ersten Reisen in die Westalpen.

Sepp war selbständig und zog als Kirchturmrestaurator ohne Gerüst von Ort zu Ort. Er deckte da einen Turm neu ein, strich dort die Zifferblätter der Kirchturmuhr oder vergoldete die Kugeln der Turmspitze. An den Wochentagen hing er meist hoch über den Dörfern, sonntags kletterte er durch die schwierigsten Dolomitenwände.

Ich konnte damals zwar klettern, sichern aber konnte ich nicht. Was nützte dem Seilzweiten die althergebrachte Schultersicherung, wenn der Standplatz des ersten nicht einwandfrei war?

Sepp Mayerl brachte mir bei, wie man einen hundertprozentigen Sicherungsplatz einrichtet, und von ihm lernte ich saubere Seilführung. Das Klettern mit Strickleitern an Haken, das künstliche Klettern, schaute ich von ihm ab. An der »Via Italia«, einer fast ausschließlich technischen Kletterei, ging mir die Kraft aus. So ungeschickt war ich anfangs in diesem überhängenden Gelände.

In den Wintermonaten hatte Sepp mehr freie Zeit als im Sommer, und er nützte sie, um die heimatlichen Berge auf den Skiern zu erleben oder Winterbegehungen durchzuführen. Wie die Hochstadel-Nordwand in den Lienzer Dolomiten. Von Jahr zu Jahr wuchs seine Leistungsfähigkeit und zugleich seine Erfahrung.

In diesem Winter schon kletterten wir beide durch die Nordwestwand auf den Saß Pordoi. Es war die zweite Winterbegehung der Fedele-Route. Anschließend fuhren wir durch das Val di Mesdi ab, damals noch eine selten befahrene Skitour.

Der winterliche Tofana-Pfeiler sollte die letzte Vorbereitung sein für unser größtes Wintervorhaben 1965/66: die erste Wiederholung der Bonatti-Route an der Matterhorn-Nordwand.

Wir kamen dabei nur bis in die Mitte der Wand. Nach dem Engel-Quergang begann es zu schneien und der Abstieg war nicht leicht. Immer wieder überspült von Schneerutschen und mit unserem letzten Haken erreichten wir den Wandfuß.

Zurück in der Schule gab es Ärger mit unserem Klassenlehrer. Obwohl ich bis dahin immer ein guter Schüler gewesen war, bekam ich von

nun an fast ausschließlich schlechte Noten, und das auch in meinen Lieblingsfächern Deutsch und Geschichte; später auch bei Ing. Wackernell, unserem wichtigsten Lehrer, der uns beizubringen hatte, wie man Brücken, Straßen und Häuser baut.

Es fehlten nur noch wenige Monate bis zur Matura – einem Fachabitur, das zwar den Geometertitel einbringt, aber eine sehr oberflächliche Ausbildung abschließt. Ich war sicher, das Abitur zu bestehen, auch wenn ich alle Lehrer gegen mich hatte und nicht bereit war, den braven Schüler zu spielen, allein um sie gnädig zu stimmen. Bergsteigen und Schule hatte ich immer getrennt.

Hier waren meine Kletterfreunde, dort die Mitschüler. Diese gingen meine Touren nichts an, und jene interessierten sich nicht für meine Schulprobleme.

So lebte ich in zwei getrennten Welten. Nicht nur, weil die Bergsteigerei mehr und mehr von mir Besitz ergriff, ließen meine schulischen Leistungen nach. Es war vor allem Dr. Zani, unser Deutsch- und Klassenlehrer, der mir mit seinem Obrigkeitsgehabe den Respekt vor den Lehrern nahm und mir die Schule endgültig vermieste. Lieber lebte ich ohne Abitur als unterwürfig.

Ich war damals volljährig und entschied für mich selbst, obwohl die 68er-Revolution erst noch vor uns lag. Ich hatte gelernt, in den schwierigsten Wänden zu überleben, trotz aller Gefahren und Widerstände. Die Kunst des praktischen Lebens konnte doch nicht darin bestehen, mich immer unterordnen zu müssen, unreflektierte Sprüche von Lehrern nachzusagen und sonst zu schweigen!

In einer alten Sägemühle in Villnöß lernte ich für das Abitur. Zwischendurch kletterte ich an den Steinmauern herum. An jedem Wochenende war ich in den Bergen: Drei Zinnen, Mugonispitze, Marmolada. Im Juni fiel ich durchs Abitur.

Peter Habeler und ich in der Matterhorn-Nordwand. Hier begann die Zeit meiner Grenzabenteuer und zugleich mein Ausstieg aus der Schule.

8. Das Vogelnest in der Civetta-Mauer
Wiederholung der Aste-Verschneidung an der Punta Civetta

Die Civetta mochte ich besonders gern, und ich kannte sie gut. 1966 war ich wieder einmal da. Diesmal war Heini Holzer mein Partner. In nur zwei Wochen sollten uns dort die schwierigsten und größten Touren gelingen. Eine frühe Wiederholung der Philipp-Flamm-Route, die Ostwand der Cima Bancon, mehrere Erstbegehungen. Zwölf der großen Civetta- und Pelmo-Führen brachten wir ohne jeden Zwischenfall hinter uns. Bergsteigerisch gesehen waren dies die erfolgreichsten Wochen meiner »Karriere«.

Die Schande mit dem nichtbestandenen Abitur war fast schon vergessen. Im übrigen gab es im Herbst die Möglichkeit einer Nachprüfung.

Die Civetta ist reich an Felsformen. Das ist eine riesige, mehrere Kilometer breite Mauer, die »Wand aller Wände« wird sie genannt. Da gibt es die behäbigen Türme links und die himmelstrebenden Pfeiler rechts der Hauptflucht.

Im Kessel von Valozzer steht der breite Stock der Busazza und ganz vorne der »Turm aller Türme«, der feingezeichnete Torre Trieste. Links hebt sich imposant der Torre Venezia ab, dazwischen schiebt sich wie ein Schiffsbug die Cima Bancon vor.

Versteckt im Pelsa-Kamm liegen der Campanile Brabante, der oben breiter ist als unten, und die Guglia di Rudatis, die wie eine Nadel dasteht. Ein Wunder, daß sie noch nicht umgefallen ist.

Alles ist ein harmonisches Ineinanderfließen – doch jeder Gipfel für sich allein wäre nichts Aufregendes. Als Ganzes aber ist der Civetta-Stock ein einmaliger Berg – ein vollkommener Berg.

Wie eine Riesenorgel überschattet die Nordwestwand der Civetta das Tal von Alleghe. Selten nur ist sie von der Sonne beschienen. »Dort oben nisten nicht einmal Vögel«, mag sich der eine oder andere denken, während er unter dieser gewaltigen Felsflucht vorbeiwandert.

Dem ist aber nicht so. Dort hausen von Zeit zu Zeit Vögel. Ganz besondere Vögel; ich meine Menschen »mit einem Vogel«. »Wir müssen aufsitzen«, sagten damals die extremen Kletterer, wenn es galt, ein Biwak

Klassenfahrt: Meine Schulkameraden einige Jahre vor der Matura. Ich (ganz links im Bild) bin heute froh, nicht mit ihnen im Beruf »konkurrieren« zu müssen.

einzurichten. So wie die Vögel auf Ästen oder Stangen aufsitzen, genauso ... oder sagen wir besser, so ähnlich. Wie oft mußten wir eine Nacht im Freien verbringen, mitten in einer Felswand.

Wir hockten viele kalte Stunden lang auf schmalen Bändern oder hingen an Seilen in der Wand. Wenn es Nacht wurde, bevor wir die Hütte erreichten, biwakierten wir.

Ein Biwak gehörte damals zu einer großen Felstour wie der feste Schuh zum Wanderer. Man mußte immer darauf vorbereitet sein und rechtzeitig nach einem geeigneten Platz suchen. Oft fand ich einen Schuttplatz, manchmal nur eine schmale Leiste, ganz selten eine Höhle.

Wer in überhängenden Wänden nicht in der Strickleiter stehend biwakieren wollte, mußte sich eine Hängematte mitnehmen. Es ist kein Vergnügen, in diesen weichen Schaukeln zu schlafen, und das Einsteigen ist umständlich. Ohne Hängematten und ohne Schlafsack aber war an Schlaf nicht zu denken.

In den Dolomiten reichte uns im Sommer zwar ein einfacher Zsarski-Sack als Wetter- und Kälteschutz. Bei den großen kombinierten Touren der Westalpen nahm ich mir vorsichtshalber eine Daunenjacke mit, um

Im Eis: Von Sulden aus durchstieg ich König-, Zebru-, Vertain- und Ortler-Nordwand. Die Überschreitung des Dreigestirns (Bild) gelang an einem Tag.

bei plötzlichen Temperaturstürzen nicht zu erfrieren. Wetterstürze konnten dort den Sommer zum Winter machen.

Auch bei gutem Wetter verlangte eine Nacht im Freien viel Härte und Durchhaltevermögen. Ein Biwak ist immer unangenehm, auch wenn man sich nachher gerne daran erinnert.

Viele Stunden kletterten Heini und ich in den schwierigsten Rissen an der Punta Civetta. Wir waren reichlich spät in die Aste-Führe eingestiegen. Und es regnete. Öfters hatten wir warten müssen, weil Wasserfälle in der Wand ein Weiterkommen unmöglich machten. Heini Holzer war ein kleiner, quirliger Mann. In Rissen kletterte er gut, in der freien Wand verlor er manchmal die Übersicht. An diesem Tag hatte er darauf bestanden, alles zu führen. Um fünf Uhr nachmittags begannen wir mit den Vorbereitungen für die Nacht. Durch einen gewaltigen Überhang vor dem Regen geschützt, konnten wir ungestört arbeiten. Zuerst hatten wir uns auf eine schmale Leiste gesetzt und zu schlafen versucht. Es war hart und kalt. Eine Weile dösten wir nebeneinander her. Plötzlich aber gefiel uns unser Nest nicht mehr. Und wenn Heini wollte, daß etwas anders würde, mußte es anders werden. Und wenn es nur in seiner Einbildung so wurde, wie er es wollte. Heini war ein verläßlicher Kletterpartner und von jener oberflächlichen Fröhlichkeit, die verletzte Menschen häufig zur Schau tragen. Er hatte eine schwere Kindheit gehabt. Später, bevor er Profibergsteiger wurde, verdiente er sich als Kaminkehrer seinen Lebensunterhalt. Aber er mußte nicht nur spartanisch leben, er wollte es auch. Sein romantisches und gleichzeitig elitäres Weltbild schrieb ihm das vor. »Warum hart, wenn wir es auch weich haben könnten«, dachte auch ich. »Warum kalt, wenn wir es warm haben könnten?« Im Nu waren wir hellwach. Wieder begannen wir mit dem Nestbau.

Am Ende einer Verschneidung spannten wir Seile zwischen der Wand und einem Pfeilerkopf. Unser 80 Meter langes Seil verflochten wir zu einem Netz. Die selbstgebastelte Hängematte war fertig. Es fehlten nur noch zwei sichere Geländerseile – wer will schon 700 Meter überm Kar aus dem Bett purzeln? – und wir legten uns ins weiche Nest.

Wir stülpten den Biwaksack über und wärmten uns so gegenseitig. Nun schliefen wir da oben wie zwei Adler im Horst. Die schwere Freikletterei des versunkenen Tages lag uns in Armen und Beinen. Unser Weg war durch ein System von Rissen, Verschneidungen und Kaminen vorgezeichnet gewesen und durchgehend äußerst schwierig. Schon gleich nach den Einstiegsschrofen war die Kletterei exponiert geworden: die Wand war senkrecht und Haken steckten keine, über viele Seillängen. In der Aste-Führe ist jede Steigschlinge nutzlos.

Als wir am nächsten Morgen erwachten, fiel unser Blick zuerst auf den riesigen Überhang, der sich über uns wölbte. Das war eine harte Nuß fürs Frühstück. Ich schaute zwischen den Maschen der Hängematte hindurch: Hunderte von Metern fiel der Blick haltlos in die Tiefe, bis ins Kar.

Den Überhang konnten wir rechts umgehen. Durch einen äußerst schwierigen Riß erkletterten wir die Gipfelschlucht und über diese die Punta Civetta. Es war heller Vormittag. Das Wetter hatte sich endgültig zum Guten gewandt. Aus der Niederung des Almbodens tönten vereinzelt Kuhglocken. Wir legten uns in die Sonne und ließen unsere Vögel zwitschern, piepsen oder pfeifen – wie immer jemand diese Freude am Unnützen nennen mag.

9. Jenseits des Gipfels

Wiederholung der »Philipp-Flamm« an der Punta Tissi

Die damals großartigste Civetta-Tour hatten wir bis zuletzt »aufgehoben«. Die feine Sichel des abnehmenden Mondes stand über dem Monte Pelmo, als wir unser Zelt am Coldai-See verließen. Es war noch Nacht. Schweigend stolperten wir über das Kar unterhalb der Civetta-Wand. Immer wieder mußte uns die Taschenlampe weiterhelfen. Auch von der Tissi-Hütte her näherte sich ein Lichtpunkt den Nordwänden.

Am Wandfuß angekommen wollten wir mit unseren Taschenlampen den Einstieg suchen. Wir leuchteten die Wand ab. Wie lächerlich ich mir dabei vorkam. Der Lichtkegel unserer Taschenlampe in dieser Tausendmeterwand war so klein wie ein Leuchtturm im Ozean. Als ob jemand eine große Kirche mit einem Zündholz ausleuchten wollte.

Die Civetta-Wand in den südlichen Dolomiten ist im Mittelteil mehr als 1000 Meter hoch und bot damals einige der schwierigsten Klettertouren des gesamten Alpenbogens. Schon 1925 hatten Emil Solleder, ein Münchner, und Gustl Lettenbauer, der bei einem Versuch vorher gescheitert war, eine direkte Route zum Gipfel gefunden – eine Klettertour, die mehrere Jahre lang zu den schwierigsten der Welt zählte. Da galt es Wasserfälle zu durchklettern, dunkle, überhängende Kamine, die zudem noch moosig waren, zu meistern und auf den Steinschlag zu achten. Immer wieder dieser verdammte Steinschlag! Die »Solleder-Route«, wie sie die Eingeweihten nannten, mußte man gemacht haben. Die besten Kletterer hatten sie versucht: Toni Schmid, der später mit seinem Bruder Franz die Matterhorn-Nordwand als erster durchkletterte; Leo Rittler, der Draufgänger aus dem Kaisergebirge; Walter Stösser mit seinen Freunden Hall und Schutt; natürlich der Mann von der Eiger-Nordwand, Anderl Heckmair; Hans Steger und Paula Wiesinger; Fritz Kasparek, Attilio Tissi und wie sie alle hießen: die Kletterhelden der Zwischenkriegszeit. Leo Maduschka, ein romantischer Träumer und der Dichter unter den »Bergvagabunden«, ist 1932 bei einem Wettersturz in den Wasserfällen der Civetta-Wand umgekommen. Die Wand wurde zum Mythos.

Zwischen 1930 und 1940 wurden noch schwierigere Anstiege in

diesem »Reich des sechsten Grades«, wie die Civetta-Wand von den Bergsteigern genannt wurde, gefunden: die »Andrich-Fae« auf die Punta Civetta, die »Ratti« auf die Cima Su Alto und die »Comici« auf den Hauptgipfel. Nach dem Zweiten Weltkrieg dann, zwischen 1950 und 1960, wurde die Livanos-Verschneidung erschlossen und dann die »Philipp-Flamm« – extrem schwierige Routen, die nach den Erstbegehern benannt wurden. Die »Philipp-Flamm«, im September 1957 von Walter Philipp und Dieter Flamm in drei Tagen erstmals durchstiegen, ist ein riesiges Verschneidungssystem links der »Solleder«. Sie führt auf die Punta Tissi, einen 2992 Meter hohen Gratzacken im Kamm der Civetta. Kein Gipfel also. Es ging ausschließlich um den Weg. Diese »Philipp-Flamm« war berüchtigt und gefürchtet, sie galt als »großzügigste Freikletterei der Ostalpen«. Die Chronisten zählten – wie dreißig Jahre früher bei der »Solleder« – die Wiederholungen. Die besten Kletterer aus Deutschland, England, Frankreich, Österreich und der Schweiz kamen, um diese Route zu versuchen. Der Belgier Claudio Barbier, der mit dem Südtiroler Ernst Steger die zweite Begehung durchgeführt hatte, äußerte sich mehr als respektvoll über diesen Kletterweg: »Lieber die ›Andrich-Fae‹ allein, als die ›Philipp-Flamm‹ in Seilschaft«, war sein Urteil gewesen.

Es kreisten fürchterliche Gerüchte um diese Tour, und Sepp Mayerl, der Kirchturmdecker aus Osttirol, den Heini Holzer und ich über alles schätzten, hatte die »Philipp-Flamm« als seine schwierigste Kletterei beschrieben. Er war wenige Meter unter dem »Schuppendach« aus der Wand gefallen und 30 Meter gestürzt. Ein Seil war gerissen. Am zweiten war er hängen geblieben – blutend, verletzt, geschockt.

Nun saßen Heini und ich unter dieser Wand. Immer wieder rieben wir uns die Hände, so kalt war es. Heini Holzer und ich waren damals gute Freunde. Gut zwanzig Jahre waren wir alt, beide ohne Geld, aber voller Neugierde. Heini war ein Romantiker, der nach Anerkennung heischte, aber er war verläßlich. Sosehr er die Realität idealisierte, sosehr haßte er »Kletterkameraden«, die ihn nicht respektierten. Wir verfolgten dieselben Ziele und kletterten gerne zusammen. Zwei Wochen lang waren wir damals in der Civetta, und obwohl wir uns zwischen den Klettertouren höchstens Spaghetti leisten konnten, waren wir übermütig. Frei nach dem Motto »was kostet die Welt«. Wir wohnten in einem Zelt am Coldai-See und kletterten täglich.

Nun wollten wir die »Philipp-Flamm« machen, in der auf 900 Klettermeter nicht mehr als vierzig Zwischenhaken steckten. Wir wurden erdrückt von der dunklen Schwere über uns, von dieser so ungeheuer senkrechten Wand, als wir am oberen Rand des Schotterfeldes einen möglichen Einstieg suchten. Bedenken kamen auf. Es war nicht Angst, was sich regte, als wir dasaßen, es war eine unbändige Spannung, eine stattliche Aufregung. Was, wenn es regnet? Wenn wir es nicht schaffen? Wenn einer stürzt? Es war immer noch dunkel. Wir setzten uns wieder unter einen überhängenden Felsblock. In diesem Warten, diesem Nichtstun verdichtete sich die Sorge zur konkreten Angst. Doch mit dem ersten Tageslicht fielen die Zweifel ab. Mit der sichtbaren Ordnung kam Ruhe in die Landschaft und in uns. Weit unten verblaßten die Lichter von Alleghe. Der langsam errötende Horizont im Osten war wie gewohnt gezackt und kaum noch mit Sternen bedeckt.

Pausenlos kamen Steine von oben. Sie schwirrten, pfiffen, surrten Hunderte von Metern frei durch die Luft. Neben uns zerplatzten ein paar Steinsalven im Kar. Instinktiv zogen wir immer wieder unsere Köpfe ein. Trotz aller Gefahren – wir wollten hinauf, wir wollten es versuchen. Wir waren ehrgeizig und wir wollten neue Grenzen erfahren. Gestern waren wir während des ganzen Tages am Coldai-See in der Sonne gelegen. Wir hatten gerastet und uns psychisch auf diesen Tag vorbereitet.

Beide hatten wir viel über die »Philipp-Flamm«-Route auf die Punta Tissi gelesen. Beide erwarteten wir uns eine Steigerung der Schwierigkeit und des Erlebnisses. Wir wollten nichts beweisen. Wir wollten durchkommen und bestehen, wollten unseren eigenen Ansprüchen gerecht werden. Unser Einsatz am Berg war ein Einsatz gegen niemanden und gegen nichts. Ein Einsatz in einem Spiel vielleicht, das »Abenteuer« hieß. Es ging uns bei diesem Bergsteigen nicht um den Nachweis, wer der Stärkere war – nicht Sieg oder Niederlage war die Alternative, sondern das Bestehen vor uns selbst.

Es war hell geworden. Rasch fanden wir den Einstieg. In großen Schritten hetzten wir eine steinschlaggefährdete Rinne bis zum Beginn der senkrechten Wand hinauf. Schnell waren wir angeseilt und begannen mit der Kletterei in der Senkrechten. Ja, es stimmte, Haken steckten wenige in dieser »Philipp-Flamm«. Die Griffe aber waren fest, und wir fühlten uns stark. Wir kletterten sicher. Unerwartet schnell erreichten wir den Beginn der großen gelben Verschneidung – die Schlüsselstelle der Wand. 300 Meter hoch, glatt und überhängend zog sie schräg nach links oben.

Langsam schob ich mich über die glattgeschliffene linke Verschneidungswand, Tritt für Tritt. Manchmal nur zentimeterweise. Immer

Mit Heini Holzer (hockend) in der Civetta. Wir wohnten wochenlang im Zelt, sparten monatelang dafür und träumten jahrelang von der Civetta.

wieder glaubte ich, am Ende meiner Möglichkeiten zu sein, doch immer wieder fand ich einen Griff, eine fingerbreite Leiste, auf der ich stehen konnte. Heini führte die nächste Seillänge. Durch einen gewundenen Riß im Verschneidungsgrund zwängte er sich höher. Risse waren seine Spezialität. Nach fünfzehn Minuten schon stand er 40 Meter über mir, wie eine Fliege an der Wand.

Ich stieg, von oben gesichert, nach, gab am Standplatz den Rucksack ab, den bei uns üblicherweise der Seilzweite trug, und stieg wieder voraus. Zu meiner Beruhigung versicherte mir Heini, daß er am Standplateau drei Haken geschlagen hatte. An diesen Eisenstiften, die er mit dem Kletterhammer in Felsritzen getrieben hatte, war er nun festgebunden. So gesichert hätte er einen etwaigen Sturz abfangen können, ohne selbst aus der Wand gerissen zu werden.

Wer beim Klettern überleben will, sichert sich an den Standplätzen einwandfrei, das hatten wir von Sepp Mayerl gelernt. Die Rißverschneidung, die ich jetzt vorsteigen wollte, war die Schlüsselseillänge – mit einer Stelle, wo weder Füße noch Hände Halt finden konnten!

Der Fels war vollkommen glatt. Früher hatte dort ein Haken gesteckt.

Jetzt aber fehlte die Felsplatte, hinter der die Sicherungshilfe befestigt gewesen war. Vermutlich war sie mit dem ausbrechenden Haken beim Sturz von Sepp Mayerl in der Tiefe verschwunden. Ich hatte weder die Möglichkeit noch eine freie Hand, um in dieser exponierten Lage einen neuen Haken schlagen zu können. Und wohin hätte ich ihn auch schlagen sollen? Normalhaken konnte man nur in Löchern oder Ritzen anbringen, doch hier in diesem Fels war weder das eine noch das andere vorhanden. Ich hätte theoretisch auch Löcher bohren können, um mich an einem Bohrhaken zu sichern. Aber diese Technik lehnten Heini Holzer und ich ab. Wir führten nie einen Bohrmeißel mit. Entweder es ging ohne dieses technische Hilfsmittel oder wir drehten um. Die Erstbegeher hatten schließlich auch nicht gebohrt.

Mehr als 400 Meter fiel die Wand unter mir lotrecht zum Kar ab. Atemberaubend, dieser Tiefblick. An winzigen Rauhigkeiten stand ich in dieser senkrechten Wand. Wie eine vierarmige Spinne an einer Hausmauer. Die Szenerie beeindruckte mich, konnte mich aber nicht lähmen. Ich achtete bewußt darauf, das Hauptgewicht mit den Beinen zu tragen. Meine Arme und Fingerspitzen sollten möglichst nur dafür da sein, das Gleichgewicht zu halten. Diese Klettertechnik war in großen Wänden damals üblich. In jedem Augenblick mußte mein Oberkörper gespannt sein, wollte ich nicht hintenüber aus der Wand stürzen. Instinktiv setzte ich die beiden Schuhsohlen platt an die auseinanderklaffenden Verschneidungswände und legte den Oberkörper hinein. So stand ich gerade oder leicht vornübergebeugt und hielt mich auf Reibung im Gleichgewicht. Weit spreizend, drückte ich die Profilgummisohlen meiner plumpen Kletterschuhe und die Handflächen diagonal abwechselnd an den Fels. Ich kletterte nach der Drei-Punkte-Regel: Zuerst entlastete ich einen Fuß und setzte ihn höher. Dann den anderen. Jetzt erst, auf Gegendruck – rechter Fuß, linke Hand stark belastet – bekam ich die rechte Hand frei, um sie höher oben wieder einzusetzen.

Was hätte ich da oben nicht alles für einen richtigen Griff gegeben! Mehr noch für einen soliden Haken. Oft konnte ich dieses Gefühl »ich rutsche« nicht loswerden. Nur keinen Schreck! Nur keine ruckartigen Bewegungen, sagte ich mir, nur keine Panik. Denn die würde mich lähmen.

Für die wenigen grifflosen Meter hatte ich Minuten gebraucht. Ich kletterte an der Sturzgrenze. Das Gefühl für Zeit hatte ich verloren. Ich war nur darauf bedacht, nicht aus der Wand zu fallen. Nach oben zu kommen war sekundär. Ein Zurück gab es im Moment sowieso nicht.

Zwei Meter fehlten noch bis zu einer kleinen Nische – dem nächsten Standplatz, den ich vorher schon ausgemacht hatte. Diese zwei Meter aber waren nicht nur glatt, sie waren brüchig und überhängend. Es schien unmöglich zu sein, weiterzuklettern. Schweiß klebte an meinen Fingern. Ein Zittern durchflog meinen Körper. Ich schaute nach unten. Frei hing das Seil unter mir durch. Wenn ein Stein von der lockeren Wand losbrach, fiel er Hunderte von Metern in den Abgrund, ohne aufzuschlagen. »Aufpassen, jetzt Ruhe bewahren«, sagte ich zu mir selbst – und »abklettern geht nicht.« Sonst hätte ich es getan.

Also weiter. Drei feste Punkte. Alles um mich herum war vergessen, die ganze Aufmerksamkeit auf Fingerspitzen und Schuhsohlen konzentriert. Rechtes Bein gehoben, Schuhsohle angesetzt, belastet. Plötzlich fand ich nicht mehr den Mut, den Oberkörper aufzurichten. Bei jedem Versuch hatte ich das Gefühl, unten wegzurutschen. Zum Verzweifeln! Ich fluchte nicht. Ich betete nicht. Ich hoffte nur. War die Reibung zu gering, um meine 62 Kilogramm noch zu halten? »Ich fliege!«, brüllte ich plötzlich. Das beruhigte mich und sollte Heini vor meinem Sturz warnen.

Aber ich stürzte nicht. Ich wußte, daß die kleinste falsche Bewegung die letzte kontrollierbare sein würde. Was tun? Ich mußte handeln, bevor meine Kräfte ausgingen. Dann wäre es zu spät. Ich wagte einen Balanceakt, wurde leicht, ging ganz aus mir heraus, vergaß noch einmal alles rundherum, auch mich selbst, war nur noch Schuhsohle, Fels, Reibung – und war oben. Ein Blick am Seil hinunter zum Kameraden beruhigte mich. Ich hatte mich aufgerichtet und es war gelungen – vielleicht nur, weil ich gewußt hatte, daß der Freund unten stand und mich sicherte.

Der Dachüberhang, der sich über uns wölbte, verlangte so etwas wie Todesmut. Mit Piaztechnik ging es zwei bis drei Meter in die Horizontale. Das wußten wir aus Erzählungen. War das nur Bergsteigerlatein? Viele waren in diesen beiden Seillängen umgekehrt. Einige waren gestürzt. Trotzdem versuchten wir es. Wir waren bis hierher gekommen, jetzt versuchten wir das Schuppendach.

Eng zusammengedrückt standen Heini und ich am Standplatz. Abwechselnd musterten wir den Überhang. Wir waren keine Spieler, die ihr Leben einsetzten, wir spielten unsere Fähigkeiten aus. Wir waren auch keine Idealisten, die sich für eine übergeordnete Idee opferten. Wir waren zwei junge, lebensfrohe Menschen, die sich ins Ungewisse stürzten, um andere Dimensionen des Seins kennenzulernen als Schule und Arbeit. Nein, es war nicht der Spaß an der Gefahr, der uns reizte. Wir waren uns der Gefahren bewußt und versuchten, sie aufs Minimum zu reduzieren. Beim Gang an der Sturzgrenze ging es jedoch immer ums Leben.

Heini traf es, die nächste Seillänge zu führen. Noch einmal befingerte er die Karabiner und Haken, die der Größe nach geordnet an seinem Klettergürtel baumelten. Mit einem flüchtigen Blick begutachtete er die Knoten, mit denen die beiden Seile befestigt waren. Dann band er sich vom Standplatz los. Zügig kletterte er über mich hinweg zum Schuppendach. Ein faustdicker Spalt trennte die ausladende Schuppe von der Wand. Auf bleistiftbreiten Leisten, die Arme im Riß unterm Dach verkeilt, balancierte Heini nach links. Sein Atem ging stoßweise. Geschickt umging er den scheinbar unmöglichen Überhang und verschwand hinter der Felskante. Nur seine Beine konnte man einige Minuten lang noch sehen. Regelmäßig glitt das Seil durch meine Finger. »Gar nicht so wild«, schrie mir Heini zu. Er jodelte auf seinem Stand, wie immer, wenn er Ängste abgeschüttelt hatte. Wirklich, es war eine »schöne Kletterstelle«, diese Dachquerung, und der Fels war fest. Ein ausgesetzter Quergang und eine Rißreihe brachten uns ins große Couloir der Schlußwand. Ein dunkler Schlund mit Wasser, Eis und Schnee lag vor uns. Die Tour war noch lange nicht zu Ende. Über griffigen Fels – nur etwas lehmig – kletterten wir höher. Noch trennten uns mehr als zehn Seillängen von der Quota 2992 JGM, unter der die Punta Tissi damals als Vermessungspunkt in die Karten eingetragen war. Diese Spannung, die mit jeder rätselhaften Kletterstelle mehr und mehr von uns wich, löste sich immer wieder in helle Freude auf. Ohne die Ungewißheit gibt es auch diese erlösenden Momente nicht.

Der Lehm und das Wasser in der Gipfelschlucht machten uns mehr zu schaffen als die Felskletterei an sich. Gipfelstimmung kam auf. Trotzdem spürten wir kaum Müdigkeit, nicht im geringsten das Bedürfnis nach mehr Zwischensicherungen. Das Gefühl, als bestünde zwischen den Bewegungen und dem Kopf keine Verbindung mehr, gab mir Sicherheit. Es war ein Ineinanderfließen von Bewegungsabläufen.

Plötzlich steckte Heini fest. In unsicherer Lage, von einer Eisplatte aus dem Rhythmus geworfen, klebte er wie verloren an der Wand. Ratlos scharrte er mit dem linken Fuß am Wassereis. »Verfluchte Vereisung!«

Es war totenstill in der Gipfelschlucht, und doch waren da viele Geräusche. Das Spiel der Tropfen, der Wind, lauter abgerissene Töne. Bei jeder erwarteten Bewegung von Heini hielt ich den Atem an und packte die Seile fester. Die Vorstellung, er würde rutschen, stürzen wie alles, was von da oben kam, lähmte mich.

»Schau, da ist ein trockener Fleck links vom Dach.« Ich sagte es so, als wollte ich ihm die Angst ausreden, die ich selbst verspürte.

»Es geht schon.«

»Schlag halt einen Haken.«

»Das geht nicht.«

Trotzdem, jedes Wort war eine Hilfe, eine Aufmunterung.

Plötzlich bemerkte ich eine Entschlossenheit in Heinis Bewegungen. Er spreizte nach links, noch weiter, geschafft! Es war wieder Leben in den Seilen. Gleichmäßig liefen sie durch meine Finger. »Standplatz«, tönte es von oben. »Nachkommen!«

Ich band mich los, schlug die Standhaken heraus und begann zu klettern.

»Ich komme.«

Nicht nur Freude am Erfolg, ein seliges Freiheitsgefühl kam auf. Wie nach einer schlimmen Erfahrung, die keinen Schaden hinterläßt. Als ob ein Luftballon uns trüge.

Nach einem letzten Überhang standen wir am Gipfelgrat. Die Spannung fiel endgültig von uns ab. Für wenige Augenblicke war ich sicher, ich würde alles schaffen, alles. Damals ahnte ich nicht, daß es jenseits von Wänden und Gipfeln eine Welt gab, die ich kaum kannte.

10. Die Prüfung

Soldà-Verschneidung am Piz-de-Ciavàces Solo

Für den Walker-Pfeiler haben Fritz Zambra, Sepp Mayerl, Peter Habeler und ich zwei Tage gebraucht – so vereist war die zweite Wandhälfte. Beinahe wäre ich deshalb zur Nachprüfung in Bozen zu spät gekommen. Ich kam rechtzeitig, fiel aber trotzdem durch. Was nun? In die Schule zurück wollte ich nicht. Mein Vater verweigerte mir zu Recht jede weitere Unterstützung. Ich legte also das Werkzeug nieder, mit dem ich in den Ferien daheim mehr als ein Jahrzehnt lang Hühnerställe gebaut hatte und suchte mir eine bezahlte Arbeit.

Mein älterer Bruder Helmut setzte sich dafür ein, daß ich ein Jahr lang als Hilfslehrer an der neu eingeführten Mittelschule in Eppan unterrichten konnte. Wegen der neuen Schulordnung fehlten in Südtirol Tausende von Mittelschullehrern, und nur so war es möglich, daß ich ohne Matura aushilfsweise Mathematik und Naturlehre gab, zwei Fächer, die mir immer schon gelegen hatten. So war ich, obwohl ohne Abitur, neun Monate lang für drei Klassen Elf- und Zwölfjähriger der »Professor«. Ein Zustand, der nur wegen meiner erblichen Belastung erträglich war.

Ich hatte mir privat bei der Familie Pattis in der Gand bei Eppan ein Zimmer gesucht und aß auch dort, wenn ich nicht unterwegs war. Im Frühsommer wollte ich die Matura als Privatist nachholen und dann auf die Universität gehen, um Hoch- und Tiefbau oder Architektur zu studieren. Für eine Sechstagewoche und den Achtstundentag fühlte ich mich noch zu jung.

An jedem Wochenende ging ich nun zum Klettern. Mein Gehalt als Mittelschullehrer war bescheiden, trotzdem war ich wirtschaftlich noch nie so frei gewesen. Auch am Berg wollte ich nun einen Schritt weiter gehen.

Im Oktober ließ ich mich zu meiner ersten Solobegehung einer »Sechserroute« hinreißen. Da konnte ich alles selbst machen: Ich wählte den Weg aus, entschloß mich für einen Stil und war dann Akteur und Schiedsrichter in einer Person. Nach sechzehn Schuljahren, nach Zwängen aller Art, Noten und Strafen war ich endlich frei von den Lehrern. Frei für mehr Eigenverantwortung.

Der Morgen war grau und trostlos gewesen. Unlustig verbrachte ich in meinem kleinen Zimmer in Eppan den Sonntagvormittag. Plötzlich rissen die Nebel auf. Die Sonne war da. Kurze Zeit später war ich unterwegs zum Sella-Joch. Allein. Es war schon Mittag vorbei. Unter den Südwänden des Piz-de-Ciavàces kramte ich ein Seil, einige Reepschnüre und Karabiner aus meinem Rucksack und stieg los. Ich kletterte wie sonst auch, nur hing kein Partner am anderen Seilende. Der Anfang war leicht. Erst im großen Rißkamin dachte ich ans Seil. Aber es waren keine Haken da und ich fühlte mich stark genug, die Stelle auch ohne Sicherungen zu überwinden.

Auf dem »Gamsband« in der Wandmitte kam eine solche Freude über mich, daß ich, ohne zu rasten, weiterstürmte – hinauf in die gelben Überhänge, die die Schlüsselpartie der Soldà-Route bilden. Die Ausgesetztheit wuchs.

Zwischen den Überhängen stieg ich höher, fast immer in Spreiztechnik, das lose Seil schlängelte frei in der Luft. Von außen muß diese Szene gefährlich ausgesehen haben. So wie die Dohlen in ihren Spielen kam auch ich mir vor – sicher und frei. Sie stiegen, glitten durch die Luft, stürzten pfeilgerade in die Tiefe. Hundert Meter und mehr ließen sie sich oft fallen, fingen sich wieder. Ein leichter Windstoß, und schon schwebten sie wieder höher. Kaum ein Flügelschlag.

Dieses Spiel in der Natur, dieses Spiel mit den eigenen Fähigkeiten, dieses Spiel über dem Abgrund war im Alleingang um einiges intensiver – aber auch gefährlicher. Der kleinste Fehler wäre tödlich gewesen. Eine letzte, überhängende Verschneidung, und ich stand auf der schrägen Gipfelabdachung. Ich war draußen.

Allein saß ich da im Schotter. Eben noch war ich über dem Abgrund gegangen. Wieder sah ich den Dohlen zu, wie sie über dem Abgrund tanzten. Ich dachte an Gino Soldà, den Erstbegeher dieser kühnen Freiklettertour, und an meine Zukunft. Soldà war damals, 1947, nicht mehr der Jüngste gewesen, und doch hat er den Mut aufgebracht, in diese überhängende Schluchtverschneidung einzusteigen, ohne zu wissen, ob es auch möglich war, dort hinaufzuklettern. Klettern, dachte ich, kann man ein Leben lang, und auch allein gehen, wenn man sich immer mit sich selbst und dem Fels ganz identifiziert. Die Konzentration war so wichtig.

Später stieg ich ab. Und als ich nachmittags von der Straße zwischen Canazei und Sella-Paß die Dohlen am Piz-de-Ciavàces suchte, fand ich sie nicht. Ich sah dort nur gelbe, überhängende Wände – und eine Aufbruch-

Die Südwand des Piz-de-Ciavàces. Neben der Solo-Begehung der Soldà-Route gelangen mir noch Schubert-, Micheluzzi- und Vinatzer-Führe.

stimmung packte mich an: Es gab neue Dimensionen. Ich merkte nun, daß in mir etwas anders geworden war. Nicht eine Prüfung war wichtig, sondern die Identifikation mit den eigenen Zielen. Ich mußte meinem Leben eine eindeutige Richtung geben.

11. Die lange Kante

Erste Winterbegehung der Monte-Agnèr-Nordkante

Der 11. Februar war früher in Italien ein Nationalfeiertag.

Der 11. Februar 1967 war ein Samstag, und am Montag hatte ich schulfrei. Diese drei Tage waren die einzigen, die mir in diesem Winter einen längeren Abstecher in die Berge erlaubten. Ich arbeitete immer noch als Mittelschullehrer und war gewissenhaft.

Am 9. Februar schickte ich ein Telegramm mit folgenden Worten nach Osttirol: »Bin bereit – Agnèr; Freitag abend«! Sepp Mayerl kam. Wir suchten, da das Unternehmen zu zweit riskant war, noch einen »Verrückten«, der mitmachen wollte. Mein oftmaliger Seilpartner Heindl Messner war zwar Bergbauer in Villnöß, aber er kam mit. Die Kühe würde auch ein anderer melken. Ausnahmsweise. Winterbegehungen waren damals nicht mehr die allerneueste Mode, aber gleich hart wie in den Jahren vorher, als die ersten Winterbegehungen von Eiger- und Matterhorn-Nordwand einen Presserummel ausgelöst hatten und zu Heldentaten stilisiert worden waren. Ich wollte mir in erster Linie neue Erfahrungen holen. Es ist im Winter viel schwieriger, durch eine Dolomitenwand zu klettern. Nicht nur, weil es kalt und der Tag kurz ist. Vor allem weil Schnee und Eis auf Griffen und Tritten liegen.

Am Dienstag, dem 14. Februar, mußte ich unentschuldigt von der Schule fernbleiben. Wir kamen vom Berg mit der langen Kante erst nach vier Tagen zurück.

Ich döste, schlief, wurde wachgerüttelt. Wieder döste ich, schlief. Sepp fuhr. Der Rücksitz seines VW war mein Bett. Es war Nacht. Bald mußte es Morgen werden, ein kalter Morgen.

Der Name »Pellegrinon« riß mich aus meinem mehr oder minder sanften Schlummer. Sepp hatte einen Passanten nach dem Aufenthalt des bekannten Bergsteigers Pepi Pellegrinon gefragt.

Wir mußten also in Falcade sein.

In der Bar, in die uns der Fremde führte, trafen wir Pepis Mutter. »Wo ist der große Pala-Bergsteiger?«, fragte ich. »Dorme« – er schlief. »Das macht nichts, er soll aufstehen, er ist unser Freund«, erklärten wir der Mutter.

Dann kam Pepi. Verschlafen und unrasiert, aber neugierig. »Was habt ihr gemacht in der letzten Zeit?« Das war die erste Frage des Chronisten. »Nicht viel, aber jetzt haben wir etwas vor.« Wir baten um eine Skizze der Agnèr-Nordkante. Pepi wurde ganz still. Alles konnten wir von Pepi haben, aber eine Skizze vom Agnèr, jetzt mitten im Winter, das war zuviel verlangt. Sein Gesichtsausdruck wurde zuerst feindselig, dann ganz still. Hatten wir seine Pläne durchkreuzt? Wir luden ihn ein, mitzukommen. Er wäre der vierte, der fehlende Mann, beteuerte ich ihm. Er hätte keine Zeit, er müßte bei den italienischen Skilanglaufmeisterschaften mitarbeiten. Also blieben wir zu dritt.

Pepi machte uns eine Skizze, wie nur er sie machen konnte: einfach und klar. Er hatte die Nordkante im Winter schon versucht, war gescheitert. Auch er wollte diese Winterbegehung – wir verstanden, es war seine Pala, er war dort daheim, der Lokalmatador also, aber wir wollten auch.

Abschied und Glückwunsch. Es war der 11. Februar. Wir hatten eine Skizze.

Es gab keinen Zweifel mehr. Der blaue Himmel. Der starke durchtrainierte Sepp. Wir würden die Agnèr-Kante machen, jetzt mitten im Winter. Caviola, Forno Canale, Cencenighe. Wir fuhren an zerstörten Dörfern, an baufälligen Brücken, an breiten, versandeten Bachbetten vorbei. Das Unwetter vom November 1966 hatte hier ganze Landstriche verwüstet.

Heindl wischte die beschlagene Frontscheibe ab. »Der Agnèr!« Sepp stoppte den Wagen. Wir hatten vorher von der langen Kante geredet. Jetzt sagten wir nichts mehr. Keiner fragte. Jeder erkannte den Berg. Wir drückten unsere Nasen an die Scheibe. Alle drei staunten wir.

Ich war kleinmütig geworden. Groß hatte ich sie mir vorgestellt, diese Nordkante, aber nicht so groß. Aus der Talsohle stieg sie 1600 Meter in die Höhe, eine fast senkrechte, feingezeichnete Silhouette. Sie war leicht beschneit und stand vollkommen im Schatten.

Mir graute vor den kommenden Tagen.

In Taibon fanden wir die schmale Straße, die zwischen Monte Agnèr und der Kette des Pale di San Lucano hineinführt in ein enges Tal. Wir verfolgten sie bis in den Wald am Fuß der Kante. Keiner sprach ein Wort. Wir hatten den Berg vor Augen. Unter einer alten, verfallenen Hütte packten wir unsere Rucksäcke. Wir sortierten Klettermaterial, zogen uns um. Jetzt galt es endgültig »für die lange Kante«. Keiner saß, keiner wartete. Jeder war beschäftigt. Wir wogen die Rucksäcke.

Die Kante war lang und sehr schwierig. Unsere Gesichter waren ernst

Agnèr von Norden. Die Nordkante (unten und oben im Licht) ist 1600 m hoch.

geworden. Winterbegehungen waren immer noch nicht alltäglich. Unsere Ausrüstung war althergebracht.

Ein Bauer zog seinen Schlitten taleinwärts. Als er an uns vorbeikam, warfen wir ihm eine Orange zu. Ein verächtliches Lächeln flog über seine Mundwinkel. Es drückte Unverständnis aus. Da lebten wir in einer Überflußgesellschaft und blieben nicht daheim in der warmen Stube.

Er verstand uns nicht. Er hielt uns für verrückt. Er sah die Kante täglich und doch schaute er sie nie an.

Es war Mittag, als wir loszogen.

Knapp unter dem Wandsockel stießen wir auf die Spur von Pellegrinon. Auf ihr stiegen wir in die kleine Scharte unter dem ersten Aufschwung hinauf.

Links der Scharte erkannte ich die beste Einstiegsmöglichkeit. Ich stieg voraus. Das war keine richtige Felskletterei: vereistes, grasiges Gelände, oft dienten Latschen als Zwischensicherung. Wir mußten Rinnen mit tiefem Pulverschnee queren. Es trieb uns den Schweiß aus den Poren. Um vier Uhr nachmittags standen wir am ersten Gratrücken. 300 Höhenmeter lagen unter uns. Mehr als viermal so viele lagen noch vor uns. »Wir müssen weiter«, dachte jeder. »Vielleicht erreichen wir noch vor Dunkelheit das nächste Latschenband«, sagte ich und dachte: »Die Kante ist lang!«

Unser Durst war groß, größer als der Hunger. Schnell wollte Sepp Tee kochen. Die Stelle war günstig. Also schnell ausgepackt. »Das Feuerzeug bitte.« Der kleine Benzinkocher wollte nicht brennen. Verdammt! Wir wärmten ihn auf, versuchten alles. Vergebens. Wir konnten uns auch mit Holzkeilen nicht weiterhelfen. Wir hatten nur zwei. Neben uns stand eine alte, verwitterte Lärche. Wir hätten sie schlagen können. Sie hätte uns Holz geliefert. Aber morgen .... übermorgen ....

Sepp wollte zurück, hinunter nach Taibon, er wollte einen Kocher besorgen. Ohne Kocher war es aussichtslos, weiter aufzusteigen. Morgen wollte er uns nachsteigen.

Abschied. Sepp stieg ab. Allein. Es war Abend und Winter.

Mit zwei großen Rucksäcken spurten Heindl und ich durch tiefen Pulverschnee höher. Oft sanken wir zwischen den Latschen bis zum Bauch im Schnee ein. Wieder erreichten wir einen Aufschwung. Mit unseren Rucksäcken wurde auch der dritte und vierte Schwierigkeitsgrad zum Problem. Weit weg hörten wir Sepp rufen. Er war unten. Morgen würde er einen Kocher bringen. Morgen ...

Heindl und ich hatten inzwischen die erste große Steilwand erreicht.

Die Sonne ging unter. Ihre letzten Strahlen hingen über der Civetta. Wir gruben ein tiefes Loch aus dem Schnee und warfen Latschenzweige hinein: Streu statt einer Matratze. Dann legten wir uns schlafen.

Bald schon flimmerten die ersten Sterne am Himmel. Die Nacht brachte extreme Kälte und dunkle Angst. Wir wurden langsam steif in unserer Schneegrube. Jeder sagte zum anderen nur »Morgen kommt der Sepp« oder »Morgen kommen wir weit hinauf«.

Schlafen konnten wir nicht. So stiegen wir in Gedanken an der Kante höher – in den Himmel hinein, in den Morgen hinein.

Nach und nach erloschen tief unten im Dorf die Lichter. Über den Bergen im Osten lag rötlicher Schimmer. Es verschwanden die Sterne, der Morgen kam. Endlich.

Noch war es zu kalt, um etwas zu denken, geschweige denn zu klettern.

Es war Tag geworden, der 12. Februar. Da wir nicht geschlafen hatten, brauchten wir nicht zu erwachen. Wir standen auf. Jeder nahm einen Schluck aus der Flasche, die wir im Schlafsack warmgehalten hatten. Wo war der Sepp? Das Dorf war fern. Wo würde er sein?

Da, eine Stimme! Ein Rufen! Wir schauten. Langsam stieg Sepp in unserer Spur höher. Er würde bald da sein! Er brachte den Kocher! Wir warteten. Dann war er neben uns und kochte Tee. Es dampfte.

Nach einigen Seillängen stießen wir auf einen Überhang, seilfrei stiegen wir dann über die beiden großen Latschenfelder. Es lag viel Schnee, und er war pulvrig.

Über dem zweiten Latschenfeld war die Kante steil und abweisend. Nun kam also die Rampe. Klar, die einzige Möglichkeit, hier weiterzukommen, war eine breite Rampe rechts der Kantenschneide. Das Los fiel auf mich. Ich durfte den Rucksack abgeben und führen. Viele Seillängen war diese Rampe lang, zum Teil vereist. Oben fand ich den richtigen Quergang zurück an die Kantenschneide. An ihr kamen wir rasch höher.

Da trafen uns erstmals Sonnenstrahlen an diesem Berg. »Die Sonne!« Alle drei riefen wir es zugleich und wußten doch, daß es bald wieder dunkel werden würde.

Noch ehe wir uns aufwärmen konnten, war die Sonne wieder fort. Unsere Gesichter wurden härter. Nach mehreren Seillängen standen wir unter der Schlußwand. Dort war die letzte Biwakmöglichkeit. Heindl begann, eine kleine Terrasse freizulegen. Sepp und ich bereiteten inzwischen den vollkommen vereisten Quergang zur Gipfelwand vor, der die Hauptschwierigkeit auf der ganzen Tour darstellte.

Biwak. Das zweite für Heindl und mich, das erste für Sepp. Lange hockten wir plaudernd beisammen. Es gab Tee, Sanddornsaft, gebratenen Speck. Einer erzählte von einem anderen harten Freilager mitten im Winter.

Es war sehr kalt, an die 20 Grad unter Null. Wir saßen an die Felswand gelehnt und warteten. Wir warteten, bis es Morgen wurde. Mir war unbehaglich zumute. Es graute mir vor dem weiteren Aufstieg, gleichzeitig fürchtete ich mich vor einem Rückzug. Trotzdem erwartete ich den Morgen voller Ungeduld.

Diese Kälte! Sie steckte in den Sternen. Sie kroch in die Schuhe. Sie saß im Biwaksack. Sie schüttelte uns. Der Morgen war noch fern und die Nacht so kalt. Gedanken kamen und gingen. Im Halbschlaf kreuzten sich gegenläufige Erinnerungsketten – Gesichter, Räume, Worte – davon war die Nacht voll.

Endlich brach der Morgen an. Wir machten uns auf den Weg. Sepp kletterte an der Spitze unserer Seilschaft. Er stieg zuerst eine glatte Verschneidung höher, klemmte dabei seine große Faust immer wieder in vereiste Risse und zog sich so hoch. Er führte uns sicher, er kam überall durch. Elegant turnte er über die vereiste Wand, die sich oberhalb des überhängenden Risses aufbaute.

Mit der Sonne stiegen wir am Nachmittag die letzten Seillängen empor. Immer höher. Oben banden wir uns vom Seil los, und müde stieg jeder für sich Schritt für Schritt über Schneehänge bis zum Gipfel auf.

Eine ganze Stunde lang saßen wir am Gipfel und jeder dankte dem anderen. Ich war froh, mit dabeigewesen zu sein – auch wenn ich wegen meiner Verspätung die Stelle als Mittelschullehrer verlieren sollte.

12. Wettlauf im Winter
Erste Winterbegehung der Furchetta-Nordwand

In der Geislergruppe war ich daheim. Ich weiß: »im Villnößtal« hätte ich sagen müssen, um Unklarheiten zu vermeiden. Die Geislerspitzen schlossen mein Heimattal gegen Südosten ab. In verschiedenen Zacken und Formen zogen die Geisler sich von der Broglesalm bis fast zur Schlüterhütte hin. Zu ihnen gehören die schlanken Fermeda-Türme und der breite Saß Rigais, die schnittige Valdussa-Odla und, ja, und die Furchetta. Von Anfang an war sie mein Lieblingsberg, das Ideal eines Berges. Steile, senkrechte Wände – und diese Form! Als ich ein kleiner Bub war, habe ich sie mir tausendmal angeschaut, zuerst von St. Peter aus, dann von den Gschmagenhartwiesen. Mit zwanzig habe ich sie durchstiegen.

Ich erinnerte mich noch gut an einen Spaziergang mit meinem Vater. Wir standen zwischen Wald und Kar und starrten in die Nordwand hinauf. Sie schien unendlich hoch zu sein. Die Sonne streifte den obersten Wandteil, und in der Nähe des Gipfels schwebten viele kleine, weiße Punkte. Es müssen Vögel gewesen sein.

Als ich das erstemal von oben in die Nordwand hinunterschaute, tat ich das mit Grauen. Ich wagte nicht, an den Rand des Abgrundes zu treten. Zehn Jahre später habe ich diese Wand durchsteigen können, an einem Sonntag im Sommer. Nun hatte ich den Ehrgeiz, »meine« Wand auch im Winter zu durchsteigen. Und zwar erstmals.

Wenige Wochen nach der Winterbegehung der Agnèr-Kante traf ich Heindl in Villnöß. Wir beschlossen nichts Endgültiges und trennten uns mit einem »Vielleicht«!

Eines Morgens Anfang März war es in Eppan so warm, daß ich es nicht mehr aushielt. Ich fuhr nach Villnöß, traf Heindl. Er stand an der Stalltür, und als ich sein entschlossenes Lächeln sah, wußte ich, daß wir am nächsten Tag aufbrechen würden.

Der Abend war klar und kalt. Noch einmal richteten wir unsere Ferngläser auf die Nordwand. Es lag Schnee in der Wand, ungewöhnlich viel Schnee. Das Risiko war groß. Ich verbrachte eine unruhige Nacht. Ich war dabei, einen meiner Träume zu verwirklichen. Daheim sollte mir niemand mehr zuvorkommen! Hoffnung und Zweifel am Gelingen hielten sich die Waage. Unruhig warf ich mich im Halbschlaf hin und her.

Um drei Uhr morgens brachen wir auf. Walter Troi, ein Freund, der eigens aufgestanden war, brachte uns mit seinem Wagen bis zum letzten Bauernhof im Tal. Dort schulterten wir die Rucksäcke, schnallten die Skier an und spurten los.

Da stand ein Volkswagen mit Münchner Kennzeichen am Wegrand! Was wollten die denn hier? Wir leuchteten mit der Taschenlampe ins Wageninnere. Da lagen Holzkeile und Reepschnüre, ein Steinschlaghelm. Es gab keinen Zweifel, es waren noch andere unterwegs in die Nordwand!

Ohne viel Schwung spurten wir weiter. Unsere Mühe schien umsonst. Wir schauten in die noch düstere Nordwand. Nichts. Waren die anderen schon durch? Wir fühlten uns schwer, müde und plump – wir hätten uns hinsetzen mögen. Alles wegen einiger Holzkeile in einem VW aus München. Auf der Glatschalm wurde es hell. Trotzdem bemerkten wir Licht, das zwischen den groben Rundhölzern des alten Stadels ins Freie drang.

Dort also saßen die anderen. Darüber gab es keinen Zweifel. Ohne ein Wort zu verlieren, schlichen Heindl und ich an der Hütte vorbei. Als wir etwa 100 Meter weiter waren, schnallten die anderen vor der Hütte die Skier an. Sie folgten. Ich war froh, an diesem Morgen nicht verschlafen zu haben. Im Kar, unmittelbar an der Wand, lernten wir uns kennen. Die anderen, Konrad Renzler, Siegfried Hilber und Ernst Steger, waren Kletterer aus dem Pustertal, eine starke Mannschaft. Am Einstieg standen wir kurz alle beisammen: die damals besten Bergsteiger aus Südtirol, dazu Heindl und ich. Ohne Diskussion stiegen Heindl und ich als erste Seilschaft ein. Es war eisig und in den Griffen und Tritten lag Schnee. Der Wind mußte ihn hineingeblasen haben. Bald hatten wir uns warmgeklettert. Die Finger griffen auch am eisigen Fels sicher. Trotzdem mußten wir jeden Meter sichern. Von den anderen sahen wir nichts mehr. Wo die wohl waren?

Gegen Mittag erreichten wir die Dülfer-Kanzel. Wir hatten Mühe, unseren Kocher in Betrieb zu setzen. Aber das war das geringste Problem. Was uns in Sorge versetzte war die Feststellung, daß in der Gipfelwand trockener Schnee lag. Mir war unbehaglich zumute. Die Gipfelwand war steil und schwierig. Nun waren alle Griffe und Tritte noch dazu vollgeschneit. Von unten hatten die Bedingungen in der Schlußwand so gut ausgesehen!

Wir kletterten sofort weiter. Das Wetter wurde schlecht! Am Horizont zogen lange, weiße Wolkenstreifen herauf. Dort begann ein Schneetreiben. Die ersten senkrechten Risse lagen bald unter uns. Der Abgrund wurde offener. Den Ausstieg aus dem großen Höhlenüberhang mußte ich putzen, bevor ich Halt finden konnte. Ich bewunderte Heindl, der mit seinem 20 Kilo schweren Rucksack diese Stelle überspreizte. Der Quergang von der linken zur rechten Rißreihe machte mir keine Schwierigkeiten.

Ich steckte gerade im brüchigen Riß unter dem Schlußdach, als ich weit unten die Pusterer ihre Bögen in den Schnee stemmen sah. An der vollkommen senkrechten Wand kletternd wußte ich, daß sie gescheitert waren. Schadenfreude spürte ich nicht, die Wand forderte mein ganzes Können. Heindl schleppte die schwere Ausrüstung und Essen für drei Tage auf dem Rücken. Wir waren auf zwei Biwaks eingerichtet. Obwohl die wenigen festen Griffe verschneit waren und die Haken wackelten, obwohl das Ausstiegsdach vereist war – wir kamen durch. An einem Tag. Im Ausstiegskamin verloren wir Zeit, weil der vollgestopfte Rucksack klemmte. Um sechs Uhr abends standen wir endlich an jenem Stein, an dem wir schon vor Jahren gestanden hatten. Wir mußten lächeln bei dem Gedanken, wie unerfahren wir damals noch gewesen waren.

Der Normalweg, an der Südseite gelegen, war weitgehend schneefrei. Rasch erreichten wir die Scharte zwischen Furchetta und Saß Rigais. Es war dunkel geworden. Wir seilten uns ab und stapften über guten Firn die Rinne hinab.

Beim schwachen Licht der Taschenlampe tasteten wir uns knapp unter der Nordwand vorbei und suchten nach unseren Skiern. Kein Mondlicht. Nach einer mühsamen, nächtlichen Abfahrt erreichten wir die Glatschalm. Die Luft war naßkalt, von den Fichten tropfte Wasser und der Schnee klebte an den Skiern. Eine tiefe Spur führte vor uns durch die Dunkelheit. Unsere »Konkurrenten« hatten sie für uns gelegt, damit wir auch wieder nach Hause fanden.

13. Das Riesendach

Dritte Begehung der Südwand des Spiz delle Roé di Ciampedié

Wer von Pera di Fassa aus die Dirupi di Larsec betrachtet, dessen Blick bleibt unweigerlich an einem auffallend großen, dreieckigen Felsdach hängen. Dieses weit ausladende Dach – es ist wohl das größte in der ganzen Umgebung – sollte überklettert worden sein, erfuhr ich in jenen Monaten, in denen uns das hakentechnische Klettern mehr Spaß machte als das freie Steigen. An den Drei Zinnen waren uns einige Wände gelungen, die von unten bis oben überhängen. Nun brannten wir darauf, alle ähnlichen Routen in den Dolomiten auszuprobieren.

Nur eine Wiederholung dieses Riesendaches war bis dahin bekannt geworden, und so setzten wir diese Route auf unser Tourenprogramm.

Im Mai trafen wir uns auf den Almwiesen unter den trockenen Südwänden der Larsecgruppe. Günther und ich bildeten eine Seilschaft, Heini Holzer und Heindl Messner die andere. Wir entdeckten, daß einer der Heustadel nicht abgesperrt war. Zu viert richteten wir uns darin ein. Früh am nächsten Morgen stiegen wir durch den schütteren Zirbelwald hinauf zum Einstieg. Weil unsere Aufmerksamkeit viel mehr dem gewaltigen Dach als dem holprigen Weg galt, stolperten wir ständig.

Unerwartet rasch erreichten wir den Kantenaufschwung unter dem gelben Riesendach. Da begann es zu schneien. Wir hätten noch gut abseilen können. Aber warum?

Wir kletterten unter gewaltigen Überhängen und spürten deshalb vorerst nichts vom Schnee. Draußen wirbelten die Flocken. Als ich eine Seillänge unter dem großen Dach im Schlingenstand hing und Günther nachsicherte, beobachtete ich die Flocken. Sie fielen ruhig, ein leichter Windstoß wirbelte sie wieder nach oben, aber sie kamen nicht bis zu uns.

Bald hing Günther neben mir. Ihm war warm, und begeistert ging er die nächste Seillänge an. Doch bald begann er zu schimpfen, seine Begeisterung war dahin. Der Fels war brüchig. Die Haken hielten schlecht. Große Steine brachen aus und klatschten 200 Meter tiefer in die Schrofen.

Günther kam langsam voran. »Furchtbarer Bruch«, sagte er immer wieder. In brüchigem Fels ist es besonders schwierig, Haken anzubrin-

Spiz delle Roé di Ciampedié und Rizzi-Turm. Deutlich erkennbar das dreieckige, weit ausladende Felsdach im obersten Wanddrittel.

gen, und wenn sie stecken, halten sie nicht viel. Günther klopfte viele Ritzen und Löcher ab. Er freute sich, wenn er wieder einen Stift eingetrieben hatte. Er angelte sich dann eine der beiden Strickleitern, auch »Fiffi« genannt, die er an zwei dünnen Reepschnüren am Gürtel festgebunden hatte, und hängte sie in den Haken. Vorsichtig stellte er einen Fuß hinein, belastete die mittlere Sprosse, wippte ein bißchen, um den Haken zu prüfen, und stieg dann in die oberste Sprosse. Danach begann er die gleiche Arbeit von vorne. Mit Hilfe dieser Technik kann man auch 1000 Meter hohe Wände »erschlossern«, wie wir dieses technische Klettern nannten. Wenn keine Ritzen da waren, bohrte man ein Loch und schlug einen Bohrhaken ein. Auch in unserer Route steckten einige solcher Bohrhaken.

Inzwischen war Wind aufgekommen. Er trieb die Flocken an die Wand, blies sie unter das Dach. Heini, der unter mir kletterte, war schon ganz weiß. Sein Aussehen amüsierte mich, da er doch von Beruf Kaminkehrer war.

Mehr als eine Stunde lang stand ich an ein und derselben Stelle und fror. Verbissen stieg Günther inzwischen weiter. Er räumte Schotter und Steine ab. Er dachte nicht an Rückzug, vorläufig nicht.

Wie wird es über dem Dach aussehen? Wird der Schnee dort liegen bleiben? Ist ein Rückzug nach der Dachseillänge noch möglich? Meine Gedanken kreisten um meine Verpflichtung als Lehrer. Auch Heini machte ein besorgtes Gesicht. Fast gleichzeitig brachen wir heraus: »Es ist besser...« – »Ja, es ist besser, wir drehen um!« Wir wollten nicht Gefangene dieser Wand werden. Ich mußte am nächsten Tag wieder zur Arbeit in die Schule.

Seillänge um Seillänge glitten wir am Doppelseil tiefer. Triefend naß erreichten wir den Einstieg.

Einen Sonntag später waren wir wieder da. Wieder nächtigten wir im Stadel unter den Dirupi di Larsec. Wieder waren wir dieselbe Mannschaft.

Diesmal fehlte lange jene Spannung, die einen großen Teil des Reizes einer solchen Tour ausmacht. Wir kannten den Weg, wir kannten die Schwierigkeiten. Hier mußte ein Griff sein, da der Haken mit der zerschlagenen Öse. Es gab keine unerwarteten Stellen mehr. Mechanisch stiegen wir in den Leitern hoch. Fast war ich gelangweilt.

Schon am frühen Vormittag richtete ich unter dem Riesendach einen Schlingenstand ein. Jetzt änderte sich alles.

Das Dach drückte auf unser Gemüt. Acht Meter ragte der Fels in die Horizontale. Hier durfte uns die Kraft nicht ausgehen. Mit gemischten

Günther und ich bevorzugten extreme Freiklettertouren. (Links: Südkante des Spiz delle Roé di Ciampedié, rechts: Guglia di Brenta).

Gefühlen begann ich den Tanz am Oberboden. Anfangs konnte ich die Wand noch mit den Fußspitzen erreichen. Weiter draußen hing ich wie eine Marionette vom Dach. 400 Meter tiefer standen vereinzelt Zirbeln im Kar. Von Haken zu Haken turnte ich weiter hinaus.

Es ging rascher und reibungsloser als ich es mir vorgestellt hatte. Auch war es gar nicht so anstrengend. Eine Fünferstelle frei zu klettern war schwieriger als dieses Spiel mit Seilen, Karabinern und »Fiffis«, wenn die Haken erst einmal steckten. Als ich über der Dachkante war und zwei Standhaken fand, ließ ich Günther nachkommen. Während ich ihm zuschaute, dachte ich an die Matura, die mir wieder bevorstand. Günther stieß mich am Arm und sagte: »Dieses hakentechnische Klettern ist doch ein Witz«, und so nebenbei nur: »Wenn man's einmal kann, ist der Reiz dahin, dann bleibt es immer das gleiche.« Ich antwortete gedankenverloren und dachte an die Bohrhaken, die eigentlich alles möglich machen... An diesem Tag beschlossen wir, dort weiterzumachen, wo wir ein Jahr vorher aufgehört hatten: bei den großen Freiklettertouren. Insgeheim beschloß ich, nie mehr im Leben einen Bohrhaken zu setzen, auch nie einen mitzunehmen.

Heidi Hahn und Günther in den Fermeda-Türmen. Günther und ich führten damals, um uns unsere extremen Touren leisten zu können.

Wir hielten uns rechts und erreichten nach mehreren Kantenaufschwüngen den Gipfelgrat.

Die Sonne schien und wir legten uns hin, um uns zu bräunen. Das einzige Dach über uns war der blaue Himmel. Und die einzigen Regeln beim Bergsteigen machten wir uns selbst.

14. Die Wand mit den schwierigsten Kletterstellen

Dritte Begehung der Scotoni-Südostwand

Wir hatten sie schon einmal versucht, die Südostwand der Cima Scotoni über dem Gadertal in den Dolomiten. Am Rande der Fanes steht diese senkrechte Wand. Nach der dritten Seillänge mußten wir aufgeben. Zeitmangel war unsere Ausrede.

Heini Holzer war es, der so schaurig über die Erstbegehung dieser Wand erzählt hatte. Er hatte kurz zuvor einen Bericht darüber gelesen und drei Nächte nicht schlafen können. Da sollte es Wandstellen geben, wo man sich nur noch mit den Fingernägeln halten könnte. Ein Pendelquergang, hatte er gelesen, wäre unerläßlich, noch dazu an einem einzigen, wackeligen Haken. Ein dreifacher menschlicher Steigbaum sollte die Schlüsselstelle der Wand sein.

Inzwischen hatte auch ich alle möglichen alpinen Zeitschriften nach Berichten über die Cima Scotoni durchstöbert. In einer alten »Rivista Mensile« des CAI aus dem Jahr 1953 fand ich einen aufschlußreichen Artikel. Luigi Ghedina, einer der Erstbesteiger, stellte in einem Vergleich der damals schwierigsten Alpenwände die Südostwand der Cima Scotoni als »die Wand mit den schwierigsten Kletterstellen« vor.

Zwei Versuche waren der Erstbegehung vorausgegangen. Im Sommer 1951 kamen zwei der stärksten »Scoiattoli« – so nannte sich ein berühmter Kletterclub in Cortina d' Ampezzo – nach 14 Stunden Kletterzeit bis in die Wandmitte. Eine glatte, rißlose Passage zwang sie zum Rückzug. Gemeinsam mit einem dritten Clubkameraden gelang ihnen ein Jahr später die erste Durchsteigung. Nie zuvor hatten sie soviel riskiert. Die technischen Daten: 38 Stunden reine Kletterzeit; zwei Biwaks in der Wand; sechster Grad obere Grenze; 140 Normalhaken. Nur zwei davon waren steckengeblieben.

Von der ersten Wiederholung der Scotoni-Wand wußten wir soviel wie gar nichts. Nur, daß Ignazio Piussi dabei gewesen war, ein ebenso verwegener wie starker Dolomiten-Kletterer. Zu viel und zu wenig wußten wir über diese Wand. Zu viel, um sie zu vergessen; zu wenig, um eine Begehung detailliert planen zu können. Wir kannten den Einstieg, aber oben, wie sah es oben aus?

Eine Woche nach dem ersten Versuch waren wir wieder da. Das Wetter war gut. Früh schon waren wir eingestiegen. Ich war froh darüber, daß wir beim ersten Versuch in der überhängenden Seillänge einige Haken hatten stecken lassen. Jedes Loch hatte ich abklopfen müssen. Der Fels war dort besonders hakenabweisend und glatt. Über vertraute Stellen erreichten wir ein Kriechband, auf dem wir zum ersten großen Band hinausrobbten.

Eine Seillänge über dem Band begann es äußerst schwierig zu werden. Über eine steile, kleingriffige Wand erreichte ich eine gelbe Verschneidung. Durch diese stieg ich bis unter ein Felsdach hinauf. Mit Mühe konnte ich über dem Dach einen verläßlichen Zwischenhaken anbringen, den einzigen in der ganzen Seillänge. Hier begann einer der schwierigen Quergänge nach rechts. Ein Stück konnte ich hinübersehen, dann versperrte eine Kante die Sicht. »Wenn hinter der Kante kein Griff ist, muß ich wegspringen!« rief ich Sepp zu, der unten sicherte. Dann begann ich nach rechts zu queren. Mit den Fingern auf einer schmalen Leiste kam ich problemlos voran. Hinter der Kante war ein Griff, ein großer sogar. Diese Art der Kletterei gefiel mir: fester Fels, kleine Griffe und ein einziger, frei kletterbarer, logischer Weg.

Es gab damals zwei Richtungen im extremen Bergsteigen: das technologische und das freie Klettern. Die einen setzten alle nur erdenklichen Hilfsmittel ein, um ihr Ziel zu erreichen. Die anderen – zu denen auch ich mich zählte – legten sich selbst Beschränkungen auf, um das Verhältnis Mensch – Berg nicht in ein gar zu arges Mißverhältnis zu bringen. Ein Bergsteiger kann durch Training, Geschicklichkeit und Erfahrung seine Leistungsgrenze heraufsetzen und äußerst schwierige Felswände in freier Kletterei durchsteigen, oder er kann mit Hilfe der Technik ohne viel Risiko und Kletterkunst überall hinaufkommen. Ich selbst war bei Wiederholungen immer bestrebt, weniger Haken zu schlagen, als es die Erstbesteiger getan hatten. Eine neue Route war für mich nur dann gerechtfertigt, wenn es mir gelang, eine Linie in der Wand zu finden, die mit geringem Hakenaufwand möglich war. Das Ideal wäre nach meiner Ansicht eine Route gewesen, die bei direkter Linienführung unter größten Schwierigkeiten ohne jedes technische Hilfsmittel geklettert würde und auf einen Achttausender führte. Ich wußte, dieses Ideal war nicht zu erreichen. Wir konnten uns ihm aber nähern. Darin sehe ich eine Möglichkeit der Weiterentwicklung des Bergsteigens.

Über senkrechte Wandstellen hatten wir die Schlüsselstelle erreicht. Rechts von einer vollkommen geschlossenen Wand stieg ich mit Piaz-

»Messner Buam« mit Schwester Waltraud im Sommer 1967. Von links: Helmut, Siegfried, Waltraud, Werner, Günther, Hubert, Erich, Reinhold, Hansjörg.

technik zu einer angelehnten Schuppe hinauf. Die Hände im Riß, hing mein Oberkörper schier waagrecht nach draußen. Die Schuhsohlen preßte ich platt auf den Fels. Ich legte eine Schlinge um den Kopf der Schuppe und versuchte, nach links zu pendeln. Vergeblich. Ich fand keinen Griff, keine Ritze. Es war unmöglich. Hier also mußten die Erstbegeher den dreifachen menschlichen Steigbaum angewandt haben.

Ich versuchte es weiter. Ich spähte nach Löchern, Leisten und Ritzen. Da fand ich zufällig eine Öse im Fels, ein winziges Loch in der Wand. In unserer Fachsprache nannten wir das eine »Sanduhr«. Mit viel Geduld konnte ich eine Reepschnur einfädeln und hatte gewonnen. Einige ganz kleine Griffe – kaum noch als »Griffe« zu bezeichnen – waren da. Ich kletterte flink hinauf und erreichte eine schmale Leiste. »Standplatz!« rief ich erleichtert.

Die Wand über uns hing stark über. Nur eine offene Verschneidung erlaubte den Durchstieg. Die Erstbegeher hatten dort fast 30 Haken geschlagen. Sepp Mayerl kam mit 5 oder 6 Stiften durch. Nach jeder verläßlichen Zwischensicherung spreizte er verwegen höher – fünf, sechs, acht Meter.

Darüber war das zweite Band. Es wurde leichter. Ohne auch nur einen Haken schlagen zu müssen, kletterten wir höher. Nebel kam auf. Heini Holzer und Renato Reale, die die zweite Seilschaft bildeten und noch weiter unten kletterten, verloren unsere Spur.

Ich mühte mich durch den vereisten Ausstiegsriß. Für eine Weile vergaß ich, daß es draußen stark schneite. Oben erst, am Gipfelgrat, sah ich den Flockenwirbel wieder.

Wir hatten diesen Gipfel über viele Umwege erreicht. Quergänge nur, einmal nach rechts, einmal nach links, hatten ein freies Klettern möglich gemacht. Der Weg war so zwar länger, aber frei kletterbar. Ein technischer Direktanstieg wäre in dieser Wand lächerlich gewesen. Daß der freie, lange Weg besser war als der kurze, mit Haken erzwungene, das leugnete keiner. Aber in Mode gekommen waren die Haken-Direttissimas. Wer den freien Weg wußte, ihn aber nicht zu gehen wagte, zählte bei mir damals nicht. Ich war ein fanatischer Freikletterer geworden, ohne zu ahnen, daß dieser Fanatismus meine innere Freiheit auffraß.

Freikletterei im zweiten Wanddrittel der Scotoni-Südostwand. Sepp Mayerl fotografierte mich wenig oberhalb des ersten großen Bandes.

15. Eine gefährliche Falle

Zweite Begehung der »Via Ideale« an der Marmolada

Manchmal, wenn wochenlang die Sonne schien, wenn eine bestimmte Melodie mein Ohr traf, wenn die Finger von der letzten Bergfahrt wieder geheilt waren, packte mich so etwas wie Übermut. Meine Mutter hatte früher immer gesagt: »Dich sticht der Hafer!« In diesem Frühling lernte ich fürs Abitur, und ich hatte anderes im Kopf. Plötzlich aber wußte ich, daß es morgen, übermorgen oder am Sonntag dieser Wand, jenem Pfeiler oder einem langen Firngrat galt, daß ich wieder klettern mußte.

Wie oft ist mir damals vorgeworfen worden, ich würde mit diesen Klettertouren vor der Realität flüchten. Ich aber hatte vielmehr das Gefühl, *in* die Realität zu flüchten. Wenn ich da oben war, besonders in einer Grenzsituation, stand ich in der Mitte meines eigenen Lebens. Und dieses Zentrum ist das Wirkliche, das Reale.

Die »Via Ideale« an der Marmolada d'Ombretta kannte ich seit Jahren aus Berichten. »Es handelt sich wahrscheinlich um die schwierigste und gefährlichste Felsfahrt der ganzen Alpen«, hatte der Erstbegeher in einem der alpinen Monatsblätter geschrieben. Dieser eine Satz enthält viel Abweisendes, aber noch mehr Anziehendes.

Zu viert trafen wir Mitte Juli auf der Falier-Hütte ein. Ich hatte das Abitur inzwischen bestanden und empfand diesen Sommer 1967 als eine Art Aufschub. Im Herbst würde ich mich in Padua inskribieren.

Der Wirt servierte uns trotz der späten Stunde Suppe und Tee. Er erkundigte sich nach unserem Vorhaben: »Via Ideale – attenti all'acqua!« – »Paßt auf das Wasser auf«, warnte er begeistert und betroffen zugleich. »Due giorni basteranno?«, fragte ich noch. »Nein, zwei Tage werden nicht reichen – unmöglich!«

Aste und Solina waren bei der ersten Durchsteigung sechs volle Tage in der Wand gewesen und hatten ihren Weg ausgenagelt. Nur sechs Normalhaken und vierzehn Bohrhaken waren steckengeblieben. Mehrere Wiederholungsversuche waren inzwischen knapp über dem Einstieg gescheitert. Am anderen Morgen standen wir unter dem gewaltigen Plattenmassiv der Marmolada d'Ombretta. Alle vier waren wir beeindruckt.

Knapp links von einem großen, angelehnten Pfeiler stiegen wir in die Wand ein. Gleich zu Beginn gab es schwierigste Freiklettereí: Kamine, Platten, glattgeschliffene Risse. Wer weiß, wo Aste und Solina aufgestiegen waren? Wir suchten uns einen eigenen Weg. Nach mehreren Stunden erreichten wir ein steiles System von Rissen und Rinnen, das ein rasches Vorwärtskommen erlaubte. Dort, wo sich die Risse verloren, begann eine geschlossene Plattenflucht. Weit unter mir steckte der erste Haken, ein Bohrhaken. Ich war an ihm vorbeigeklettert, ohne das Seil einzuhängen. Wir waren also auf der richtigen Route. Einen zweiten Bohrhaken fand ich etwas höher in dieser Seillänge, dann wieder nichts als graue, haltlose Platten.

Zunächst war es heiß gewesen, dann zogen über den Ombretta-Paß Nebel herauf – das konnte ein Gewitter werden. »Bei einem Wetterumsturz wird die ›Via Ideale‹ zu einer gefährlichen Falle«, hatte Aste gesagt. Er hatte Wiederholer seiner Route warnen wollen. Wir wußten Bescheid. Vorerst aber blieb uns nichts anderes übrig, als einen guten Biwakplatz zu suchen. Für einen Rückzug war es zu spät.

Über eine kurze Bohrhakenleiter erreichten wir am Beginn des letzten Wanddrittels eine geräumige Höhle. Innen war sie feucht, draußen tropfte das Wasser. Wir beschlossen zu biwakieren, obwohl es erst fünf Uhr nachmittags war. Die Höhle bot uns Schutz vor dem Regen und dem Steinschlag. Vielleicht war es die einzige sichere Stelle an der »Via Ideale«. Wir wußten es nicht.

Wir machten es uns in der Höhle bequem. Jeder richtete sich ein Plätzchen her, zum Hocken oder Liegen. Eine Nacht dauert lange da oben.

In einer Flasche fanden wir einen Zettel, auf den die Erstbegeher Glückwünsche für ihre Nachfolger gekritzelt hatten.

Es war noch Nacht, als irgendwo Steine polterten. Ob es regnete? Auch die anderen waren wach. Sepp Mayerl leuchtete mit der Taschenlampe ins Freie. Nein, es regnete nicht, es goß in Strömen. Vor unserer Höhle sprang ein Wasserfall über die Wand. Von Zeit zu Zeit schwirrten Steine durch das Dunkel. Jetzt wußten wir unseren Platz wirklich zu schätzen.

Bis wir uns am Morgen zum Aufbruch entscheiden konnten, vergingen Stunden. Die Nebel stiegen. Aus der Gipfelschlucht schossen Wasserfälle herab. Ein Rückzug unter diesen Bedingungen wäre äußerst riskant gewesen. Über die grauschwarzen Streifen der Aufstiegsroute unter uns ergoß sich das Wasser. Eisbrocken und Steine, die uns mit

Zur Erholung kletterten wir gerne leichte und mittelschwere Touren. Besonders oft waren wir an den Sella-Türmen.

Sicherheit in die Tiefe gerissen hätten, sprangen in weiten Sätzen über die Wand. »Das Wetter kann ja auch besser werden«, sagte einer, und wir beschlossen weiterzugehen.

Zuerst mußten wir den Wasserfall queren, der aus der Gipfelschlucht kam. Zum Glück war dort das Gelände leicht. Nur ein guter Blick und schnelles Klettern schützt vor Nässe. Über eine Rechtsschleife erreichten wir eine überhängende Wandzone.

»Quergang nach links«, hieß es in der Beschreibung. Auf einem abschüssigen Band tastete ich mich Zentimeter für Zentimeter nach links und hoffte, daß meine Sohlen nicht rutschten. Hier gab es keine Griffe, eine einzige Zwischensicherung auf 40 Metern. Drüben sah es noch schlimmer aus. Aus einer Schlucht schoß ein dicker Wasserstrahl. Er hätte ein kleines Elektrizitätswerk antreiben können. Da mußten wir durch!

Sepp stieg zuerst an den Rissen rechts vom Wasserfall höher, dann verschwand er in der Schlucht. Das Seil lief langsam, sehr langsam. Es mußte schwierig sein. Durch Wasser und Überhänge quälte er sich höher bis unter eine geneigte Rinne, durch die abermals Wasser herabschoß. Ganz außen spreizte ich über diesem Bach aufwärts und wurde so kaum nasser, als ich schon war. Dann war die Schlucht durch eine Steilstufe gesperrt. Den einzigen Durchschlupf bildete ein Riß, in dem sich alles Wasser sammelte. Hinein und hinauf! Ein schrecklicher Gedanke. Aber ein Rückzug war unvorstellbar.

»Vorsicht, Sepp!«, rief ich schnell und schon stand ich unter der eisigen Dusche. Sie raubte mir den Atem. Mehr um Luft ringend als mit den Schwierigkeiten gewann ich einige Meter. Im Riß verklemmt, gelang es mir sogar, einen Haken zu schlagen. Das Wasser rann mir in den Hals hinein und über den ganzen Körper. Die Schuhe liefen über. Endlich konnte ich die Griffe wieder sehen, mein Kopf war über Wasser. Wenig später stand ich triefend naß und schlotternd vor Kälte am Standplatz und sicherte Sepp. Er hatte zwei Schlingen vor sich ins Seil geknotet. Das Wasser, das am Seil entlanglief, tropfte an den Knoten ab.

Es wurde leichter, für ein kurzes Stück wenigstens. Wir konnten uns warmsteigen.

Wieder baute sich die Schlucht steil auf, wieder war sie voller Wasser. Weiter oben hing eine gewaltige Eiszunge im Kamin. Aste war mit vielen Haken rechts an einem Riß hinaufgekommen. Uns erschien dies aussichtslos. Zuviel Wasser, zuviel Eis, zu schlechtes Wetter.

Wir mußten am gleichen Tag noch den Gipfel erreichen, wenn wir heil hier herauskommen wollten. Die Nässe war furchtbar. Das Warten auf den Standplätzen wurde unerträglich. Eine Biwaknacht hätten wir in diesem Zustand nicht überstanden. Wir waren unterkühlt und durchnäßt ...

Rechts der Aste-Solina-Route fand Sepp einen einigermaßen trockenen Riß. Er war gangbar – oder besser, wir machten ihn gangbar – mit Haken, Holzkeilen, Knotenschlingen. Wir wuchsen über uns selbst hinaus, um dieser Hölle zu entgehen.

Der Riß ging in eine Eisrinne über. Sie war voller Dreck. Wir merkten es kaum. Überall Glassplitter. Wir beachteten sie nicht. Wir mußten hinaus, hinaus aus der nassen Kälte, die unser Ende bedeutet hätte. Oben erst, bei der Hütte, sagte einer: »Dieser Dreckhaufen!« Und allen wurde klar, daß wir die letzten Seillängen durch Scheiße geklettert waren, durch die Kloake der Gipfelhütte. Ausnahmsweise hatte der Wirt an diesem Sonntag seinen Mülleimer nicht in die Rinne geschüttet. Welch ein günstiger Zufall!

16. Die verratene Idee
Erstbegehung der direkten Civetta-Wand

Seit Jahren schon suchte man nach einer neuen Route zwischen Philipp-Flamm- und Solleder-Führe in der Civetta-Nordwestwand. Zwei deutsche Gruppen waren in der Wand gewesen, dann versuchten sich einige »Ragni di Lecco« (Mitglieder eines Kletterclubs aus Norditalien) und später eine Seilschaft aus Triest.

Im Hochsommer fanden wir eine Route zum Gipfel, eine neue Route, eine »Direttissima«, wie andere sie nannten.

Es war Samstag. Wir wollten in die Westalpen fahren. Ein Tief aber, das die Alpenkette nordseitig streifte, ließ uns abwarten. Die Westalpen waren Wetterstürzen mehr ausgesetzt als die Ostalpen. In den Dolomiten jedoch versprach das Wetter zu halten.

Sepp Mayerl und Renato Reali wollten die Aste-Susatti-Führe auf die Punta Civetta wiederholen. Renato, ein Italiener aus Meran, war jung und ein genialer Kletterer. Er war ein Freund von Heini Holzer. Heini und ich hatten uns noch nicht endgültig entschieden.

Gegen neun Uhr abends betraten wir die Coldai-Hütte. Welche Überraschung! Heinz Steinkötter stand an der Tür, ein erfolgreicher Kalkkletterer. Heini und ich mochten ihn gern. Was war mit ihm los? Der sonst immer freundliche Heinz machte ein saures Gesicht. Unsere Anwesenheit war offensichtlich unerwünscht.

Was steckte dahinter?

Erraten. Nein. Doch. Ja, was sonst!

»Civetta-Direttissima?« fragte ich. Keine Antwort.

Ein Problem.

Sein Problem.

Mein Problem, seit vielen Wochen.

Am vorhergegangenen Sonntag war ich ausnahmsweise nur mit Feldstecher und ohne Seil in der Civetta gewesen. Drei Möglichkeiten hatte ich im geschlossenen Mittelstück der Wand entdeckt: Links ein Riß, gerade hinauf ein Verschneidungssystem und rechts Risse und Rampen, die auf den Pfeiler links des Solleder-Weges führten.

Die Möglichkeiten, Erstbegehungen zu finden, waren in den Alpen spärlich geworden. Ziemlich alle großen Wände waren durchstiegen, viele sogar auf mehreren Routen. Die technischen Hilfsmittel waren schuld daran, sie hatten alles möglich gemacht. Ich hatte mir deshalb Beschränkungen auferlegt, verzichtete mit Absicht auf Bohrhaken und Aufzugsysteme bei großen Neutouren in den Alpen. Dementsprechend schwierig war es, eine frei kletterbare Route in einer Wand vom Tal auszumachen. Lieber machte ich Kompromisse in der Linienführung als im Stil.

Wenn es unmöglich war, für mich unmöglich, ohne Bohrhaken auszukommen, war ich bereit, auf die Erstbegehung zu verzichten. Andere, bessere Kletterer sollten kommen und das Problem mit fairen Mitteln lösen. Der Versuch einer Erstbegehung war für mich nichts anderes als ein Versuch, Meter für Meter die Gangbarkeit einer Wand zu erproben. Oft kam dafür nur eine einzige Route in Frage, deshalb war diese Route die ideale Linie. Ob sie direkt oder mit Umwegen zum Gipfel führte, war von untergeordneter Bedeutung.

Ein Jahr zuvor hatte es die »Civetta-Direttissima« für mich noch nicht gegeben. Sie entstand in meinem Kopf, als ich ihre Möglichkeit erkannte. Während ich sie studierte, wuchs der Entschluß, sie zu durchsteigen.

Trotzdem wollte ich mich vorerst nicht festlegen, nicht starr nach einer Linie auf dem Foto vorgehen. Ich wollte frei sein von jedem *Ein-für-allemal,* frei für unvorhergesehene Möglichkeiten. Bei Erstbegehungen gibt es grundsätzlich zwei Arten des Vorgehens: entweder man zwingt einer Wand eine besonders schwierige Linie auf oder man folgt der Linie, die die Wand mit ihren Bändern, Rissen und Verschneidungen vorschreibt. Ich war ein klassischer Bergsteiger und suchte immer diese zweite Lösung.

Jetzt aber waren andere da mit dem gleichen Ziel. Vielleicht wollten sie in einem anderen Stil vorgehen, aber auf »meiner« Linie.

Einsteigen oder verzichten – ein Abwarten gab es nicht mehr. Ich hatte lange gewartet, sehr lange, vielleicht zu lange.

Am nächsten Morgen wollten wir aufbrechen. Meine Freunde nahmen mir die letzten Zweifel. Zum Glück hatte Sepp die Ausrüstung für die geplante Westalpenfahrt im Wagen. Er und Renato stiegen rasch ab ins Tal, um Material, Proviant und die Biwakausrüstung zu holen. Renato, der keinen Urlaub genommen hatte, rief daheim an und regelte das. Heini ging schlafen, ich wartete. Endlich kamen die beiden, schwer bepackt. In der Hüttenküche sortierten wir das Material, füllten die Rucksäcke, wogen alles ab. Wo etwas fehlte, half Anna, die Hüttenwirtin, aus. –

Gegen zwei Uhr morgens stand alles bereit. Eine Stunde wollten wir noch schlafen. Um vier Uhr früh sollte es losgehen.

Unsere »Konkurrenten« schliefen noch. Das letzte Viertel des abnehmenden Mondes war unser Licht auf dem Weg zum Einstieg. Es warf unsere Schatten auf das Geröll.

An diesem ersten Tag sollten Heini und Renato als erste Seilschaft klettern. Sepp und ich übernahmen als zweite Seilschaft den Transport der Ausrüstung: Haken, Biwakzeug, Proviant.

Wir stiegen die Rinne hinauf, in der auch die Philipp-Flamm-Führe beginnt, gewannen rechtsquerend ein Riß- und Verschneidungssystem und benützten dieses bis zu einem Band unterhalb der gelben, geschlossenen Wandflucht.

Gerade als sich drei Männer weit unter uns im Kar von der Tissi-Hütte kommend dem Einstieg näherten, erreichten wir einen Kamin, in dem zwei Seile hingen.

Die drei, es waren Triestiner, baten uns, ihre Seile hinabzuwerfen. Sie waren vor uns in der Wand gewesen und hatten aufgegeben. Nein, sie wollten nicht weitermachen. Da wir nur ein 30-Meter-Seil zum Aufziehen der Rucksäcke dabeihatten, fragten wir die Italiener, ob sie uns ein Seil leihen würden. »Gerne!« Wir sollten es nachher auf der Coldai-Hütte lassen. Wie großzügig! »Molte grazie – Vielen Dank!« Die Triestiner wünschten uns Glück zum weiteren Aufstieg und holten ihr Material.

In schönster Freikletterei stiegen wir weiter. Nur selten stießen wir auf vereinzelte Haken unserer Vorgänger. Gegen Mittag erreichten wir ein Band, auf dem wir kurz Rast hielten.

Unser Weg führte uns nun über die Verschneidung rechts der geschlossenen Wand: wieder Risse, griffige Wandstellen.

An einem senkrechten Felspfeiler hatte ich einen Schlingenstand errichtet. Sepp konnte nachklettern. Ein einziger Haken steckte im Quergang zwischen ihm und mir. Kurz bevor er diesen erreichte, brach plötzlich eine Schuppe aus, an der er sich mit beiden Händen festgehalten hatte. Sepp verlor das Gleichgewicht. Einen Augenblick noch hielt er die Schuppe, die vielleicht einen halben Quadratmeter groß war, fest, hob sie über den Kopf, warf sie hinter sich und stieß sich mit den Füßen von der Wand ab. Dann stürzte er.

Der Ruck kam, bevor ich ihn erwartet hatte. Der stürzende Körper riß mir einige Meter Seil durch die Hände, dann konnte ich ihn halten. Die Steinplatte, die Sepp geistesgegenwärtig hinter sich geworfen hatte, hätte die Seile durchtrennen können.

Die Nordwestwand der Civetta. Fast in der Fallinie des Hauptgipfels verläuft unsere neue Route, der »Weg der Freunde«.

In der Civetta: Nordwand des Torre d'Alleghe (2. Begehung). Hier kannte ich ein gutes Dutzend schwieriger Touren.

Erst als Sepp bei mir stand, spürte ich meine Erleichterung. Wir konnten keine Verletzungen feststellen. Ein Sturz ist immer eine gefährliche Sache, seine Folgen in einer so großen Wand sind unabwägbar. Noch nie war ich als Seilerster gestürzt, und ich hatte den Ehrgeiz, es weiterhin so zu halten. Meine Touren wählte ich deshalb so aus, daß ich den Schwierigkeiten nicht nur gewachsen, sondern überlegen war. So konnte ich einem Sturz weitgehend vorbeugen.

Gegen fünf Uhr abends erreichten wir den Kopf des Pfeilers rechts der geschlossenen Wandflucht, durch die ein breiter Riß verlief. Nicht die ideale Route! Das stark überhängende Verschneidungssystem über uns sah sehr brüchig aus. Wasser tropfte herunter, viel Wasser. Die Wand direkt zu nehmen, wäre einer Materialschlacht gleichgekommen. Wir hätten hundert und mehr Haken schlagen müssen. Wir wollten deshalb noch die dritte, die rechte Variante, studieren.

Während Renato und Heini den Biwakplatz vorbereiteten, schaute Sepp rechts um die Kante. »Es geht!« meinte er. »Alles frei.« Wir fragten uns nicht, wie die Linie auf dem Foto nachher aussehen würde. Wir suchten den logischen Weg am Berg, nicht auf dem Papier.

Biwak: Heini hatte sich aus Seilen eine kleine Matte geflochten, ein kleines Nest. Sepp und Renato lagen auf einer etwa 40 Zentimeter breiten Felsleiste. Ich saß über ihnen auf einem schmalen Felskopf.

Es war nicht kalt. Von Zeit zu Zeit schwirrten Steine an uns vorbei. Sonst gab es nur Wind und Wolken, Nebel und Felsen. Die Nacht war lang. Als es zu dämmern begann, waren wir alle vier wach. Wir kochten, aßen, packten. Wir beeilten uns, um frühzeitig aufbrechen zu können.

An diesem zweiten Tag kletterten Sepp und ich als erste Seilschaft. Knapp rechts des gelben Pfeilers stiegen wir durch brüchige Risse, dann über glatte Platten und schließlich über einen schwierigen Riß auf den Kopf des Pfeilers. Noch ein leicht überhängender Aufschwung, den Sepp, der Vater unserer Mannschaft, teils technisch, teils frei nahm, dann lagen die großen Schwierigkeiten hinter uns. Nach einigen Seillängen stießen wir auf den Solleder-Weg, in den unsere Neutour 200 Meter unter dem Gipfel einmündete.

Langsam kam Gipfelstimmung auf. Noch wußte ich nicht, daß es Toni Hiebeler gewesen war – ich hatte ihm ein Jahr vorher von meiner Idee erzählt –, der sie den anderen »verraten« hatte. Er redigierte damals die Zeitschrift »Alpinismus«, und »Konkurrenz« belebte das Zeitschriftengeschäft! In der Wand allerdings waren wir allein gewesen. Die anderen hatten es vorgezogen, diese Riesenwand von unten zu beobachten.

17. Im Schatten des Monte Agnèr
Erste Winterbegehung der Nordwand

Schnee, Gestrüpp, Wald, oben die Agnèr-Wand. Dunkel stand sie über dem Lucano-Tal, während wir zum Einstieg stapften. Wir schrieben den 29. Januar 1968. Wir, das waren Heindl Messner, Sepp Mayerl und ich. Sepp spurte. Plötzlich blieb er stehen. »Viel Pulverschnee«, sagte er trocken.

Wenige Tage vorher hatte es geschneit. Aus der Nordkante hatte der Sturm fast allen Schnee weggeblasen, sie sah einladender aus als die eis- und schneegefüllte Kaminreihe in der Nordwand. »Das wird eine harte Winterbegehung«, dachte ich halblaut und tappte einige Schritte vorwärts, die Augen immer noch auf die Wand gerichtet.

Das Wetter schien zu halten. Also spurte ich weiter. Auf einem Gratrücken weit unter dem Einstieg blieben wir stehen. Die Sicht war sehr gut. Die 1500 Meter hoch aufragende Felswand hätten wir aus unmittelbarer Nähe nicht mehr überblicken können. Jetzt legten wir die günstigste Route fest. Im Geist verbanden wir Risse, Pfeiler und Bänder zu einer Linie. Der Weg wurde zu lang für unseren Mut. Sollten wir besser gleich aufgeben? »Nein, wenigstens versuchen wollen wir es«, ermunterte Heindl. Zum Schluß der Rastpause berieten wir, welche der beiden Aufstiegsmöglichkeiten in den ersten 200 Metern besser beziehungsweise abweisender aussah: Der Hauptkamin strotzte vor Eis und Schnee; die Risse und Platten rechts von ihm waren grauweiß, vom Schnee frisch angezuckert. An Ort und Stelle erst wollten wir uns entscheiden.

Die Entscheidung blieb uns erspart. Am Einstieg stießen wir auf fixe Seile, eine Art »versicherten Klettersteig«! Eine Seilschaft aus Triest sollte die Wand schon im Spätherbst für die Winterbegehung vorbereitet haben. Wir wählten die präparierte Route rechts vom Hauptkamin und gewannen rasch an Höhe. Nach 100 Metern etwa endeten die Fixseile. Nun hieß es, seinen Mann stehen! Vereiste Rinnen, überall Neuschnee. Das Gelände war nicht allzu steil, unser Klettertempo entsprechend flott und gleichmäßig. Bis zum ersten Plattenschuß lief alles reibungslos.

Plötzlich aber schien uns jeder Weiterweg versperrt. Ich stieg einige Meter hoch und gleich wieder zurück. »Es geht nicht – zuviel Neuschnee!« rief ich resignierend meinen beiden Kameraden zu, die mich in einer Rinne sicherten. Eine andere Möglichkeit aber gab es nicht. Also ein erneuter Versuch. Mit Neuschnee kannte ich mich doch aus. Nur mit Ausdauer und Mut wurde man damit fertig. Langsam stieg ich höher. Ab und zu meißelte ich mit dem Kletterhammer Kerben ins festgefrorene Eis, um Griffe für meine klammen Finger zu haben.

Nach 80 Metern wurde die Wand so steil, daß an ein freies Klettern unter den gegebenen Verhältnissen nicht zu denken war. Und nageln? Ausgeschlossen. Wie ein riesiger Bauch wölbte sich der graugelbe Dolomit über uns. Von unten, aus der Froschperspektive, sah alles verkürzt aus, aber ich wußte, daß noch weit über 1000 Meter bis zum Gipfel fehlten. Meter für Meter einen Haken setzen, Strickleitern einhängen, das hätte ewig gedauert. Und 1000 Meter nur technisch zu klettern, das war meine Sache nicht. Entweder wir kamen frei durch oder wir drehten um. Diese Wand war zu groß, als daß man sie anders als im klassischen Stil hätte überwinden können.

Alles um uns herum war steil. Tiefe überall. Trotzdem fehlte uns die richtige Relation. Seit wir in die Wand eingestiegen waren, orientierten wir uns nur Stück für Stück. Unten, aus großem Abstand, war uns die Wand als Ganzes und plastisch erschienen. Jetzt kletterten wir in ihr und waren verloren wie Wanderer in der Wüste. Anfang und Ende waren nicht absehbar. Die Welt um uns, immer nur Täler und Berge, erschien mir so weit weg wie das All von der Erde.

An Hand eines Fotos versuchten wir uns grob zu orientieren. Wenn wir nach links pendelten, mußten wir die Schlucht des Hauptkamins erreichen. Er schien weniger steil zu sein.

Wir brauchten Fotos, um uns in dieser Riesenwand zurechtzufinden. Und dies, obwohl eine solche Wandflucht niemals in allen Details auf eine Aufnahme zu bannen war. Wir erreichten den tiefen Kamin, traten dort einen Standplatz aus. Schneeschollen verschwanden im Abgrund. Über uns Eiszapfen an glatten Wänden. Seillänge um Seillänge spreizten wir höher. Schon begann es dunkel zu werden, und noch immer kein Biwakplatz in Sicht. Der Kamin war nun senkrecht.

Gerne hätte ich die Führung abgegeben. Am Einstieg hatte ich sie für diesen ersten Tag übernommen – und jetzt würde es bald Nacht sein. Wir mußten einen Biwakplatz finden!

Ein Stück noch arbeitete ich mich im Kamingrund empor. Ich schlug

Tritte in den Preßschnee, konnte einen verläßlichen Haken anbringen. Dann spreizte ich weiter, mich zwischen den glatten Kaminwänden verkeilend. Ich fühlte mich sicher. Alle Angst und allen Kleinmut hatte ich abgeschüttelt. Zollweise nur stieg ich aufwärts. Kleine, abgerundete Tritte waren die einzigen Haltepunkte, die Hände preßte ich platt gegen die auseinanderklaffenden Kaminwände. Alle Haken vom Sommer lagen unter Eis und Schnee. Keinerlei Sicherung. Hakenritzen waren kaum vorhanden. Endlich konnte ich einen kleinen Querhaken in ein Naturloch schlagen. Das war alles.

Über uns sah ich die ersten Sterne. Weiter! Es war höchste Zeit. Wieder stieg ich frei, Beine und Hände auf Gegendruck im Kamin, bis er zu breit wurde und kein Spreizen mehr möglich war. Was nun? Auf Gleichgewicht stand ich im Kamin und klopfte alle Löcher und Ritzen ab. Kein Haken wollte halten. Ich warf den Kameraden einen fragenden Blick zu, die 20 Meter unter mir standen und alle meine Bewegungen verfolgten. Nein, Bohrhaken hatten wir keine dabei. Die Waden schmerzten. Zurück? Das hätte einen Sturz bedeutet, vielleicht einen Unfall. Ich hielt mit letzter Kraft aus.

Unmittelbar vor mir war der Eispanzer im Kamin durch ein Loch unterbrochen. Ein Schneebalkon bildete die Unterlippe dieses Loches. Der rettende Schneebalkon! Ob er meinem Gewicht standhalten würde? Rasch schlug ich mit den Füßen den lockeren Firn ab, verkrallte meine Finger im harten Preßschnee. Wenn er nicht hielt, würde er meine Kameraden da unten begraben. Vielleicht auch mich – je nachdem, wer schneller fallen würde. Ich fürchtete in diesem Augenblick weniger den Sturz als das Wiederaufsteigen. »Seil locker und aufpassen!« – ich schwang mich in das Loch und rollte in eine geräumige Höhle. Ich war in Sicherheit. Wenn der Schneebalkon nicht gehalten hätte, hätte einer der Haken gehalten, dachte ich, während ich im Dunkeln Risse für zwei Standhaken suchte.

Sepp und Heindl staunten nicht wenig, als in dem Loch, durch das eben noch meine Beine verschwunden waren, nun mein Kopf auftauchte. Anfangs wollten sie es nicht recht glauben: da wäre eine sichere Höhle, rechtzeitig vor Einbruch der Nacht! Dann stiegen sie nach und überzeugten sich selbst. Wir beschlossen, in diesem Adlerhorst zu biwakieren. Erst als wir alle drei beisammen standen, merkten wir, daß der Raum zu klein war. Zu klein zum Sitzen, zu klein zum Stehen, zu klein zum Liegen; nur kauern konnten wir da. Wir schlürften Zitronensaft, zogen Bilanz. Das durchkletterte Gelände unter uns war der Beschreibung zufolge leicht im

Vergleich zur zweiten Wandhälfte. Lediglich der 20 Meter hohe, überhängende Kamin hatte zu den Schlüsselstellen der Wand gezählt.

In seinem Grund richteten wir uns nun ein, um zu biwakieren. 300 Höhenmeter hatten wir geschafft. Das war wenig. Wenn wir so weitermachten, würden wir erst in vier oder fünf Tagen den Gipfel erreichen.

Nach einer Weile legten wir uns hin. Wie Sardinen in der Büchse kauerten wir nebeneinander. Jede Bewegung mußte angekündigt und von allen dreien gleichzeitig ausgeführt werden. Zwischendurch schliefen wir tatsächlich. So spannend wie am Abend der Einstieg in unser Nest, so spannend gestaltete sich am Morgen auch der Ausstieg.

Ein Klemmblock bildete die Decke unserer Höhle. Das wußte ich, weil ab und zu Schneestaub von oben kam. Ein schwacher Lichtstrahl ließ auf ein Schlupfloch schließen. Vielleicht führte es hinauf in den Hauptkamin? Ich versuchte es. Nach guten zehn Minuten war ich draußen. Ein günstiger Zufall, dieses Loch. Aber es war eng. »Wir hätten besser erst oben gefrühstückt!« brüllte ich hinunter zu Sepp und Heindl.

Nach einer schwierigen Kaminseillänge erreichte ich eine breite Schlucht. Gerade als ich an der rechten Schluchtwand einen Standplatz einrichtete, krachte es plötzlich. Weit über mir war ein Schneebalkon abgebrochen. Der reißt mich mit, dachte ich und hielt mich krampfhaft am Haken fest. Es wurde dunkel. Ich merkte, wie etwas am Seil zerrte. Das mußten die Schneebrocken sein, die durch den Kamin fegten. Als ich es wagte, aufzuschauen, lagen die Kamine über mir da wir vorher, ruhig und düster. Sepp und Heindl, die auf getrennten Standplätzen sicherten, schrien sich aufgeregt etwas zu. Ich sah aus wie ein Schneemann, über und über weiß und bedeckt mit Pulverschnee. Ich schüttelte mich, schlug einen zweiten Haken ein. Die beiden unten wußten nun, daß alles in Ordnung war.

Sepp übernahm die Führung. Über eine Rißreihe an der linken Schluchtwand stieg er zu einem Pfeilerkopf auf, wie es im Führer beschrieben war. Von dort aus leitete eine wenig geneigte Rinne hinauf in den Mittelteil der Wand.

Das Warten auf den Standplätzen dauerte wieder länger. Dabei kühlten wir aus. Wo stand die Sonne? An der gegenüberliegenden Talseite sahen wir den Schatten des Monte Agnèr. Also mußte es Mittag sein. Sepp überwand einen überhängenden Riß. Sein fliegender Atem verriet, daß es schwierig war. Nur langsam kamen wir voran.

Lautlos war der Schatten des Monte Agnèr inzwischen weitergerückt. Heindl und ich stiegen nach, zogen die Rucksäcke herauf. Das machte warm. Aber schon bald waren wir wieder unterkühlt. Inzwischen war der Schatten beträchtlich länger geworden. Er fiel bereits über die grauen Dörfer Listolade und Taibon. Bald würde er verschwinden. Wir hatten uns den Schatten zur Uhr gemacht, nachdem die Sonne nie zu uns in die Nordwand schien. Gerade als Sepp einen günstigen Biwakplatz erreicht hatte – wieder eine Höhle –, streiften einige Sonnenstrahlen die Nordkante rechts von uns. An einem Punkt nur schien sie die Felsen zu berühren. Dort hatten wir im Winter zuvor zum zweiten Mal biwakiert. Jetzt waren wir noch nicht so hoch.

Die Sonne war wieder weg. Sie war so nahe gewesen! Die Nacht kroch aus den Tälern und Schluchten herauf. Mit dem Dunkel kam etwas wie Lähmung und Mutlosigkeit über mich.

Wieder lagen wir drei nebeneinander, etwa 900 Meter über dem Einstieg.

Mit einem Mal standen die ersten Sterne über den Gipfeln, und immer wenn Sepp den Kochtopf hob, leuchteten unsere roten Daunendecken im Licht des Gaskochers auf. Diese zweite Biwakhöhle war geräumiger als die erste.

Am anderen Morgen würden die Hauptschwierigkeiten beginnen. Wir mußten uns ausruhen, erholen. Mein Blick glitt an den Höhlenwänden entlang hinaus in den Sternenhimmel. Die restlichen 600 Meter Wand standen im Geist vor mir: Platten, Risse, Überhänge, Eis und Schnee. Wieder keine Sonne. Seit wir aufgebrochen waren, lebten wir im Schatten. Oder in der Nacht. Was war es nur gewesen, was mir diese Winterbegehung so erstrebenswert hatte erscheinen lassen? Ein paar frohe Tage, die Sonne, der Berg? Wohl nur meine Tagträume in der grauen Universitätsstadt.

Nun war es Nacht und ich war allein mit zwei schlafenden Kameraden. Noch waren wir nicht oben. Keiner kannte den Weiterweg. Ich bezweifelte, ob es ihn gab, diesen Weg, ob uns nicht unüberwindliche Schwierigkeiten aufhalten würden.

Tagsüber gab es für uns nur Schatten, jetzt in der Nacht wenigstens Sterne. Scheinbar zusammenhanglos waren sie da oben verstreut: große und kleine, blasse und kalte. Im Geiste brachte ich sie in Beziehung zueinander, bastelte mir Sternbilder zurecht, die ich dann wieder auseinanderfallen ließ zu einem wirren Haufen heller Punkte. Dann spielte ich mit ihrer Tiefe und kam ins Bodenlose. Schließlich nickte ich kurz ein.

Dann lag ich wieder wach. Die Sterne zitterten. Der Zwang zur Untätigkeit und die Nacht waren es, die alles düster und hoffnungslos erscheinen ließen. Am Tag vorher noch hätte ich die Hölle stürmen mögen. Ich hatte mich bei dem Gedanken an weitere Schwierigkeiten gefreut. Nachts aber wurde ich zum Narren meiner selbst.

Wieder stand der Schatten des Monte Agnèr ganz hinten im Lucano-Tal. Wir waren schon einige Seillängen hochgestiegen. Reif lag auf den Platten links des Hauptkamins. Der Fels war hier vom Sturm reingefegt, nur im Windschatten hingen feine Schneekristalle an den Griffen. Von Osten her fegte er über das oberste Wanddrittel.

Wir kletterten inzwischen etwa in der Höhe des Spiz d' Agnèr, des östlichen Nachbarn unseres Berges. Immer wieder verglich ich unsere Höhe mit der des Spiz. Zwei Seillängen noch.

Der Spiz d' Agnèr ist zwar auch kein Zwerg in der Gipfelkrone der Pale di San Lucano, aber um vieles noch überragt ihn der Monte Agnèr. Die Schatten dieser Gipfel, die wie eine Projektion im Lucano-Tal lagen, zeigten es deutlich.

Welches Bild! Der ganze Bergstock war, klar geformt, an die andere Talseite geworfen: Torre Armena, Monte Agnèr, Spiz d' Agnèr. Klar waren die einzelnen Gipfel an ihrer Form zu erkennen. Nur ihre Farbe war einheitlich grau.

Über uns baute sich ein Pfeiler auf, steil und eindrucksvoll. Wir lasen im Führer: »An sehr steilen Platten empor, bis die senkrechte Wand zwingt, in den Hauptkamin zurückzukehren.« Hier waren wir nun. Ich querte von einem Schneerücken zum Kamin und kam gleich wieder zurück. Ausgeschlossen. Hier gab es kein Weiterkommen. Der Kamin war voller Schneebalkone.

Die Verhältnisse in der Originalführe zwangen uns, als Weiterweg den senkrechten Pfeiler links vom Kamin zu wählen. An ihm hatte der Wind nützliche Arbeit geleistet.

Eine Seillänge weit stieg ich am Pfeiler gerade empor. An kleinsten Griffen und Tritten. Schwierigkeitsgrad VI. Oben nahm uns eine steile Rinne auf. Es wurde wieder leichter.

Dann kam ein seichter, verschneiter Riß. Es ging wieder unendlich langsam. Rascher schoben sich auf der anderen Talseite die Schatten vorwärts. Still und stetig. Nun zerbrachen sie an den scharfen Kanten der Pale di San Lucano.

Unser Klettertempo wurde noch einmal rascher. Ich fühlte jetzt die Kraft in mir, alles Kommende zu meistern. Ich drängte immerzu weiter, immer höher. Eine kindliche Leichtigkeit überkam mich. Es gab nichts, was mich hätte aufhalten können. Es gab nur die Überzeugung, daß es gelingen würde!

Heindl Messner knapp unter dem Ausstieg aus der winterlichen Agnèr-Nordwand.

Schon schob sich der Schatten unseres Berges wie ein Keil in Richtung Torre Trieste hin. Die Sonne mußte also sehr tief stehen.

Wir waren etwa 200 Meter unter dem Gipfel. Hier hatten wir biwakieren wollen. Und nun fanden wir keinen günstigen Platz. Zwei Stunden blieben uns noch bis zum Einbruch der Dunkelheit. Sie mußten reichen, um bis zur Gipfelabdachung zu kommen! Von den zwei Möglichkeiten, die der Führer erwähnte, wählten wir die rechte. Ein riesiges Verschneidungssystem – und die Gipfelschlucht.

Ohne auch nur einen Haken zu setzen, jagten wir ein paar Seillängen höher.

Noch ein letzter brüchiger Überhang, »schlag doch einen Haken!« hörte ich Sepp unten schimpfen – und ich war oben. Heraus aus der Nordwand, heraus aus dem Schatten. Ich stand im Licht der untergehenden Sonne. »Draußen!« rief ich nur. So, als könnte ich es selbst nicht glauben. Der Gipfel war ganz nahe. Die Sonne streifte ihn. Als Heindl und Sepp bei mir standen, war die Sonne weg, untergegangen. Nur noch ein roter Schimmer lag über dem Horizont.

18. Peitler, große Klasse

Bericht von Günther Messner über die Erstbegehung der Nordwand

Meine Augen glitten nochmals die Wand hinauf. Ganz langsam. Sie suchten, verglichen, schätzten ab, verbanden harmonisch Punkt für Punkt zur Linie.

Eine zerknitterte Karte hielt ich in der Hand – eine Nordwandkarte. Ich kritzelte auf die Rückseite neben Reinholds Adresse: »Peitler, große Klasse – gut studiert – alles frei – 1 Tag – erwarte Dich Samstag.«

Reinhold kam. Er hatte eine schwere Woche hinter sich, Prüfungen, wenig Schlaf.

Mein Plan kam ihm zwar vermessen vor – ohne Biwak wird die Wand kaum zu schaffen sein, meinte er –, ich jedoch bestand auf einem Tag. Ich mußte am Montag wieder arbeiten.

Am Nachmittag fuhren wir nach Coll. Von dort wanderten wir weiter, vorbei an den Gungan-Wiesen, hinauf zum Würzen. Ein herrliches Licht überall; die Nordwand hell. Nicht zu glauben, daß diese Wand noch nicht durchstiegen war.

Der Morgen war klar wie der Abend. Während wir uns gegenseitig das beißende Heu abrupften, streiften ein paar Sonnenstrahlen den Gipfel. Es war Zeit, wir wollten aufbrechen.

Immer gewaltiger kam uns die plattige Nordwand vor. Ob ein Tag wirklich genügte? Wir stolperten weiter, über loses Gestein zum Einstieg. Die ersten Seillängen kamen wir schnell voran. Dann wurde die Verschneidung steil. Wir wählten den freien Weg, querten nach rechts und stiegen an der plattigen rechten Verschneidungswand höher. So erreichten wir ein breites Band unter riesigen, gelben Überhängen. Hier gönnten wir uns eine kurze Rast. Wir klopften verbogene Haken zurecht, tranken aus dem vollen Lederbeutel.

Es war erst zehn Uhr. Wenig später spreizte Reinhold über eine etwas brüchige Verschneidung hinauf. Er blieb stehen. Die Verschneidung hing über.

Eine freie Möglichkeit? Ich war gespannt. Reinhold begann nach rechts zu queren, und ich sah nichts als zwei große, schwarze Schuhsohlen, die immer kleiner wurden und hinter der Kante verschwanden.

Es folgten herrliche Seillängen hinauf bis unter das Riesendach. Wir riefen uns gegenseitig immer wieder begeistert Aufmunterungen zu. Die Sonne stand noch hoch, als wir eine Wölbung unter dem Gipfel erreichten. Wir zögerten nicht lange.

Ein kurzer Verhauer kostete uns Zeit. Reinhold kam wieder zurück, versuchte es weiter rechts ... es ging ... wir hatten es geschafft. Die direkte Nordwand-Route am Peitlerkofel sollte eine klassische werden.

Die Nordwand des Peitlerkofel. Die neue Route verläuft durch das seichte Verschneidungssystem in der Wandmitte.

19. Bergsteigen gegen die Uhr

Klettern in den Dolomiten und Westalpen

Schnelligkeit spielte für mich beim Bergsteigen eine untergeordnete Rolle. In diesem Frühling durchstieg ich die Schubert-Führe in der Ciavàces-Südwand erstmals im Alleingang. Natürlich brauchte ich nur wenige Stunden dazu. Die Zeit kam einfach heraus, ich hatte sie nicht angestrebt wie einen Rekord. Die sogenannten Begehungszeiten waren belanglos, oft nur Angeberei, für andere Bergsteiger gleichgültig.

Die Schnelligkeit ist nur wichtig, wenn die Sicherheit der Kletterer davon abhängt, wenn objektive Gefahren ein Klettern gegen die Uhr verlangen. Objektive Gefahren waren nach der alten Schule des Bergsteigens Steinschlag, Lawinen, Wettersturz – im Gegensatz zu den subjektiven Gefahren, die in erster Linie auf Selbstüberschätzung zurückzuführen sind. Die objektiven Gefahren hatten ihren Ursprung also im Objekt, im Berg, sie wurden ohne das Zutun des Menschen ausgelöst. Aber auch solche Gefahren waren für mich keine objektiven Gefahren. Es lag am Bergsteiger, diese Gesetzmäßigkeiten zu erkennen und seinen Zeitplan danach zu richten. Objektive Gefahren also gab es für mich praktisch nicht.

Willkürlichen Gefahren konnte man ausweichen oder sie bewußt in Kauf nehmen. Da nützte keine Schnelligkeit, keine Sicherung: nur Abwarten, den richtigen Zeitpunkt wählen und dann klettern. Oder überhaupt daheim bleiben.

Jeder Stein löste eine ganze Lawine aus. In den Gipfelfelsen, in die jetzt die Sonne schien, löste sich ein schwarzer Punkt, rollte zuerst, hüpfte dann über die dunkle Eisfläche, schoß wie ein Pfeil in die Felsinseln der unteren Wandhälfte. Dieser eine Stein brachte die ganze Wand in Bewegung: Krachen, Spritzen, Schwirren.

Es war im Sommer 1968. Günther und ich saßen unterhalb der Wand, die wir durchsteigen wollten: die Gletscherhorn-Nordwand im Berner Oberland. Sie war steil, zum Teil eisblank, mehr als 1000 Meter hoch. Bis dahin war sie angeblich erst sechsmal durchstiegen worden.

Gegen Mittag hatte der Steinschlag eingesetzt. Also mußten wir vor Mittag am Gipfel sein – oder erst gar nicht einsteigen. Diese Rechnung war einfach.

Im Eis wie im Fels (Günther am Montblanc di Tacul und in der Ostwand der Großen Fermeda) waren wir nicht nur routiniert, sondern auch schnell.

Wir stiegen ein. Die ersten 100 Meter gingen wir seilfrei. Die Wand war noch nicht steil. Man war nicht tot, wenn man dort stürzte. Dann sicherten wir uns gegenseitig. Von Felsinsel zu Felsinsel kletterten wir aufwärts. Dadurch sparten wir Zeit, weil wir rasch gute Sicherungshaken anbrachten. Zudem waren die Standplätze am Fels sicherer als die im Eis.

In der Spalte unter den Gipfelfelsen gönnten wir uns eine kurze Rast. Eine Stunde später waren wir auf dem Gipfel. Das Wetter schlug um. Nebel kamen auf. Um nicht Gefahr zu laufen, uns auf der anderen Seite des Berges zu verirren, überschritten wir den Grat vom Gletscherhorn zum Ebnefluh-Gipfel und stiegen über dessen Nordwand ab.

In den ersten Nachmittagsstunden saßen wir unten vor der Rattal-Hütte, von der wir am Morgen aufgebrochen waren. In der Gletscherhorn-Nordwand krachte jetzt der Steinschlag. Einige Bergsteiger, die in der Nordwand biwakiert hatten, machten uns Vorwürfe – wegen unserer Schnelligkeit! Man müßte bei Steinschlag doppelt so gut sichern, schimpften sie über unsere Taktik. »Warum?«, fragte ich. »Man kann auch klettern, ohne Steinschlag auszulösen.«

20. Die Ideen der anderen

Eiger-Nordpfeiler, erste Begehung

Mit einem Brief in der Tasche verließen Günther und ich in meinem vollgestopften Wagen Südtirol, um im Berner Oberland unser Glück zu versuchen. Ich hatte mir einen Fiat 500 gekauft, das kleinstmögliche Auto, so war ich beweglicher. Es war Ende Juli, und alle großen Dolomitenwände waren verschneit oder naß. Meist beides. Am vollkommen vereisten Schmittkamin an der Fünffingerspitze hatte ich mir am Tag vor der Abreise die Zähne ausgebissen. Der Abschied von den Dolomiten fiel uns diesmal nicht schwer. Schlechter konnte es in den Westalpen auch nicht sein – und dann war da noch dieser Brief: Toni Hiebeler hatte uns zu einer »Riesensache« ins Berner Oberland eingeladen: »1800 Meter! Kombiniertes Gelände« – Näheres stand nicht in dem Brief. Der notorische Intrigant hatte kein Vertrauen. Es war mir mehr als verständlich, warum uns Toni Hiebeler Wand und Gipfel verschwieg. Wir hatten trotzdem zugesagt. Unsere Neugierde wuchs von Tag zu Tag.

Toni Hiebeler kannte ich damals kaum, doch ich schätzte ihn als Redakteur der Zeitschrift »Alpinismus.«

In Stechelberg, zuhinterst im Lauterbrunnental, schlugen wir unser Zelt auf. Ich hatte mich nicht getäuscht, die Eisverhältnisse im Berner Oberland schienen nicht übel zu sein. Das Wetter versprach zu halten.

Am späten Abend konnte ich mit Toni, der in Mürren wohnte, telefonieren. Am nächsten Tag kam er zu uns ins Zelt. Nach drei Stunden war alles bereit – für den Eiger-Nordpfeiler!

Der Eiger ist wegen seiner Nordwand weltberühmt geworden. Dabei ist diese Wand nicht besonders schwierig, und der Gipfel ist weniger als 4000 Meter hoch. Diese Nordwand aber, 1800 Meter Höhenunterschied, ist nicht nur die höchste Wand der Alpen. Sie hat eine dramatische Ersteigungsgeschichte und oft schlechte Eisverhältnisse. Viele Wandstücke sind von Wasser überronnen, der obere Teil ist überaus brüchig und die Steinschlaggefahr dementsprechend groß.

Wegen seiner Lage sind am Eiger Wetterstürze keine Seltenheit. Viele Seilschaften sind in dieser Wand vom Schneesturm überrascht worden.

Hunderte kamen tagelang weder vor noch zurück. Einige Alpinisten wurden vom Steinschlag getroffen. Nicht wenige sind erfroren.

Die Eiger-Nordwand gehört zu den wenigen Wänden in den Alpen, in denen Glück fast wichtiger ist als Können.

Links von der Nordwand, über die Nordostwand, zog damals die Lauper-Führe zum Gipfel. Zwischen den beiden Wänden springt ein schwach ausgeprägter Pfeiler vor, der Nordwandpfeiler. Er war kaum vom Steinschlag bestrichen, und seine Schwierigkeit würde den vierten Grad nicht überschreiten, schätzte ich. Wir wogen nicht lange ab. Natürlich war dieser Pfeiler eine grandiose Tour.

Toni war vor vielen Jahren schon auf diese Route gekommen. Er hatte Bilder mitgebracht und führte uns nun detailliert in seinen Plan ein. Zusammen erwogen wir die Möglichkeiten der Linienführung, der Biwaks, eines Rückzugs.

Wir wollten das gute Wetter ausnützen, und deshalb wurde der Nordpfeiler am Eiger Günthers und meine erste Tour im Berner Oberland. Am selben Nachmittag fuhren wir gemeinsam mit Toni zur Kleinen Scheidegg. Fritz Maschke, unser vierter Mann, kam am späten Abend zu Fuß nach.

Die Verhältnisse am Eiger waren nicht die besten: viel Neuschnee, Lawinengefahr, Wasser. Trotzdem fanden wir unser Ziel sinnvoll. Eine solche Route war schon lange mein Wunsch: 1800 Meter Höhenunterschied, kombiniertes Gelände, logische Linienführung und verhältnismäßig steinschlagsicher.

In den Alpen waren sonst solche Probleme nicht mehr zu finden.

Ohne Taschenlampe suchten wir uns am frühen Morgen den Weg zum Einstieg. Für kurze Zeit erregten vier Lichter oberhalb der Alpiglen all unsere Aufmerksamkeit. Es war etwa eine Stunde vor Morgengrauen. Ob auch sie den Pfeiler machen wollten? Wer sie wohl waren? Dann näherten sie sich dem Nordwandeinstieg. Wir waren beruhigt und marschierten unter der Nordwand entlang zu »unserem« Pfeiler.

Es war heller Morgen, als wir am Einstieg einen Steinmann bauten. Ohne uns anzuseilen, kletterten wir einige hundert Höhenmeter aufwärts. Das Gelände war nicht steil und der Fels war gut, unerwartet gut sogar. Da und dort gab es eine Firnrippe zu queren. Rasch kamen wir höher. Wir ahnten nicht, was uns bevorstand, waren zu schnell, um uns Sorgen machen zu können. Wir hofften, daß es weiter oben auch so gut gehen würde. Vielleicht wären wir umgekehrt, hätten wir schon jetzt von den beiden scheußlichen Biwaks gewußt, die uns erwarteten. Vielleicht wären wir dann erst gar nicht eingestiegen.

Ob ich diese Bergtour noch einmal angehen würde? Könnte ich überhaupt all das wiederholen, wenn die Geheimnisse aufgehoben, wenn die Erwartung, die Ungewißheit fehlten?

Toni schimpfte. Er brach tiefer in den Schnee ein als wir beide, da er größer war und einen schweren Rucksack trug. Unter dem ersten Steilaufschwung – Günther und ich waren voraus – seilten wir uns auf die Bitte von Toni hin an. Die Rucksäcke wurden leichter. Der Fels war entweder vereist oder steil. Zu steil, um nur mit Steigeisen klettern zu können, zu eisig, um auf sie zu verzichten. Ich versuchte es als Seilerster zunächst ohne, dann mit Steigeisen, dann wieder ohne.

Unser Tempo war äußerst langsam. Wir kletterten in einer Viererseilschaft. Auf ausdrücklichen Wunsch von Toni hatten wir vier uns zusammengehängt. Es waren jeweils zwei, die sicherten, oft drei. Nur einer kletterte.

Viele Seillängen weit stiegen wir schräg rechts aufwärts. Fritz war oft 140 Meter hinter mir. Wie es ihm wohl ging? Seit neun Uhr früh hatte ich nicht mehr mit ihm gesprochen.

Am späten Nachmittag stieß ich unerwartet auf frische Spuren im Schnee. Von wem stammten sie? Yetis gab es in den Alpen nicht. Also mußten andere Bergsteiger hier vorbeigekommen sein. Ein großes Rätselraten begann. Woher kamen diese Spuren? Wo führten sie hin?

Auf einer Schneeleiste begannen Fritz und Toni das Biwak herzurichten. Zusammen mit Günther stieg ich noch drei Seillängen weiter. Wir folgten den frischen Spuren und fanden den Biwakplatz unserer Vorgänger. Er war noch kleiner und unbequemer als der unsere weiter unten. Wir ließen die Seile hängen und stiegen zurück zu den Kameraden.

Unter einem leicht überhängenden Felspfeiler hatten Toni und Fritz den Schnee weggeschaufelt. Die Fläche war gerade so breit, daß zwei Männer nebeneinander liegen konnten. Günther und ich hockten uns daneben hin. Immer wieder kam Schnee von oben. Eisstücke und Graupelkörner prasselten auf uns nieder. Wir verkrochen uns in die Biwaksäcke. An Kochen war nicht zu denken. Die Stimmung war gedrückt. Daß es nicht kalt war, konnte uns auch nicht trösten. Die Nässe war überall. Obendrein waren da immer noch diese rätselhaften Spuren. Sie gingen uns nicht aus dem Kopf.

Umsonst hatten wir gehofft, daß es in der Nacht frieren würde. Vom Überhang begann es herunterzutropfen: Topp, Topp, Topp... Es dau-

Der Eiger von Nordosten mit dem Nordpfeiler zwischen der Nordwand (rechts) und der verschneiten Nordostwand (links).

erte nicht lange, bis unsere Daunenjacken durchnäßt waren. Alles andere troff sowieso schon. Frierend hockten wir nebeneinander. Das Schweigen wurde nur unterbrochen, wenn einer den anderen fragte, wie spät es sei.

Dann wieder dieses Topp, Topp, Topp ... Das Tropfen, ein monoton anhaltendes und ein stockendes Topp, Topp, Topp ..., klang wie das Schlagzeug einer Band: ein rasches, unregelmäßiges Hämmern auf das Zelt von Toni; ein langsames, monotones Klopfen auf unsere Biwaksäcke.

Die Erinnerung an vorangegangene Tage war ausgelöscht. Der kommende und das Wetter interessierten mich mehr. Doch vorläufig gab es nichts außer diesem nervtötenden Topp, Topp, Topp...

Im stillen träumte ich jetzt von warmen Tagen. Tage voller Arbeit, Tage beim Studium, Tage daheim – alles ist besser als diese naßkalten Nächte in irgendeiner Alpenwand. Zu ertragen waren sie nur, weil man wußte, daß auch sie vorbeigingen.

Auch am Morgen des zweiten Tages sah das Wetter nicht gut aus – was aber nicht hieß, daß wir nicht hätten aufgeben können. Es lag an uns, den Auf- oder den Abstieg zu wählen. Alle vier wußten wir, daß die Gefahr bei schlechtem Wetter groß sein würde. Aber keiner sagte »Zurück!« Unser Weg war noch nicht zu Ende.

Mit Günther allein wäre ich in wenigen Stunden bis zum Gipfel gestiegen. Aber wir waren eine Viererseilschaft, und Toni Hiebeler und nicht wir hatten die Idee für diese Erstbegehung entwickelt.

Der Eiger-Nordpfeiler war sicher keine glänzende Neutour, aber leicht war er auch nicht unter diesen Bedingungen.

Zum Glück hingen die Seile, die Günther und ich am Vortag angebracht hatten, in der Wand. An ihnen konnten wir uns warmklettern. Toni fand einen Zigarettenstummel in der alten Spur und identifizierte unsere »Vorgänger« als Polen. Wenige Seillängen später mündete die Spur der Polen nach links in die Lauper-Route. Wir waren erleichtert.

Auch weiterhin hielten wir uns am Pfeiler. Nach einer steilen Felswand fand ich einen angenehmen Rastplatz. Die Sonne brach kurz durch die Wolkenwand, und wir beschlossen zu kochen. Zuerst gab es heiße Suppe, dann Sanddornsaft. Fritz hatte sich auf eine abschüssige Felsplatte gelegt und schlief. Er litt von uns allen am meisten unter dem Schlafmangel. Nun war er so müde, daß er in jeder Lage schlafen konnte.

Als die Sonne weg war, fing es an kalt zu werden. Ich lehnte an einem Felsblock und schaute hinunter nach Grindelwald. Die Luft über dem

Dorf war erfüllt von warmen Schleiern. Aber der Himmel zeigte eine entmutigend graue Farbe. Er war von hellen Streifen durchzogen. Drückend hingen im Norden tiefe Wolken über dem Hügelland.

Wir rissen uns los. Zuerst stapften wir durch nassen Schnee. Weiter oben kam wieder Fels. Am späten Abend stiegen wir am rechten Rand eines Eisfeldes aufwärts. Der Gedanke, einen guten Biwakplatz zu finden, war vorläufig unser Trost. Immer wieder spähte ich nach einer flachen Stelle, nach einer überdachten Felsleiste aus. Die anderen schwiegen. Ich fühlte, daß es höchste Zeit wurde, einen Lagerplatz zu finden.

An einer Felsinsel gelang es mir, zwei Haken zu schlagen. Die dürftigen Sicherungsmöglichkeiten an den Felsen waren damit erschöpft. Nach kurzem Überlegen fing ich an, das spröde Eis unter dem Fels wegzuhakken. Ich konnte Günther nicht nachkommen lassen, bevor wir auf der Plattform nicht zu zweit stehen konnten. Es war schon dämmrig. Die drei anderen standen weit unten in der Wand. Es war Nacht und sie horchten auf meine Pickelschläge.

Stunden später saßen Günther und ich auf einer schmalen Eisleiste. Die Situation war nicht ungewöhnlich, aber hart. Wieder war es naß, und wir froren. Toni und Fritz hatten sich mitten in der Eisflanke eingerichtet, so gut es eben ging. An das Eis gelehnt hockte ich mit eingezogenen Füßen da und wartete. Ich tat nichts, dachte nicht einmal, hockte nur da. Es war mir, als hätte ich schon immer da gehockt. Schneerutsche fegten durch die Nacht. Günther sagte, daß dort, wo er saß, ein kleiner See war. Er tat nichts dagegen, er stellte es nur fest.

Ich war völlig wach und doch mußte ich zwischendurch geschlafen haben. Ein Bild nur sah ich immer wieder klar vor mir: die Mittelegi-Hütte. Am Abend vorher schien es, als läge sie auf einem anderen Stern. Im Wachtraum war sie zum Greifen nahe. Weit mehr als 1000 Meter Wand lagen unter uns. Hunderte von Metern noch über uns.

Hätten Günther und ich eine eigene Idee verwirklicht, wären wir anders vorgegangen. Wir wären dann allerdings nie zu dieser Erstbegehung gekommen.

Am Morgen schneite es. Wir wußten nicht, ob dies unser letztes Biwak am Eiger-Pfeiler sein würde. Mühevoll zog ich die Steigeisen an. Günther schüttelte den roten Biwaksack aus und beobachtete scheinbar ohne Anteilnahme, wie ein kleiner Schneerutsch in der Tiefe verschwand. Wir waren naß und die Ausrüstung voll mit feinem Schneestaub: die Seile, die Kleider, die Pickel, die Rucksäcke.

Mit müdem Blick schaute Günther zu den hellen Streifen am Himmel hinauf. Langsam querte ich nach links ins steile, morsche Eis. Dann begann ich den Hang hinaufzusteigen. – Standplatz.

Es dauerte lange, bis Günther kommen konnte. Scharf schlug mir der Wind ins Gesicht. Es schneite immer noch. Ich wischte mir den Schneestaub von den Knien. Erst nach mehr als einer Stunde kam unsere Kette, die Viererseilschaft, voll in Gang. Ich konnte mich etwas aufwärmen.

Weit oben zog ich die Steigeisen wieder aus. Der steile, schlecht geschichtete Fels erforderte es. Am Nachmittag stiegen wir bei Nebel über das Gipfeleisfeld und den Mittelegigrat zum höchsten Punkt auf.

Die Stunden bis zum Dunkelwerden würden gerade noch zum Abstieg über die Westflanke reichen, rechnete ich mir aus, während Toni und Günther eine heiße Mahlzeit bereiteten: Brühe, einige Bissen Brot. Unsere Ansprüche waren nicht groß. Wir waren bescheidener geworden in diesen Tagen am Eiger.

21. Realisierte Träume
Erstbegehungen am laufenden Band

Im Sommer 1968 begann ich mehr und mehr eigene Ideen zu realisieren. Eine Erstbegehung nach der anderen gelang uns – eine schwieriger als die andere.

Zwei neue Routen eröffnete ich in diesem Sommer an der Marmolada: den »Südtiroler Weg« mit Konrad Renzler, der nach der morgendlichen Begegnung unter der Furchetta-Nordwand mein Freund geworden war, und die »Plattenwand« links der Soldà-Route mit Günther.

In nur drei Tagen, vom 7. bis 9. September, fand ich drei neue Führen. Zuerst mit Heini Holzer den »Renato-Reali-Gedächtnisweg« am Kleinen Vernél. Renato Reali war wenige Tage vorher bei einem Alleingang in der Capucin-Ostwand tödlich abgestürzt.

Dann durchkletterte ich mit Günther die Nordwandschlucht am Wasserkofel in der Geislergruppe. Zuletzt gelang mir eine neue Variante in der Südwand des Piz-de-Ciavàces. Dabei war Claudio Barbier mein Kletterpartner – ein Mann, der nicht meinem Naturell entsprach, den ich aber wegen seiner vielen Dolomiten-Neutouren bewunderte. Er wirkte immer abwesend, zerfahren. Dabei kletterte er affengleich und völlig unbefangen. An einem Tag hatte er hintereinander die fünf Nordwände an den Drei Zinnen durchstiegen. Allein, frei...

Günther und ich kletterten an jedem Wochenende zusammen. Unter der Woche mußte ich mir andere Partner suchen, Günther arbeitete damals als Bankkaufmann im Gadertal. Ich war Student, und der Sommer gehörte nur meinen Träumen. Ideen in die Tat umzusetzen, füllte mein Leben ganz aus.

Wie viele junge Leute verwandeln ihre Wünsche in Phantasiegebilde, anstatt sie zu verwirklichen. Träume gehören zum Leben, und die wahren Abenteuer fanden bei uns nicht im Kopf statt.

Wir – mein Bruder und ich – hatten damals einiges zu »erledigen«. Oft waren wir schon um Mitternacht auf den Beinen, bei Sonnenaufgang mitten in den Hauptschwierigkeiten und abends noch nicht auf der Hütte. Diese Aktivität, dieser Einsatz gab unseren Träumen eine rasende Geschwindigkeit.

Die zentrale Wand des Heiligkreuzkofels mit den drei markanten Pfeilern (Livanos-, Mittel- und rechter Pfeiler) und der großen Mauer rechts.

Über Stern im Gadertal, Günthers Arbeitsplatz, stand die graugelbe Mauer des Heiligkreuzkofels: mehrere Kilometer breit und bis zu 600 Meter hoch. In Kletterkreisen war diese Wandflucht damals unbekannt und kein Mensch fuhr dorthin. Nur ein paar einheimische Kletterer – Südtiroler – wußten, daß es dort ideale Erstbegehungsmöglichkeiten gab.

Günther und ich hatten 1967 den Livanos-Pfeiler drittbegangen, wobei wir selbstverständlich vom Wandfuß weg in die berüchtigte Führe eingestiegen waren. Die Zweitbegeher hatten die untere Wandhälfte umgangen.

Am Mittelpfeiler des Heiligkreuzkofels waren wir ein Jahr später. Wieder hatten wir unseren eigenen Weg von ganz unten weg gefunden, und wieder hatten wir in der Höhe am großen Bach biwakiert. Wieder brachen wir um acht Uhr auf. Nach drei kurzen Seillängen wurde der Pfeiler gelb. Nur rechts war ein freies Weiterklettern möglich. Wir querten, soweit es ging. Ich schlug dann einen Ringhaken ein und seilte mich pendelnd auf eine nach rechts ansteigende Rampe ab. Über sie erreichten wir eine kleine Kanzel an der senkrechten Pfeilerkante.

Bis hierher war alles klar gewesen. Die Natur hatte uns den Weg vorgegeben und wir waren ihm gefolgt.

Andreas Orgler, fotografiert von Otti Widmann, am Mittelpfeiler des Heiligkreuzkofels. 1988, 20 Jahre nach der Erstbegehung, die 1. Wiederholung.

Nun aber?

Zwei Meter ging es noch frei. Äußerst schwierig, aber es ging noch. Dann war ich mit meiner Kletterkunst am Ende. Ein winziges Loch fand ich. Zwei Zentimeter tief oder drei. Ich schlug einen kurzen Messerhaken, er hielt. Weiter. Noch ein Sicherungshaken. Weiter. Ein dritter. Weiter. Ein vierter...

Endlich wieder ein paar große Griffe. Ich steckte den Hammer in die Tasche. An einer feinen Ritze im Grund einer seichten Verschneidung konnte ich mich in gewagter Freikletterei höher schwindeln. Ich erreichte ein schmales Bändchen – gerade noch rechtzeitig. Beinahe wäre mir die Kraft ausgegangen.

Nun war ich endgültig am Ende. Eine glatte Platte, in der keine Ritze und kaum Griffe waren, versperrte mir den Weg. Vier Meter weiter oben ein Riß. Dorthin mußte ich. Ich stand auf einem fußbreiten Band, auf einer Leiste. Unter mir viel Luft, ein überhängender Abbruch. Gerade hinauf ging es nicht. Also schräg nach links. Es war zu glatt, die Griffe zu klein, als daß ich beide Füße vom Band hätte nehmen können.

Ich gab mich nicht geschlagen. Ich versuchte es immer wieder. Nach dreißig Minuten war ich keinen Zentimeter höher gekommen. Zurück wäre es auch sehr schwer gegangen. Vergebens bemühte ich mich, wieder abzuklettern. Es war unmöglich – und zum Abspringen reichte mein Mut nicht.

Das Stehen auf der Leiste war anstrengend. Ich fragte mich, wie ich auf den winzigen Kerben höher oben – wenn ich sie überhaupt erreichte – stehen sollte. Ich war müde, aber zum Versuchen verurteilt. Hinauf – das war der einzige Ausweg. Immer wieder setzte ich an, wollte mich vom Band abstoßen. Immer wieder stieg ich zurück, mit dem Vorsatz, doch das Abklettern zu versuchen. Sobald ich wieder am Band stand, kehrte die Fähigkeit, logisch zu überlegen, wieder. Zurück ging es nicht.

Nein, da war nicht Hoffnungslosigkeit, nicht Furcht, keine Verzweiflung. Aber auch kein Ausweg.

Wieder trocknete ich die Fingerspitzen. Magnesia verwendeten wir damals nicht. – Es mußte gehen! Nur diese vier Meter! Dieser Befehl steckte tief in mir.

Ich wagte alles, riskierte. Oben war ein kleiner Griff. Als ich ihn hatte, konnte ich nicht mehr zurück. Ich setze den rechten Fuß ganz hoch, aufstehen – ein Balanceakt –, mit der linken Hand die abschüssige Leiste erreichen und durchziehen... – Ein Eindruck, der ein Leben lang blieb.

22. Burél – das heißt Abgrund
Zweite Begehung der Südwestwand

Der Burél ist ein Berg in der Schiara-Gruppe. Ein ganz unscheinbarer Berg: 2281 Meter hoch, bis vor wenigen Jahren noch völlig unbekannt. Nur vom Val di Piero aus wirkt dieser Berg gewaltig, unnahbar.

Burél – das heißt »Abgrund«. Gemsenjäger müssen diesen Namen gefunden haben. Vor Jahrhunderten schon.

Von heute auf morgen wurde der Burél ein Berg, den die alpine Welt kannte. Von der Südwestwand sprach man überall. Die Durchsteigung der Wand war eine Sensation. Eine kleine Expedition schaffte in zehn Tagen und mit 120 Haken die zweite Wandhälfte.

Zusammen mit Konrad Renzler gelang mir die zweite Begehung. Den unteren Teil, bis zum großen Band, konnten dann zwei Italiener erstbegehen. Noch hatte niemand diese 1400 Meter hohe, konkave Felswand als Ganzes durchklettert.

Die Hütten waren geschlossen. Nicht unweit vom Einstieg biwakierten wir zwischen den Latschen, in einer kleinen Mulde.

Der Weg über die Alpini-Hütte war lang, und unsere Rucksäcke waren schwer. Wie schnell diesmal alles gegangen war. Anruf bei Konrad. Seine Absage. Drei Minuten später sein Rückruf und sein Ja. Er sagte ja zum Burél, ja zum Durst, ja zum Risiko. Nein, er hatte von all dem nichts geahnt. Nichts von der Brüchigkeit des Gesteins, nichts von der Länge dieser Tour. Er hat einfach zugesagt: aus Begeisterung, aus Neugierde, aus Bewegungslust. Aus denselben Gründen hatte ich bei ihm angerufen.

Konrad sagte immer ja, wenn es ums Bergsteigen ging. Er war Kaufmann und hatte wenig freie Zeit. Aber immer, wenn ich bei ihm anfragte, ob er Lust hätte, für drei oder vier Tage mitzukommen, nahm er sich die Zeit.

Konrad mochte die Biwaknächte. Er verstand etwas vom Freilager. Unser Nest war weich, der Boden warm. Über uns stand der Kleine Bär, die Milchstraße war klar zu sehen. Dann und wann eine Sternschnuppe. Über uns stand auch die gewaltige Südwestwand des Burél. In drei Tagen wollten wir wieder daheim sein.

Der Fels war trügerisch. Die Haken waren schlecht. Wir waren schon einige Stunden unterwegs. Die Sonne brannte in die Wand. Nur wenige schattige Standplätze waren zu finden. Zweieinhalb Liter Tee hatten wir in der Flasche. Jetzt schon brannte uns die Kehle. Das Klettern in der prallen Sonne und der fliegende Atem machten uns zu schaffen. Wasser! Durst! Die dicke Lederhose klebte an den Beinen, und beim Rucksacknachziehen rann der Schweiß. Durst! Wasser!

Die Schwierigkeiten waren geringer, als sie von den Erstbegehern angegeben waren. Aber der Fels war nicht gut. Nein, der Fels war wirklich nicht gut. Am frühen Nachmittag erreichten wir das große Band im Mittelteil der Wand. Hier wollten wir biwakieren. Wieder ein Schluck aus der Flasche. Nein, es waren mehrere Schlucke. Wir tranken gierig wie durstige Tiere. Zwei Liter hatten wir noch, zwei Liter und einen Höllendurst. Jeder hätte die Flasche in einem Zug leertrinken können. Wir mußten sparen. 700 Meter Wand standen noch über uns. Ein Dach schob sich über das andere.

Der Gipfel war noch so weit weg. Für den Weiterweg, für die Nacht mußten wir Wasser finden! Aus einem Bericht der Erstbegeher wußten wir, daß über das Band die Alpini-Hütte erreichbar war. Wir hofften, auf dem Weg dorthin einen guten Biwakplatz zu finden – und Wasser, vor allem Wasser. Ich lief voraus. Nach einer Weile fanden wir Latschen, und Konrad konnte einige Gemsen sehen. Ich hetzte durch Rinnen, überkletterte kurze Steilstufen und horchte immer wieder angespannt in den ruhigen Abend hinein. Ich mußte Wasser finden. Ich wollte Wasser finden! Immer wieder hörte ich es rauschen. Ganz leise nur, aber ich fand nichts als trockene Löcher. Halluzinationen?

Nach mehr als einer Stunde entdeckte ich eine Höhle. Der Ort sah nach Wasser aus. Meine Hoffnung war groß. Und wirklich: Es tropfte, an mehreren Stellen sogar. »Wasser!« rief ich Konrad zu. »Wasser!«

Ich kam mir vor wie Moses in der Wüste. Während Konrad nachkam, verglich ich die bescheidenen Quellen. Drei Tropfen in der Minute, das war die stärkste. In einer Nacht hätte sie den Steinschlaghelm füllen können. Wir aber hatten mehr Durst, als ein Steinschlaghelm fassen kann. Deshalb suchte ich weiter. Diesmal hatte ich mehr Glück oder eine gute Nase. In einer Rinne fand ich einen kleinen Tümpel. Einen Liter faßte er, oder zwei. Der Tümpel war schnell leer, der Durst war geblieben.

Bald würde es Nacht sein. Mit unserem Durst und einer halbvollen Flasche wäre der Weiterweg sinnlos geworden.

Jetzt erst kam mir der rettende Gedanke. Mensch, Konrad, da geht es doch zur Hütte! Wir wollten zur Alpini-Hütte, trinken, unsere Flasche füllen und morgen in aller Frühe mit Taschenlampen in die Wand zurückqueren. Frisch am Morgen weitersteigen. Gedacht, getan.

Um sieben Uhr früh waren wir kletterfertig. Einen Teil unserer Ausrüstung hatten wir in der Hütte gelassen. Wir kletterten jetzt mit einem Rucksack. Nach zwei Seillängen wurde es extrem schwierig. Schwierigkeitsgrad VI stand in der Skizze. Uns wurde sofort klar, daß ein »Sechser« von heute nicht dasselbe ist wie ein »Sechser« von gestern. In der zweiten Wandhälfte hatten unsere Vorgänger saubere Arbeit geleistet. Risse, Dächer, glatte Wandstellen, alles freie Kletterei. Ein technischer Quergang brachte uns nach links in die obere Wand. Plötzlich waren wir abgeschnitten. Riesige Dächer unter uns. An ein Abseilen war nicht mehr zu denken. Den Quergang zurückklettern? Lieber nicht. Wir wollten nicht zurück. Wir wollten weitersteigen. Nur die Möglichkeit hätten wir uns gerne offengehalten, die Möglichkeit für einen Rückzug.

Eingesperrt zwischen den Dächern kletterten wir weiter. Jetzt erst kam mir die ganze Problematik dieser Wand zum Bewußtsein. Und diese Höhe! Und die Überhänge über uns! Und der Abgrund! Hier konnte uns niemand helfen, weder von oben noch von unten.

Nur zu zweit kletterten wir da oben wie auf einem anderen Stern. Kein Mensch wußte von unserem Unternehmen. Ja, die daheim wußten es. Aber daheim war weit weg. Heute war Dienstag. »Wenn wir am Donnerstag nicht zurück sind«, hatte ich daheim gesagt, »dann . . .« Was dann? Wir würden spätestens am Donnerstag zurück sein.

Wir hatten uns ausgeliefert. Dem Alleinsein, dem Burél. Unser Leben hing von unserem Können ab, von unserem Willen.

Ich fühlte mich der Situation noch gewachsen. Ich fühlte mich ihr sogar überlegen. Trotzdem hatte ich Angst. Angst vor einem schlimmen Zufall konnte hier das Ende bedeuten. »Verdurstet, erfroren, verzweifelt«, hätte man nach zehn Tagen vielleicht feststellen können. So lange hätten Rettungsmänner gebraucht, um uns zu finden. Ich sah in der Natur damals keinen Feind. Es lag mir fern, Berge zu personifizieren.

Trotzdem ertappte ich mich manchmal dabei, wie ich mit einem Griff redete oder einen lockeren Block in der Wand anflehte, jetzt sein Gleichgewicht nicht zu verlieren.

Die Dächer des Burél können Steine nach uns werfen und uns erschlagen oder leben lassen. Wie sie wollen. Ein Pfeiler kann neben uns zusammenkrachen und uns mitreißen. Ein Griff bricht aus, ein Haken versagt, ein einziger Haken – und es wäre aus. Ein Sturz, ein angeschlagenes Bein, und wir sind Gefangene der Burél-Südwestwand. Ein Muskel verkrampft sich, ein einziger Muskel, und schon ist ein Gesunder mit einem Verletzten in dieser Riesenwand. Und keiner könnte dem anderen helfen, weil einer zu wenig ist für den anderen.

Vorsicht war das erste Gebot. Langsam schoben wir uns höher. Jeder vertraute dem anderen, und deshalb war das Weitergehen zu ertragen. Der Durst war groß. Wasser! Wir träumten davon. Fanden wir auf der Nordseite Wasser? Beim Abstieg?

Wir wußten nicht, wie weit es noch war bis zum Gipfel. Das 50-Meter-Dach knapp über uns versperrte jede Sicht nach oben. Mehr als 1000 Meter nur Luft unter uns! Und noch tiefer rann ein Bach hinaus, der am Wandfuß entsprang, ein richtiger Bach! Und daneben war der Steig, der Steig vom Val di Piero. Auf diesem Steig gingen im Sommer Menschen, und diese Menschen hätten uns sehen können und wissen, daß wir da waren. Es war Ende Oktober. Kein Mensch auf der ganzen Welt. Wir waren dem Burél ausgeliefert, und Burél hieß »Abgrund«.

Immer noch hofften wir, an diesem zweiten Klettertag hinauszukommen aus der Wand. Nach jeder gefährlichen Stelle dachten wir, daß es die letzte war. Die Flasche war leer und die Kälte schüttelte uns jetzt am Abend. Es war früh dunkel geworden. Wir hockten uns irgendwo hin, um zu biwakieren. Der Durst war eine schlimme Plage. An Schlafen war vorerst nicht zu denken. Durst! Immer wieder brüllte ich es hinaus in die Nacht: »Wasser!« Dann mußte ich wohl eingeschlafen sein. Ich wußte es jetzt, wir saßen im Biwak oben am Gipfel. Wieder fühlte ich im Traum diese Ausweglosigkeit. Ich wachte auf und wieder brüllte ich: »Wasser!« Es war wie ein Spiel. Und der Berg gab Antwort. Konrad lachte darüber. Auch er hatte Durst und fror.

Ein ständiges Einschlafen und Erwachen – das war die Nacht am Gipfel. Angst und Freude wechselten sich ab. Angst vor dem Abgrund, vor einem bösen Zufall; Freude über das Gelungene, Freude am Leben. Wir waren ja oben, der Abgrund war nicht mehr der unsere.

23. Expedition in die Anden
Jubiläumsexpedition des ÖAV Innsbruck in Peru

Ich war in das Studium der Mechanik vertieft. In Padua lebte ich seit Wochen und Monaten in einer Welt von Vorlesungen, Studien, Prüfungen. Ich studierte Hoch- und Tiefbau, ohne genau zu wissen, was mich in diesem Beruf erwartete. Vielleicht war ich auch aus Trotz auf die Uni gegangen. Meine Mitschüler, die in der Geometerschule teilweise schlechter gewesen waren als ich, studierten jetzt in Padua. Dabei wäre ich am liebsten nur klettern gegangen. Damals aber war ein Leben als »Berufsabenteurer« nicht praktizierbar, nicht einmal denkbar.

Mitten in der Arbeit überraschte mich ein Telegramm aus Innsbruck. Es war eine Einladung zur Tiroler Andenexpedition 1969. Sie schlug bei mir ein wie der Blitz! Damals dachte ich noch, daß jeder Mensch einen »ordentlichen Beruf« haben muß, und ich wollte einen »Brotberuf« erlernen, um »frei« bergsteigen zu können.

Ich telefonierte in alle Himmelsrichtungen. »Unsinn«, sagte mein Vater. »Start am 25. Mai, Flughafen Innsbruck, 16 Uhr«, erklärte Otti Wiedmann, der Leiter der Expediton. »Die Ausrüstung ist vorhanden. Du brauchst nur einen Rucksack, Sturmhölzer, drei Paar Schuhe ... mitzubringen.« – »Ich komme.« Ich sagte es am Telefon, ohne mir der Tragweite dieses Versprechens bewußt zu sein. Auch wußte ich noch nicht, wie ich den Termin einhalten konnte.

Paß, Visum, Impfungen, Versicherung – das alles mußte ich in drei Tagen beschaffen. Es war zum Verrücktwerden. Und die Mechanik-Prüfung? Für mich gab es sie nicht mehr.

Aus der Bibliothek holte ich Bücher, um mehr über Peru zu erfahren. Ich wußte von diesem Land nur, daß die Hauptstadt Lima hieß. Mit Hilfe einiger Freunde und viel Glück konnte ich alles erledigen. Auf dem Weg von Venedig nach Bozen – ich hatte mir dort ein Visum besorgt – war ich zudem noch in meinem Kleinwagen eingeschlafen und über die Böschung gestürzt. Ein Lastwagenfahrer hatte Mitleid und zog mich aus der Obstwiese heraus, zurück auf die Straße.

Um Mitternacht war ich zu Hause. »Der Flug geht über Innsbruck, Zürich, Dakar und Rio nach Lima«, erzählte ich meinen Eltern.

Wenige Tage später trafen wir in Lima die letzten Vorbereitungen für die Expedition. Zu dritt bummelten wir durch die Stadt. Ich liebte fremde Städte, das Klima, die Menschen. Die sozialen Unterschiede in Lima waren für uns Europäer unbegreiflich. Hier lebten Hunderttausende in Wellblechhütten am Stadtrand und wenige andere in luxuriösen Villenvierteln.

Am Nachmittag waren wir bei Herrn Morales. Er war selbst Bergsteiger und ein versierter Andenkenner. Er zeigte uns Bilder, verhandelte mit den Trägern, machte Notizen für einen kurzen Zeitungsartikel:

Expeditionsleiter und Bergsteiger: Otti Wiedmann; Expeditionsarzt und Bergsteiger: Dr. Raimund Margreiter. Das Team: Sepp Mayerl, Peter Habeler, Egon Wurm, Helmut Wagner, Reinhold Messner. Expeditionsziel war die Ostwand des Yerupaja Grande, eine der steilsten Eiswände in der Cordillera Huayhuash.

Mehrere Tage mußten wir warten, bis unser Expeditionsgepäck ausgelöst werden konnte. Stundenlang dauerten die Zollformalitäten. Überall auf der Welt dieser Bürokratismus! Zum Glück war nicht ich mit diesen Problemen betraut. Ich war nur Expeditionsmitglied. Mich interessierte diese neue Dimension im Bergsteigen: ein anderes Land, höhere Berge, eine Kletterei, die wochenlang, nicht tagelang dauern sollte.

In einem klapprigen Autobus fuhren wir Anfang Juni auf der Panamericana, der berühmten Straße an der Westküste, nordwärts. Wir verließen die Prachtstraße über einen steilen Schotterweg und erreichten Chiquian, den Ausgangspunkt unserer Expedition. Einige tausend Indios lebten da in ärmlichsten Verhältnissen. Am Ende der Straße führte ein schmaler Steig durch wilde Schluchten hinauf in die Anden, hinauf zu den letzten Siedlungen.

Am nächsten Morgen schon wollten wir aufbrechen und standen deshalb um sechs Uhr früh auf. Unser Ziel war Pocpa. Wir verstauten unsere Ausrüstung in Rupfensäcken und beluden dreißig Mulas. Es war sehr mühsam, und erst gegen zehn Uhr konnten wir losziehen. Ganz hinten am Horizont sahen wir die Andenkette. Alle anderen Gipfel überragend stand da der Yerupaja, unser Ziel.

Der staubige, gänzlich schattenlose Marsch erschien mir nicht mühsam. Es gab so vieles zu sehen, so viele neue Eindrücke! Und ich mußte mich mit dieser fremden Welt erst vertraut machen. Einladung, Vorbereitung, Abreise – alles war so schnell gegangen. Ich war Gast bei dieser Expedition. Ich hatte für Kurt Schoißwohl einspringen dürfen, der als Lehrer nicht vom Unterricht freigestellt wurde.

Ich hatte Mühe, mit den Mulas Schritt zu halten. Sie wirbelten so viel Staub auf, daß man besser vor ihnen oder weit hinter ihnen marschierte. Wir nutzten die erste Rastpause, um einen kleinen Vorsprung zu gewinnen. Als sich die Karawane wieder in Bewegung setzte, gab es einen kleinen Zwischenfall. Die Treiber erzählten es später: Eine Mula hatte keine Lust mehr weiterzugehen, sie blieb einfach liegen. Mit viel Geduld und einem Salzstein wurde sie schließlich »überredet«, uns zu folgen.

Ab und zu begegneten wir einer Bauernfamilie. Die Menschen trugen Mais und Kartoffeln oder sie trieben Rinder vor sich her, die sie auf dem Markt von Chiquian verkaufen wollten. Die Kinder waren barfuß und schmutzig. Ihre Kleidung war ärmlich und sie starrten uns an. Noch nie zuvor hatten sie Europäer gesehen.

Die Täler waren wilde, steinige Schluchten. Oft ohne jede Vegetation. Hier und da nur, am Bachrand, standen ein paar Sträucher. An den wenigen Quellen hatten die Indios ihre Dörfer, dort bauten sie Mais, Hafer und anderes Getreide an. Ihre kleinen Lehmhütten erweckten den Eindruck, als ob alles nur provisorisch wäre. Trotzdem waren diese Weiler willkommene Oasen auf unserem Marsch durch die sommerliche Hitze. Nach sechs Stunden erreichten wir Pocpa, wo wir im Gemeindehaus untergebracht wurden. Einer unserer Treiber lud uns zum Abendessen ein – soviel Gastfreundschaft ist nur in einem armen Land möglich. Langsam wich unser Mißtrauen gegenüber den Einheimischen, den Indios. Sie lebten von Viehzucht und Ackerbau. Ihr Gesichtsausdruck strahlte Zufriedenheit aus und eine Ruhe, wie ich sie bei unseren Bauern in den Dolomiten nicht kannte.

Auf bloßem Erdboden richteten wir uns ein Nachtlager, Holzböden waren in den Bergen unbekannt. Die Leute schliefen mit Hunden und Schweinen in einem Raum.

Zwei Tage lang marschierten wir weiter, über Hochflächen, an Seen entlang, über Pässe und durch Täler. Bei Regen und Nebel kamen wir in Caruacocha an. Beim Überqueren der beiden letzten Pässe hatte es geschneit.

Wir waren müde, durchnäßt, voller Dreck – wir hatten Hunger und kein Dach über dem Kopf. Ich fror. Viele tausend Kilometer waren wir von zu Hause entfernt.

Bei einigen mannshohen Felsklötzen neben einer Quelle schlugen wir unser Basislager auf. Der Höhenmesser zeigte 4150 Meter an. Wir zogen Gräben, stellten die Zelte auf, gruben ein Loch für unsere Nahrungsmittel. An einem der Felsen richteten wir eine Küche ein. Die dünne Luft

machte die schwere Arbeit zur Qual. Es war immer noch regnerisch. Einmal nur konnten wir die Ostwand des Yerupaja sehen. Da sie weit über uns aus dem Nebel ragte, wirkte sie noch höher und abweisender, als sie in Wirklichkeit war.

Einen Kilometer von uns entfernt standen einige runde Hütten aus Steinen. Ihre Dächer waren aus Schilfrohr. Es schien mir, als hätte sich hier seit Jahrtausenden nichts geändert.

Nach zwei Tagen besserte sich das Wetter. Wir stiegen auf. Am Rande des Gletschers, knapp unter der 5000-Meter-Grenze, fanden wir einen günstigen Platz für unser erstes Hochlager. Hochlager sollten immer zirka 500 bis 900 Höhenmeter voneinander entfernt sein und größtmögliche Sicherheit bieten. Damals wußte ich dies nur aus der Theorie.

Es war Mitte Juni. Eines Morgens brachen wir zu viert von Lager I auf, das am linken unteren Rand des großen Gletscherbruches stand. Den Weg über den Bruch hatten wir bei den Vorbereitungsarbeiten markiert und ausgetreten. Über unsere Fixseile, die Peter und Sepp am Beginn des Yerupaja-Südostpfeilers befestigt hatten, kamen wir rasch höher. Sepp und ich fixierten dann weitere 100 Meter Seil. Peter und Manni, unser Doktor, brachten Material nach.

Gegenüber vom ersten Pfeilerkopf fand ich am Nachmittag in 5350 Meter Höhe einen idealen Platz für das zweite Hochlager. Wir bauten eine Seilbahn vom Pfeilerkopf zur Pfeilerwand. Dann brachten wir alles Material zur Lagerstelle. Sepp hatte inzwischen eine Plattform freigepickelt.

Wieder begann es zu schneien. Sepp und ich stellten ein kleines Zelt auf. Dann verstauten wir alle nässeempfindlichen Materialien und kletterten an den fixen Seilen zurück zum Pfeilerfuß. Durch Neuschnee wühlten wir uns zurück zum Lager I. Hier trafen wir Otti und Egon, die im Gletscherbruch gefilmt hatten. Heli und unsere Hochträger waren mit Ausrüstungsgegenständen vom Basislager ins Lager I gekommen. Genauso hatte ich mir eine Expedition immer vorgestellt. »Alle für einen, einer für alle.« Wie naiv war ich doch damals! Jeder setzte sich für das gemeinsame Ziel ein, jeder half mit, die Voraussetzungen für einen Gipfelaufstieg zu schaffen.

Gemeinsam stiegen wir ins Basislager ab. Alles war naß, das Wetter immer noch unsicher.

Seit wir vor Wochen Pocpa in den peruanischen Anden verlassen hatten, lebten wir in Zelten, auf uns allein gestellt, viele Tagesmärsche von jeder menschlichen Behausung entfernt. Wenngleich ich tagelang

Der Yerupaja in der Morgensonne. Nur ein Nachtaufstieg und unsere Schnelligkeit ermöglichten den Durchstieg dieser konkaven Eisrinne.

mit niemandem sprechen konnte und das Wetter nun endgültig umzuschlagen drohte, war ich voller Ruhe und Gelassenheit.

Die Wellen klatschten an die Felsen, die vereinzelt am Strand des Caruacocha-Sees lagen; Nebel umspielten die Gipfel des Jirishanka, des Yerupaja, des Siula. Der Westwind trug eine dunkle Wolkenbank heran, aus der strichweise Regenschauer über das Hochland niedergingen. Unsere Zelte im Hauptlager wurden von Windböen geschüttelt.

Gegen Mittag kroch ich aus dem Schlafsack, suchte unter herumliegenden Steinplatten nach Regenwürmern und schlenderte flußabwärts, um dort zu fischen.

Erst als am späten Nachmittag die erste Forelle in meinen Händen zappelte und ich sie niemandem zeigen konnte, merkte ich, wie allein ich war.

Eine Woche später war es soweit. Alles war vorbereitet. Vom Lager II hatten wir einen Weg zum Fuße der Ostwand gespurt und dort ein mittelgroßes Zelt aufgestellt, das Ostwandlager. Es stand in einer Höhe von ungefähr 5300 Meter.

Die eigentliche Wand war 1300 Meter hoch. Sie führte bis auf eine Meereshöhe von 6634 Meter. Im rechten Teil war die Wand bereits durchstiegen, von Amerikanern. Nun wollten Peter und ich sie durchsteigen, und zwar in der Gipfelfallinie. Der felsige Gipfelaufbau, er mochte an seiner höchsten Stelle 80 Meter hoch sein, war gelb und weiß, ein Schotterhaufen. Eine Steinschlagrinne nahm 300 Meter tiefer ihren Anfang. Links davon wurde die Eiswand von einem riesigen Felspfeiler begrenzt. Eine ideale und sichere Aufstiegslinie. Aber mit hoher Wahrscheinlichkeit extrem schwierig. Von vorne gesehen zog der Pfeiler leicht nach rechts und endete links vom Gipfel am Grat. Vom Pfeiler hingen Eiszapfen, die bis zu 30 Meter lang waren, in unsere Wand.

Tagsüber waren die Chancen, in dieser Wand lebend durchzukommen, wegen der großen Steinschlaggefahr gering. Die Eisfläche war konkav und lief oben wie ein Keil zusammen. Fallende Steine erreichten nach Sekunden schon eine tödliche Geschwindigkeit. Nur der 300 Meter hohe Keil unter dem Gipfelgrat war nach Sonnenaufgang ohne großes Risiko zu bewältigen. Wir mußten also seine untere Spitze, die in einer Meereshöhe von 6300 Meter lag, erreichen, bevor die ersten Sonnenstrahlen die Gipfelfelsen berührten. Also um sechs Uhr.

Mein Plan, diese unheimlich steile Eiswand an einem Tag im Auf- und Abstieg zu begehen, erschien uns allen etwas zu kühn.

Wenn ich die Sache heute in Ruhe überlege, bin ich sicher, daß es der einzig richtige Plan war: mit leichtem Rucksack nachts einsteigen, schnell klettern und am Abend über dieselbe Wand wieder abseilen. Nur so konnten wir dem Steinschlag entgehen. In vielen Eiswänden der Ost- und Westalpen hatte ich diese Taktik angewandt. Mit Erfolg.

Kurz nach ein Uhr nachts verließen Peter und ich das Zelt im Ostwandlager. Es war kalt, der Himmel sternenklar. Mit unseren Stirnlampen stiegen wir schnell aufwärts. 200 Höhenmeter in der Stunde mußten wir schaffen. Dauernd verglichen wir die Uhrzeit mit der Meereshöhe. Nach drei Stunden mußten es 600 Höhenmeter sein. Es waren mehr. Wären es weniger gewesen, wir hätten umgedreht. Bei Tagesanbruch mußten wir aus der Wand sein. Um sechs Uhr morgens waren wir oben im steinschlagsicheren Kegel. Wie geplant.

Die erste Wandhälfte war firnig gewesen und unsere Aluminiumhaken, die bis zu 80 Zentimeter lang waren, hatten gute Dienste geleistet. Ab Wandmitte war das Eis blank. Trotzdem stiegen wir in der Gipfelfalllinie weiter.

Als die ersten Sonnenstrahlen die Wand erreichten, wurde es lebendig um uns herum. Steine schwirrten herab, der Eisschlag begann. In der zentralen Rinne hätten wir jetzt nicht mehr sein dürfen! Das Eis wurde nach oben hin immer steiler. Am Ende kam Riffelfirn. Wie riesige, sich nach unten verjüngende Strebepfeiler klebte der Schnee an der Wand.

Noch drei Seillängen, noch zwei, noch eine... wir waren am Gipfelgrat! Die Ostwand, unser Expeditionsziel, lag unter uns. Es war noch heller Vormittag, als wir über den stark verwächteten Grat zum Gipfel weiterstiegen. Bis zum Beginn der Felsen ging alles gut.

Der Gipfelaufbau hatte von unten keinen allzu schlimmen Eindruck auf uns gemacht. Jetzt aber stellten wir fest, daß die senkrechten Felsen aus Schutt bestanden und die Gipfelwächte aus weichem Schnee. Nach 20 Metern kam Peter wieder zurück. Unmöglich! Der Höhenmesser zeigte 6612 Meter. Rechts um die Felsen herum wäre es möglich gewesen, den Gipfel zu erreichen. Aber dazu reichte die Zeit nicht mehr.

Wir beschlossen, abzuseilen. Um 15 Uhr begannen wir mit dem Abstieg über die steile Eisflanke. Die Sonne war hinter dem Westpfeiler verschwunden, und in der Wand wurde es ruhig. Tagsüber hätte es Selbstmord bedeutet, hier zu klettern. Jetzt aber, im Nachtfrost, war das Absteigen verantwortbar. Wir kletterten, wir liefen die Wand hinunter. Während sich Peter über die riesige Randspalte abseilte, wurde es Nacht. Wir staunten über unsere Schnelligkeit, über den gewonnenen Wettlauf gegen die Uhr. Wir verkrochen uns im Ostwandlager. Lange lagen wir noch wach. Hin und wieder hörten wir Steine am Wandfuß aufschlagen.

Wenige Tage später bestiegen Peter und ich die Südwestflanke des Yerupaja Chico (6121 Meter). Es war ein anstrengender Aufstieg. Vom Ostwandlager aus hatten wir eine komplizierte Route gewählt. Einen Weg über mehrere Steilstufen. Wir mußten durch ein Gewirr von Spalten hindurch. Nach neun Stunden und härtester Spurarbeit erreichten wir den Gipfel. Wir schauten in die Runde, hinüber zur Ostwand. Unsere Aufmerksamkeit aber galt den Kameraden Sepp und Egon, die den Südostpfeiler des Yerupaja versuchten. Eine schottische Expedition hatte zwei Anläufe unternommen, diesen Pfeiler zu bezwingen. Vergeblich.

Sepp und Egon waren von einem dritten Lager aus aufgebrochen. Am gleichen Abend noch hatten sie den Vorgipfel erreicht. Dort biwakierten sie. Jetzt kamen sie nur noch langsam vorwärts. Ihr zweites Biwak hatten sie dort bezogen, wo Peter und ich, aus der Ostwand kommend, auf den Gipfelgrat gestoßen waren. Sie mußten am Verbindungsgrat vom Vorgipfel zum Hauptgipfel auf unerwartet große Schwierigkeiten gestoßen sein.

Peter und ich waren inzwischen ins Hauptlager abgestiegen. Nun warteten wir gespannt, was die beiden machten. Das Fernglas ging von Hand zu Hand. Die Aufregung wurde immer größer. Schließlich brachen Sepp und Egon wieder auf. Es war der Morgen des dritten Tages. Sie querten, wie wir es vorgeschlagen hatten, rechts um die Gipfelfelsen herum und erreichten den rechten Grat. Jetzt wurden sie schneller. Unsere Freude im Basislager wuchs mit jedem ihrer Schritte.

Wie ein Rundfunkreporter schilderte uns Otti, der gerade das Fernglas hatte, ihren Gang zum Gipfel. Dann waren die beiden oben. Sie umarmten sich. Sogar ohne Fernglas konnte ich einen schwarzen Punkt erkennen. Die Tränen standen uns in den Augen.

Es war 14 Uhr geworden. Sofort stiegen Sepp und Egon ab. Wir atmeten auf. Aber der Abstieg durch die Ostwand ging nur zögernd vor sich. Gegen Mitternacht sahen wir eine Stirnlampe in der Wand aufblitzen. Dann immer wieder ein Aufblitzen. Dann nichts mehr. Sie biwakierten also.

Keiner von uns schlief. Erst am nächsten Tag konnten wir sie im Ostwandlager empfangen. Sie waren völlig am Ende ihrer Kräfte.

Im Basislager stellte sich heraus, daß sich beide die Füße stark erfroren hatten. Es half nichts, wir mußten abreisen. Nur unserem exzellenten Expeditionsarzt Raimund Margreiter war es zu verdanken, daß die Zehen der beiden gerettet werden konnten.

24. Nur eine halbe Stunde Schlaf

Erste Alleinbegehung der Droites-Nordwand

Vom 17. Juli 1969 an war ich zum internationalen Bergsteigertreffen der ENSA in Chamonix eingeladen. Ich überlegte nicht lange und fuhr hin. Da wurden keine Vorträge gehalten und keine Erfahrungen ausgetauscht. Auch keine Adressen. Jeder konnte die Touren klettern, die er wollte und hatte unten im Tal seine Bleibe. Ein billiger Urlaub in den Bergen, im gewaltigen Montblanc-Massiv.

Zurück aus den Anden war ich in Hochform, und das Studium interessierte mich nicht mehr. Bergsteigen war für mich das Wichtigste auf der Welt geworden. Vater und Mutter begleiteten mich. Sie wollten das schöne Wetter nützen und die Fahrt mit einem Besuch verbinden. Drei meiner Brüder führten nämlich den Sommer über die Alp Albin in der Schweiz. Dort verdienten sie sich das Taschengeld für die Schulmonate – Erich als Senn, Siegfried als Zusenn und Hubert als Hirte.

Die Fahrt über Mailand, Chivasso und Aosta war wie im Flug vergangen. Vater hatte von den Wochen erzählt, die er dort im Krieg erlebt hatte, 1945, beim Rückzug. Einige Dörfer kannte er noch, obwohl sich inzwischen vieles geändert hatte. Von Courmayeur aus sahen wir den Montblanc zum erstenmal. Ein freundliches Licht lag auf den gewaltigen Firnhängen der Brenva-Flanke, und am Gipfel glaubte ich eine Schneefahne zu erkennen.

Während wir in der Kolonne durch den großen Berg nach Frankreich fuhren, mußte ich unentwegt an den Frêney-Pfeiler denken. Ich war in meinen Gedanken gerade oben am großen Dach, als der Tunnel aufhörte. Vor uns lag Chamonix, die Stadt der Bergsteiger, damals Treffpunkt aller großen Alpinisten Europas.

Am Abend hörten wir den Wetterbericht. Er war gut, und ich war ohne Partner. Noch einmal schlenderten wir durch die Stadt. Die Gipfelhänge des Montblanc wurden von den letzten Sonnenstrahlen gestreift. Über den düsteren Aiguilles de Chamonix nahm sich der leuchtende Gipfel freundlich aus. Ich konnte ihn, dessen zerrissene Gletscher bis ins Tal herunterkrochen, auch nach den Erfahrungen in den Anden nicht ohne Schaudern betrachten.

An diesem Abend packte mich die Faszination der Droites-Nordwand. Ich erinnerte mich nicht, früher jemals an eine Alleinbegehung dieser Wand gedacht zu haben. Jetzt aber, beim Sonnenuntergang, stand der Plan plötzlich für mich fest. Ich sah die dunkle Wand und den langen, zerrissenen Gipfelgrat vor mir und hatte sofort eine Beziehung zu diesem »Problem«. Ich wunderte mich, daß noch niemand auf die Idee gekommen war, diese Wand alleine zu durchsteigen. 1965 hatte ich sie mit Günther versucht. Wir waren gescheitert.

Ich mußte gehen, springen, laufen. Niemand sonst sprach von dieser Wand. Alle gingen herum mit alltäglichen Gesichtern: ihrem Feriengesicht, dem Bürogesicht, dem Werkstattgesicht. Sie rauchten ihre Zigaretten oder schlürften ihren Kaffee vor einer Bar. Ich mußte gehen, und dabei wich ich jedem auf der Straße aus – aus Angst, er könnte mein »Droites-Gesicht« sehen.

Am nächsten Morgen fuhren wir nach Argentière. Von dort stieg ich hinauf ins gleichnamige Becken. Die Eltern fuhren weiter, in die Schweiz, zu meinen Brüdern.

Es war inzwischen zehn Uhr geworden. Ich war oben auf dem flachen Gletscher, der unterhalb der Aiguille Verte überquert werden muß. Die Sonne brannte vom Himmel, und der Schnee reflektierte die Hitze. Ein kleiner Wasserlauf sprudelte neben den schmutzigen Steigspuren.

Der Mann, der vor mir ging, wischte sich immer häufiger mit dem Ärmel übers Gesicht. Dann blieb er stehen, kniete sich nieder und schlürfte gierig aus dem eisigen Bach.

Von der Wand herab hörte man dumpfes Krachen. Der Fremde schaute auf, als habe ihn jemand gerufen. Einige Steinbrocken, die oben am Gipfelgrat ausgeschmolzen waren, stürzten die Droites-Nordwand herunter. Ich erschrak, als hätte es mich selbst erwischt. In Sprüngen jagten die Brocken, kleine, helle Flecken hinterlassend, über das teilweise blanke Eisschild. Der Mann senkte seinen Mund wieder ins klare Wasser.

»Um acht Uhr muß ich oben sein im senkrechten Wandteil«, sagte ich zu mir, »sonst kann ich gleich umkehren«.

Im Argentière-Kessel war es wieder ruhig. Noch einmal suchte ich mit meinen Augen die Wand ab. Der unglaublich steile Bauch am Beginn war blank, im »Kessel«, einer Einbuchtung in der Wandmitte, zogen schmale Schneestreifen hinauf bis zu den ersten Felsinseln. Darüber war die Wand senkrecht. Neuschnee lag auf den Pfeilerköpfen. Am Gipfelgrat fingen sich jetzt einige Sonnenstrahlen.

Eine halbe Stunde später zwängte ich mich in die überfüllte Hütte.

Ich warf den Rucksack ab und ging in die Küche zu Michel. Er lachte über das ganze Gesicht, als ich ihm die Hand hinstreckte. »Droites?« fragte er gleich, und dann »Wo ist dein Bruder?« Ich schüttelte den Kopf: »Ich bin allein!«

Michel, der Sohn des Hüttenwirts, war schon lange mein Freund. Im August 1965 hatten wir uns kennengelernt. Damals war er noch klein gewesen. Er war der einzige auf der Hütte, der deutsch sprach. Inzwischen studierte er Medizin. An seinem Wesen hatte sich nichts geändert.

Günther und ich hatten in dieser Wand vier Jahre vorher nach 200 Metern aufgegeben.

»Ihr müßt wiederkommen!« hatte Michel beim Abschied gesagt.

Jetzt war ich wieder da.

»Droites?« fragte Michel noch einmal. Ich nickte.

»Solo?«

»Ja, ich will es versuchen.«

»Schwierig!«

»Ich weiß, ich will es versuchen.«

Michel lachte, er war begeistert von meinem ausgefallenen Plan.

»Nichts verraten!« bat ich ihn, und er möge am nächsten Tag ab und zu hinüberschauen in die Wand. Michel nahm das Fernglas. Später zeigte er mir das Lager. Er entschuldigte sich und verschwand wieder im Hüttenraum. Ich packte den Rucksack, stellte ihn auf den Boden und stieg hinunter. Außer Michel kannte ich niemand im Aufenthaltsraum. Ich holte die Hüttenbücher heraus, setzte mich an einen Tisch und blätterte darin.

Neben mir saß ein Bergführer. Er erzählte eines seiner Erlebnisse. Alle, die gerade da waren, hörten zu. Ich konnte zwar kein Wort Französisch, aber ich verstand, daß es plötzlich um meine geplante Alleinbegehung ging. Ich stand auf, ließ die Bücher liegen, und ohne mich nochmals umzusehen schob ich mich durch die Hintertür ins Freie.

Draußen auf dem Geländer vor der Hütte saß Michel. Ich konnte ihm einfach nicht böse sein. Warum hatte er meinen Plan verraten? Wortlos reichte er mir ein Fernglas. Ich schaute hinüber in die Droites-Wand. Michels kleiner Bruder aber stellte sich immer wieder vor mich und grinste. Eine Weile boxte ich mit ihm herum, dann ging ich ins Matratzenlager, um meine Ausrüstung nochmals zu überprüfen. Die Steigeisen waren stumpf.

Michel brachte eine Feile, und zu dritt begannen wir vor der Hütte meine Steigeisen zu feilen. Bergführer, die dort saßen, tauschten einen schnellen Blick. Der Bergführerkurs fand gerade auf dieser Hütte statt. Mir war das nicht entgangen. Ich würde ein kritisches Publikum haben. Einer der Männer klopfte mir auf die Schulter. Dann ging er zum Abendessen.

Nur Michel blieb. Er setzte sich zu mir auf das Geländer vor der Hütte. Jetzt beim Dunkelwerden beschlich mich ein Gefühl der Unsicherheit. Wie immer in der Nacht!

»Michel«, sagte ich, »Michel, ich werde morgen nicht einsteigen.« Als er nur erstaunt lächelte, meinte ich, versuchen wollte ich es schon, aber ich hätte es mir anders überlegt.

An diesem Abend konnte ich lange nicht schlafen. Einige Male ging ich vom Hüttenraum ins Lager, dann wieder zurück in den Hüttenraum. Es waren nur noch wenige Gäste da. Ich zog mich zurück. Langsam wurde es still. Irgendwo schloß noch jemand einen Fensterladen. Ein Hüttenabend wie alle anderen, aber ich lag wach. Nicht der Gedanke an diese Wand hatte mich aus dem Gleichgewicht gebracht. Es war der feste Vorsatz, sie allein zu durchsteigen, der mich quälte.

Michel hatte mir vor dem Schlafengehen versprochen, mich rechtzeitig zu wecken. »Ich werde die Verte-Nordwand machen«, sagte ich, »wecke mich mit den anderen!«

Ich lag unter den Decken und wollte schlafen. Doch ich konnte nicht. War es zu heiß, zu stickig – oder war es nur der Gedanke an die Droites-Nordwand, der mich am Schlafen hinderte? In der Hütte war es mäuschenstill. Ich schaute auf die Uhr. Die Zeit, die vorher kein Ende nahm, schien plötzlich vorbei zu sein. Was ich im Halbschlaf dachte, war richtig. – War falsch. – War weder falsch noch richtig. Wie alles, was man im Halbschlaf denkt.

Um ein Uhr nachts weckte Michel die ersten Kletterer. Ich schreckte hoch, obwohl ich nicht geschlafen hatte.

Zwei Uhr nachts. – Wieder gingen einige weg: Argentière, Verte, Triolet ... vielleicht sogar Courtes. Michel leuchtete einmal neben mein Kissen. Ich schüttelte den Kopf. Die Gedanken kreisten in meinem Kopf wie Irrlichter. Ich hatte die Augen offen und lag mit der dicken Lodenhose unter der Decke. Seine Kerze malte Schatten an die Wand.

Ich überlegte nicht, grübelte nicht, ich war nur da. Der fremde Atem neben mir. Minuten stummer Verstörung, Minuten ohne Entschluß, ohne Willen, ohne Ziel. Losgetrennt von mir selbst.

Eine Stunde später rüttelte Michel wieder an meiner Decke. Ich tat so, als hätte ich wieder verschlafen. Diesmal fand ich nicht mehr zurück in jene leere Gasse, in der meine Gedanken auf und ab gegangen waren.

Als alle Bergsteiger aufgebrochen waren, erhob ich mich. Ich zog mich an, nahm den Rucksack und schlüpfte hinaus in den Morgen. Dort sah ich Lichter, die sich der Triolet-Nordwand näherten, drei. Ein Führer zündete vor der Hütte eine Laterne an. Im Osten stand schon der Morgen. Während ich den Hang zum Gletscherbecken hinunterstolperte, spielte ich wieder mit dem Gedanken Droites-Nordwand. Was ich dabei dachte? Ich weiß es nicht. Ich war in Hochform und das Wetter war gut. Auch sonst hatte ich keine Sorgen. In der Nacht war mir alles unsinnig erschienen. Und dieser Zweifel war noch da, während ich zum Einstieg stapfte.

Bis zu den Knöcheln brach ich im Schnee ein. In der Verte-Nordwand waren zwei Lichter schon hoch oben. Weiter unten waren noch andere. Sechs oder acht mochten es sein. Als ich unter der Randspalte stand, tagte es. Der senkrechte Abbruch war äußerst schwierig. Ganz links fand ich eine Verschneidung, über die ich das erste Eisfeld erreichte. Ich kletterte schräg rechts aufwärts bis unter den ersten Aufschwung. Eine dünne Eisschicht nur lag auf den Felsplatten, die sich über mir beängstigend steil aufbauten.

Dreimal war diese Wand bis dahin durchstiegen worden. Zwei bis fünf Tage hatten die Begeher vor mir gebraucht. Über dem nächsten Aufschwung legte sich das Eisschild wieder zurück. Wenn ich bis dorthin käme...

Es bereitete mir Vergnügen, die Überlegungen nicht zu Ende zu denken, alles offen zu lassen. Noch konnte ich zurück, wieder absteigen.

Ich wußte, daß ich keine Zeit zu verlieren hatte. Um acht Uhr mußte ich die Gipfelfelsen erreicht haben oder abgestiegen sein. Dann nämlich setzte der Steinschlag ein. Auf den Zufall durfte ich mich nicht verlassen. Nur die Beobachtungen vom Vortag und meine Kondition zählten. Ich wußte, daß der Steinschlag in der Wand begann, wenn die Sonne die Gipfelstreifen traf.

Die beängstigend steile Rinne über mir war blank. Das Eis aber war weich und die Rinne so tief, daß ich sie mit Verschneidungstechnik klettern konnte. Ich stieg ohne zu rasten. Ich konzentrierte mich abwechselnd auf die Frontalzacken der Steigeisen, die ich vorsichtig ins Eis stieß, auf den Stichel in der linken Hand, für den ich mir die kleinen hellen Flecken im Eis suchte und auf den Pickel in der rechten Hand.

Auch im Eis kletterte ich nach dem Prinzip der drei Haltepunkte. Erst, wenn ich mit Pickel und Stichel guten Halt gefunden hatte, stieg ich drei Schritte. Bei der Steilheit hier hätte ich keine Stufen schlagen können, ohne meinen Rhythmus und mein Gleichgewicht zu verlieren.

Wirklich, nach etwa 100 Metern wurde die Wand flacher. Ich konnte wieder richtig rasten. Dann kletterte ich weiter aufwärts, das eine Seil nachziehend, das andere am Rücken. Erst wenig unterhalb der Felsen, am Anfang des letzten Wanddrittels, band ich mir auch das zweite Seil um. Keine zwei Stunden hatte ich von der Randspalte bis hierher gebraucht. Kein einziger fallender Stein hatte mich bedroht.

Über kombiniertes Gelände kletterte ich schräg rechts aufwärts. Vor einem Überhang sicherte ich mich mit den verschieden langen Seilen. Der Fels war plattig, alle Risse waren mit Eis gefüllt. Einmal nur stieß ich auf einen Haken. Wolfgang Axt und Werner Groß hatten ihn vermutlich bei der zweiten Begehung der Wand steckengelassen.

Weiter oben hielt ich mich zu weit links, so daß ich die Axt-Variante verlor. Ich kletterte jeweils dort, wo mir die Wand am leichtesten erschien. Die Originalführe verlief weiter rechts und war mir bei dieser starken Vereisung als zu gefährlich erschienen.

Eine steile, kompakte Platte versperrte mir den Weg nach oben. Weiter links war es unmöglich, nach rechts hin zu brüchig. Ich hätte zurückklettern können zur Axt-Variante. Vorher wollte ich aber noch den handbreiten Riß versuchen, der die Granitplatte durchzog. Da ich nur zwei große Profilhaken dabeihatte, setzte ich zunächst den einen und sicherte mich an ihm. Dann kletterte ich soweit ich konnte, schlug oben den zweiten ein und seilte mich an ihm ab. Ich zog den unteren wieder heraus und stieg am Fixseil auf. Zwischen den Haken kletterte ich frei und half mir mit großen Knotenschlingen weiter, wenn es notwendig war. Ich hatte ein Stück von meinem längeren Seil abgeschnitten, um mich sichern zu können.

Dieser Riß kostete mich viel Zeit und Aufmerksamkeit. Er war mehr als eine Seillänge lang und extrem schwierig. Fünfmal stieg ich zurück und wieder auf, ehe ich an den oberen Rand gelangte. Eine Rampe wies mir den Weg schräg nach rechts aufwärts in weniger steiles Gelände. So kam ich zurück in die Originalführe. Der Pulverschnee, der hier auf dem Eis lag, verlangte nochmals äußerste Vorsicht. – Solange ich mich an einzelnen Felsinseln festhalten konnte und die Steigeisen im Eis griffen, fühlte ich mich sicher. Sobald ich aber auf einer verschneiten Eisplatte ohne Felsen stand, spürte ich die Müdigkeit in den Waden, den Schlaf, der mich plötzlich überfiel.

Ich setzte mich auf einen Steinklotz, der wie eine Kanzel aus der steilen

Eisfläche ragte, schlug einen Haken, band mich an ihm fest und schlief ein.

Als ich wieder erwachte, brauchte ich nicht nachzudenken. Ich erschrak, als ich an meinen Seilen entlang in die Tiefe blickte. Ich war in der Droites-Nordwand, etwa 900 Meter über dem Einstieg. Am Gletscher gingen zwei Menschen. Die Sonne mußte genau im Süden stehen, weil der Schatten der Droites auf die beiden fiel. Ich zog die Handschuhe aus und holte das Seil ein.

Ich wollte nicht aufwachen. Ich schloß die Augen und versuchte zu dösen. Ich hatte das Gefühl, daß Einschlafen die wunderbarste Sache auf der Welt wäre. Aber ich konnte nicht mehr schlafen.

Wieder schätzte ich die Entfernungen und die Steilheit ab.

Eine Stunde bis zum Gipfel, dachte ich. Ich stand auf, völlig ausgeruht. Ohne Probleme querte ich ein Eisfeld schräg nach rechts aufwärts und verließ es dort, wo eine steile, felsdurchsetzte Wand zu zwei Türmen im Gipfelgrat leitete. Von unten hatten die beiden dunklen Felsen ausgesehen wie Hörner. Die Steigeisen im Eis, die Hände am Fels kletterte ich auf das Tor zwischen den Hörnern zu. Ohne vorher noch einmal zu rasten, erreichte ich den höchsten Punkt.

Es war eine Stunde nach Mittag. Der Himmel war auch nach Süden hin wolkenlos. Über eine Rinne stieg ich auf der anderen Seite des Berges ab. Von oben her legte ich mir eine weitgehend spaltenfreie Abstiegsroute zurecht. Trotzdem war dieser Abstieg auf Grund der Spalten der gefährlichste Teil der Tour. Ich war allein. Der Schnee war naß wie eine dicke Suppe. Ich kroch über den Matsch, wenn ich eine Spalte unter mir vermutete.

Am Gletscherrand, am Ende aller Gefahren, schnürte es mir plötzlich die Kehle zu. Ich wollte mich zusammennehmen und versuchte zu lachen. Dort drüben stand die Hütte! An einer Quelle, etwa 100 Meter oberhalb vom Steig, legte ich mich ins Gras. Abermals schnürte mir eine starke Erregung den Kehlkopf zusammen. Wäre jetzt jemand von der Hütte herübergekommen, ich wäre ihm aus dem Weg gegangen. Ich hatte schon viele Jahre nicht mehr geweint. Ich schob mir den Rucksack als Kissen unter den Kopf. In mir war plötzlich ein Widerstand zusammengebrochen. Ich hatte das Gefühl, von etwas befreit zu sein. Ich dachte an nichts mehr. Ich spürte aber, wie diese Tränen mich in ein klares, neues Gleichgewicht brachten.

25. Ein seltsames Gesicht
Erster Alleingang an der direkten Langkofel-Nordkante

Ohne zu rasten war ich mehrere Stunden lang geklettert. Einmal nur war ich stehengeblieben, um einen Haken zu schlagen.

Allein saß ich nun am Gipfel, am unverkennbaren Gipfel des Langkofels. Lang konnte es nicht her sein, daß die letzten abgestiegen waren. Papier lag herum, viele Knäuel Papier. Reste von Brot. Aus einer Flasche stank brackiges Wasser. Käserinde gammelte vor sich hin. Orangenschalen leuchteten zwischen den Steinklötzen, gekrümmt von der Sonne. Etwas weiter unten lag eine Bierdose. Es roch nach Urin.

Ich war angewidert und verließ diese »Gipfelidylle«. Ich kletterte den Gipfelgrat entlang. Da es nebelig war und schon gegen Abend, streifte ich den Anorak über. Immer, wenn die Sonne durch eine schwache Stelle im Nebel fiel, drehte ich ihr das Gesicht zu, kniff die Augen zusammen und blieb stehen, um mich zu wärmen.

Als ich mich zum Weitergehen wandte, sah ich – im ersten Moment konnte ich es nicht fassen – ein Gesicht. In der Nebelwand links von mir bewegte sich ein Gesicht! Da war ein großer Kopf, von hellen leuchtenden Ringen umgeben. Ich stutzte zuerst, dachte weiter nichts und kletterte ab. Doch das Gesicht ging mit. Zu meinem Erstaunen sah ich es im Augenwinkel zu meiner Linken. Wie die Fratze einer Marionette, die dem Spieler entglitten war, blieb es stehen, wenn ich stehenblieb. Steif und teilnahmslos, wie tot. Nach diesem scheinbaren Tod lebte es wieder auf, wenn ich mich drehte, ging oder setzte. Ich fühlte mich verfolgt von diesem magischen Gesicht, lief vor ihm über den zerrissenen Felsgrat davon.

Eben noch hatten mich die engen Kletterstiefel gedrückt. Die feuchte, nebelige Luft hatte mich beengt, die zerschundenen Finger geschmerzt. Weit mehr als 1000 Meter lang war die Kante gewesen, über die ich in knapp drei Stunden den Gipfel erreicht hatte. Links der Fallinie der gelben »Nase« war ich gegen 14 Uhr eingestiegen, nachdem ich den Vormittag damit verloren hatte, den richtigen Einstieg zur Soldà-Führe zu suchen. Anfangs, im riesigen Plattenschuß, kam ich mir verloren vor. Nach 300 Metern querte ich, an einem Haken gesichert, unmittelbar über der

»Nase« nach rechts an die Pfeilerkante und gerade weiter bis zur »Pichlwarte«.

Keinen Augenblick lang hatte ich Angst verspürt. Ich war so konzentriert gewesen, daß ich die weitere Umgebung nicht wahrgenommen hatte. Jetzt lief ich über den Grat zum Normalweg hinüber. Als wäre ich auf der Flucht. Im Rücken fühlte ich lauter Gespenster. Ich wurde verfolgt und getrieben von einem Gesicht, vom Spiel der die Nebel durchdringenden Sonnenstrahlen, vom Geruch der regennassen Felsen, vom Wind.

Vor einer tiefen Schlucht blieb ich stehen. Vorsichtig schielte ich nach links zur Nebelwand. Da erkannte ich in diesem seltsamen Gesicht mein eigenes Profil.

26. Die fixe Idee vom unbekannten Ziel

Erste Alleinbegehung der Punta-Tissi-Nordwestwand

Livio, der Wirt, saß vor der Tissi-Hütte, während ich mir das Seil auf den Rücken band. Wir kannten uns gut und waren immer miteinander ausgekommen.

»Werner«, sagte ich zu meinem kleinen Bruder, der mich am Abend vorher bis hierher begleitet hatte, »Werner, gegen vier Uhr werde ich oben sein, um fünf Uhr kannst du auf die Coldai-Hütte kommen.«

Dann bat ich Livio, ab und zu mit dem Fernglas in die Wand zu schauen. »Was hast du vor?«, wollte er wissen.

»Diedro Philipp«, sagte ich und Livio stand auf.

»Solo?«

»Ja, allein.«

Livio sank auf die Bank zurück. Er brachte kein Wort mehr heraus. Er wußte, daß ich die Philipp-Verschneidung drei Jahre vorher in Seilschaft durchstiegen hatte, er wußte aber auch, daß sie die schwierigste Freikletterei weit und breit war, im Gipfelbereich brüchig dazu. Und das Wetter wurde schlechter.

Es war schon später Vormittag. Ich hatte keine Zeit zu verlieren.

»Ciao«, sagte ich und lief den Hang hinunter. An einigen Zelten vorbei ging ich Richtung Einstieg. Als ich mich umwandte, um zu winken, saß der Hüttenwirt immer noch auf der Bank. Seine Augen hatten einen starren Ausdruck. Er hatte das Ganze noch nicht begriffen.

Im Kar unter der Wand sprang ich in unregelmäßigen Sätzen von Stein zu Stein. Ab und zu blieb ich stehen und schaute hinauf in die riesige Mauer. Nebel spielte in der Höhe des Schneedreiecks, und Feuchtigkeit hing in den Rissen. Manchmal konnte ich die Stimmen der tschechischen Bergsteiger hören, die gegen sechs Uhr morgens in die Wand eingestiegen waren.

Jetzt war es zehn Uhr. Ich war am Abend zuvor in die Civetta gekommen in der Hoffnung, Vittorio Varale zu treffen, den Journalisten und Autor, mit dem ich an einem Buchprojekt arbeitete. Varale aber war nicht auf der Tissi-Hütte. Nur die Wirtsleute hatten am offenen Feuer gesessen, zwei Holländerinnen in der Ecke gegenüber. Sonst war niemand dagewesen.

Allen Schauermärchen zum Trotz, die man über die Philipp-Verschneidung erzählte, war sie eine phantastische Felstour. Ich war gekommen, diese Route allein zu klettern. Obwohl eine Solobegehung der Philipp-Route zu einer fixen Idee von mir geworden war, hatte ich den Plan bisher verheimlicht. Ja, ich hatte nicht einmal mir selbst eingestehen wollen, daß diese Civetta-Reise keine Fahrt ins Blaue war.

Aus der Froschperspektive wirkte die Wand weniger steil als von der Tissi-Hütte aus. Nur die große gelbe Verschneidung, das mittlere Drittel der Wand, sah auch von unten unheimlich glatt und abweisend aus. Die Tschechen querten jetzt nach links in den Verschneidungsgrund. Der Riß, der dort hinaufzog, war trocken. Trotzdem wurde mir beklommen zumute.

Rechts von mir hörte ich Wasserfälle rauschen. Immer wieder schlugen einzelne Steinbrocken im Schneefeld unter der Solleder-Führe ein. In den Gipfelschluchten schien das Eis zu schmelzen. Ich mußte oben mit Wasserfällen rechnen.

Die ersten Rinnen, über die ich schräg links aufwärts kletterte, waren von Steinschlag und Wasser glattgescheuert. Nach der ersten senkrechten Seillänge überholte ich die zweite tschechische Seilschaft. Die erste war immer noch an der Stelle, wo die Route eine scharfe Linksschleife macht. Es bestand keine Möglichkeit, an ihnen vorbeizuklettern. Ich wartete am Standplatz, bis der Seilzweite in leichterem Gelände war.

Die Wartezeit hatte ich genutzt, um eines meiner Seile auszuwerfen, so daß ich es jetzt wie eine lange Schlange hinter mir herzog.

Freundschaftlich ließen mich die Tschechen vorbei. Als sich aber mein Seil an einem Felszacken verfing und ich sie bat, es zu lockern, wurden sie unwillig. Sie schickten einige unliebenswürdige Worte zu mir herauf und empfahlen mir umzukehren.

Das Überholmanöver und das Durcheinander der Seile hatten mich aus der Ruhe gebracht. Ich handelte nicht mehr instinktiv, ich kletterte hastig und gewollt schnell.

Die Bewegungen und Schritte der anderen hatten mir mein Gleichgewicht genommen. Nicht das Gleichgewicht des Körpers – das war noch da. Vom seelischen Gleichgewicht spreche ich, ohne das ich nun nicht den richtigen Riß fand. An einer überhängenden Stelle hob ich den Fuß zu hoch und kam nicht mehr weiter. Ich mußte zurück. Erst als ich am Beginn der großen Verschneidung stand, hatte ich mich wieder gefangen. Die anderen waren aus meinem Blickfeld verschwunden.

Es regnete jetzt, zuerst nur ganz leicht. Auf einer Leiste blieb ich stehen und schaute hinunter. Die anderen hatten mit dem Rückzug begonnen. Nun regnete es in großen Tropfen. Da die Wand stark überhing, machte mir das nichts aus. Ich stieg weiter. Der Regen wird schon nachlassen, dachte ich, und schob mich über glatte Platten. Ich war erleichtert, als ich in einen engen Spalt schlüpfen konnte. Der Dolomit an der linken Rißwand war so glatt poliert, daß er spiegelte. Die regnerische Luft aber hatte ihn angefeuchtet, so daß die Schuhsohlen nur hielten, wenn ich sie auf kleine Leisten oder Simse stellte. Ich stemmte den Rücken gegen die eine Wand, die Füße an die andere. Öfters bröckelte Schotter vom kleinsplittrigen Fels ab. Auf Druck aber hielten Griffe und Tritte.

In der nächsten Seillänge, es war früher die Schlüsselstelle gewesen, steckte ein Bohrhaken. Es war schon der zweite, den ich in dieser ehemals gefürchteten Freiklettertour fand. Walter Philipp und Dieter Flamm hatten die erste Begehung 1957 mit nur wenigen Haken und ohne Bohrer durchgeführt. Bis 1966 hatten alle Wiederholer auf Bohrhaken verzichtet. Erst als die Route berühmt geworden war und sich Leute an ihr versuchten, die den Schwierigkeiten nicht gewachsen waren, wurde sie »übernagelt«. Durch die vielen Haken und vor allem durch die zwei Bohrhaken war sie entwertet.

Für ein sauberes Bergsteigen im extremen Fels ist sportlicher Geist Voraussetzung. Ich weiß, es ist nicht leicht, in der Wandmitte umzudrehen, es ist aber nicht *by fair means*, mit allen Mitteln weiterzumachen.

Wie oft hatte ich auf ganz große Begehungen verzichtet. Einmal, weil das Wetter schlecht war. Dann, weil ich nicht genügend trainiert war oder die Tagesverfassung zu wünschen übrig ließ. Oft war ich zu feige oder ich hatte Angst.

Mir war das Aufgeben immer leichter gefallen als das Weitermachen. Das galt für einen Alleinbegehungsversuch der Cima-Scotoni-Südwand und für die Erstbegehung des rechten Pfeilers an den Grandes Jorasses ebenso wie für die Eiger-Nordwand.

Unter dem Schuppendach der »Philipp-Flamm« war mir wieder einmal nach Rückzug zumute. Es kostete mich Überwindung, aus der Höhle bis unter den Überhang hinaufzuspreizen.

In zwei Stunden hätte ich mich bis zum Einstieg abseilen können, wie es eine Seilschaft ein paar Tage vor mir getan hatte, nachdem der Seilerste überm Dach von einem Stein getroffen und gestürzt war. Blut klebte am Fels. An zwei Haken hing von diesem Unfall her noch ein Stück Seil. Ich sicherte mich, indem ich zwei Haken miteinander verband und das eine meiner Seile doppelt durchlaufen ließ. Mit einem Klemmknoten, der an meinem Klettergürtel befestigt war, konnte ich mir selbst Seil nachgeben und einen etwaigen Sturz so kurz wie möglich halten.

Natürlich hoffte ich, nicht zu stürzen. An die tausend unfallfreie Klettertouren gaben mir die Selbstsicherheit für einen so schwierigen Alleingang. Trotzdem war die Spannung groß. Unter der Schuppe querte ich auf kleinen Tritten nach links. Am linken Dachrand löste ich die Selbstsicherung und kletterte im Riß weiter, bis mich Überhänge noch weiter nach links auf die Platten drängten. Den großen Quergang zur Gipfelschlucht ging ich höher an, als es die Routenbeschreibung angab. Obwohl der Fels dort regennaß war, kam mir die Kletterei leicht vor. Auf der anderen Seite schlug ich zwei Standhaken, band mir das zweite Seil um und stieg die wenigen glatten Meter bis zur Schluchtmündung so, als ob ich in Seilschaft wäre. Abwechselnd ließ ich die Seile durch die Karabiner laufen, die ich in die vorhandenen Haken geklinkt hatte. Vor jedem neuen Schritt verschob ich die Klemmknoten an den Sicherungsseilen so, daß sich die freien Seilenden verkürzten. Vom obersten Haken seilte ich mich zurück an den Standplatz, zog die Reepschnur vom letzten Quergangsstück ab und stieg am fixen Seil wieder auf. Dabei nahm ich meine Karabiner mit.

Als ich das Seil abzog, beschlich mich dieses schreckliche Gefühl des Ausgeliefertseins. Ein Rückzug wäre oberhalb des Quergangs äußerst problematisch, wenn nicht unmöglich gewesen. Es gab für mich nur noch den geraden Weg zum Gipfel.

Zwei Drittel der Wand, für die ich wenig mehr als drei Stunden gebraucht hatte, lagen unter mir. Vor mir baute sich eine tiefe, nasse Schlucht auf. Sie wirkte unfreundlich, abweisend.

Ich war durstig. Das rasche Atmen und die Anstrengungen hatten meinen Körper ausgetrocknet. Ich schlürfte das braune Wasser, das die Schlucht herabstürzte. Ich hatte den Regen unterschätzt. Meine lange Cordhose war inzwischen so naß, daß sie mich beim Klettern behinderte. Ich aß noch eine Fruchtschnitte. Ich ahnte, daß ich jetzt länger nichts mehr essen könnte.

Schwere Nebel hingen an allen Bergmassiven. Vereinzelt entdeckte ich Schneeflocken im Regen. Für eine Umkehr aber war es zu spät. Fröstelnd machte ich mich auf den Weg.

Nach etlichen leichten Stufen verließ ich die Schlucht nach rechts und stand unter einem Höhleneingang. Er galt als die schwierigste Stelle der Tour. Beim Gedanken, daß hier einige gute Kletterer in den Jahren vorher gestürzt waren, wurde mir ganz heiß. Als ob die Angst alle meine Sinne schärfte.

Diese Steilstufe war unheimlich brüchig. Ich konnte die Griffe nur nach unten belasten. Ein Haken blieb mir gleich in der Hand, als ich ihn anfaßte. Ich schlug ihn besser ein, verband ihn mit einem zweiten, den ich selbst eingetrieben hatte, und sicherte mich an beiden.

Über der Höhle war das Seil zu Ende, und als ich es ausziehen wollte, blieb es hängen. Verzweifelt zerrte ich mit der einen Hand daran. Mit der anderen hielt ich mich an einer Schuppe fest. Das Seil rührte sich nicht. Ich schwang es, soweit es meine ausgesetzte Standposition erlaubte, zerrte wieder. Zerrte so lange, bis sich meine linke Hand verkrampfte. Das war gefährlich. Die Finger waren für die Gipfelschlucht wichtiger als das Stück Perlonseil. Mit dem Hammer schlug ich es ab und hatte mich damit befreit. Ich konnte weiterklettern.

Jetzt hagelte es. Meine Kleider trieften. Ich war in die Gipfelschlucht zurückgequert und stand in einem scheußlichen Wasserfall. Ängstlich schaute ich in den Schlund. Er war grau, naß, glitschig und voll Hagel. Plötzlich krachte es über mir. Ein Blitz hatte eingeschlagen. Ich legte mich an die Wand, die Steine pfiffen vorbei... Meine Bewegungen waren reflexhaft, ganz automatisch. Nur Instinkte retteten mich in dieser dramatischen Situation, in vielen Jahren freigelegte Urinstinkte. Stufe für Stufe kletterte ich im Wasserfall aufwärts.

Ausgeliefertsein bringt Schrecken mit sich. Es gibt viele solcher Schluchten in den Dolomiten. Aber nur diese ist in meiner Erinnerung wie eine würgende Falle.

Ich wollte mir nicht eingestehen, daß ich Angst hatte. »Spreizen, weit spreizen«, sagte ich zu mir. Dann begann ich mit betonter Ruhe einen Haken zu schlagen. Das Wasser spritzte zwischen meinen Beinen hindurch.

Ich hatte gehofft, irgendwie eine schützende Höhle zu finden und dachte öfters ans Biwakieren. Die Kälte aber zwang mich nach kurzer Rast zur Bewegung. Eine ganze Nacht lang hätte ich diese Nässe und Kälte auch im Biwaksack nicht ausgehalten. Vorsichtshalber hatte ich ihn mir unter dem Pullover festgebunden. Ich holte ihn jetzt nicht heraus. Im Unterbewußtsein hoffte ich immer noch, es würde zu regnen aufhören, bevor die Nacht kam.

Ich sicherte mich jetzt sorgfältig. Dabei mußte ich jeden Haken einzeln in die Hand nehmen, betasten, um zu sehen, daß er auch hielt.

Die nasse Hose und das Hemd klebten am Körper, sie erschwerten alle

Heini Holzer auf dem Balkon der Tissi-Hütte vor Cima Sul Alto und Cima Terra Nova, an der er später eine Erstbegehung durchführte.

meine Bewegungen. Wenn ich beim Hakenschlagen im Wasser stand, begann ich erbärmlich zu frieren.

Ich war ein konservativer Kletterer und konnte mir deshalb nur mit den einfachsten Mitteln helfen. Weder Bohrhaken noch Daunenkleidung hätten mir jetzt etwas genützt. Ich war in dieser Hinsicht nicht verwöhnt. Ich hatte gelernt, auch in den härtesten Situationen den Verstand nicht zu verlieren. In unserem technischen Zeitalter bedeutet Rückständigkeit oft Vorsprung und Sicherheit.

Unter den Klemmblöcken am obersten Querband wartete ich eine Zeitlang. Ich kannte die Route, so daß ich das Schlupfloch im obersten Winkel dieser riesigen Höhle trotz des dichten Nebels finden konnte. Einmal nur, als der Regen für kurze Zeit aufhörte, sah ich die Tissi-Hütte.

Die Hose war jetzt so schwer, daß ich sie hätte verlieren können. Ich zog sie aus, wand sie aus und band sie mir um den Bauch. Die Bewegungsfreiheit war so viel größer. Das eiskalte Wasser, das über meine nackten Beine rann, konnte mich nicht mehr erschrecken. Durch die kalten Duschen, die ich daheim Morgen für Morgen nahm, war ich abgehärtet.

Während dieser Kletterei dachte ich immer häufiger an losgelöste Bewegungen wie Tauchen, Spreizen, Knotenschlinge legen. Manchmal hatte ich einen Gedanken, und der entsprechende Ausdruck dazu fiel mir nicht ein. So konnte ich ihn leider nicht verwirklichen. Meine Instinkte und mein Körper arbeiteten automatisch. Mein Verstand aber arbeitete langsamer, und oft sprach ich das, was ich dachte, halblaut vor mich hin.

Ich wußte alles über gefährliche Situationen. Ich brauchte dabei nicht zu überlegen. Ich tat einfach das Richtige. Meine Augen sahen etwas, die Hände griffen nach etwas. Mein Körper führte, auch ohne daß ich nachdachte, die richtigen Bewegungen aus. Hätte ich bei jedem Handgriff überlegen müssen, ich wäre vom Wasser hinuntergespült worden.

Die kurze technische Seillänge unterm Gipfel hielt mich so lange auf, daß ich vor Kälte zitterte. Als ich dann die letzten Meter in die flache Scharte zwischen der Punta Tissi und dem Civetta-Hauptgipfel hinaufhetzte, begann ich wieder zu dampfen. Ich schlüpfte in meine triefende Hose und freute mich unmäßig, daß ich nicht biwakieren mußte. Ich hatte diese Freude gleichsam aus der nassen Gipfelschlucht mit heraufgeholt.

Am Einstieg der »Via ferrata degli Alleghesi«, über die ich abstieg, wartete ein mir unbekannter Mann mit einer Thermosflasche voll Tee. Auf der Coldai-Hütte dann baten mich die Wirtsleute, auf die Journalisten zu warten, die am Abend zu einem Interview kommen sollten.

Ich hatte keine Lust dazu und stieg mit Werner ab. Was hätte ich ihnen schon erzählen sollen? Etwa, wie ich nackt in den Wasserfällen geklettert war? Nein. Oder wie mir ein unbekannter Mann die Flasche reichte, die er eigens für mich hatte füllen lassen und die er drei Stunden lang zum Einstieg getragen hatte? Einfach nur so...

Das war für mich das Bemerkenswerteste gewesen an jenem 2. August 1969.

27. Fingertraining eines Selbstmörders

Erstbegehung der direkten Südwand an der Marmolada di Rocca im Alleingang

Als ich am Morgen aufstand und abfahren wollte, war mein Auto weg. Einfach gestohlen. Am Sägeplatz, wo es hätte stehen müssen, lag das Gras dicht zusammengedrückt. Ich glaubte, eine Spur von der Wiese zur Straße zu erkennen.

Am Abend vorher war ich von einer Führungstour heimgekommen. Es war spät geworden. Den Wagen hatte ich abgeschlossen. Dabei hatte ich die Tasche mit meinen Papieren und der unbeantworteten Post auf das Autodach gelegt. Daran erinnerte ich mich genau.

Die Polizei meinte lakonisch: »Manchmal findet man den Wagen wieder, manchmal nicht. Wir müssen abwarten.«

So war ich an meine Dachkammer gefesselt und an meinen »Klettergarten«, eine alte Säge fünf Minuten vom Dorf entfernt. In den Sommermonaten lebte ich jetzt wieder daheim bei den Eltern. Obwohl ich noch keinen »Beruf« hatte, verstand ich mich mit meinem Vater wieder gut. Er interessierte sich für meine Leidenschaft – das Klettern –, die ich »bis zur Krankheit fortentwickelt hatte«, wie er sich ausdrückte.

Immer, wenn ich in mein Zimmer kam, holte ich ein Foto von der Marmolada-Südwand heraus. Jürgen Winkler hatte es aufgenommen. Ich betrachtete es stundenlang. Der riesige graue Plattenschuß oberhalb des großen Bandes war von vielen seichten Rinnen durchzogen. Auch kleine Höhlen und Löcher gab es dort. Ein Riß schien direkt zum Gipfel der Punta di Rocca zu leiten. Jürgen Winkler machte wirklich Bilder, an denen man mit der Lupe Routen studieren konnte.

In diesen Tagen pendelte ich zwischen meiner Dachkammer und der »Zellensäge« hin und her. Ich spielte mit dem Gedanken, die Route an der Marmolada di Rocca, die direkte Südwand, allein zu begehen. In den Wochen vorher hatte ich verschiedene Kletterer auf diese Möglichkeit angesprochen. Keiner hatte sie für gangbar gehalten.

Diese Führe war meine Idee. Ich hatte sie von A bis Z durchdacht. Zwei Tage würde ich brauchen. Für den Abstieg müßte eine Stunde reichen. Merkwürdig, was in meinem Kopf nun vorging. Ich war bereits zum Fanatiker geworden, ich lebte in dieser Wand, ohne eingestiegen zu sein. Wie lang hatte ich für sie trainiert?

Die Südwand der Marmolada zwischen Rocca und Cima d'Ombretta. Im linken Dreieck verläuft die Route, die ich als Ergänzung zur Vinatzer-Führe kletterte.

Am nächsten Tag mußte ich zur Polizei. Der Beamte zeigte mir den großen Karteikasten voller Papiere über gestohlene Wagen. Der meine war nicht mehr dabei. Er gehörte zu den anderen, den wiedergefundenen. Während der Polizist telefonierte, spielte ich mit einer Federhantel, die ich zum Fingertraining in der Jackentasche trug. Der Beamte lachte. »Und was ist der Zweck dieser Übungen?«

»Klettern.«

»Sie sind wohl ein Selbstmörder?«

Viele Menschen denken beim Bergsteigen gleich an den Tod. Nur deshalb sind sie dagegen. »Autofahren ist viel gefährlicher«, sagte ich. Aber er verstand es nicht.

Als ich eine halbe Stunde später meinen Wagen wieder hatte, wäre ich am liebsten gleich zur Marmolada gefahren. Doch es war zu spät.

Am nächsten Morgen konnte die Reise beginnen. Daheim packte ich den Rucksack. Meine Mutter erschrak nicht. »Paß gut auf«, sagte sie. Wie immer.

In der Biwakschachtel am Ombretta-Paß übernachtete ich. Da es in der Frühe kalt war, hatte ich zum Klettern keine Lust. Ich stieg erst am späten Vormittag ein. »Biwakieren muß ich sowieso«, dachte ich laut.

In den ersten beiden Seillängen zog ich den Rucksack auf. Die Vinatzer-Route war mir von zwei Begehungen her geläufig. Ich mußte niemals nach ihr suchen. Sie war schwieriger, als ich sie in Erinnerung hatte.

In der Höhle am Band richtete ich mich für das Biwak ein. Links davon entdeckte ich Wasser, das ich mit Zitronensaft mischte. Die Haken von 1968 waren noch da. Günther und ich hatten genau ein Jahr vorher hier biwakiert. Wir wollten gerade hinauf zum Gipfel weiterklettern. In der Nacht fielen 20 Zentimeter Neuschnee. Wir waren froh, daß wir über die Livanos-Variante hinaufkamen.

Günther und ich hatten damals ein Hakenbündel deponiert, für einen zweiten Versuch.

Mein Bruder war diesmal nicht dabei. Er mißbilligte meine »verrückten Alleingänge« und so kletterte jeder nach seinem Stil.

In diesem Sommer 1969 kletterte ich am liebsten allein. Dabei konnte ich ganz meinem Rhythmus entsprechend steigen und war sehr schnell. Ich wußte, daß ich keinen Fehler machen durfte. Ich wäre dann bis ins Kar abgestürzt. Aber diese Bedingungslosigkeit war es auch, die mich immer kühnere Alleingänge wagen ließ. Dort, wo andere Seilschaften scheiterten, wollte ich allein durchkommen.

Ich hängte die Haken der Größe nach zu den anderen am Klettergürtel. Frühzeitig legte ich mich zur Ruhe. Vor der Höhle wurde es dunkel, die Luft begann schneidend zu werden. Ich zog die Beine näher an den Körper und schob den Biwaksack über den Kopf.

Als der Morgen kam, hatte ich wieder keine Lust aufzustehen. Ich konnte diese Stunde nicht überspringen. Ich kannte die Zeit, in der mein Geist stumpf und mein Körper unterkühlt war. Im Halbschlaf, während der Nacht, hatte ich öfters gedacht, daß es vielleicht unmöglich sein würde, allein zum Gipfel zu klettern. Diese Momente nächtlichen Zweifels konnte ich überwinden – die Trägheit am Morgen nicht.

Eine Fliege saß auf meinem Biwaksack. Sie rieb sich die Beine. Zuerst die vorderen, dann die hinteren. Sie rieb sie paarweise gegeneinander, scheinbar genußvoll. Ich richtete mich auf. Als die Fliege fort war, massierte ich meine Arme und Beine und erhob mich. Dann verstaute ich die Biwakausrüstung im Rucksack und band mir den Klettergürtel um. Ich kontrollierte nochmals, ob alle Haken am richtigen Karabiner hingen. Ich pflegte sie nach Größe und Profil zu ordnen, so daß ich an kritischen Stellen genau die richtigen zur Hand hatte.

Etwa 10 Meter rechts der Biwakhöhle schlug ich einen Profilhaken in den Überhang. An ihm gesichert kletterte ich vom Band über eine

Steilstufe hinauf. Über Platten ging es dann, ohne einen weiteren Haken, gerade aufwärts.

Erleichtert stellte ich fest, daß die Kletterei einfacher war als erwartet. Unter einem senkrechten Aufschwung blieb ich stehen. Die Wand hatte Löcher, aber sie waren zu weit voneinander entfernt. Weiter links glaubte ich einen verspeckten Riß zu erkennen. Ich querte an orgelpfeifenartigen Felssäulen nach links. Darüber aber war der Fels senkrecht und ungegliedert. Der Haken, den ich in einer Ritze unterbringen konnte, hielt, In überaus kraftraubender Kletterei stieg ich, an ihm und zwei weiteren gesichert, über die Platte hinauf. Diese Stelle gehörte mit zu den schwierigsten, die ich je geklettert war. Dann turnte ich über eine lange Platte aufwärts. Immer, wenn es schwerfiel, sah ich mich nach günstigeren Haltepunkten um – und fand sie.

»Du machst etwas falsch«, sagte ich zu mir selbst, wenn ich unsicher wurde. Dann überlegte ich kurz, wechselte einen Griff oder Tritt, und es ging wieder. Erst als ich eine Serie von Rissen und Verschneidungen schräg nach rechts aufwärts kletterte, bemerkte ich, daß sich der Himmel verfinstert hatte. Es graupelte bereits.

Von der direkten Linie bog ich jetzt etwas ab.

Ich peilte eine Ritze an, die rechts vom Gipfel an die Kante leitete. In äußerst schwieriger Freikletterei kam ich an die Ritze heran. Dann nagelte ich mich an ihr etwa 20 Meter hinauf. Das Seil lief dabei wie in Seilschaft durch die Karabiner. Dort, wo die Wand frei kletterbar war, schlug ich zwei Abseilhaken. Ich seilte ab und nahm die Karabiner mit. Die Haken ließ ich stecken, weil ich sie für den weiteren Aufstieg nicht mehr brauchte. Zufrieden stieg ich über die letzten Stufen zum Gipfel hinauf. Zwei Tage war ich in dieser Wand geklettert. Ich tastete sie ab. Mit den Fingerspitzen hielt ich mich an ihr fest. Für mich war sie nicht nur eine Gesteinsmasse. Sie war ein Organismus, den ich beobachtete, abhörte, mit dem ich lebte. Diese Erstbegehung wird vielleicht meine wichtigste bleiben. Sie entspricht der Natur des Berges und gleichzeitig dem Schönheitsideal der Direttissima.

Diese Wand hatte den Wert, den ich ihr gab. Von vornherein gibt es am Berg keine Routen. Es gibt sie erst, wenn der Mensch sie ersinnt und klettert. Diese Routen sind nicht notwendig, aber möglich. Und was für Kreativität im allgemeinen gilt, gilt auch für eine Erstbegehung. Ich dachte damals materiell, wissenschaftlich, praktisch. Aber irgendwie faszinierte mich auch das Unnütze.

28. Kein Ausweg
Erste Alleinbegehung der Soldà-Führe an der Langkofel-Nordwand

Wieder stand ich unter der Langkofel-Nordwand. Wieder wußte ich nicht, ob ich einsteigen sollte. Dreimal war ich in diesem Sommer dagewesen, und dreimal war ich wieder weggegangen.

»Ich hätte am Vormittag einsteigen sollen«, sagte ich zu mir selbst.

Immer, wenn ich durch das Grödner Tal zum Sella-Joch fuhr, schaute ich hinauf in diese schlanke und doch so mächtige Wand. Oft hatte ich an den Pfeiler gedacht, der die Wand rechts begrenzt. In zwei Stücken zog er vom Wald bis zum Gipfel hinauf. Ich hatte mit dem Gedanken gespielt, dort eine neue Führe zu eröffnen.

In den vorangegangenen Wochen aber war ich gekommen, um die Soldà-Führe zu suchen, die in keinem Kletterführer genau beschrieben war.

Nun stand ich wieder da. Mit unregelmäßigen Schritten stieg ich die letzten Schotterhalden hinauf zum Einstieg. Es war Mittag vorbei, und ich hatte es eilig. Immer, wenn ich außer Atem kam, blieb ich stehen und schaute hinauf in die Wand. Über einen breiten Sockel türmte sich der Fels auf. Ich war zu nahe, um seine ganze Höhe erfassen zu können. Aber ich konnte Einzelheiten erkennen: Risse, Bänder. Die Wand war möglich. Durch die große Schlucht in der Mitte schoß ein Wasserfall. Ab und zu platzten kleine Steine in den harten Schneekegel, der am Ende der Schlucht lag. Unwillkürlich griff ich nach dem Helm auf meinem Kopf. Die Seile trug ich am Rücken.

Nach zwei Aufschwüngen wurde die Kletterei leicht. Ich stieg solo und noch ohne Seil. Über eine Rampe erreichte ich eine Platte, von der ich in eine tiefe Schlucht hineinqueren mußte. Erstmals nahm ich jetzt ein Seil vom Rücken. Ich schlug neben dem vorhandenen Haken einen zweiten, verband sie mit einer Reepschnur und fädelte das Seil durch die Schlinge. So gesichert querte ich schräg rechts aufwärts. Dann seilte ich mich an einem dritten Haken hängend in den großen Schlund hinein. Im Schluchtgrund angekommen, zog ich das Seil ab. Damit hatte ich mir den Rückweg abgeschnitten. Ich vertraute zu sehr auf meine Kraft und dachte nicht im geringsten daran, daß etwas passieren konnte.

Die Nordwand des Langkofel. Rechts des ersten senkrechten Abbruchs, die Soldà-Route. Noch weiter rechts unsere direkte Führe.

Ich verließ die Schlucht nach einigen Längen über die rechte Wand und geriet bald in äußerste Schwierigkeiten. Ich kletterte an nassem, kleinsplittrigem Fels. Vorher war alles fest gewesen. Ich fühlte mich unsicher. Vorsichtig fingerte ich einen Haken vom Klettergurt. Mit einigen unsicheren Hammerschlägen gelang es mir, ihn einige Zentimeter einzutreiben. Ich mußte mich beeilen. Ich stand auf kleinen Tritten, der Griff für die linke Hand war feucht. Kräftig hämmerte ich auf den Eisenstift ein. Plötzlich ein Knack – ich erschrak. Der Hammerstiel war abgebrochen. Zum Glück blieb der Hammer an einigen Holzfasern des Stiels hängen.

Ich konnte die Tragweite dieses Zwischenfalls nicht sofort begreifen. Unter mir senkrechter Fels, senkrechter Fels über mir. Ich war am Langkofel. In der Nordwand. An der Soldà-Führe, am Ende der nassen, schwierigen Risse. 700 Meter über dem Kar.

Ich versuchte, frei und ungesichert weiterzusteigen. Ich bemühte mich, so zu klettern, daß ich jeweils auf die alten Tritte zurückkehren konnte. Aber ich kam nicht weit, ein, zwei Schritte nur, dann mußte ich zurück. Es ging nicht.

Ich saß in der Falle. Zweimal hatte ich versucht, vom Haken wegzuklettern – vergeblich. Ich mußte den Haken ganz einschlagen, um mich sichern zu können. Nur noch diesen, weiter oben würde es leichter sein. Zwischen Daumen und Zeigefinger hielt ich den Stumpf mit dem Hammer. »Made in Italy« stand da zu lesen. Ich versuchte zu schlagen. Ich könnte abseilen, wenn der Haken halten würde, dachte ich. Er hielt nicht. Jetzt erst wußte ich, was ein Kletterhammer wert war. Ich schwitzte am ganzen Körper, besonders an den Fingern. Ich hatte Angst.

Ich hätte unmöglich stundenlang auf derselben Stelle stehenbleiben können.

»Ich muß um Hilfe rufen«, sagte ich laut. Zum erstenmal in meinem Leben mußte ich daran denken. Aber wer hätte mich hören können? Ein Hirte vielleicht, oder ein Wanderer. Es war später Nachmittag. Ob jemand unterwegs war unten am Wandfuß?

Am Einstieg hatte ich nur die objektiven Gefahren gefürchtet. Das Eis, den Steinschlag. Die Angst war während des Kletterns verflogen. Und jetzt gab es plötzlich keinen Ausweg mehr. Ich konnte nicht aufgeben. Je absurder die Lage, desto weniger erträglich ist der Gedanke an den Tod. Ich mußte handeln, bevor es zu spät war.

Große Schwierigkeiten lagen hinter mir, noch größere vielleicht vor mir. Ich wäre sofort bereit gewesen, mich aus der Falle ziehen zu lassen. Aber da bestand keine Hoffnung. Mein Stand war schlecht. Ich mußte selbst alles tun, um mich zu befreien. Aufwärts ging es leichter als abwärts. Doppelt vorsichtig, kleine Rastplätze anpeilend, schob ich mich nach oben. Das Wissen, daß es aus war, wenn ich es nicht schaffte, trieb mich von Leiste zu Leiste.

Ich war so angespannt, daß ich alles um mich herum vergaß. Als der Fels flacher wurde, blieb ich stehen. Auf einer Plattform, so groß wie ein Stuhl. Ich lehnte den Kopf an die Wand und schloß die Augen. Langsam begann ich zu vergessen, wo ich war. Ich vergaß die gefährliche Situation, die ich eben durchlebt hatte. Ich vergaß den gebrochenen Hammerstiel. Gestalten stiegen vor mir auf. Gesichter, starr und unbeweglich. Als ich die Augen wieder aufschlug, sah ich nah vor mir den grauen Dolomit. Zarte Moose schwollen aus den Ritzen, groß und deutlich. Spitz, glänzend und schimmernd wuchsen mir die Unebenheiten des Felses entgegen. Kristalle verwoben sich mit den Moosen, formten sich zu phantastischen Bildern. Dann verlor sich alles in einer grauen, wogenden Masse.

Als ich wieder klar sehen konnte, war der Fels wie immer. Links und rechts von mir wölbten sich gelb und überhängend die beiden Pfeiler. Wenn ich daran dachte, daß die Wand unter mir fünfmal so hoch abbrach, hielt ich mich fester an den Griffen.

Unter mir, in der engen, dunklen Schlucht, war ein Stück Eis abgebrochen und fiel nun lärmend, von einer Schluchtwand zu anderen springend, in die Tiefe. Es dauerte Minuten, bis es wieder still war. Die Bäume im Kar waren winzig klein, ihre Zweige flirrten in der Sonne. Nichts rührte sich. Alles um mich herum war ruhig: das Kar, die Wände, die Schluchten. Sie lagen da, als hätte es niemals Menschen gegeben.

Ein gewaltiger Überhang sperrte die Ausstiegsverschneidung. Unerwartet leicht konnte ich ihn umgehen. Ich atmete auf, als ich links um die Kante in weniger steiles Gelände steigen konnte. Über eine Eisrinne und Schrofen erreichte ich in den ersten Abendstunden den Gipfel.

Alles in meinem Körper war unruhig. Ich war zu müde, um zu rasten. Ich setzte mich hin und merkte erst jetzt, daß meine Hände zitterten. »Man kann nur einmal abstürzen«, sagte ich zu mir selbst, »danach nie wieder.« Vielleicht verstand ich für einen Augenblick, was »nie wieder« bedeutet.

Während ich nachts von der Scharte über das Langkofel-Kar zum Sella-Paß hinabstolperte, überlegte ich, daß jetzt auch ohne mich alles so wäre: der Berg, das Kar, die Sterne. Ich spürte, daß etwas in mir verloren gegangen war. Ich mußte es wiedergewinnen: das Lächeln über mich selbst.

29. Wenn ein Löffel vom Tisch fällt

*Zweite Begehung, gleichzeitig erster Alleingang
der Furchetta-Nordwand, Meraner Weg*

Vorsichtig steckte ich einen Messerhaken in die Ritze, fischte dann, da ich nur die rechte Hand frei hatte, den Hammer aus der Lederschlaufe am Gürtel und klopfte sanft auf den Kopf des Stiftes. Er hielt. Beim ersten kräftigen Schlag aber sprang er heraus, an meinem Kopf vorbei in den Abgrund. Unwillkürlich erschrak ich. Ich hielt mich mit der linken Hand krampfhaft am Felsen fest, während der Stahlstift in riesigen Sätzen klirrend in die Tiefe schwirrte. Mich erfaßte ein Sturzgefühl.

An einigen Holzkeilen war ich schräg aufwärts geklettert und hätte bald weniger schwieriges Gelände erreicht.

Es half jetzt kein Jammern über die zu harten Haken. Um weiterzukommen mußte ich einen schlagen, und zwar sofort.

Das Bewußtsein der Sturzgefahr durfte mich als Alleingeher nicht hemmen. Die Bewegungen, die notwendige Gelöstheit waren nur dann möglich, wenn ich mich in aller Selbstverständlichkeit bewegte. Das Konzentrationsvermögen reichte bis in die Finger und Schuhsohlen, die am Fels hafteten.

Die schwierigsten Kletterstellen nahmen mich so in Anspruch, daß ich außerhalb der Zeit stand. Ich dachte dabei an alles mögliche, nur an eines nicht: an den Tod.

Mein Leben würde – so meinte ich damals, so fühlte ich, so benahm ich mich – ins Unabsehbare weitergehen. Natürlich wußte ich, wenn ich nachdachte, daß auch ich einmal sterben mußte. Aber das lag in weiter Ferne. Es hatte keine Wirklichkeit. Zuerst war etwas anderes an der Reihe: das Leben, diese Tour, diese Kletterstelle...

Ich war zu jedem Wagnis bereit, weil ich darauf vertraute, daß ich überleben würde. Ich kannte die Angst vor körperlichem und geistigem Versagen in einem entscheidenden Augenblick, die Angst auch vor den »objektiven« Gefahren. Nicht aber die Angst vor dem Tod. Nicht, weil ich so mutig gewesen wäre, nein, weil der Tod für mich nicht in Betracht kam.

Inzwischen hatte ich einen zweiten Haken in die Ritze gesteckt. Vorher hatte ich ihn aber an einem Hakenfänger gesichert. Für alle Fälle. Wieder

*Die Nordwand der Furchetta. Der Meraner Weg folgt der riesigen Verschneidung
(Schatten) im rechten Wandteil und mündet oben in die Solleder-Route.*

sprang er heraus, und wieder erschrak ich. Wenn ein Löffel vom Tisch fällt, bückt man sich und hebt ihn auf. Das ist etwas Alltägliches. Wer erschrickt schon dabei?

In einer steilen Wand aber, weit über dem Kar, war das anders. Ein schwirrender Haken, ein fallender Stein, eine Dohle im Sturzflug machten für einen kleinen Augenblick die schwindelnde Tiefe, den möglichen Tod gegenwärtig. Für den Bruchteil einer Sekunde identifizierte ich mich im Unterbewußtsein mit dem Stürzenden. Ich erlebte den Sturz.

Nach dieser einen kritischen Stelle kam ich schneller vorwärts. Ich kletterte weiter oben nach rechts an die Kante und verfolgte sie, bis sie sich in einem gelben Pfeiler verlor. Nun querte ich teils kletternd, teils abseilend in die Solleder-Führe hinüber, in die der Meraner Weg nach dem zweiten Wanddrittel mündet. Das Seil, das ich ab und zu zur Selbstsicherung verwendet hatte, nahm ich wieder auf und band es mir auf den Rücken.

Das letzte Wandstück kletterte ich nun zum viertenmal. Ich kannte hier jede Seillänge genau.

Bald stand ich in der brüchigen Wand unter dem Dachüberhang. Ich verzichtete auf das Seil. Bei der ersten Winterbegehung, drei Jahre zuvor, hatten Heindl und ich keinen Haken dazugeschlagen. Der Fels war verschneit und kalt gewesen. Jetzt befand ich mich in viel besserer Form. Die Wand war trocken und angenehm warm. Im engen Riß schob ich mich hinaus und erreichte den eisigen Schlußkamin.

Während ich meinen Namen ins Wandbuch kritzelte, erwog ich eine Alleinbegehung der Vinatzer-Führe, die heute noch offensteht.

30. Odyssee am Nanga Parbat
Erstbegehung der Rupalwand

Nach dem erfolgreichen Sommer 1969 waren mir die Alpen erstmals zu klein geworden. Da war kein Gefühl der Überheblichkeit, nur Neugierde. Ich war 25 Jahre alt. Mehr als 50 Erstbegehungen waren mir gelungen und 20 extrem schwierige Alleingänge. Darunter die Philipp-Verschneidung in der Civetta, die damals »großzügigste Freikletterei der Ostalpen«, und die Droites-Nordwand, die »vielleicht schwierigste Westalpenwand«.

Ich war immer noch Student, aber mit halber Konzentration. Nach der Andenexpedition hatte ich keine Vorlesungen mehr besucht und kein Examen mehr gemacht. Meine Begeisterung gehörte den Bergen.

Im späten Herbst erhielt ich von Karl Herrligkoffer eine Einladung zur Teilnahme an seiner nächsten Expedition zur Rupalwand des Nanga Parbat. Sie sollte »Siegi-Löw-Gedächtnisexpedition« heißen. War diese Wand, angeblich die höchste der Welt, nicht die neue Dimension, von der ich träumte?

Bis dahin war ich ein Alpenbergsteiger gewesen. In erster Linie Dolomitenkletterer. Die Senkrechte war meine Welt. Der Abstecher in die Anden Südamerikas ein willkommener Zufall, einen anderen Kontinent kennenzulernen. Nun ging es um eine grundsätzliche Entscheidung.

Für die Himalaya-Berge hatte ich vorher kein allzugroßes Interesse aufgebracht. Den Aufnahmen und Berichten nach zu urteilen erschienen mir die Aufstiege dort zu flach. »Schneetreten« wollte ich nicht.

Es gab aber da eine Wand, die mich seit Jahren faszinierte: die Rupalwand am Nanga Parbat. Fast 5000 Meter hoch sollte sie sein, steil und undurchstiegen. Hermann Buhl, der Erstbesteiger des Nanga Parbat, hatte sie in seinen Berichten als »unbesteigbar« geschildert. Er war von Norden auf den Nanga Parbat gestiegen und hatte von oben in die bodenlose Tiefe der Südwand hinabschauen können.

Ich sagte zu. Natürlich wußte ich, daß der Expeditionsleiter, Karl Herrligkoffer, selbst kein extremer Bergsteiger war. Die Auseinandersetzungen zwischen ihm und Buhl nach der Nanga-Parbat-Expedition 1953 kannte ich vom Hörensagen, und es gab einige Bergsteiger, die mich warnten: »Vorsicht!«

Aber Herrligkoffer bot damals als einziger einen Weg zu dieser Wand, die mich gepackt hatte, die mir Rätsel und Herausforderung zugleich war. Ich wollte dorthin. Ein großes Problem war die Finanzierung der Expedition. Jeder Teilnehmer mußte einen Eigenbetrag leisten, wenigstens 3000 Mark. Als Student sah ich keine Chance, so viel Geld aufzutreiben. Also bewarb ich mich noch einmal als Mittelschullehrer, um mir einen Teil der Teilnehmerquote zu verdienen. Als »Mathematikprofessor« und Sportlehrer verdiente ich zwar nicht mehr als 100000 Lire im Monat, dafür aber konnte ich in Südtirol besser trainieren als in Padua, wo ich meine Studien unterbrach. Um die Weihnachtszeit erhielt auch Günther seine Einladung. Peter Habeler und Sepp Mayerl, die ursprünglich mit von der Partie sein sollten, hatten abgesagt. Peter, weil er damals in den USA war, und Sepp, weil er es vorzog, mit den »Karwendlern«, einer Klettergilde aus Innsbruck, zum Lhotse Shar nach Nepal zu gehen. Günther sollte einen der beiden freigewordenen Plätze einnehmen.

Kurz vor der Abreise unterschrieben wir jenen Expeditionsvertrag, der die Auswertung der Expedition und die Berichterstattung darüber im Detail regeln sollte. Was interessierte mich jetzt das Nachher! Wir mußten erst einmal zum Nanga Parbat kommen! Und dann war da die Wand. Der Gipfel war so weit weg. Fast unwichtig. Günther und ich waren sehr glücklich. Günther reiste mit der ersten Gruppe im Lkw an, ich mit der zweiten im Flugzeug. Wir trafen uns in Rawalpindi. 10 Tage lang hielten wir uns dort auf. Dann flogen wir nach Gilgit, 400 Kilometer nördlich. Zunächst im Jeep, dann zu Fuß ging es weiter. In drei Tagen errichteten wir das Basislager in 3600 Meter Höhe. Wir waren auf der »Tapalpe« im Rupaltal.

Nun standen wir vor dieser immensen Wand. Als ich sie zum ersten Male sah, verlor ich den Mut: Sie war fast dreimal so hoch wie die Eiger-Nordwand! Unsere Ausrüstung, von 300 Trägern transportiert, kam nach und nach im Hauptlager an.

Es war Mitte Mai. In der ersten Woche war das Wetter schön. Alles ging gut beim Errichten des ersten Lagers in 4700 Meter Höhe. Lager II stellten wir wenige Tage später in 5500 Meter Höhe auf. Dann schneite es. Trotzdem stiegen wir weiter. In 6000 Meter Höhe gruben wir Lager III ein. Wir nannten es Eisdom. In 6400 Meter warf uns der Schneesturm endgültig zurück. Wir konnten unser Unternehmen nicht fortsetzen. Erst drei Wochen später sollte es möglich sein, das Lager IV in 6400 Meter Höhe zu errichten.

Wegen eines Sturms blieben Günther und ich zehn Tage lang im Lager III. Wir erlebten eine schlimme Zeit. Täglich Schnee und Lawinen.

Am 15. Juni kehrten wir zum Basislager zurück. Wir mußten neue Kräfte sammeln.

Inzwischen fühlte ich mich in der Rupalflanke so sicher wie Jahre vorher in der Civettawand. Die Orientierung, die dünne Luft, das Zusammenspiel der Mannschaft machten mir wenig Sorgen. Der Expeditionsleiter saß im Basislager und störte uns kaum.

Der Sturm hatte nachgelassen. Gut aber war das Wetter immer noch nicht. Wir beschlossen, wieder aufzusteigen. Das Wetter besserte sich. War das unsere Chance?

Alle Lager waren besetzt. Zu fünft saßen wir im Lager IV in der Rupalwand. Nur im Lager V war niemand. Mittags sprach ich über Funk mit Karl Herrligkoffer, dem Expeditionsleiter, der im Basislager war. Das Wetter schien sich abermals zu verschlechtern. In breiter Front stand eine Wolkenbank im Süden. Unaufhaltsam wälzte sie sich näher. Ich vereinbarte mit dem Expeditionsleiter, der am Abend den Wetterbericht hören sollte, folgende Signale:

Blaue Rakete hieß: Das Wetter bleibt gut. Wir können in Ruhe die Merkl-Rinne mit fixen Seilen versehen und dann zu viert den »Gipfelsturm« versuchen. Wir hätten also Zeit.

Rote Rakete hieß: Das Wetter wird schlecht, wir haben keine Zeit mehr, es ist die letzte Chance. In diesem Fall wollte ich den Aufstieg allein wagen. So weit wie möglich steigen, eventuell bis zum Gipfel.

Blaue *und* rote Rakete bedeuteten zweifelhaftes Wetter. Die Entscheidung sollte der Spitzengruppe überlassen bleiben.

Am Abend, wir kletterten gerade im oberen Merkl-Eisfeld, sahen wir eine rote Rakete in den Himmel steigen. Es gab keinen Zweifel! Zu dritt waren wir ins Lager V aufgestiegen. Wir hatten nun keinen Funkkontakt mehr zum Basislager. Es stand alles fest: Ich würde anderntags aufsteigen und versuchen, so weit zu gehen, wie ich kam. Gerhard Baur und Günther würden den untersten Teil der Merkl-Rinne versichern.

Ich hatte den Wecker auf Mitternacht gestellt. Aber ich wachte nicht auf. Erst um zwei Uhr stand ich auf. Schnell war ich fertig, denn ich hatte mich völlig angezogen in den Schlafsack gelegt. Nur die Überhose mußte ich anziehen, die Schuhe und den Anorak, in den ich am Tag vorher die nötigsten Sachen für den »Gipfelsturm« gepackt hatte: eine Dose mit Brausetabletten, Dörrobst, eine Minox-Fotokamera.

Als ich das Zelt verließ, schliefen Günther und Gerhard noch. Der Mond beleuchtete die oberen Stellen der Wand und das Merkl-Couloir. Als ich das Zelt verließ, stand es noch im Mondschatten. Ich war jetzt ganz oben am Nanga Parbat, weit weg von der Erde. Ich hatte mich warm angezogen und sonst nur das Allernotwendigste dabei. Für ein Biwak war ich eventuell gerüstet. Unsicher tastete ich mich im Licht meiner Stirnlampe hinein in die Merkl-Rinne. Dort kam mir endlich der Mondschein zur Hilfe. Eine bessere Orientierung war möglich. Ich kletterte langsam. Zuerst stapfte ich über steilen Firn und Schnee. Eine Steilstufe versperrte in der langen Rinne den Weg. Ich zog die Handschuhe aus. Nur mit Seidenhandschuhen an den Händen kletterte ich über diesen steilen Felsriegel. Weiter oben war ein zweiter. Auch dieser war nicht übermäßig schwierig. In freier Kletterei kam ich über das Hindernis hinweg. Es ging weiter. Plötzlich stand ich vor einem Wulst, der nicht frei zu bewältigen war. Ich stieg wieder zurück und querte an die rechte Kante der Merkl-Rinne. Ich mußte versuchen, auf die Eisfelder zu kommen, die rechts hinauf zur Südschulter leiteten.

Eine große Stille war in mir.

Der Mond war weitergewandert, und mein Schatten im Schnee wurde länger. Das Couloir war eisig, und es lag viel Pulverschnee. Es war ähnlich wie in der Ausgangsschlucht der »Philipp-Flamm« in der Civetta. Damals war ich auch allein gewesen. Ich begriff aber, daß die Schwierigkeiten nicht vergleichbar waren.

Ich querte über ein steiles Schneeband zur Wand auf der rechten Seite des Couloirs. Über eine schneebedeckte Rippe, die das Couloir begrenzte, wäre die Südschulter zu erreichen, dachte ich. Diese Passage hatte ich vom Basislager aus mit dem Fernglas studiert. Sie kam mir günstig vor. Ich erreichte die Rippe, mußte aber feststellen, daß es keine sichere Möglichkeit gab, den Schneeabhang zu queren. Etwas höher vielleicht? Nein. Schließlich mußte ich umkehren. Ich versuchte es an einer anderen Stelle. Vergeblich. Das Gelände war zu klettern, der Schnee aber gefährlich, teils pulvrig, teils gefroren. Ich mußte umkehren! Sollte ich die Sache aufgeben? Da entdeckte ich etwas weiter oben im Merkl-Couloir eine halb verborgene Rampe. Dort war ein Umgehen der Hindernisse möglich. Eine felsige Wand, die ziemlich glatt und verschneit war, leitete auf eine neue Rampe, die zu dem Eisabhang unter der Südschulter führte.

Die Schwierigkeiten wurden geringer. Natürlich galt es aufzupassen. Ich kletterte mit Steigeisen, und die Felsen waren ungünstig geschichtet. Der Weg zum Gipfel schien frei zu sein.

Noch einmal ließ ich meinen Blick die steile Merkl-Rinne hinauf- und hinuntergleiten. Ich erschrak, als ich plötzlich jemanden hinter mir

Günther (rechts) und ich hatten uns im Winter auf die Rupalwand vorbereitet. Wir scheiterten dabei an der Nordwand des Pelmo (Foto: Konrad Renzler).

hersteigen sah. War das Einbildung oder war ich bereits höhenkrank? War das wirklich ein Mensch?

Es war Günther, mein Bruder! Das war doch nicht möglich, das war nicht abgesprochen!

Trotzdem, da war Günther. Ich wartete. Bald stand er neben mir. Ich fragte ihn nicht, warum er nachgeklettert war. Seine Stimme klang wie immer, nicht müde, nicht heiser – ganz fröhlich.

Ob er ein Seil dabeihatte? Nein! 40 Tage lang waren wir in dieser Riesenwand zusammen geklettert, hatten nebeneinander geschlafen und füreinander gekocht. 15 Jahre lang waren wir an einem Seil in die Berge gestiegen. Es war klar, daß wir zusammen weitergehen würden.

Der Vormittag war bald vorbei. Als wir die große Traverse nach rechts unter der Südschulter begannen, kam Müdigkeit auf. Aber auch Hoffnung. Der Gipfelgrat mußte bald kommen. Wir gingen langsam, einer hinter dem anderen. Immer suchte ich den besten Weg in den steilen, schneereichen Felsen. Der Nebel, der die Sicht behindert hatte, war verschwunden oder lag unter uns. Die Sonne schien. Der Schnee wurde weich. Unsere Beine ermüdeten. Immer öfter mußten wir stehenbleiben.

Den Körper auf den Pickel gestützt, rasteten wir. Uns gegenseitig aufmunternd, versuchten wir gegen die Müdigkeit anzukämpfen. Unterhalb des Grates blieb ich länger stehen als sonst. Günther schlug mir eine Rast vor. Er wollte jetzt spuren. Er ging an mir vorbei. Die Sonne stach heiß vom Himmel. Die Hitze war schlimmer als die Anstrengung. Sie machte uns mürbe, schläfrig und langsam. Ein Nebelmeer bewegte sich unter uns. Immer, wenn der Rupal-Peak, ein kleiner Gipfel gegenüber dem Nanga Parbat, aus dem Nebel auftauchte, schaute ich mich um. Wo war das Basislager? Ich suchte es vergeblich. Wir waren weit von der Erde entfernt.

Die Anstrengung wuchs vor allem mit der Höhe. Aber auch mit der Hitze, mit den Schneemassen. Das Spuren hatte mich ermüdet. Doch auch beim Rasten erholte ich mich nicht. Die Sonne war unbarmherzig. Günther stieg den steilen Schneehang hinauf, dem Gipfelgrat entgegen. Dabei machte ich einige Fotos – die letzten, die mir von ihm bleiben sollten.

»Der Gipfel!« sagte Günther und verschnaufte. Er stand knapp unter der Südseite. Als ich ihn einholte, stand er am Grat und fotografierte den Gipfel.

Diese Ankunft auf dem Grat war aufregend. Da lag alles vor uns: der Gipfel, das Plateau, der Silbersattel, der Rakhiot Peak. Günther und ich waren beeindruckt. Wir sprachen von Buhl. Wir sahen seinen Aufstiegsweg. Vor 17 Jahren war er allein hier gewesen. Wir dachten auch an Merkl und Welzenbach, an alle jene, die 1934 da unten ums Überleben gekämpft hatten.

Der Gipfel stand vor uns, diese sanfte Schneepyramide. Er erschien mir ganz nahe. Dann verdeckte ihn ein Nebelfetzen, und die Entfernung zu ihm schien größer zu werden. Über einen schneebedeckten Grat näherten wir uns der Südschulter, 8042 Meter hoch. Windgepreßter Schnee wechselte mit Pulverschnee ab. Mehrere Male suchten meine Füße Halt und stießen ins Leere. Alles schien ganz nah zu sein. Ich überlegte, ob ich schneller gehen sollte und stieg an einem großen Felszahn vorbei. Dann erreichte ich eine Senke, den letzten Abhang. »Nur noch einige Minuten«, dachte ich. Diese Minuten erschienen mir wie Stunden. Endlich eine Schneekuppe. Der Gipfel des Nanga Parbat!

Günther, der meinen Aufstieg fotografiert hatte, kam langsam nach. Er war da, bei mir. Er zog alle seine Handschuhe aus und streckte mir die Hand entgegen. Ich sah seine Augen. Wir hatten unsere Brillen abgenommen. Ich weiß nicht warum. Das also war's. Keinerlei Euphorie, kein

Der Gipfelteil der Rupalflanke. Über die Eisfelder ganz rechts verläuft unsere Route, die auf 7400 m in die Merkl-Rinne mündet.

Siegesbewußtsein. Die erste Begehung der Rupalflanke lag hinter uns. Wir dachten nicht in Schlagzeilen, wir waren so erfüllt von den vielen Eindrücken, daß wir uns das Denken ersparten.

Wir fotografierten uns gegenseitig und betrachteten immer wieder das Panorama. Erstmals im Leben hatte ich das Gefühl, wirklich über den Wolken zu sein! Eine Stunde schon waren wir oben. Wir mußten absteigen. Ich versuchte, meine Norwegerhandschuhe wieder anzuziehen. Aber sie waren derartig steif vom Frost, daß es mir nicht gelang. Ich hatte ein Paar in Reserve dabei und ließ die Eisklumpen auf einem Felsen östlich des Gipfels zurück. Ich beschwere sie mit einigen Steinen. Nicht als Beweis dafür, daß wir auf dem Gipfel waren, nur so. Dann begannen wir mit dem Abstieg.

Günther fühlte sich nicht in der Lage, die schwierigen Passagen, die wir im Aufstieg überwunden hatten, im Abstieg zu klettern. Wir entschlossen uns, vorerst in die Scharte am Ende der Merkl-Rinne abzusteigen. Wir mußten so oder so biwakieren. Anderntags könnten wir um Hilfe rufen.

Die Stunden waren vorbeigegangen, ohne daß wir uns der lebensgefährlichen Lage bewußt geworden waren. Die Nacht würde bald hereinbrechen. Wir beschleunigten unseren Abstieg. Hintereinander her gingen wir bis zur Südschulter. Nochmals prüften wir unsere Abstiegsmöglichkeiten. Der Abstieg über das Merkl-Couloir wäre zu schwierig, meinte Günther. Ich begriff den Ernst der Lage. Konnten wir westlich zur Merkl-Scharte absteigen? Nach einer Fotografie des Berges, die ich mitgenommen hatte, würden wir von dort die Merkl-Rinne unterhalb der Hauptschwierigkeiten wieder erreichen. Von diesem Sattel mußte es dann möglich sein, Hilfe aus Lager V herbeizurufen. Nach einem Abstieg über eine felsige Rampe und eine Schneemulde erreichten wir den Sattel. Es war schon Nacht. Unter einem Felsvorsprung fand ich eine Nische, in der wir uns zum Biwak hinhockten. Wir zogen unsere Schuhe aus und wickelten unsere Füße in Astronauten-Folien. Dann zogen wir die nassen Innenschuhe über und hockten uns auf unsere Außenschuhe. Stunde um Stunde. Eine lange Nacht ohne Ende. Immer wieder zwangen wir uns, die Zehen zu bewegen.

Mehrere Male forderte mich Günther auf, ihn zuzudecken. Er tat so, als ob er etwas von der Erde aufheben wollte. Aber da war nichts. Wir hatten weder Decken noch einen Biwaksack. Die Temperatur lag sicher unter minus 30 Grad. Der Zustand meines Bruders beunruhigte mich. In seiner Verfassung und ohne Seil war das Queren vom Sattel zu unserem Aufstiegsweg riskant. Ich entschloß mich gegen sechs Uhr früh, um Hilfe zu rufen. Ich ging an eine Stelle links des Sattels, von wo aus ich direkt ins Couloir sehen konnte. Ich wollte um ein Seil bitten. Plötzlich sah ich jemanden unten im Merkl-Couloir. Gegen zehn Uhr dann entdeckte ich zwei Männer im Couloir, die auf unserer Spur heraufgekommen waren. Felix und Peter! Sie waren bald nur noch 100 oder 120 Meter von uns entfernt. Ich sah, daß sie ein Seil hatten. Ich ging rastlos hin und her. Dann zum Biwak zurück.

In diesem Augenblick zweifelte ich nicht daran, daß sie heraufkamen, um uns zu helfen. Ich war erleichtert. Ich rief Felix, der vorstieg, etwas zu. Aber er verstand mich nicht. Und ich hörte nicht, was er rief. Als ich begriff, daß beide zum Gipfel wollten und nicht wie angenommen unseretwegen aufgestiegen waren, war ich verwirrt. Ich schrie ihnen zu, daß sie zu uns heraufkommen und in unserer Abstiegsspur weiter zum Gipfel gehen sollten. Das wäre genauso schnell für sie gewesen. Ob alles in Ordnung wäre, gestikulierte Felix. Ich bejahte. Er kletterte zurück in die Rinne, drehte nach rechts ab, und beide verschwanden hinter einer Rippe. Ich versuchte zu begreifen. Warum waren sie nicht zu uns

Die Diamir-Wand mit einer Eislawine, die die Mummery-Rippe überspült. Unsere Abstiegsroute war gerade in diesem Abschnitt unübersichtlich und gefährlich.

heraufgekommen? Ich hatte doch um ein Seil gerufen! Ja, Günther war nicht verletzt, er war o. k., nur zu unsicher auf den Beinen für den Abstieg. Er saß im Biwak. Es war stürmisch auf der Scharte, die Verständigung war schlecht gewesen. Wir hatten uns nicht verstanden. Als die beiden weitergingen, entschloß ich mich nicht sofort, über die andere Seite des Berges abzusteigen. Und doch war dies unser einziger Ausweg. Das wußte ich. Denn es war nicht nur sinnlos, eine zweite Nacht in dieser Höhe und in dieser Kälte zu verbringen, es wäre unser sicherer Tod gewesen. Die einzige Rettung, die uns offenstand, war ein Abstieg über die Diamir-Seite. So schnell wie möglich.

Nachdem Felix und Peter verschwunden waren und ich wußte, daß sie weiter zum Gipfel gingen, kehrte ich verzweifelt zum Biwak zurück. Ich stolperte, fiel ein paarmal hin und zog mir eine Wunde an der Hand zu. Ich ging zu Günther, um ihm alles zu erklären. Dann ging ich wieder zurück zum Couloir. Die Sonne fiel schräg zu mir herüber. Für einen Augenblick kam eine große Unruhe in mir auf. Es war mir, als ob ich verrückt würde. Meine Gedanken wirbelten durcheinander. Ich stürzte hin und sah auf den Pickel und mich selbst. Wie von außen. Ich weinte. Ohne zu wissen, warum. Günther holte mich ein und sagte: »Jetzt bist du es, der den Kopf verloren hat.« Seine Stimme schreckte mich auf. Der kritische Moment war vorbei. Ich hatte für kurze Zeit die Kontrolle über mich verloren. Jetzt mußte entschieden werden. Was war zu machen? Günther bestand auf einem sofortigen Abstieg. Nein, kein zweites Biwak in dieser Höhe! Vielleicht hätte ich allein über das Merkl-Couloir absteigen können, um Hilfe zu holen? Aber dann wäre Günther eine Nacht lang allein gewesen. Nein, nur keine Trennung!

So gab es nur eine Abstiegsmöglichkeit: die Diamir-Wand. Diese Westwand, über die Mummery im Jahre 1895 einen Aufstiegsversuch unternommen hatte, war viel leichter als die Rupalwand.

Wir hatten daheim Fotografien des Nanga Parbat studiert, und ich hatte den Weg Mummerys klar in Erinnerung. So wie viele tausend andere Routen. Wenn Mummery 1895 dort durchgekommen wäre, mußten wir es ohne zu sichern schaffen. Ich fand diesen Plan nicht aufregend und nicht verrückt, sondern möglich. Ich rieb mein Gesicht ein, ohne ein solches zu haben. Ich war sicher, daß sich Günther weiter unten wieder erholen würde. An ganz unten dachten wir noch nicht. Um elf Uhr brachen wir auf. Wie nützlich es war, daß wir im Winter vorher den Nanga Parbat gründlich studiert hatten! Ohne diese Kenntnisse wären wir verloren gewesen.

Aufziehendes Schlechtwetter am Nanga Parbat. (Im Bild das hintere Diamir-Tal). Oben schneit es, im Tal scheint die Sonne.

Über einen Schneeabhang, links von einem Felsgrat, der zum Gipfel führt, stiegen wir ab. Unter uns zog ein heftiges Gewitter auf. Dann hagelte es. Ich ging voraus, um im Nebel einen Weg zu finden. Die Nebel verdichteten sich ab und zu. Dann riß es wieder auf. Wir fanden einen schmalen Durchschlupf zwischen den beiden Seracs, die das höhergelegene Bazhin-Becken vom mittleren Wandabbruch trennten. Wir kamen zu einer Felsrippe und setzten unseren Abstieg auf ihr fort.

Die Nacht war hereingebrochen, aber wir stiegen weiter ab. Von Zeit zu Zeit hatte ich das Gefühl, daß wir zu dritt gingen, wußte aber, daß das nur eine Illusion war. Gegen Mitternacht waren wir irgendwo am obersten Mummery-Sporn. Wir richteten unser Biwak ein.

Aber wir blieben nicht lange. Der Mond ging auf. Günther hatte sich einigermaßen erholt. Beim ersten Mondlicht machten wir uns weiter talwärts auf den Weg. Gegen acht Uhr erreichten wir einen steilen Hang am Fuß der Wand. Langsam stiegen wir hintereinander ab, zuerst über einen Felsriegel, dann über eine große Schneeflanke. Wir waren uns stillschweigend einig. An der ersten Quelle wären wir gerettet. Dort sollte der eine auf den anderen warten. Ich ging sehr schnell und blieb von

Zeit zu Zeit stehen, um Günther nachkommen zu lassen. Die Schwierigkeiten waren nicht groß. Nur Lawinen drohten. Weiter unten, am Fuß der Felsen, wo der Gletscher eine Plattform bildete, beschloß ich, nach links zu gehen. Ein langer Lawinenkegel ermöglichte einen schnellen Abstieg. Ich kam in die Sonne. Wasser! Das Eis begann zu schmelzen. Endlich gab es Wasser. Wasser! Ich trank und trank. Müdigkeit überkam mich. Immer wieder drehte ich mich nach Günther um. Ich wartete. Er kam nicht. Weil ich ihn nicht sah, glaubte ich, er wäre nach rechts unter die Felsen abgestiegen, um so den grünen Talgrund schneller zu erreichen. Vielleicht war er schon dort.

Ich ging weiter, stolperte über einen von Schutt und Steinen bedeckten Gletscher. Plötzlich sah ich Menschen. Sie kamen mir am Rand des Gletschers entgegen. Ein Reiter war darunter. Ich hörte Stimmen und machte Zeichen. Nach einiger Zeit kam ich zum Gletscherrand. Aber da war niemand. Ich trank wieder. Nochmals Stimmen, bekannte, unbekannte Stimmen. Einen Moment lang hörte ich Günther, der neben mir sprach. Aber es konnte nicht Günther gewesen sein, es war niemand da. Vielleicht war da nur mein Wunsch, ihn neben mir zu sehen. Vielleicht hatte ich Halluzinationen. Immer wieder das eindeutige Gefühl, Günther wäre hinter mir.

Als ich mich aber nach ihm umsah, war er immer noch nicht zu entdecken. Ich begann nach ihm zu suchen. Zuerst am Rande der Moräne. Taleinwärts, talauswärts.

Ich kehrte über den Gletscher zurück. Ich suchte und rief an der frischen Eislawine, die ich im Lärm am Wandfuß zunächst gar nicht wahrgenommen hatte. Immerzu waren Steine und Lawinen abgegangen! Ich konnte nicht glauben, daß mein Bruder unter einer Lawine begraben lag. Ich suchte weiter. Es wurde Nacht. Ich stolperte über den Gletscher. Ich hockte mich hin, schlief ein. Vor Kälte und Angst schreckte ich hoch, rief weiter. Alle Rufe verhallten ungehört – eine ganze Nacht lang.

Dann ging ich weiter. Mein Schritt war schwer. Ich kam zum Rand des Gletschers und stieg die letzten Moränen hinauf. Ich beugte mich vor und sah eine Wiese, über die ein dünner Wasserlauf rann. Ich trank. Ich fand die Spuren eines alten Lagers. Aber keine Spur von Günther. Ich schaute, ob er nicht vorher schon dagewesen war. Kein Zeichen. Er war nicht da. Ich wartete. Er mußte jeden Moment kommen. Ich zog mich aus. Ich wusch mich und trank wieder. Eine Stunde ging vorbei. Günther war immer noch nicht da. Ich rief nach ihm. Keine Antwort. Ich zog mich wieder an. Ich ließ Kleidungsstücke bei einem Felsblock zurück. Er sollte wissen, daß ich schon da war. Dann ging ich wieder los, um ihn zu suchen. Ich stieg die Moräne hinauf, ging weiter, talauswärts zuerst. Immer wieder rief ich. Günther war nicht da. Ich ging eilig bergwärts zu meinem Ausgangspunkt zurück. Niemand! Ich drehte um und ging nochmals in Richtung Tal: Niemand.

Wieder zum Lager zurück. Ich nahm meinen Pickel und stieg nochmals über den Gletscher auf. Alle Strapazen waren vergessen. Rufend und suchend ging ich den Weg, den ich am Vormittag gegangen war. Der Gletscher war weich, alles war in Bewegung, und ich wurde naß bis zu den Knien. Ich stieg langsam bis zum Plateau, wo ich Günther zuletzt gesehen hatte. Es waren keine Spuren zu sehen. Auch nicht mehr von mir. In dem harten Schnee hatten wir ohnehin kaum Spuren hinterlassen. Es war Nachmittag geworden. Ich mußte Günther vor Anbruch der Nacht finden. Ich rief, keine Antwort.

Die Sonne war schon untergegangen, als ich mich entschloß, dort über den Gletscher hinunterzugehen, wo Günther abgestiegen sein mußte. Waren da Fußspuren? Nein, aber eine große Lawine.

Ich stieg über die Trümmer, immer nach meinem Bruder rufend. Ich suchte, grub mit den Händen, rief. Ich schlief wohl auch zwischendurch ein. Die Kälte weckte mich immer wieder. Oder war es mein Rufen? Oder Günthers Schreie? Ich war verrückt geworden! Eine ganze Nacht lang stieg ich suchend über Eisblöcke, rief. Am Morgen war ich noch immer da und rief. Aber ich wußte nicht mehr, warum. Die nasse Hose, die nassen Schuhe waren zu Eisklumpen gefroren. Noch einmal stieg ich den Gletscher hinauf. Als die Sonne in die Wand strahlte, ging ich zurück zur Moräne. Wie ein Schlafwandler – und viele Kilometer von jeder bewohnten Gegend entfernt. Ich fühlte mich verlassener als je zuvor in meinem Leben. Dann rief ich wieder, wartete auf Günther. Aber er kam nicht. Ich war am Ende meiner Kräfte. »Vielleicht ist er auf der Lawinenseite abgestiegen«, halluzinierte ich, »vielleicht wollte er mich hier unten treffen.« Ich hielt Ausschau, und meine Verzweiflung ging in meinem Kopf im Kreis herum. Ich mußte wieder zurück und dort suchen, wo die Lawine niedergegangen war.

Es war zwischen neun und elf Uhr vormittags. An der Diamir-Seite des Nanga Parbat gingen immer wieder Lawinen ab. Vielleicht 20, 30 Lawinen. Überall, ständig Lawinen. Kleinere und größere. Ich wußte, daß ich in einer gefährlichen Lage war.

Alles Rufen war unnütz. Dennoch konnte ich mich nicht entschließen, weiterzugehen. Ich wartete bei der Quelle. Ich rief. Langsam kam die

Stille der Nacht über das Tal. Mit angezogenen Beinen hockte ich da. Ich lauschte. Ich wartete. Ich wußte nun, daß Günther tot war – trotzdem wartete ich auf ihn. Dann legte ich mich unter einen großen Steinblock und versuchte zu schlafen.

Am Morgen konnte ich mich wieder nicht gleich entschließen, aufzubrechen. Er könnte immer noch kommen. Als die Sonne dann die Diamir-Wand beschien, packte ich meine Sachen in den Anorak. Ich legte meine roten Gamaschen auf den Felsblock, unter dem ich in der Nacht gelegen hatte und beschwerte sie mit zwei Steinen. Wie ein Signal lagen sie da! Wo war der Weg ins Tal?

Ich ging nicht, ich schleppte mich vorwärts. Ab und zu zog ich mir Schuhe und Strümpfe aus, um meine Füße im Gebirgsbach baden zu können. Die Zehen waren blau! Ich ging zwischen Berg und Gletscher.

Schließlich fand ich einige von einem Erdrutsch zerstörte Hütten. Ich rief. Keine Antwort. Ich ging weiter. Als eine große Felswand mir den Weg versperrte, stieg ich auf eine Gletscherzunge ab. Ich überquerte sie. Schritt für Schritt erreichte ich nach mehreren Stunden die gegenüberliegende Seite. Mühsam stieg ich die Moräne hinauf, die mit Grasbüscheln bewachsen war. Dort gab es einen schmalen Weg! Aber die Beine trugen mich nicht mehr, ich fiel hin. Als ich mich hinhockte, schlief ich auf der Stelle ein. Ich war am Ende!

Ich wachte auf, es war Spätnachmittag. Die Sonne stand tief. Ich machte mich auf den Weg. Da war eine schmale Lichtung, dann durchquerte ich ein mit Gestrüpp bewachsenes Hochtal. Endlich kam ich auf eine Wiese. Einige Kühe grasten dort. In der Nähe des Waldes stand ein Mann. Ich rief, aber er verschwand zwischen den Bäumen. Ich rief lauter. Nichts. Hatte ich wieder Halluzinationen? Aber die Kühe waren wirklich da. Ich kam zu der Stelle, wo ich den Mann gesehen hatte. Nichts. Ich lauschte. Da hörte ich im Wald jemanden Holz hacken. Ich ging näher hin und traf auf drei Holzfäller.

Es waren arme Bauern. Würden sie mir helfen? Eine Stunde dauerte es, bis ich ihnen begreiflich machen konnte, daß ich Hunger hatte. Sie gaben mir ein Stück Tschapati, ein dünnes Fladenbrot aus Gerstenmehl, meine erste Nahrung seit fünf Tagen. Dann begleiteten sie mich zu ihrer Hütte in Nagatou, einer Alm oberhalb von Diamir. Ich bekam auch eine Tasse Milch. Die Nacht verbrachte ich unter einem Baum.

Am nächsten Tag begleitete mich ein junger Mann nach Diamir. Gehen konnte ich nur noch mit Schmerzen. Im Dorf tauschte ich fünf Eier und ein Huhn gegen meine Überhose ein. Gemeinsam mit einigen

Das untere Diamir-Tal, ganz links hinten der Nanga Parbat. Mein Abstiegsweg führte durch karge Hänge, kleine Terrassendörfer und eine tiefe Schlucht.

Einheimischen kochte ich mir das alles im Freien und legte mich dann ins Gebetshaus. Ich versuchte, einige der jungen Leute zu gewinnen, mich das Tal hinauszutragen. Ich bot ihnen die Kleider dafür, die ich entbehren konnte. Nein, Geld hatte ich nicht, und für mein letztes Hemd wollten die Leute mich nicht tragen. Ich packte meine Sachen zusammen und versuchte, mich auf die Füße zu stellen. In der einen Hand den Pickel, in der anderen einen Stock, auf diese Weise konnte ich das Gleichgewicht halten. So schleppte ich mich durch das Dorf.

Am Dorfausgang konnte ich nicht mehr. Der vordere Teil meiner Füße war schwarz. Blut sickerte aus den Zehen. Ich war barfuß. Zwei Männer kamen mir entgegen. Einer trug ein Gewehr. Ich bekam Angst. Ob sie mir helfen oder mich umbringen wollten? Ich war auf sie angewiesen. Allein hätte ich nur noch liegenbleiben können. Sie würden mir schon helfen. Meine Füße waren so geschwollen, daß ich nicht mehr stehen konnte, geschweige denn gehen.

Sie nahmen mich abwechselnd auf ihre Schultern. Als der Weg felsig und schwierig wurde, kroch ich auf Händen und Knien weiter. Dieser Abstieg dauerte viele Stunden. Nur selten fanden wir Wasser in der engen Schlucht. Schließlich lief einer der beiden Männer weg, talwärts. Vor Sonnenuntergang kam er mit Helfern zurück. Wieder wurde ich abwechselnd getragen. Am Abend nahm man mich in einem Bauernhof auf. Wieder bekam ich Milch und ein bißchen Brot. Am darauffolgenden Morgen bat ich die Bauern, eine Tragbahre zu bauen. Sie verstanden mich nicht. Aus vier Ästen und einigen Seilen baute ich sie mir dann selbst. Auf ihr trugen mich die Bauern bis zur Bunar-Brücke im Indus-Tal. Ich lag völlig apathisch am Rand der Straße. Die Sonne brannte unbarmherzig vom Himmel. Es gab kaum Schatten. Ich ließ mich unter die Brücke legen, wo ich für einige Stunden Schutz fand, neben dem kühlen Bergbach, der vom Nanga Parbat herunterkam. Ich war allein, aber ich konnte wieder klare Gedanken fassen. So schnell wie möglich mußte ich nach Gilgit kommen. Die Schmerzen durch meine Erfrierungen waren schlimmer geworden.

Das erste Auto, das vorbeikam, war ein Jeep. Er fuhr in die entgegengesetzte Richtung. Dann kam niemand mehr. Stundenlang. Plötzlich kam der Jeep zurück. Er hielt. Zwei Soldaten stiegen aus, von denen der eine Englisch sprach. Es war ein pakistanischer Offizier, der sich meiner annahm, mich einlud und in eine Kaserne brachte. Er sprach von mir wie von einem Geist, von »dieser Person«. Ich konnte mich endlich waschen. Er gab mir zu essen. Er war der erste Mensch, mit dem ich mich

Schon vor meinen Achttausender-Erfolgen hielt ich Vorträge. Danach intensivierte ich dies. Hier Vorbereitungen in der Arena von Verona.

verständigen konnte. Obwohl er mir meine Geschichte vom Nanga Parbat nicht glaubte, erzählte ich ihm Einzelheiten: daß wir zu zweit gewesen waren, daß ich zur Expedition zurück mußte. In der Nacht noch sollte mich ein Jeep nach Gilgit bringen. Ungefähr 30 Kilometer vor der Stadt war die Straße durch einen Erdrutsch unterbrochen. Wir mußten in einer Herberge warten, bis das Hindernis beseitigt war. Der Zufall wollte es, daß dort auch Herrligkoffer und die anderen warteten, die vom Basislager abgestiegen und auf dem Heimweg waren.

Das Wiedersehen in dieser dunklen Nacht, acht Tage nach unserem letzten Funkgespräch, war sehr traurig.

31. Nachspiel und Zwischenbilanz
Der Weg zum Profibergsteiger

Acht Wochen nach der Expedition saß ich in der Innsbrucker Universitätsklinik. Es war ein freundliches Zimmer im 10. Stock. Wenn ich zum Fenster hinausschaute, sah ich die Martinswand, den Hechenbergpfeiler, die Nordkette.

Auf Wandregalen und auf dem zweiten Bett lagen Manuskripte und Himalayaliteratur. Das war seit sechs Wochen meine Welt. Auf einer Tafel am Bettende waren die Amputationen vermerkt: Erster bis vierter Zeh links; erster und zweiter Zeh rechts teilamputiert. Die Finger konnten gerettet werden.

Die »Bunte Illustrierte« hatte weltexklusiv einen Bildbericht über unsere Expedition gedruckt. Demnach wäre Günther zu schwach für einen Aufstieg zum Gipfel gewesen. Wer in der Mannschaft war stärker als er?

Auch Gerhard Baur, unserem Kameramann, gefiel das so nicht. »Es war ja nur Herrligkoffers Angst, daß eine Südtiroler Zweierseilschaft zum Gipfel kommen könnte«, meinte er. Vielleicht hatte er recht. Herrligkoffers Expeditionen hatten bis dahin immer einen nationalen Anstrich gehabt, und schon zu Beginn hatte er versucht, Günther und mich zu trennen. Wir sollten nicht in der selben Seilschaft klettern.

Inzwischen hatte ich viel über die eigentliche Expedition erfahren. Günther und ich waren ja für Herrligkoffer und die Mannschaft auf der anderen Seite vom Berg verschwunden.

Als Peter Scholz und Felix Kuen, die den Gipfel am 28. Juni erreicht hatten, ins Basislager zurückkamen, wurden sie mit Blumen behängt und als Helden gefeiert. Herrligkoffer empfing die »Gipfelsieger«. Er befragte sie und schrieb ihre Eindrücke auf.

Am 18. Juli fand in der Pfarrkirche von St. Peter in Villnöß eine Gedenkmesse für Günther statt. Herrligkoffer war nicht anwesend, auch Kuen nicht.

Felix Kuen hielt bald danach seine ersten Vorträge über unsere gemeinsame Expedition. Er hatte eine Vorliebe für Höhen, für Zahlen, für Stunden, die er vor den anderen im Lager III oder am Gipfel eingetroffen war.

1971 begann ich in der Brenta-Gruppe (rechts die »Guglia« von Süden) und in der Sella wieder mit dem Felsklettern.

Ich lernte in der Klinik einige interessante Menschen kennen. Hias Rebitsch und Dr. Oswald Oelz, einen Arzt, der später einer meiner besten Freunde wurde. Er besuchte seinen Freund Dr. Judmaier, der einige Wochen lang das Zimmer mit mir teilte. Gerd Judmaier, Sohn eines berühmten Arztes, war am Gipfel des Mount Kenya ausgerutscht und hatte sich bei dem schweren Sturz ein Bein zertrümmert. Sein Seilpartner »Bulle«, so wurde Oswald Oelz im Freundeskreis genannt, hatte erst nach mehrmaligem Ab- und Aufstieg die Rettung organisieren können. Eine dramatische Geschichte. Ein Wunder, daß Gerd noch lebte.

Als ich nach Monaten aus der Klinik kam, war ich ein Krüppel. Da ich alle meine Ersparnisse für die Nanga-Parbat-Expedition ausgegeben hatte und in Padua keine Prüfungen ablegen konnte, war ein weiteres Studium für mich ausgeschlossen. Ich hatte weder Geld noch ein Anrecht auf ein Stipendium. Zudem mußte ich zum Militär.

Ich hatte den Militärdienst aus Studiengründen aufgeschoben und wäre sofort einberufen worden, wenn ich mich nicht wieder inskribiert hätte. Als ich auf Grund meiner Amputationen im Herbst 1970 nachgemustert wurde, stellten mich die Militärbehörden vom Dienst frei.

Zum »Profibergsteiger« wurde ich, ohne es geplant zu haben. Eine bürgerliche Existenz und mein Hunger nach Abenteuern paßten nicht zusammen.

In diesen Wochen erhielt ich ein weiteres Mal eine Stelle als Mittelschullehrer, und bei dieser Arbeit wollte ich vorerst bleiben. Ich mochte die Mathematik und meine Schüler und kam langsam wieder mit meinem Leben zurecht. Sicher, ich hinkte, und zwischen Herrligkoffer und mir war ein erbitterter Streit ausgebrochen. Da mir der Expeditionsvertrag eine eigenständige Berichterstattung untersagte, fühlte ich mich vielfach verleumdet und geknebelt. Für alle Zeiten vom Militär- und Kriegsdienst freigesprochen zu sein, war ein schwacher Trost in dieser Lage. Der Tod meines Bruders belastete mich schwer.

Ich hatte die Verantwortung dafür zu tragen. Er wäre nicht gestorben, wenn ich ihn nicht aufgefordert hätte, mitzukommen, wenn er nicht die Chance gehabt hätte, bei dieser Expedition dabei zu sein. Wenn ich nicht sein Bruder gewesen wäre, hätte er wahrscheinlich nicht versucht, mich im letzten Teil der Rupalflanke einzuholen. Auch hatte ich ihn nicht zurückgeschickt, und beim Abstieg war ich häufig vorausgegangen.

So gesehen war ich verantwortlich für seinen Tod, und ich mußte mit dieser Tragödie leben. Ich mußte aber auch begreifen, daß ich das nur langsam lernen konnte. Nachträglich konnte ich nichts rückgängig machen. Es half meinem Bruder nicht, wenn ich das Bergsteigen aufgab. Es war meine Sache, mein Leben weiter zu gestalten. Ich versuchte damit zurechtzukommen und mochte es nicht, wenn irgend jemand mir wohlgemeinte Ratschläge gab.

Im Zusammenhang mit der Nanga-Parbat-Expedition hatte ich neue Erfahrungen mit Menschen gemacht. Ich war mißtrauisch geworden. Mein idealistisches Weltbild hatte Risse bekommen. Und das war gut so.

Ich wußte nun mehr über die Realität. Und wenn ich morgen, in einem Jahr wieder richtig laufen und klettern könnte und mir die Leute begeistert zulächeln würden, ich könnte nicht allen mehr ihr Lächeln glauben.

Im Januar kündigte ich meine Lehrerstelle. Ich unterrichtete zwar gern und ich glaube auch, daß mich die Schüler mochten. Aber ich konnte nicht klettern, Vorträge darüber halten, Bücher schreiben und unterrichten. Mein Hauptinteresse blieben die Berge. Ich wurde so etwas wie ein freiberuflicher Alpinist. Aber eigentlich hatte ich keinen Beruf. Ich tat, was ich tun mußte oder wollte. So war ich entgegen aller Warnungen von seiten meiner Eltern und Kameraden Bergsteiger geworden und später eine Art Abenteurer. Dieses Wort hat heute einen falschen Beigeschmack, denn es verharmlost die Ungewißheit, die dazugehört, die Ungewißheit in jeder Hinsicht.

Abenteurer ist kein Beruf, eher ein Zustand. Man kann seinen Lebensunterhalt nicht damit verdienen. Das hatte mir mein Vater schon früh auseinandergesetzt.

Eine Lawine kam und zerstörte das Basislager, oder der Monsun setzte zu früh ein und die Expedition mußte vorzeitig abgebrochen werden. Es gab Wildbäche und Spalten, in die man fallen konnte. Wenn man selbst noch herauskam, die Habe blieb verloren.

Es galt damals eigentlich als »unmoralisch«, mit seiner Lieblingsbeschäftigung Geld zu verdienen. Trotzdem bin ich noch Vortragsredner und Autor geworden, um mir für meine Abenteuer die nötigen Mittel zu verschaffen, um möglichst frei und unabhängig sein zu können. Ich schrieb gern, und was lag näher als über die Berge zu schreiben. Das Erzählen, als eine eigene Kunstgattung, auf der Bühne mit den dazugehörenden Lichtbildern, machte mir als eigenständige Tätigkeit Spaß. Ich war ja auch Lehrer gewesen. Mit Schreiben und Vorträgen konnte ich zwar meine Reisen nicht finanzieren, aber ich konnte davon leben. Ich arbeitete sechs Monate im Jahr und war sechs unterwegs. Damals sparte ich für jede Expedition. So machte ein Abenteurer das nächste möglich. Die Berichte über das letzte finanzierten das neue. Ich konnte ganz gut

leben dabei, aber manchmal mußte ich mich doch bescheiden, bevor es wieder auf große Fahrt ging. Übrig blieb damals nichts.

Sicher. Aber ich wollte ja auch nicht reich werden. Alles, was ich wollte, war, möglichst frei zu leben und Zeit zum Bergsteigen zu haben. Neue Vorschläge die Ausrüstung betreffend wurden honoriert, und so wurde ich freier. Die Vortragsanfragen häuften sich, mehrere Verleger wollten Bücher von mir haben. Wichtiger aber als alles andere war mir die Aktivität am Berg.

Ich mochte alle einsamen, großen Gebirge und fühlte mich in ihnen zu Hause, auch wenn ich täglich und stündlich die Gefahren abwägen mußte, die es dort gab. Am Nanga Parbat zum Beispiel war Günther gestorben, und ich war davongekommen. Ich hatte Erfrierungen erlitten, mit Schmerzen bis zur Bewußtlosigkeit und Amputationen am Ende. Aber es lohnte sich, das durchzumachen dafür, was ich erlebte und wo ich hinkam. Neue Abenteuer jagten mir mit möglichen Krankheiten und nicht abschätzbaren Gefahren Angst ein, wie ein bissiger Hund. Ich brach trotzdem immer wieder auf. 1971 begann ich auch als eine Art Berg-Reiseführer zu arbeiten. Dabei verdiente ich zwar kaum etwas, aber ich konnte Gegenden kennenlernen, wo ich später klettern wollte. Niemand hätte mich von meinen Träumen abbringen können. Verliebt war ich immer noch nicht. Das, was ich bisher durchgemacht hatte, hätte mich umgebracht, wenn ich nicht vorsichtig gewesen wäre. Warum sollte ich also auf künftige Abenteuer verzichten? Vielleicht würde ich einmal wirklich nicht mehr zurückkommen, vielleicht würde ich mich aber auch immer wieder durchschlagen können.

Zwischen den Expeditionen lebte ich daheim bei meinen Eltern.

Spät war ich nach Hause gekommen. Zwischen den Häusern lag blaues Mondlicht. Auf dem kleinen Vorplatz strich Nachtwind über das reifige Gras. Ich spürte die Kälte und Einsamkeit der Biwaknächte und fror.

Der Schatten der Geislerspitzen wanderte oben langsam über das verschneite Kar, und ich sah mich im Geist wieder im Himalaya, nachts vor dem Zelt. Es war das gleiche eisige Licht, das in klaren Nächten über den großen Bergen liegt, die gleiche Stille, die gleiche Luft.

Ich spürte jetzt, wie der Sturm an der Zeltwand zerrte, wie Reif auf mein Gesicht bröselte, als ich aus dem Zelt kroch.

Ich verstand nicht, wie ich das alles ausgehalten hatte, und noch weniger, wie ich es nochmals aushalten sollte.

Erst als ich mich umdrehte, um in unser Haus zu treten, wo noch Licht brannte, wußte ich, daß es auch in den Hochlagern Geborgenheit gibt.

In der Hütte (links) auf der Gschmagenhartalm war ich als Kind oft gewesen. Jetzt baute ich hier eine kleine Hütte, um mich zurückziehen zu können.

32. Ndugundugu
Zwei Erstbegehungen an der Carstensz-Pyramide in Neuguinea

Zu zweit waren wir im September in Mailand aufgebrochen, Sergio Bigarella und ich. Wir flogen um die halbe Welt bis nach Djajapura, der Hauptstadt von West-Neuguinea. Mehr als die Anden und die Alpen begeisterten mich jene wilden Landschaften, die kaum von jemandem besucht worden waren. Was lag näher als das Angebot dieses »Herrn« anzunehmen, ihn ins »entlegenste Gebirge« über den Dschungeln der Südsee zu führen. Neuguinea und Bergsteigen, das war ein Angebot! Diese riesige Tropeninsel war politisch zweigeteilt. Der östliche Teil gehört zu Australien, der westliche, auch Irian Barat genannt, zu Indonesien.

Nachdem wir alle bürokratischen Hindernisse in Djajapura, dem alten Hollandia, überwunden hatten, deckten wir uns mit Proviant für drei Wochen ein. Wir kauften 30 Kilogramm Salz, Buschmesser und Stahlbeile, um später damit unsere Träger entlohnen zu können. Die Danis, die Hochlandbewohner Neuguineas, kannten Geld als Zahlungsmittel nicht, sie standen auf der Entwicklungsstufe der Steinzeit. Sie gingen mit Pfeil und Bogen auf die Jagd und rodeten den Urwald mit Steinäxten.

Fachleute schätzten, daß im Irian Barat 1 500 000 Menschen lebten. Von diesen bewohnten etwa 700 000 das Innere des Landes, das Hochland, mit einer Meereshöhe zwischen 1400 und 1800 Meter. Die anderen waren Küstenbewohner. Der größte Teil der Insel war unbewohnt, unzugänglich oder undurchdringlicher Dschungel. Dort gab es Krokodile, Schlangen und Stechmücken. Straßen existierten nicht. Mit kleinen Cessna-Maschinen konnten die Dörfer im Hochland angeflogen werden.

Geschickt setzte unser Pilot das zweimotorige Flugzeug auf der leicht ansteigenden, holprigen Landepiste von Ilaga auf. Die Danis, die am Rand warteten, wichen zurück. Wir luden unsere Säcke aus. Es waren alles in allem 100 Kilo Expeditionsgepäck. Ohne dazu aufgefordert zu werden, drängten sich die Danis um uns. Diese kleinen Eingeborenen mit ihrem Kraushaar wirkten wie lustige Zwerge auf mich. Alle wollten uns helfen. Mit Schmunzeln erinnerte ich mich an die Zeichnungen von

Menschenfressern, die ich als Kind in Märchenbüchern gesehen hatte. Angst hatte ich nicht.

Die Männer waren fast nackt. Sie trugen nur ein Penisfutteral aus getrockneten Kürbisschalen, die bis zu 50 Zentimeter lang waren. Einige hatten sich Federn von Paradiesvögeln durch die Nasenlöcher gesteckt. Ihr Gesicht war mit Ruß und Schweinefett eingeschmiert. Die Frauen, die nur mit einem Lendenschurz aus Schilfstroh bekleidet waren, machten einen friedlichen Eindruck.

Wir waren also in Ilaga. Das bestätigte der Pilot noch, ehe er abflog. Wir standen mit unserem Gepäck hilflos da. Wir verstanden kein Wort der Eingeborenen. Wir wußten weder, wo Süden war, noch, wo wir verläßliche Träger auftreiben konnten. Wir standen in einem breiten Tal, umgeben von dunklen Regenwäldern. Ich kannte nur einen Ausdruck der Danis: »Ndugundugu!« Ich warf das Wort wie einen Ball unter die herumstehenden Danis. Die fingen es auf, und mit ausgestreckten Armen wiesen sie über den Dschungel zu den Bergen taleinwärts. Ihre Gesichter wurden ernst. Dort also war Westen, dort lag das Carstensz-Gebirge. Das Ziel unserer Expedition waren die höchsten Gipfel dieses Massivs.

Die Tatsache, daß es im Hochland von Neuguinea, ganz nahe am Äquator und unmittelbar über dem feuchtwarmen Regenwald, Gletscher gibt, war für mich unglaublich und faszinierend zugleich. Im Carstensz-Gebirge stehen die höchsten Gipfel zwischen dem Himalaya und den Anden. Die Felswände dort sind so steil wie in den Dolomiten. Der Weg dorthin aber führte durch dichten Dschungel, in dem es auch noch Siedlungen mit Menschenfressern geben sollte.

»Ndugundugu« nannten die Danis alles, was mit Eis, Schnee und Kälte zusammenhing. Nachdem sie meine Amputationen bemerkt hatten, nannten sie auch mich Ndugundugu. Anfangs allerdings hatten sie geglaubt, ich hätte mir die Zehen selbst abgeschlagen. Aus Trauer. Die Danis nämlich hackten sich beim Tod eines ihrer Familienangehörigen jeweils ein Fingerglied ab. Oder sie schnitten sich ein Stück von der Ohrmuschel weg.

Ilaga war das höchste besiedelte Gebiet im Bergland des Irian Barat. Es war erst im Jahre 1954 von Missionaren entdeckt worden. Alle anderen Höhen überragend stand im Osten der Kelabo. Seine weißen Kalkfelsen standen in krassem Gegensatz zum satten Grün des darunter ausgebreiteten Dschungels.

Die Felder erstreckten sich gleichmäßig auf beide Talseiten. Da und dort griffen sie wie eine gespreizte Hand hinein in den Regenwald, der alles wie eine geheimnisvolle Mauer einrahmte. Am Südrand des Siedlungsgebietes lebten einige tausend Damal, Einheimische, die ich nie zu sehen bekam. Den Hauptteil der zirka 10000 Bewohner des Tales aber bildeten die Danis, die von sich behaupteten, diese Gegend von Osten kommend besiedelt zu haben. Das ganze Jahr über blühten Blumen. Einer Ernte folgte eine andere. Es gab keinen Monsun und keine Trockenzeit, die Vögel sangen das ganze Jahr über. Da Frühling und Herbst zusammenfielen, lag rostbraunes Laub neben den jungen Knospen riesiger Rhododendron-Büsche. Waren wir in Shangri La? Nein, der Häuptling erklärte mir, seine Urahnen wären einem schwarzen Loch entstiegen. Die Danis waren schwierige Begleiter. Sie ernährten sich vorwiegend von süßen Kartoffeln, Zuckerrohr, Bananen, Mais und Schweinefleisch. Ilaga war fruchtbar. Jahraus, jahrein herrschte die gleiche Temperatur. Ein Klima wie im Frühling in Mitteleuropa. Kiefern und Palmen standen so nahe beieinander wie sonst wohl nirgends auf der Erde.

Noch am gleichen Tag wollte ich Träger verpflichten. Sie sollten uns in die Berge begleiten. Ich ging von Hütte zu Hütte und versuchte mit den Familienoberhäuptern zu verhandeln. Die Hütten der Danis waren rund, am Giebel kaum mehr als mannshoch. Sie waren mit Schilfrohr abgedeckt. Durch eine Luke kroch ich ins Innere zu den Männern, die um das Feuer hockten. Die Hütten hatten einen Durchmesser von 6 Metern. Ich konnte drinnen kaum stehen. Oft saßen mehr als 20 Danis im Kreis, und ihre dunklen Körper nahmen sich im flackernden Feuerschein unheimlich aus. Ich hatte mir ein »Wörterbuch« zurechtgebastelt – es umfaßte alles in allem etwa 40 Wörter – und versuchte, mich mit ihnen zu unterhalten.

Immer, wenn ich bei Expeditionen auf Volksstämme stieß, deren Sprache ich nicht verstand, redete ich in Zeichensprache, »mit Händen und Füßen« mit den Einheimischen. Dann schrieb ich mir wichtige Wörter auf einen Zettel und machte eine entsprechende Zeichnung dazu. So besaß ich ein unentbehrliches Lexikon.

Die Danis waren freundlich zu mir. Sie boten mir Bataten und eine Art Spinat an. Ich bemühte mich, sie nicht zu brüskieren. Es war meine Aufgabe, sie als Träger anzuheuern. Als ich 15 Hütten besucht hatte, standen auf meiner Liste 10 Danis, die versprochen hatten, am nächsten Morgen zu unserer Lagerstelle zu kommen.

Es war Nacht geworden. Als sich unsere Kolonne an nächsten Morgen in Bewegung setzte, waren da nicht 10, sondern 50 Träger. Ich stellte fest, daß einige Danis die Kartoffelträger unserer Träger waren. Wer aber wirklich zur Expedition gehörte und wer nicht, blieb mir vorerst ein Rätsel. Nach einer Stunde Marsch war der wirre Haufen auf 25 Mann zusammengeschrumpft. Jeder Dani schien dringend benötigt zu werden. Unterwegs hatten sie so viele süße Bataten, Maiskolben, Bananen und Zuckerrohrbündel gekauft, daß ich fürchtete, sie müßten Übergewicht schleppen und die Expedition könnte sich dadurch verlangsamen. Ich hatte das Zahlen übernommen. Für ein Netz voll Bataten gab ich eine Handvoll Salz, dreimal soviel für die gleiche Menge Bananen.

Jäh hörte die besiedelte Zone auf. Wir standen mitten im Dschungel. Über einen kaum erkennbaren Steig führten uns die Danis in vielen Windungen durch das Dickicht. Nun galt es, über schlüpfrige Baumstämme zu balancieren, über zahllose Pfützen zu springen, durch Bäche und Morast zu waten. Die Bäume waren oft mehrere Meter dick und bis zu 100 Meter hoch. Das bemooste Unterholz stand so dicht, daß ich oft nur kriechend vorwärts kam. Ganz selten nur fiel ein Sonnenstrahl auf den sumpfigen Boden.

Die Danis liefen leichtfüßig von Stamm zu Stamm. Ihre Hu-Hu-Rufe hörten sich an wie das Gebell junger Hunde. Sie wurden nicht müde, obwohl jeder von ihnen 20 Kilo und mehr zu schleppen hatte.

Ich hatte die Orientierung völlig verloren. Ich hätte nicht sagen können, wo Ilaga war. In welche Richtung gingen wir? Ohne die Danis hätte ich aus diesem natürlichen Labyrinth nie mehr herausgefunden.

Am späten Nachmittag machten sie auf einer kleinen Lichtung Halt. Wir waren volle acht Stunden gegangen. Sie legten die Lasten ab und liefen in den Wald hinein. Hu-Hu schreiend und die Stahläxte schwingend, die ich ihnen in Ilaga gegeben hatte, liefen sie umher wie Geister. Bald kehrten sie zurück. Sie brachten Stämme mit, dazu breite Baumrinden, und es verging keine Stunde, bis zwei wetterfeste Hütten standen. Sie hielten den Regen besser ab als unser neues Zelt.

Dann wurde es ruhiger. Dieser Moment am Abend, als die abgekühlte Luft über dem Dschungel sich mit den Blättern an den Bäumen regte und mich einbezog in die Ruhe des sinkenden Tages, war wie eine Erlösung. Auch wenn es noch hell war, es blieb nichts mehr zu tun.

Am zweiten Tag sahen wir unser Ziel zum erstenmal. Wir hatten eine Paßhöhe überschritten, der Dschungel schien endgültig hinter uns zu liegen. Vor uns breitete sich eine endlose Hochfläche aus, die auf der linken Seite von Tafelbergen begrenzt war. Plötzlich liefen die Danis schneller. Auf einem felsigen Vorsprung blieben sie stehen und riefen im Chor »Ndugundugu«. Dabei wiesen sie mit den Händen nach Westen.

Zwischen Felsen und Wolken wurde ein weißer Streifen sichtbar. Er leuchtete. Es war der Firn des Carstensz-Gebirges. Es schien nicht weit entfernt zu sein, aber drei Tagesmärsche trennten uns noch von den Bergen, viele Täler, ebenso viele Höhenrücken, Bäche, Moore... Unsere Begeisterung drohte in Müdigkeit umzuschlagen.

Wenn wir auf die Berge steigen, glauben die Tibeter, wir suchten Gold und Diamanten. Die Danis glaubten, wir suchten den Schnee. »Ndugundugu! – Ndugundugu!« jubelten sie, als sie die Gletscher sahen. In Wirklichkeit war dieser Gesang nur ein schwacher Widerhall der tiefen Furcht, die sie bewegte. Mißtrauisch gingen sie weiter. Müde und naß bis auf den letzten Faden erreichten wir die Vegetationsgrenze. Unter einem Felsüberhang richteten wir unser Lager ein. Die Danis hatten wieder Hütten aufgebaut. Eng aneinandergekauert saßen sie im Kreis um das Feuer. Ich lag unter einem Felsen, von dem es gleichmäßig auf meinen Schlafsack tropfte. Frierend wartete ich auf den Morgen.

Mit dem ersten Gesang der Vögel begannen die Danis lebendig zu werden. Sie legten Holz nach und schoben einige süße Kartoffeln in die Glut.

Vier Tage lang stapften wir gemeinsam über sumpfige Hochflächen. Immer, wenn die Danis einen Lagerplatz gefunden hatten, wenn ihre Hütte stand, wenn einer ins Wasser fiel, wenn ich ihnen eine Konserve schenkte, riefen sie »Hu-Hu-Hu«. Zu jedem freudigen und zu jedem schlimmen Anlaß. Im Basislager am Larsson-See angekommen, entschloß ich mich, am nächsten Morgen höher hinaufzusteigen. Am Neuseeland-Paß wollte ich ein vorgeschobenes Lager errichten.

Um sechs Uhr wurde es hell. Ich stand auf, kochte Tee, weckte Sergio, dann versuchte ich den Trägern klarzumachen, daß fünf von ihnen mit uns zum »Ndugundugu« aufsteigen sollten. Als ich aber die Ausrüstung kontrollierte, fehlten zwei Drittel der Nahrungsmittel. Das konnte das Ende unserer Expedition sein. Daß es an der Südküste Neuguineas Kannibalen gab, war mir bekannt. Die Danis aber schienen friedliebend und gutmütig zu sein. Trotzdem war mit ihnen nicht zu spaßen. Sie waren unberechenbar wie junge Hunde.

Erst zwei Jahre vorher hatten sie zwei Missionare mit Speeren getötet und buchstäblich aufgegessen. Ich fürchtete weniger, daß sie ein Festessen aus uns bereiten würden, sondern vielmehr, daß sie uns alle davonliefen. Ohne Nahrungsmittel und Führer wären Sergio und ich hier völlig hilflos. Weit weg von jeder menschlichen Behausung und auf uns allein gestellt hätten wir nicht mehr zurückgefunden. Vorerst konnten wir nur hoffen, daß die fehlenden Nahrungsmittel mit den dazugehörigen Trägern eintrafen.

Als wir schließlich das Hauptlager verließen, um mit den fünf mutigsten Danis ein Hochlager am Neuseeland-Paß einzurichten, waren die zurückgebliebenen Träger noch immer nicht da.

Zwei Stunden nach unserem Aufbruch standen wir auf einer Paßhöhe unmittelbar über dem Larsson-See. Vor uns stand die gewaltige Nordwandmauer des Carstensz-Gebirges. Begeistert zeigten die Danis immer wieder auf die Gletscher, die in riesigen Kaskaden vom Gipfelplateau durch die Schluchten der Nordwandmauer herabzogen.

Beim Anblick der senkrechten Kalkwände wurde ich unwillkürlich an die Dolomiten erinnert. Alle diese Wände waren noch unbegangen! Im Geiste zog ich Linien über alle Kanten, durch die Rinnen und Wandfluchten. Ich maß die Schwierigkeiten und Höhen dieser Wand.

»Ndugundugu«, sagten die Danis. Als ob sie mit Geistern sprächen. Dann nahmen sie ihre Rucksäcke wieder auf und liefen weiter. Sie umgingen in einer Schleife einen See. Dann marschierten wir die Nordwandmauer entlang und machten unter einem großen Felsblock am Wandfuß Halt.

Regen setzte ein. Zwei der Danis liefen davon. Die anderen suchten unter dem Felsklotz neben uns Schutz. Mit Mühe nur konnten wir sie überreden zu warten. Sie hatten eine Regenmatte bei sich, waren aber immer bestrebt, eine Hütte zu bauen und am Feuer zu sitzen, bevor der tägliche Regen einsetzte.

Also kleidete ich die verbliebenen Danis ein. Nackt, wie die Danis bis hierher, auf eine Höhe von 4000 Meter gekommen waren, konnten sie nicht bis zur Schneegrenze aufsteigen. Es hatte noch nicht zu regnen aufgehört. Wir gaben ihnen Hemden, Pullover, Shorts, Socken, Schuhe und lange Hosen nach Wunsch. Zuerst zogen sie die Hemden an. Wir halfen ihnen beim Schließen der Knöpfe, die sie für Verzierungen hielten. Erst als ich versprochen hatte, ihnen die Sachen für immer zu schenken, legten sie ihre Penishüllen zögernd ab. Wir sorgten dafür, daß sie die Handschuhe nicht über die Füße zogen und erklärten immer wieder, daß die Hose über dem Penisfutteral nicht passen konnte.

Wir waren keine hundert Schritte weitergegangen, als der erste seine Schuhe auszog. Er versteckte sie unter einem Stein und ging auf den Socken weiter. Die Danis kannten kein Schuhwerk. Sie hatten breite, platte Füße und an den Sohlen dicke Hornhäute. Barfuß liefen sie affengleich über schlüpfrige Baumstämme. Sie krallten sich mit den

Die plattige Nordwand der Carstensz-Pyramide, durch die wir uns abseilten, nachdem uns die zweite Besteigung des Berges gelungen war.

Zehen an steilen Wurzelhängen fest und sprangen sicher über alle Löcher. Mit den Schuhen an den Füßen aber wankten sie wie Betrunkene.

Später als vorgesehen erreichten wir unseren Lagerplatz nördlich vom Neuseeland-Paß. Unter einem Felsdach fanden wir eine halbwegs trockene Plattform. Die Socken der Träger waren aufgerieben, und barfuß liefen sie zurück ins Hauptlager.

Man kann das Carstensz-Gebirge mit der Marmolada in den Dolomiten vergleichen. Mit dem Unterschied allerdings, daß Eis und Schnee hier auf der Südseite lagen. Die Gletscher waren wie ein gewaltiges Hufeisen um die Carstensz-Pyramide angeordnet, die wie ein schmales Messer abgesetzt im Süden des Hauptkammes stand. Im Kessel zwischen Pyramide und Hauptkamm lagen zwei Täler, die durch einen Felskamm voneinander getrennt waren.

Der Fels bestand aus grauem Kalk. Er war von unzähligen Rinnen durchzogen und griffig. Auch nicht brüchig. Durch die überaus große Rauhigkeit und Griffigkeit war ein freies Klettern sogar an langen, senkrechten und überhängenden Wandstellen möglich. Die Finger mußten nach wenigen Touren schon durchgeklettert sein.

Am nächsten Morgen überschritten wir am Neuseeland-Paß die Nordwandmauer. Sofort stiegen wir ins Seental ab und überquerten den unteren Carstensz-Gletscher.

Der Schnee, der den Gletscher bedeckte, war weich und körnig. Nur am Gletscherrand trafen wir auf blankes, griffiges Eis. Der Aufstieg war mühsame Spurarbeit.

Der Gletscher war in den letzten vierzig Jahren stark geschwunden. Heinrich Harrer hatte 1962 einen Rückgang von mehr als 400 Metern gegenüber 1936 gemessen. Wir stellten am selben Gletscher einen Rückgang von zirka 120 Metern fest.

Am frühen Vormittag standen wir unter dem langen, zerrissenen Ostgrat der Carstensz-Pyramide. Sie war der höchste Gipfel der Gruppe. Was für eine Kletterei! Wir turnten über messerscharfe Gratstücke. Wir kletterten Turm um Turm. Einmal wichen wir nordseitig, einmal südseitig in die Wände aus. Es hatte zu schneien begonnen, aber der Fels war rauh und fest. Als wir knapp nach Mittag den Gipfel erreichten, waren wir froh, daß die Haut auf den Händen durchgehalten hatte.

Der Abstieg verlief zunächst ohne Zwischenfall. Ich war gerade dabei, das Seil einzuholen, als sich weit oben einige Steinbrocken lösten und direkt auf mich zuschwirrten. Gerade noch rechtzeitig konnte ich den Kopf wegreißen. Ein faustgroßer Stein traf mich am Oberarm. Ich warf mich in eine steile Rinne und wurde für einige Augenblicke bewußtlos. Als ich erwachte, glaubte ich zuerst, der Arm wäre gebrochen. Unter großen Schmerzen kletterte ich weiter ab, bis zum Einstieg zurück.

Erst als wir in unserem Lager am Neuseeland-Paß ankamen, überwogen wieder bürgerliche Sorgen. Wo waren die Träger? Wie lange reichten unsere Vorräte? Die Freiheiten am Ende der Welt waren gering, wenn die Helfer nicht mitspielten.

33. Womöglich unmöglich
Erstbegehung der Puncak Sumantri-Brogonegora

»Hu-Hu-Hu-Hu« scholl es vom Larsson-See herauf, während ich die Nordwandmauer entlanglief. Es war Vormittag, der 27. September 1971. Die düstere Wand, die die »Hu-Hu-Hu«-Rufe zurückwarf, war in Nebel gehüllt. Nur da und dort schimmerte das Eis durch, das sich wie die Läufe einer Riesenspinne in den Schluchten dieses gewaltigen Kalkstockes verästelte. In wilden Hängegletschern quoll es ganz oben aus dem Berg.

Der tägliche Regen hatte noch nicht begonnen. Die Luft aber war feucht. Ich sprang über die Pfützen, die jede Mulde am flachen Boden ausfüllten.

Eine Stunde vorher war ich in unserem Hochlager am Neuseeland-Paß aufgebrochen. Über eine neue Route, die ich zwei Tage vorher gefunden hatte, war ich zum Wandfuß abgeklettert. Womöglich war es unmöglich, die senkrechte Sumantri-Wand zu durchklettern. In diesem Sommer hatte ich in den Dolomiten ein paar Erstbegehungen gemacht und wußte, daß ich trotz der amputierten Zehen noch klettern konnte. Nicht mehr so gut wie früher, aber immerhin. Meine Neutour an der Kleinen Rodelheilspitze in den Grödner Dolomiten mußte erst noch wiederholt werden. Hier aber war eine extreme Klettertour etwas anderes, und ich war allein, ohne Seil. Ich wußte, daß dies meine letzte Chance war, die formschönste Wand in diesen Kalkriffen erstzubesteigen.

Das gleichmäßige »Hu-Hu-Hu« unserer Träger erinnerte mich an den Abstieg. An Bäche ohne Brücken, an Dschungel, an schlüpfrige Baumstämme. An Regen, Schlamm, Stechmücken und schlaflose Nächte in den rauchigen Hütten der Träger.

Ich stieg über Grasflecken und Schotter zum Wandfuß hinauf. Eine Reepschnur und einige Haken hatte ich dabei. Im Notfall hätte ich wieder abseilen können.

Anfangs war es nicht schwierig: grasdurchsetzter Fels, Rinnen, immer wieder ein schmales Band. Die Suche nach der besten Route fiel mir leicht. Nach einigen hundert Metern wurde die Wand senkrecht. Durch ein Verschneidungs- und Rißsystem war es mir möglich, das auffallende breite Band unterhalb der Wandmitte zu erreichen.

Inzwischen hatte es zu regnen begonnen. Lehm ballte sich unter meinen Schuhsohlen, so daß ich am Band vorsichtig sein mußte. Nebel verdeckte die obere Wandhälfte. Er nahm mir die Übersicht. Mit unsicherem Gefühl spreizte ich eine Verschneidung hinauf. Dann schob ich mich Zentimeter für Zentimeter durch einen engen Riß. Ich erreichte einen Pfeilerkopf.

Rechts ragte eine gelbe Kante senkrecht in das Grau. Über mir hingen schwarze Dächer. Links vermutete ich jenen Hängegletscher, der östlich des Gipfels senkrecht abbrach. Ich hörte, wie sich dort Eisstücke lösten. Ich versuchte den Aufstieg über eine Folge von Verschneidungen schräg links aufwärts. Nach 20 Metern mußte ich zurück. Auch gerade hinauf ging es nicht. Über eine senkrechte Kante kletterte ich dann schräg rechts nach oben. Der Fels war so rauh und griffig, wie ich ihn nur in der Pala und in den Berchtesgadener Alpen angetroffen hatte. Sogar Überhänge konnte ich ohne Selbstsicherung frei klettern. Ich glaubte, gewonnen zu haben. Jetzt aber merkte ich, daß es kritisch wurde. Der Regen war in Schneefall übergegangen. Die Wand troff.

Vom Gipfel keine Spur. Ich suchte den dreieckigen Gipfelaufbau, der mir Tage vorher aufgefallen war. Über Stufen stieg ich bis unter einen überhängenden Wandgürtel. Ich kroch in eine Nische, die von außen einen trockenen Eindruck gemacht hatte.

Bald begann ich zu frieren. Ich war völlig durchnäßt. Draußen fielen schwere Flocken. Ich vermeinte, ferne »Hu-Hu-Hu«-Rufe zu hören. Ja, ganz deutlich jetzt: Ihre Rufe waren mir vertraut wie die Seilkommandos eines Freundes. Das waren die Danis, unsere Träger. Vermutlich waren einige von ihnen ins Hochlager aufgestiegen, um uns abzuholen.

Ich hatte beschlossen, nicht zu biwakieren, und saß nun fest. Trotz des Schneefalls also mußte ich weiter. Eine schräge Verschneidung kam ich hinauf. Ab und zu mußte ich einen Haken schlagen, um mich zu sichern. Als ich nach äußerst schwieriger Kletterei auf ein schmales Schuttband ausstieg und links eine eisdurchsetzte Rinne sah, wußte ich, daß ich in Gipfelnähe war. Auch ich brach unwillkürlich in ein »Hu-Hu-Hu«-Geschrei aus. So groß war meine Freude.

Um dem Eisschlag in der Rinne zu entgehen, zog ich den direkten Ausstieg vor. Über eine geschlossene Plattenwand kletterte ich senkrecht empor, 700 Meter Luft unter den Sohlen. Der Fels war von zahllosen kleinen Wasserrinnen durchzogen. Die vielen feinen Spitzen am Fels erhöhten die Haftreibung. Ohne mich einmal umzusehen, turnte ich über

Die Nordwandmauer, der Carstensz-Pyramide vorgelagert, gipfelt in zwei kühnen Felsgestalten. Meine Route verläuft durch die rechte Wand.

die dreieckige Schlußwand. Erst als ich am Gipfel die Hände in den Schnee steckte, merkte ich, daß sie bluteten. Die Fingerspitzen waren durchgeklettert. Die Handflächen aufgerissen und zerschunden.

Ich bemitleidete mich nicht. Ich lachte und freute mich über eine Erstbegehung, die mit der Civetta-Nordwestwand in den Dolomiten zu vergleichen war.

Bevor ich mit dem Abstieg über die vergletscherte Südwestseite begann, nahm ich einen Haken und trieb ihn in den Gipfelfelsen. Dann steckte ich einen Zettel dazu mit den Daten meiner Besteigung.

Durch knietiefen Schnee stieg ich ab. Teils rutschend, teils watend querte ich die Hänge. Über den Neuseeland-Paß kam ich zurück ins Hochlager. Von einer kleinen Steinmauer umgeben lag es unter einem Überhang, genauso, wie ich es am Morgen verlassen hatte. Weil ich zu müde war, mir eine Suppe zu kochen, kroch ich hungrig in den Schlafsack.

Das Carstensz-Gebirge trägt den Namen des holländischen Seefahrers Jan Carstensz, der im Jahre 1623 an der Südküste der Insel entlanggesegelt war und dabei einen mit Eis und Schnee bedeckten Gipfel erblickt hatte. 300 Jahre später wurde seine Feststellung von einer englischen Expedition bestätigt. Im Jahre 1936 erforschte eine holländische Expedition diesen Gebirgsstock. Von Süden her drangen die Holländer ins Herz des Carstensz-Gebirges ein. Der höchste Gipfel, die Carstensz-Pyramide, blieb unbestiegen.

In den nächsten 25 Jahren scheiterten mehrere Expeditionen. 1962 gelang es einer kleinen internationalen Gruppe unter der Leitung von Heinrich Harrer, die »Pyramide« erstmals zu besteigen.

Nach der Besetzung West-Neuguineas durch die Truppen Sukarnos brach im Jahre 1963 eine große Militärexpedition unter der Schirmherrschaft des damaligen Präsidenten in Enerotali auf. Sie erreichte vier Monate später, am 1. März 1964, den »Gipfel des Eisgebirges«. Der Berg wurde Puntjak Sukarno genannt. Den rechten dieser beiden Gipfel hatte ich über seine steilste Wand bestiegen und damit bewiesen, daß es sich beim Puntjak Sukarno nicht um die Carstensz-Pyramide handelte.

Am anderen Morgen kehrten wir zu den Danis ins Hauptlager zurück. Sie waren sichtlich enttäuscht darüber, daß wir kein Eis, kein »Ndugundugu« mitbrachten.

Die fehlenden Nahrungsmittel waren nicht eingetroffen. Die Danis hatten dazu noch alle übrigen Vorräte aufgegessen. Uns waren vier Beutel mit Suppe verblieben. Eine Suppe pro Tag. Der Rückmarsch wurde dramatisch. Sergio war erkrankt. Er konnte sich nur mit allergrößter Willensanstrengung weiterschleppen.

Auch die Danis klagten über Hunger. Einige Male fürchtete ich ernsthaft, in die Pfanne zu kommen. Mit viel Geschick nur konnte ich sie immer wieder beruhigen. Wenn sie keine Vögel jagen konnten, blickten sie böse.

Ich ging meist voraus, um den Weg zu markieren. Der Dani, der mit mir vorausgeeilt war, hob einige Farnblätter auf. Ohne auf den herannahenden Regen zu achten, schichtete er sie auf einen winzigen Hügel. Geschäftig wischte er sich mit der Hand über die Paradiesvogelfeder, die in seiner Nase steckte.

Dann nahm er geheimnisvoll ein gespaltenes Stäbchen aus seinem Schulternetz. Er klemmte es zwischen seine großen, platten Füße, schlang eine Bambusfaser so herum, daß die beiden Enden nach oben ragten und begann abwechselnd daran zu ziehen. Schneller und immer schneller.

Das war die Feuersäge! Mehrere Male wiederholte er diese sägenden Bewegungen und sammelte – wobei er sachte hineinpustete – die feinen Späne, die abfielen. Mit einem Mal stieg blauer Rauch aus der Hand. Vorsichtig schob er die Glut unter die Farne, wölbte seine Handflächen um Mund und Rauch, schloß die Augen und begann hingebungsvoll zu blasen, ohne Luft zu holen.

Augenblicke später quoll eine dicke Rauchwolke auf, die der nachfolgenden Trägerkolonne den Weg wies.

Abends saßen wir hungrig am Feuer. Am Dorfrand von Ilaga war unser Hunger so groß, daß wir die ersten Bataten roh hinunterschlangen. Die Danis aber wollten wissen, ob wir am Ndugundugu Frauen gesucht hätten. Wozu sonst hätten wir all die Strapazen auf uns nehmen sollen?

34. Über den Berg

Suchexpedition am Nanga Parbat

Mehr als ein Jahr nach der Tragödie am Nanga Parbat und kurz vor Ausbruch des indisch-pakistanischen Krieges unternahm ich eine Suchexpedition ins Diamir-Tal. Ich wollte meinen verschütteten Bruder suchen und die Menschen wiedersehen, die mir geholfen hatten.

Auf der Rückreise von Neuguinea traf ich mich in Karachi mit Uschi Demeter, die seit Monaten meine Freundin war. Wir hatten uns 1970 kennengelernt, aber erst im Frühsommer 1971 hatte ich mich in sie verliebt. Sie war zwar keine Bergsteigerin, aber neugierig und voller Lebenslust. Kunstverstand und Geschmack waren ihre Stärken, weniger das Leben in der Wildnis. Trotzdem war sie bereit, mich an den Fuß des Nanga Parbat zu begleiten. Ich war bedingungslos in sie verliebt. Wir flogen nach Rawalpindi und weiter nach Gilgit. Dann fuhren wir im Jeep durchs Industal bis Gonar. Mit vier einheimischen Trägern begannen wir unseren Marsch.

Einen Tag lang wanderten wir durch das wüstenhaft heiße Bunar-Tal. Am ersten Abend erreichten wir Diamirai, den Eingang zum Diamir-Tal. Kurz vorher hatten wir den reißenden und eiskalten Bunar überqueren müssen.

Diamirai war ein winziges Dorf. Wie ein Nest klebte es an einem schroffen Abhang. Mit seinen herbstlich belaubten Aprikosenbäumen und den reifen Maisfeldern wirkte es wie eine goldene Oase in der Steinwüste. Von hier hatten mich die Bauern im Juli 1970 auf einer selbstgebastelten Bahre bis ins Industal getragen.

Nachdem mich die Einwohner wiedererkannt hatten, begrüßten sie mich rührend. Warum ich über den Berg hatte gehen müssen und nicht unten herum gegangen war, um von einem Tal ins andere zu gelangen, wollten die Pakistani im Diamir-Tal wissen. Das war die Frage, die sie ein Jahr lang beschäftigt hatte.

Uschi und ich schliefen in einem leeren Ziegenstall. Endlich hatte ich eine Begleiterin, die fähig war, meine Interessen und die damit verbundenen Unannehmlichkeiten zu teilen. Mit ihr hätte ich zwar nicht auf den Nanga Parbat steigen können, aber ich wollte das Leben mit ihr teilen. Eine Liebe, die mit meiner Berg-Leidenschaft vereinbar war.

Wir lagen auf einer jener harten Pritschen, die den Einheimischen als Bett dienten. Nach vorne war die Hütte, die sie uns als Nachtquartier angeboten hatten, offen. Das herbstlich gefärbte Laub eines Nußbaumes bildete einen Vorhang zwischen uns und den wüstenhaften Hängen von Diamirai, die das Dorf wie einen Kessel umgeben.

Dunkel gekleidete Männer hockten im Halbkreis vor uns. Während sie Eier, Milch und Tschapatis feilboten, legten sie ab und zu ein Holzscheit ins Feuer, das zwischen drei Steinen am Erdboden flackerte.

Am Eingang zur Diamir-Schlucht, zwischen Maisfeldern und Wassergräben, standen die Ruinen einer verfallenden Kultur. Die Bergvölker, die wenigen, die es noch gibt, leben fast überall gleich. Der steinige Boden bringt zu wenig Brot hervor. Die jungen Burschen zieht es in die Niederungen, wo sie ein angenehmeres Leben erwartet.

Plötzlich erschien aus dem Halbdunkel der Schlucht eine einsame Frau. Weit oben in den Bergen hatte sie Holz gesammelt. Bis zu den Handgelenken in schmutzige Fetzen gehüllt, die bloßen Füße in Felle gewickelt, matten Schmuck im Haar, stand sie vor uns. Einen Augenblick lang nur blieb sie im Eingang stehen. Dann wankte sie weiter, wie ein Gespenst vergangener Schönheit.

Das Diamir-Tal war alles andere als lieblich: eine steile, schwer zugängliche Schlucht. Über Felsplatten und Abbrüche führte ein Pfad, der ohne bergsteigerische Kenntnisse nicht begehbar war, hinauf zum Nanga Parbat. Unter uns tobte der reißende Fluß. Hätten mir 1970 nicht zwei Burschen geholfen, ich wäre hier irgendwo liegengeblieben.

Ab und zu begegneten wir finsteren, bis an die Zähne bewaffneten Gestalten. In handgewebte Decken gehüllt, die eingerollte Hunzamütze tief ins Gesicht gezogen, gingen sie an uns vorbei. Die Füße hatten sie bis an die Knie mit Fellstreifen umwickelt. Das waren die Bauern der höherliegenden Höfe. Sie gingen auf die Jagd oder ins Tal, um einzukaufen. Wir begrüßten sie, und mancher lächelte liebenswürdig. Einige erkannten mich wieder. Begrüßung! Sogleich wurde eine lebhafte Unterhaltung in Zeichensprache und einigen Brocken Urdu daraus. Ich mußte meine amputierten Zehen zeigen. Die Bauern betrachteten mich kopfschüttelnd.

Der Weg war lang und anstrengend, in seiner wilden Schönheit jedoch nie langweilig. Obwohl ich ihn kannte, hatte ich viele Details anders in Erinnerung. Ab und zu stießen wir auf Thujabäume mit bizarren Formen, lauter natürliche Bonsais.

Am späten Nachmittag erreichten wir Djel, ein terrassenförmig angelegtes Dorf. Weidende Kühe, bunte Ziegen und spielende Kinder auf den Feldern. Die Frauen verschwanden fluchtartig in ihren Hütten, als sie uns kommen sahen. Später kamen sie wieder heraus, nahmen Uschi bei der Hand und führten sie in eine Hütte. Sie betasteten sie, bestaunten sie und lachten am Ende. Dann brachten sie uns saure Milch. Einige begannen Uschi zu massieren. Sie befühlten ihr Haar, musterten neugierig ihre weißen Hände. Uschi protestierte erst, als man sie ausziehen wollte.

Eine der Frauen lud uns ein, ihr Haus zu besichtigen. Es wirkte armselig, aus Steinen und Felsbrocken zusammengefügt, die Ritzen nur mit Lehm und Mist abgedichtet. Große Äste und Bohlen formten die Unterlage für das flache Dach. Es war mit gestampfter Erde bedeckt und bildete eine Terrasse.

Das Innere bestand aus einem einzigen, fensterlosen Raum. Am Rand eine Feuerstelle. Der Kamin war durch ein kleines Loch im Dach ersetzt. Als ich mich an die Dunkelheit gewöhnt hatte, erkannte ich die karge Möblierung. Eine mit Fellstreifen bespannte Pritsche diente als Bett für die ganze Familie. Für die Hausfrau gab es einen winzigen Schemel an der Feuerstelle. Der Rest der Familie saß am Boden. Auf alten Decken, Fellen oder sonstigen Fetzen. In einer Ecke stand eine Kiste mit Vorräten für den Winter. Das war alles.

Nun mußten wir die anderen Frauen besuchen. Als Unterschlupf für die Nacht boten die Leute uns diesmal eine Hütte an, in der Vorräte aufbewahrt wurden. Alle Häuser sahen gleich aus. Nachts wachten wir durch das unablässige Getrappel der Ratten immer wieder auf.

Zum Frühstück brachten uns die Bäuerinnen saure Milch, Tschapatis und Eier. Während der ganzen Expedition lebten wir hauptsächlich von den Nahrungsmitteln der Bauern. Wir tauschten sie bei den Einheimischen gegen Rupien oder Kleidungsstücke.

Wir bekamen Maiskolben, Eier, Hühner, Tschapatis, Ziegenmilch, einige Brocken Hammelfleisch und ein eigenartiges grünes Gemüse. Es sah aus wie Lauch und schmeckte wie Spinat. Sie flochten es in Zöpfe und kochten es dann.

Die Bewohner des Diamir-Tals waren hübsch, schmal und feingliedrig. Viele von ihnen hatten gutgeschnittene Gesichter. Doch das karge und harte Leben hinterließ seine Spuren. Sie wuschen sich nicht und trugen jahraus, jahrein, Tag und Nacht dieselben Kleider. Gesicht und Hände waren ebenso wie die Gewänder von einer Patina aus Ruß und Fett überzogen.

Überall wurden wir freundlich aufgenommen. Überall wurden wir

von Kranken umringt, die sich von uns ärztliche Hilfe erhofften. Meist litten sie an Augenentzündungen, und Uschi versorgte sie, so gut sie konnte.

Wir wanderten weiter. Die Träger schossen unterwegs Schneehühner. Am dritten Abend erreichten wir die verlassene Hochalm Nagaton. In den verfallenen Hütten unter großen Birken richteten wir uns für die dritte Nacht ein.

Das steile Tal ging zu Ende. Wir stiegen weiter, erreichten den mit Geröll bedeckten toten Gletscher und überquerten ihn. Öfters kamen wir an verlassenen Almen vorbei und an ausgetrockneten Wasserläufen. Über eine weite, mit Gestrüpp bestandene Hochfläche näherten wir uns dem Wandfuß des Nanga Parbat. Neben einem großen Felsklotz schlugen wir unser Zelt auf. Dann entließen wir die Träger und richteten uns häuslich ein.

Wir hatten eine Höhe von 4220 Meter erreicht. Fassungslos betrachtete Uschi den Nanga Parbat. Die riesenhaften Wände mit den blauschimmernden Eisabbrüchen und der schroff aufragende Mazeno-Kamm warfen lange Schatten. Ich kannte dieses Hochtal und dachte immer wieder an Günther, der mit mir auf dem Gipfel des Nanga Parbat gestanden hatte.

Wir blieben vier Tage lang. Anfangs konnte Uschi nicht schlafen. Das ständige Donnern der Eislawinen erschreckte sie. Aber auch daran gewöhnt man sich. Ich lag oft lange wach. In Gedanken sah ich immer wieder Günther vor mir. Wie ein Film rollten die Geschehnisse des vorangegangenen Sommers vor meinen Augen ab.

Das Wetter blieb gut. Am westlichen Horizont konnte ich die Gipfel des Hindukusch erkennen. Ich machte mich auf die Suche nach meinem Bruder. Im Morgengrauen brach ich auf. Bei Vollmond kam ich zurück. Müde und deprimiert. Ich hatte nichts gefunden. Wie viele Eislawinen waren inzwischen am Wandfuß niedergegangen?

Die erste Etappe des Rückmarsches beendeten wir an einer verlassenen Alm. Es war kalt geworden. Die nächste Nacht verbrachten wir in Ser. In einem Stall kochten wir ein dickes Huhn. Das halbe Dorf kam zu Besuch. Alle setzten sich ans Feuer, und wir sangen bis spät in die Nacht hinein – abwechselnd auf deutsch und auf Urdu. Die Träger tanzten.

Am anderen Tag lag auch in Ser Schnee. Die Stimmung war mit einem Schlag winterlich geworden. Wir stapften weiter. Unterwegs trafen wir Bauern, die in großen Bündeln Reisig holten oder auf die Jagd gingen. Noch am gleichen Nachmittag erreichten wir Diamirai. Ich hatte Frieden

Allein auf dem Gletscher. Das Wissen, daß ich nach der Tragödie unter der Diamirflanke zu schwach gewesen war, lange zu suchen, trieb mich zurück. (Bildmitte, oben).

mit mir selbst geschlossen. Es war zu spät, mir Vorwürfe zu machen, daß wir über den Berg gegangen waren. Ich wollte mit dieser Tatsache leben.

An der Bunarbrücke verabschiedeten wir uns von den Trägern. Wir hatten uns entschlossen, diesmal nicht nach Rawalpindi zu fliegen. Wir wollten durchs Industal trampen.

Ein buntbemalter pakistanischer Lastwagen nahm uns mit. Auf dem Dach saßen bewaffnete Soldaten, hinten kauerten in Tücher gehüllte Bauern. Ihre Habseligkeiten, Reiseproviant und an den Füßen zusammengebundene Hühner, lagen in einer Ecke.

Das Industal war beeindruckend durch seine Kahlheit, durch seine öden, felsigen Hänge. Die vorherrschende Farbe war Beige. Ab und zu tauchte ein grüner Fleck auf, ein paar Höfe, ein paar Maisfelder.

Die Reise dauerte drei Tage, in denen wir auf einer aus den Felsen gehauenen Straße fuhren. Sie war schotterig und ausgewaschen wie ein Bachbett. Tagsüber wurde nichts gegessen. Die Fastenzeit der Mohammedaner, der Ramadan, hatte begonnen. Nachts schliefen wir in kleinen »Hotels« am Straßenrand.

Diese »Hotels« bestanden aus drei locker zusammengefügten Mauern mit einem provisorischen Dach. Sie waren zur Straße hin offen. Auf der anderen Seite stand ein offener, gemauerter Herd. Bei flackerndem Licht wurden dort abends Tee und Essen zubereitet. Links und rechts davon standen Pritschen mit wattierten Decken undefinierbaren Alters. Nachts wurden auf großen Tabletts Reis und Hühnerfleisch an die Betten gebracht. Man aß mit den Fingern, alle von der gleichen Platte. Als wir uns daran gewöhnt hatten, schmeckte es auch so ausgezeichnet. Europäern sind wir auf dieser Reise nicht begegnet.

Wir kamen nach Swat. Die Landschaft wurde lieblicher. Nadelwälder standen über einer fruchtbaren Ebene. In Megora kauften wir frisches Obst. Über Malakand, Mardan und Nowshera reisten wir in vollgestopften Bussen weiter bis Rawalpindi. Mit den Bauern, Kindern und verschleierten Frauen saßen wir eng zusammengepreßt im Bus.

Im Hotel Flesmens erkannte uns der Portier nicht wieder. Wir betrachteten uns im Spiegel und konnten ihn gut verstehen. Wir waren sonnenverbrannt, staubverkrustet, zerzaust und von Flöhen zerstochen. Als wir aber eine Stunde später gebadet und frisiert zum Abendessen erschienen, zwinkerte er uns verschmitzt zu. Im Kerzenlicht sahen auch Bergsteiger wie Menschen aus.

35. Schicksalsstunden am Manaslu

Erstbegehung der Südwand

Noch war der Weg zum Gipfel nicht frei. In der Wandmitte der 4000 Meter hohen Südflanke des siebthöchsten Berges der Erde waren Horst Fankhauser und ich auf ein Eislabyrinth gestoßen, wie ich es vorher niemals gesehen hatte.

Für einige Minuten rissen die Nebel auseinander. Unter uns stand ein Eisturm, so groß wie die Vajolettürme in den Dolomiten. Vor uns lag ein Eisbruch mit ungeahnten Ausmaßen und darüber der unheimlich steile Gipfelaufbau des Manaslu. Er war höher als die höchsten Wände der Alpen. »Es wird nicht einfach sein, einen Weg zum Gipfel zu finden«, dachte ich. Schon unten, knapp nach dem Einstieg, hatten wir einen senkrechten Felspfeiler überklettern müssen, um nicht von den Eislawinen erschlagen zu werden, die die Wand links und rechts davon bestrichen.

So waren wir bis ins »Schmetterlingstal« gekommen, eine versteckte Mulde, die wir vom Tal aus nicht hatten sehen können.

Horst und ich stiegen wieder ab. Wir wollten im Basislager die Situation besprechen. Wolfi Nairz, unser Expeditionsleiter, mußte von den unerwarteten Ausmaßen erfahren. Wir harmonierten gut in dieser Tiroler Himalaya-Expedition. Jeder konnte sich in den anderen hineinversetzen.

Wir blieben im Basislager, um uns zu erholen. Zwei Tage später wollten wir wieder aufbrechen. Die Ungewißheit mußte zur Gewißheit werden. Ging es oder ging es nicht?

Ich bin kein blinder Draufgänger. Ich habe für objektiv gefährliche Routen nichts übrig. Ich bin Bergsteiger, so wie ich Bauer oder Ingenieur sein könnte. Ich suche den Weg mit meinen Instinkten, mit meinen Erfahrungen. Ich gehe ihn mit meinen Kräften, mit meinen Leidenschaften, mit meinem Willen.

Ich glaubte damals, man müsse sich wie ein Abenteurer ins Ungewisse stürzen und angreifen. Am Berg wie auf vielen anderen Gebieten des Lebens.

Die Ungewißheit war die Triebfeder für mein Tun. Ich wäre unfähig

Auf dem Anmarsch zur Manaslu-Südwand. Der Sherpa Anu, Andi Schlick und der Begleitoffizier Mr. Karki. Die beiden letzten verschwanden später spurlos.

gewesen, für ein Expeditionsziel all meine Kräfte einzusetzen, wenn ich mir des Erfolges von vornherein hätte sicher sein können. Das war bei meinen ersten selbständigen Klettertouren in den Dolomiten so gewesen, später bei den großen Erstbegehungen in den Ost- und Westalpen. Jetzt suchte ich meinem Können und meiner Erfahrung gemäß Ziele in den Anden, im Himalaya, im Dschungel der Südsee.

Nach dem Nanga Parbat war die Südwand des Manaslu ein solches Ziel.

In kameradschaftlicher Zusammenarbeit hatten wir unter der Leitung von Wolfgang Nairz in fünf Wochen die Voraussetzungen für einen Versuch geschaffen. Jeder hatte geholfen, getragen, sich geschunden. Nur dank der Begeisterung aller war es möglich, eine Route durch die schwierige Wand zu legen.

Am 20. April wurde oberhalb des Südwestsattels, in einer Höhe von 6600 Meter, Lager III errichtet. In zwei Etappen bauten Franz Jäger und ich mit der Unterstützung von Sherpas Lager IV in 7400 Meter auf. Die Eisrampe zwischen Lager III und IV konnte an Länge, Schwierigkeit und Steilheit mit der Ortler-Nordwand verglichen werden.

Der Aufstieg zum Gipfel wurde bis ins kleinste Detail vorbereitet. Für den 25. April war er festgesetzt. Alle Expeditionsteilnehmer waren zwischen Lager II (5850 Meter) und Lager IV (7400 Meter) verteilt. Eine längere Schönwetterperiode ließ einen planmäßigen Verlauf erhoffen.

In den frühen Morgenstunden starteten Franz Jäger und ich. Unser Ziel war der Gipfel. Gleichzeitig stiegen Horst Fankhauser und Andi Schlick zum Lager IV auf. Hansjörg Hochfilzer und Hans Hofer kehrten zu einer Erholungspause ins Basislager zurück. Wolfgang Nairz, Josl Knoll und der Sherpa Sirdar Urkien rückten zum Lager III nach.

Die Schneeverhältnisse waren gut. Franz und ich kamen über das Hochplateau rasch voran. Es war anstrengend, aber klettertechnisch einfach. Wir stiegen eine gewellte Schneefläche aufwärts. Jede neue Bodenwelle verdeckte die Welt dahinter. Hinter jedem Rücken vermuteten wir den Gipfel. Jedesmal aber lagen neue Schneehänge und Rücken vor uns. Da keinerlei Schwierigkeiten zu überwinden waren und spaltenfreies Gelände vorherrschte, gingen wir seilfrei. Im Norden, über den Bergen Tibets, lag wolkenloser Himmel. Nach Süden hin versperrte der Südwestgrat des Manaslu die Aussicht.

Gegen zehn Uhr vormittags, wir standen unter einem Steilaufschwung, entschloß sich Franz Jäger umzukehren. Er wollte ins Lager IV zurück. Dieser Entschluß kam so plötzlich, daß er mich verblüffte. Warum umkehren, der Gipfel war doch zu erreichen? Franz hatte Bedenken. Zum Gipfel war es noch weit, und wir mußten auch den Abstieg noch am selben Tag schaffen. Er war unter keinen Umständen gewillt zu biwakieren. Auch ich wollte die Risiken einer Biwaknacht nicht eingehen. Ich fühlte mich in glänzender Form. Obwohl wir in der Todeszone waren, dachte ich klar. Durfte ich es wagen, den Gipfelgang allein fortzusetzen? Zwischen Lager IV und uns war Gehgelände, keine Absturzgefahr. Das Wetter schien gut zu bleiben. Keiner von uns beiden zweifelte auch nur einen Augenblick daran, daß Franz allein ins Lager zurückkommen würde. Er war in guter körperlicher Verfassung und bestens ausgerüstet. Franz versprach, im Lager IV auf mich zu warten. Er wollte Tee kochen.

Franz Jäger ging abwärts. Ich stapfte aufwärts. Eine Zeitlang sahen wir uns noch. In den Verschnaufpausen warf ich immer einen Blick zu ihm hinunter. Dann verschwand er hinter einem Rücken.

Über zwei steile Firnhänge erreichte ich den felsigen Gipfelgrat. Über diesen, Turm um Turm querend, kletterte ich zum höchsten Punkt. Da sich jetzt von Süden her ein Wettersturz ankündigte, blieb ich nur wenige Minuten oben. Trotzdem, der Eindruck vom Gipfel prägte sich in mir ein: ein Felszacken, einige Nebel, ein Häufchen Steine. Das also war der Gipfel. Knapp darunter zwei Haken und Fetzen einer zerschlissenen Flagge. Ringsum Himmel. Im Süden standen schwere, aufgedunsene Wolken. Sie klebten an den Gipfeln, bis der Wind sie weiterjagte, immer weiter nach Norden, näher, über den Gipfel des Manaslu hinweg.

Ich fotografierte. Dann schlug ich einen der beiden Haken heraus und steckte ihn in die Tasche. Ich war nicht müde. Die Wolkenbank im Süden aber, der starke Wind mahnten zum Abstieg. Ich mußte das Zelt erreichen, bevor die Nacht kam. Eine Handvoll Steinchen nahm ich noch auf. Für die Kameraden, dachte ich, die da unten auf mich warteten, ein Geschenk.

Der Abstieg verlief anfangs reibungslos und rasch. Plötzlich und unerwartet kam Schneesturm auf. Der weitere Abstieg wurde zum Wettlauf mit dem Tod. Der Schneesturm steigerte sich zum Orkan. Es war unmöglich, mit der Brille etwas zu sehen und zu gehen. Mund und Augen vereisten. Die Lage schien hoffnungslos.

Während ich über die Aufstiegsroute zurückhetzte, vermutete ich Franz im Lager IV. Ich ging und ging, fand aber kein Zelt. Erst als ich mehrmals an dieselbe glattgefegte Eisfläche kam, wußte ich, daß ich im Kreis gegangen war. Meine Verzweiflung wuchs. Ich wußte nicht, wo

»Bulle«, Dr. Oswald Oelz, und Horst Fankhauser kannte ich vor der Manaslu-Expedition. Mit Horst war ich viel in der Wand; »Bulle« wurde mein Freund.

ich war. Ich ging schon seit Stunden. Ich wußte aber nicht, wohin. Der Sturm drohte mich auf den Boden zu werfen. Den Windanzug hatte ich mit dem Eisbeil zerfetzt, um nicht zu rutschen, wenn ich hinfiel. Ich vermutete mich in nächster Umgebung des Zeltes. Im Umkreis von höchstens 500 Metern mußte das Lager IV sein. Ich fand es nicht.

Einige Male konnte ich eine Stimme hören. Sie mußte aus dem Zelt kommen. Es war die Stimme von Franz – oder es war eine Täuschung. Er würde mich einweisen, dachte ich. Wieder dieses Rufen. In den Sturmpausen hörte ich Franz. Er rief meinen Namen. Ich antwortete und rief seinen Namen. Dann wartete ich auf Antwort. Sie kam nie. Ich war zu müde, um zu stehen, und Gehen hatte keinen Sinn. Ich dachte, ich würde sterben. Ich saß im Schnee. Der Sturm riß ihn unter mir weg. Ich war so müde, daß ich aufgehört hatte zu hoffen. Warum sollte ich das Zelt suchen. An Wangen und Nase klebten Schnee und Blut. Am Bart hingen zentimeterlange Eiszapfen. Ich riß ihn mir teilweise aus, um atmen zu können.

Ab und zu glaubte ich, vor Durst ersticken zu müssen. Ich öffnete die zerrissenen Lippen und träumte von einem Schluck heißen Tee. Gedankenverloren schaute ich auf die winzige Schneefläche vor mir. Das war alles, was im Schneesturm zu sehen war. Die Nacht kam. Ich merkte es am dicken Nebel. Er war mit Schnee gemischt und stand wie ein Käfig um mich.

Als der Sturm ein wenig nachließ, wälzte ich mich zur Seite. Dann stemmte ich eine Faust in den Schnee und stand auf. Ich ging wieder. Keine Ahnung, wohin. Erst bei der nächsten Rast faßte ich einen klaren Gedanken.

Der Wind kommt von Süden, dachte ich, Wetterstürze kamen am Manaslu immer von Süden. Das war mir während der Expedition aufgefallen. Wenn ich also gegen den Wind gehe, sagte ich mir, mußte ich an den Rand der Südwand kommen. Ich wußte, daß ich bei diesem Schneesturm niemals hätte über die Südwand absteigen können. Das wollte ich auch nicht. Unser Zelt aber stand dort, am Plateau, wenig oberhalb vom Ausstieg aus der Südwand. Links und rechts vom Zelt waren Felsen, die einzigen auf weiter Fläche. Wenn ich sie finde, dachte ich, muß das Zelt dazwischen liegen. Gegen den Sturm und senkrecht zur Windrichtung mußte ich also gehen. Diesem Gedanken verdanke ich mein Leben. Ich ging mit dem Rücken gegen den Sturm. Ich ging gebückt. So kam ich zum Südwandabbruch. Ich fand die Felsen. Ich ging die Strecke dazwischen zweimal ab. Nichts. Dreimal. Nichts. Beim vierten Mal fand ich das Zelt. Ich schrie vor Freude. Horst Fankhauser, der mir einige Schritte entgegenkam, konnte ich nicht sofort erkennen. Franz? Franz Jäger war nicht da. Nur Horst und Andi waren da. Wie war das möglich?

Horst verließ sofort das Zelt, um nach Franz zu schauen. Er stieg das Plateau aufwärts und hörte Franz rufen. Nach kurzer Zeit kehrte er ins Zelt zurück. Zusammen mit Andi Schlick stieg er neuerlich auf. Sie mußten Franz Hilfe bringen. Sie gingen in die Richtung, aus der die Hilferufe kamen. Der Orkan steigerte sich. Von Minute zu Minute. Die Hilferufe verloren sich im Wind. Aufgrund der extremen Wetterbedingungen und der hereingebrochenen Nacht war bald an eine weitere Suche nicht mehr zu denken. Die beiden fanden nicht ins Zelt zurück. Die einzige Überlebenschance für Horst und Andi bestand darin, sich ein Schneeloch zu graben. Darin fanden sie Schutz vor Kälte und Sturm.

In der Zwischenzeit saß ich im Zelt. Ich hatte es mehrmals verlassen, um Horst, Franz und Andi durch Rufe und Lichtzeichen Orientierungshilfen zu geben. Ich wartete vergebens. Kein Mensch, kein Zeichen, keine Antwort.

Am Morgen erst kam einer zurück. Es war Horst. Nach mehrmaligem Drängen von Andi Schlick hatte Horst sich bereit erklärt, mit ihm die Schneehöhle zu verlassen. Sie wollten das Zelt suchen. Nach kurzer Zeit sah Horst die Hoffnungslosigkeit dieses Unternehmens ein. Erneut grub er eine Schneehöhle, in der die beiden Schutz fanden. Horst massierte Andi. Plötzlich verließ Andi die Schneehöhle mit der Bemerkung, nach dem Wetter sehen zu wollen. Er kehrte nicht zurück. Horst suchte lange nach ihm. Er fand keine Spur.

Völlig verzweifelt kroch Horst in die Schneehöhle zurück. Dort wartete er bis zum Morgengrauen. Er hatte schon leichte Erfrierungen. Nur aufgrund seiner einmaligen körperlichen Verfassung konnte er diese Nacht überleben. Beim ersten Tageslicht, das Wetter hatte sich beruhigt, vermochte er sich zu orientieren. Im tiefen Schnee wühlte er sich zurück zum Zelt. Es war völlig eingeweht.

Nachdem sich Horst einigermaßen von den Strapazen erholt hatte, nahmen wir die Suche nach Franz und Andi noch einmal auf. Wir gingen das Plateau ab. Trotz der enormen Neuschneemassen versuchten wir, sie zu finden. Wenigstens ihre Leichen. Langsam mußten wir begreifen, daß Franz und Andi diese Sturmnacht in 7500 Meter Höhe und bei 30 Grad Kälte nicht überlebt hatten.

Das Wetter verschlechterte sich wieder. An eine Unterstützung von Lager III war wegen der Lawinengefahr nicht zu denken. Horst und ich mußten den Abstieg allein bewältigen. Erschöpft und niedergeschlagen erreichten wir das Lager. Josl Knoll betreute uns dort. In Lager II behandelte der Expeditionsarzt Dr. Oswald Oelz unsere Erfrierungen. Sofort gab er uns intraarterielle Infusionen. Das Wetter wurde nicht besser. Die Lawinengefahr zwischen Lager III und Lager IV verschärfte sich. An eine weitere Suche nach den toten Kameraden war nicht zu denken.

Die Expedition wurde abgebrochen. Nach und nach stiegen wir alle ins Basislager ab. Voller Trauer ließen wir zwei unserer Kameraden im Eis des Manaslu zurück.

36. Unterwegs
Zwischen den Expeditionen

Im Sommer 1972, wenige Wochen nach meiner Rückkehr vom Manaslu, führte ich eine Tenti-Gruppe zum Noshaq im Hindukusch. Uschi und ich hatten kurz vorher geheiratet, und sie kam ins Basislager nach. So war unsere »Hochzeitsreise« eine Führungstour und gleichzeitig ein Unterwegssein in einem faszinierenden Land, Afghanistan. Uschi bestieg dabei ihren ersten Sechstausender und kletterte auf alle Gipfel rund um das Basislager.

Da ich nun die Regeln des Überlebens ein für allemal gelernt hatte, war mein Unterwegssein keine Aufgabe mehr, eher ein Zustand.

Ich trat in dieser Zeit aus den alpinen Vereinen aus, ließ alle Rituale weg und begann mein Leben für mich zu verwirklichen. Die Klischees von »Kameradschaft am Berg«, Idealismus, Heimatliebe waren mir suspekt. Zu oft hatte ich uns Bergsteiger dabei ertappt, daß wir logen, nur um einer althergebrachten Vorstellung zu genügen. Ich wollte vor mir selbst bestehen, nicht vor den anderen.

Im Frühsommer 1973 reiste ich zum Nanga Parbat. Diesmal wollte ich ihn allein besteigen. Uschi begann inzwischen mit der Renovierung unseres Hauses, eines alten Pfarrhauses auf dem Hügel von St. Magdalena.

Dieses Haus war zur Versteigerung ausgeschrieben gewesen, und ich hatte den Zuschlag bekommen. Es war nicht allein der Wunsch, eine eigene Behausung zu haben, die mich diesen entscheidenden Schritt tun ließ, es war vor allem der Drang, etwas zu gestalten. Obwohl ich viel von meiner Freiheit mit dem Ankauf dieses Hauses aufgab, habe ich diese Entscheidung nie bereut.

In diesem alten Haus aus Holz und Stein, fern von den Städten, fand meine Wanderschaft einen ruhenden Pol. Meist schien die Sonne auf die umliegenden Wiesen. Aber ich suchte weiter nach neuen Abenteuern. Oft in der Nacht, wenn ich wach im Bett lag oder träumte, wärmten kleine Lagerfeuer meine Hände. Immer stärker kreisten meine Gedanken um ferne Gipfel, sehnte ich mich nach fremden Ländern.

Zwischen Südtirol und Nepal, zwischen Mailand und Lima sah ich viele hübsche Städte, Städte am Meer und Städte hoch auf den Bergen. Aber kein Ort war mir so wichtig wie Villnöß in den Dolomiten. Wenn ich wieder nach Magdalena kam, ging ich langsam vom Haus abwärts, an der Kirche vorbei, durch den Hohlweg zu den Nachbarhöfen, hörte die Hühner gackern und blieb dann lange stehen. Da arbeitete auf den Feldern kein Mädchen, kein Mann, keine Frau, die ich nicht gekannt hätte. Ich kannte alle und alles. Die Schulbuben im Dorf, die Läden, die Bäume und Vögel. Daher hatte dieser winzige Ort unter den Geislerspitzen diese merkwürdige Schönheit. Hier hatte ich einmal eine Heimat gehabt. Merkwürdig, dieses Erlebnis, einmal an einem Ort alle Häuser und alle Menschen gekannt zu haben!

Unterwegs hatte ich nicht selten Heimweh nach Villnöß und nach Uschi.

In diesem Sommer 1973 bauten wir unser Haus um. Ich war dazu verurteilt, nur solche Touren zu gehen, die in der nächsten Umgebung lagen. Ich konnte es mir nicht leisten, nach Asien zu reisen. Mit Jochen Gruber, einem jungen Bergbauernburschen aus dem Sarntal, gelangen mir zwei Erstbegehungen in den Geislerspitzen. Er installierte Heizung und Wasserzufuhr im alten Pfarrhaus. Manchmal gingen wir am Nachmittag zum Klettern.

Nach der Erstbegehung des Marmolada-Südwestpfeilers hatte ich wieder Lust am Felsklettern. Aber es befriedigte mich nicht mehr voll. Das Handikap der amputierten Zehen war weniger schlimm als das Wissen, daß es andere, größere Berge gab. Nicht einmal eine Erstbegehung in der Pelmo-Nordwestwand konnte mich wirklich befriedigen.

Große Wege müssen ihrer Zeit voraus sein, müssen die klassischen Wege von morgen sein. Das wußte ich damals. Deshalb wollte ich wieder dorthin gehen, wo ich alle meine Fähigkeiten ausspielen konnte: in den Himalaya.

Neben meiner Tätigkeit als Bauherr hatte ich keine Verpflichtungen. Mit dem Verzicht auf einen bürgerlichen Beruf setzte ich mich unweigerlich der Frage aus, wie, wo und wann ich meinen Lebensunterhalt verdiente. Auch die anderen Bergsteiger fragten sich, wer meine Expeditionen finanzierte. »Ich bin vom Teufel gesponsert«, hätte ich sagen sollen, man hätte mir vielleicht geglaubt. Alle anderen Antworten waren zu bürgerlich, um keine Aggressionen unter meinen Kollegen auszulösen. Dabei war es ganz einfach: Ich stellte Seil-, Rucksack-, Zeltherstellern meine Erfahrungen und mein Image zur Verfügung. Dafür gaben sie mir Geld und Ausrüstung für meine Reisen. Je mehr Erfolg ich als

Die Marmolada, der höchste Gipfel der Dolomiten, von Westen. Links die vergletscherte Nordflanke, rechts der Südpfeiler.

Bergsteiger hatte, um so mehr Expeditionen konnte ich finanzieren. Damit wuchsen aber auch Neid und Mißgunst unter den »Bergkameraden«. Wer selbst mit Begeisterung bergsteigt und vom Himalaya träumt, muß traurig oder wütend werden, wenn er sieht, daß ein anderer ein dutzendmal dorthin reist, wo er selbst wenigstens einmal im Leben hinmöchte.

Inzwischen hatte ich einige Bücher geschrieben, und auch als Vortragsredner hatte ich Erfolg. Ich testete Ausrüstungsgegenstände und konnte mit einigen Monaten zielstrebiger »Arbeit« im Jahr – PR-Auftritten, Autogrammstunden, TV-Interviews – die anderen Monate »Unterwegssein« finanzieren. Die Zeiten der artfremden Sponsoren waren damals noch weit entfernt. Autohersteller und Mineralwasserproduzenten finanzierten damals noch keine Expeditionen in den Himalaya.

Anfangs reagierte ich aggressiv auf Angriffe. Mein Zorn war groß. Es war nicht Feindseligkeit, mehr ein instinktives Mißtrauen, das ich Expeditionsleitern, die mich ausnahmen, Kletterpartnern, die mich verleumdeten und »Freunden«, die mich kaputtmachen wollten, entgegensetzte. Ich entwickelte einen Instinkt, der vielleicht von Haus aus schon da gewesen war: Mißtrauen allem und jedem gegenüber.

Im Haus auf dem Kirchhügel von St. Magdalena (ganz links, zuerst Pfarrhaus, zuletzt Schule) richtete ich mich 1973 ein.

Leicht war mein Leben damals nicht. Aber im Leben wie bei einer Bergtour muß es Schwierigkeiten geben. Deshalb waren meine liebsten Erinnerungen die Touren, wo mich die ständige Ungewißheit in Atem hielt. Vom Einstieg bis zum Gipfel.

So gesehen war jede Bergtour eine Expedition ins Abenteuer. Während früher Expeditionen in erster Linie Erkundungen und Entdeckungen zum Ziel hatten, für die das Abenteuer in Kauf genommen wurde, suchte ich das Abenteuer an sich. Durch Gletscherbrüche und Urwald, durch überhängende Felswände oder undurchdringliche Eisgebirge von der Außenwelt abgeschlossen, wurden mir die Berge zu einem einzigartigen Schauplatz, zu einer Welt, in der sich meine Träume und Erfahrungen, meine Nöte und Ängste in aller Ursprünglichkeit zeigten.

Am Manaslu, auf 6000 Meter Meereshöhe, hatte ich erfahren, was Hitze ist. Die Sonne strahlte vom Himmel und vom Gletscher, von den Seracs, die den Kessel in der Mitte der Südwand umrahmten. Auch Worte wie Durst, Hunger, Feuer und Kälte wurden da oben wieder zu ursprünglichen Empfindungen.

Am Nanga Parbat hatte ich gelernt, daß der Mensch völlig erschöpft, ohne zu essen und zu trinken, mehrere Tage weiterkommt, wenn er sich nicht aufgibt.

Unter den Kannibalen Neuguineas habe ich die Überzeugung gewonnen, daß man mit den Wilden besser ohne Schießeisen verhandelt, und bei den Indios in Südamerika habe ich jenes elementare Leben wiedergefunden, das wir Europäer schon seit Jahrzehnten vergessen haben.

Auf all meinen Bergtouren und Expeditionen habe ich erfahren, anfangs unbewußt vielleicht, daß unsere alltägliche Lebensform nicht selbstverständlich ist. Sie stellt nur eine unter vielen dar. Ich habe die Selbstsicherheit gewonnen, auch ohne die komfortablen Errungenschaften unseres technischen Zeitalters auszukommen. Wenn es sein muß, kann ich leben wie ein Steinzeitmensch.

Vor allem aber habe ich zu unterscheiden gelernt, was auf der Welt wichtig ist und was nicht. Das Wichtigste ist oft eine Handvoll Wasser, manchmal ein geschützter Biwakplatz, ein Buch, ein Gespräch.

37. Viento blanco

Erstbegehung an der Aconcagua-Südwand

Die höchste Wand der Neuen Welt war unser Ziel. Das Ziel der Südtiroler Anden-Expedition 1974. Das Abenteuer, das am Gipfel dieses Andenriesen seinen Höhepunkt finden sollte, begann für mich als Organisator schon bei der Auswahl der Mannschaft.

Den Südtiroler Bergsteigern fehlte damals die Erfahrung für die Besteigung so hoher Berge. Diese konnte nur bei einer Expedition in einem der großen Gebirge der Welt gesammelt werden.

Mein Vorschlag, mit einer Südtiroler Gruppe zur Aconcagua-Südwand aufzubrechen, war bei Jörg Mayr und Jochen Gruber auf helle Begeisterung gestoßen. Ich hatte diese Wand seit Jahren im Kopf. Auch wollte ich der nächsten Generation meine Erfahrungen weitergeben.

Wir beschlossen, an dieser Riesenflanke den Südpfeiler oder die Direttissima auf den Hauptgipfel erstzubegehen. Konrad Renzler, mit dem ich mehrere Erstbegehungen gemacht hatte, sagte seine Teilnahme ebenso zu wie Ernst Pertl, ein bewährter Kameramann aus Bozen. Dr. Oswald Oelz, mit dem ich am Manaslu geklettert war, sollte Expeditionsarzt und Bergsteiger in einer Person sein. Ich kannte jeden einzelnen dieser Männer. Mit von der Partie waren auch Ruth Oelz, die Frau unseres Expeditionsarztes, und meine Frau Uschi. Ich wußte von vornherein, daß sie uns in der Wand nicht helfen konnten. Sie sollten und wollten dabei sein.

Nach drei Reisetagen waren wir in Puente del Inca, hoch oben in den Anden. Staubwolken wirbelten auf, als wir das erste Tragtier ins Freie führten. Es war später Vormittag. Die Mannschaft hatte Puente del Inca schon Stunden vorher verlassen. Unter der Aconcagua-Südwand sollten sie einen günstigen Lagerplatz ausfindig machen. Nur Jochen und ich waren zurückgeblieben. Und nun hatten die Soldaten eine Ausrede nach der anderen. Die Mulas, die uns der Oberst am Vortag zugesichert hatte, mußten erst beschlagen werden. Andere waren nicht einsatzfähig. Ich war wütend und versuchte den Soldaten klarzumachen, daß wir aufbrechen müßten. Koste es, was es wolle. Ich konnte schließlich die Mannschaft nicht ohne Schlafsäcke und Zelte lassen. Jochen, der während seiner Militärzeit Erfahrung mit Maultieren gesammelt hatte, half beim

Satteln und Aufladen. Ich hetzte immer wieder zum Chef der Kaserne, in der Hoffnung, den Abmarsch durch meine Vorsprache beschleunigen zu können.

Die Vorausmannschaft mußte inzwischen in Confluencia sein. Es wäre unmöglich gewesen, sie zurückzurufen. Wir mußten nachkommen. Die Soldaten gaben sich Mühe. Die Tiere aber waren störrisch. Sie legten sich hin, warfen die Lasten ab. Immer wieder. Plötzlich ein Rufen und Poltern. Wir konnten gerade noch zur Seite springen. Die Mulas waren aus ihrem Zwinger – einer zwei Meter hohen Steinumfriedung – ausgebrochen. Sie trabten talwärts, eine lange Staubwolke hinterlassend.

So hübsch sich die in der Ferne verschwindende Herde ausnahm, für uns war es zum Verzweifeln. Drei Lasten waren übriggeblieben. Ich mußte sofort eine Entscheidung treffen. Jochen sollte zurückbleiben und anderntags den Transport der fehlenden Lasten überwachen. Ich wollte mit drei Soldaten, neun Lasttieren und drei Reitmulas aufbrechen. Am gleichen Abend mußten wir das Hauptlager erreichen.

Jeder Maultiertreiber kettete drei Tragtiere hintereinander an eine Leine. Dann band er das erste an sein Mula, schwang sich in den Sattel und gab ihm die Sporen. In gleichmäßigen Abständen stiegen die schwer beladenen Vierergruppen taleinwärts. Die Hänge links und rechts der hügeligen Talsohle waren kahl. Die Berge wüstenhaft und von rostbrauner Farbe. Auf den Firnen lag das grelle Licht einer fernen Sonne. Die Mulas gingen lautlos. Sie schienen sich im tiefblauen Himmel, der sich glatt über die Berge spannte, zu spiegeln. Die winzigen Hufe der Tiere rollten weich und gleichmäßig über den steinigen Pfad. Sie wirbelten nach allen Seiten kleine Staubwolken auf. Wir überquerten einen reißenden Bach und stiegen am nördlichen Hang steil empor. Es war nicht einfach, mit den Tragtieren Schritt zu halten.

Ich ging immer wieder voraus. Ein wenig ausgetrocknet vom Wind und erfüllt von der stolzen Absicht, den Aconcagua zu besteigen.

In Confluencia warteten Ernst, Konrad und Jörgl. Gemeinsam versuchten wir, den Mulas zu folgen. Nachdem eine Mulagruppe abgerutscht war, verloren wir uns. Zwei Gruppen eilten weiter, wir retteten den Rest der Ausrüstung. Es dauerte Stunden, bis ich die Tragtiere wieder auf den Beinen hatte.

Am späten Abend tröpfelten wir im Basislager ein. Es lag in einer kleinen Mulde. Die Mulas trabten, nachdem wir die Lasten abgenommen und mit den Arrieros einen kräftigen Schluck Whisky getrunken hatten, in derselben Nacht noch talwärts.

Zwei Wochen lang brauchten wir, um uns zu akklimatisieren, um den Weg bis unter die Gipfelwand zu präparieren. Zwei kleine Lager bauten wir in der Wand auf. Dann kamen die Rückschläge. Jochen erkrankte und wurde von Oswald ins Basislager gebracht. Konrad sah sich der Gipfelwand nicht gewachsen. Es kam der 28. Januar.

Am nächsten Tag mußte die Entscheidung fallen, das wußten wir alle. Das wußte vor allem ich. Die Hoffnungen, auf den Gipfel zu kommen, waren in den letzten 24 Stunden von Minute zu Minute kleiner geworden. Ich entschloß mich, am anderen Morgen zusammen mit Jörgl einen Aufstieg zu wagen.

Wir mußten aber über die Südwand wieder absteigen. Oswald hatte beim Abtransport von Jochen einen Teil der Seile wieder entfernt, um den Kranken damit sichern zu können. Konrad wäre ohne diese Seile nicht mehr hinuntergekommen. Wir mußten also die Seile, die wir zum Sichern brauchten, zurückbringen, um später mit Konrad durch die Wand absteigen zu können.

Jörgl und ich gingen in den ersten Vormittagsstunden los. Über Schneehänge und Eiswände stiegen wir hinauf zu jenem Felsengürtel in der Gipfelwand, der uns bei den Erkundungen so viel Kopfzerbrechen bereitet hatte. Während Jörgl im flachen Teil gespurt hatte, übernahm ich in der brüchigen und ungut geschichteten Gipfelwand die Führung. Nur langsam kamen wir voran. Wir sicherten uns gegenseitig, und die Höhe machte sich bemerkbar.

Am Ende des Felsriegels in 6400 Meter Meereshöhe überdachte ich unsere Situation. Jörgl war zu langsam. Ich sollte allein zum Gipfel weitersteigen, dachte ich. In Seilschaft hatten wir nicht die geringste Chance. Wir hatten für die ersten 400 Höhenmeter mehr als vier Stunden gebraucht. Noch trennten uns 600 Meter vom Gipfel. Es blieb keine andere Wahl. Die Rechnung war einfach und schien aufzugehen. In seinem ausgepumpten Zustand stimmte Jörgl dem Plan sofort zu. Auch versprach er, nachdem ich versichert hatte, in vier bis fünf Stunden zurück zu sein, auf einer Felsleiste auf mich zu warten. Jörgl schlug einen Haken und sicherte sich selbst. Er behielt das Seil. Ich stieg los.

Ich mußte, wollte ich mein Versprechen einhalten und meinen Kameraden nicht gefährden, schnell klettern. Ich mußte wenigstens 200 Höhenmeter in der Stunde zurücklegen. Ich wußte, daß ich es schaffen würde. Öfter schon war ich in so großer Höhe so schnell geklettert. Was aber, wenn unüberwindliche Schwierigkeiten auftauchten?

Durch die Nebel, in die ich inzwischen hineingeklettert war, konnte ich weit unter mir die Umrisse von Jörgl erkennen. Wollte er mir nachsteigen? Vielleicht hatte er sich physisch erholt. Oder versuchte er nur so, mir zu folgen? Ich kletterte gerade an einer steilen Eisflanke. Auf einer dünnen, lockeren Eiskruste lag Neuschnee. Ich hätte mich gern gesichert. Über mir hing ein Wulst. Den Guanaco-Grat konnte ich nicht sehen.

Ich fürchtete, Jörgl könnte sich versteigen. Oder er könnte aufgrund seines geschwächten Konzentrationsvermögens ausgleiten und abstürzen.

Ich rief ihm zu, zum Standplatz zurückzukehren. Wie verabredet sollte er dort auf mich warten. Jörgl tat es. Wäre er weitergegangen, ich hätte keine andere Wahl gehabt als abzusteigen. Ohne Sicherung hätte ich ihn in diesem Gelände nicht klettern lassen. Das Wetter war schlechter geworden. So gern ich mit ihm oder einem anderen auf den Gipfel gekommen wäre, ich mußte allein weiter.

Mit ständigem Blick auf Uhr und Höhenmesser stieg ich aufwärts. Zwischendurch dachte ich an unseren Rückmarsch, den wir bald beginnen mußten. Ich hatte meinen Rhythmus gefunden. Ich schaffte jetzt mehr als 200 Höhenmeter in der Stunde. Je höher ich kam, um so mehr Schritte konnte ich machen, ohne zwischendurch auf den Pickel gestützt rasten zu müssen.

Der Sturm fuhr mir so scharf ins Gesicht, als ich den Kopf über den Guanaco-Grat emporreckte, daß ich ihn sofort wieder einzog. Das Rauschen über mir wurde lauter als die Brandung am Meer. Ich kletterte über brüchigen Fels zurück und bezog auf einer schmalen Leiste in der Südwand Stand. Hier war es fast windstill. Nebelfetzen flogen über die Gratschneide hinweg.

Im toten Winkel des letzten Felsaufschwunges legte ich den Rucksack ab. Ich zerrte die Überhose und einen zweiten Anorak heraus und zog beides an. Dann setzte ich zur Pelzmütze noch eine Sturmhaube auf. Ich wechselte die Sonnenbrille gegen eine Skibrille aus, die den Rest des Gesichtes verdeckte. Zuletzt zog ich die Daunenhandschuhe an. »Viento blanco«, sagte ich halblaut vor mich hin. So nannte man in den Anden diesen kalten Wind, der alles zu Eis erstarren läßt. Ich hatte ihn mehr gefürchtet als alle Schwierigkeiten in der 3000 Meter hohen Südwand. Aber nun, einige Höhenmeter unter dem Gipfel, wollte ich nicht aufgeben. Wieder kletterte ich die wenigen Meter hinauf zum Grat. Er verbindet den Süd- mit dem Hauptgipfel. Wieder fraßen sich die Kälte und der

Sturm in meinen Kleidern fest. Jetzt konnte ich sie ertragen. Ich richtete mich auf. Im ersten Augenblick schwankte ich unter dem Druck des Windes. Als ich das Gleichgewicht wiedergefunden hatte, begann ich über großes Blockwerk aufwärts zu steigen. So schnell wie in dieser Höhe möglich strebte ich einem großen Felsklotz am Grat zu. Hinter ihm suchte ich Schutz. Mit fliegendem Atem erreichte ich den Felsen. Ich hielt mich fest. Dann kauerte ich in seinem Windschatten nieder. Ich war etwa auf halben Weg zwischen der Einsattelung und dem Hauptgipfel. Der spitze Südgipfel lag unter mir. Unter mir auch die Südwand. Ich mühte mich über den Guanaco-Grat zum Gipfel.

Wenn ich die unheimliche Flanke, über die ich kurz vorher aufgestiegen war, jetzt von der Seite betrachtete, mochte ich nicht an den Abstieg denken. Ich mußte über diese Wand abklettern. Die Kameraden warteten unten auf mich. Um fünf Uhr wollte ich wieder bei Jörgl sein.

Es war nicht ganz drei Uhr. Ich mußte mich also beeilen. Ich richtete mich auf und kletterte höher. Wieder peilte ich einen größeren Block am Grat an. Plötzlich bemerkte ich links unten einen Mann. Er stieg in einer breiten, mit groben Steinen gefüllten Rinne ab. Offensichtlich kam er vom Gipfel. Er war allein. Mit zwei Skistöcken tastete er sich zwischen den Steinen hinab. Unendlich langsam. Einige Augenblicke zweifelte ich daran, ob das ein Mensch war. Eingehüllt in einen roten Anorak sah er aus wie ein fremdartiges Wesen.

Die winzige Gestalt aber bewegte sich. Zuerst tastete sie mit dem linken Skistock den lockeren Boden unter sich ab, dann setzte sie ihn ein, hob dann langsam den rechten Stock und wiederholte das gleiche Spiel. So, als ob ein Vierbeiner mit den Vorderläufen zwischen Blockwerk stocherte. Erst, wenn auch der zweite Stock Halt gefunden hatte, beugte sich die Gestalt vor, den Oberkörper auf die beiden Skistöcke gestützt. Das Wesen führte dann einige kleine Schritte aus. Die Knie schienen dabei nachzugeben. War es schneeblind? Die Schuhe streiften die Felsklötze.

Ein Stück unterhalb dieser Gestalt mußte die Canaletta sein, jene Verengung am Normalweg, die durchstiegen werden muß, wenn man von Norden zum Gipfel wollte. Viel weiter unten glaubte ich Zelte zu erkennen. Gelbe und rote Zelte. Wie klein sie waren. Punkte auf einer riesigen, braunen Schutthalde. Ob der absteigende Bergsteiger sie je erreichen würde? Ich dachte klar, und doch wurde ich plötzlich von einem Gefühl des Verlassenseins erfaßt.

Dieser Mann gehörte nicht zu mir. Er gehörte nicht zu unserer Expedition. Ich kannte ihn nicht. Trotzdem war ich glücklich, in dieser

Die Südwand des Aconcagua. Links der Südgipfel, rechts der Hauptgipfel, von dem unsere Route diagonal nach unten zieht.

lebensfeindlichen Umgebung einen Menschen zu sehen. Ich versuchte, ihm etwas zuzurufen. Offensichtlich hörte er mich nicht. Unbeirrt stieg er, auf seine Skistöcke gestützt, abwärts. Er hinterließ in mir den Eindruck eines Beinamputierten, der sich auf Krücken vorwärts plagt. Nochmals rief ich. Keine Reaktion.

Von Steinklotz zu Steinklotz aufsteigend hatte ich den Grat verlassen. Ich mühte mich durch eine Rinne aufwärts. Etwa 20 Meter unter mir flatterten einige Stoffetzen. Sie hingen offensichtlich an einem Körper. Ein toter Bergsteiger. Er lag da mit dem Gesicht nach unten. Er lag so auf den Steinen, als ob er zusammengebrochen wäre und nicht mehr die Kraft gefunden hätte, sich zum Sterben zurechtzurücken.

Der Tote schien eins zu sein mit den Steinen. Ein roter Haufen zwischen den Felsen. Meine Gefühle wehrten sich gegen diesen Eindruck. Ich blieb stehen. Dann setzte ich den rechten Fuß auf einen höheren Steinklotz. Ich stützte die Ellbogen auf das Knie, um meinen Kopf mit der Hand halten zu können. Der Atem ging schwer. Ich hielt die Augen geschlossen. Den toten Bergsteiger sah ich trotzdem vor mir. Ich sah, wie er vom Gipfel absteigt, das Gleichgewicht verliert, hinschlägt und liegenbleibt. Er bewegte sich nicht mehr. Nur der Sturm zerrte an seinen Kleidern. Vielleicht war er ein guter Bergsteiger gewesen, vielleicht hatte er sich nur hinsetzen wollen.

Obwohl ich noch in guter Verfassung war, verfolgten mich sonderbare Gedanken. In solchen Höhen konnte ein Stolperer den Tod bedeuten. Ich durfte mich nicht hinsetzen. Ich mußte weiter. Während ich aufstieg, kreisten meine Gedanken um den Verunglückten. Vage erinnerte ich mich, beim Anmarsch von einem Japaner gehört zu haben, der seit einem Jahr unterm Gipfel lag. Erfroren. Viento blanco. Vielleicht auch Erschöpfung, dachte ich. Vielleicht aber auch Höhenkrankheit. Der Sturm zerrte an seinen Kleidern. Ich bemühte mich, nicht länger hinzusehen. Ich versuchte, ihn zu vergessen. Ich mußte noch absteigen. Ich mußte mich konzentrieren.

Plötzlich tauchte ein weißes Kreuz vor mir auf. Es war etwa einen Meter hoch, windschief, aus Aluminium. Ich war am Gipfel.

Nach einer kurzen Pause legte ich den Rucksack ab. Ich beschwerte ihn mit einem kopfgroßen Stein, so daß ihn der Sturm nicht forttragen konnte. Dann schaute ich in die Runde. Im Norden und Westen waren die umliegenden Gipfel frei. Weit unten Gletscher. Da und dort Felsen. Im Süden hingen dichte Nebelfahnen am Grat. Nachdem ich ein paar Aufnahmen gemacht hatte, zerrte ich eine kleine Kiste unter einem Aluminiumschild hervor. Ich wühlte unter allerlei Zetteln und Fähnchen, die von meinen Vorgängern dort zurückgelassen worden waren. Ich las einige Namen. Dann schrieb ich mit klammen Fingern auf die Innenseite einer aufgerissenen Filmschachtel: »1. direkte Begehung der Aconcagua-Südwand. Südtiroler Anden-Expedition 1974. 23. 1. 1974.« Darunter setzte ich meinen Namen. Dieses Stück Papier legte ich zu den Dokumenten in die Kiste und deckte sie zu. Ich hinterließ sie so, wie ich sie vorgefunden hatte.

Es war halb vier Uhr nachmittags. Höchste Zeit, mit dem Abstieg zu beginnen. Noch einmal drehte ich mich um. Ich schaute zum Gipfel. Glatt und braungrau lagen ein paar Steine da, zu einem Haufen geschichtet. Ich hörte den Wind, der mir um den Kopf fuhr. Der Schotter knirschte unter meinen Füßen. Ich tauchte in die Nebel am Guanaco-Grat ein.

Über den Grat kletterte ich bis zum Südwandausstieg und dann hinunter in die steile Flanke. Ich hatte Mühe, meine Aufstiegsspur zu finden. Das Eis war im oberen Teil blank. Die Steigeisen mußten sorgfältig eingesetzt werden. Schritt für Schritt, Stunde um Stunde. Jörgl war ebenso froh wie ich, als wir uns am späten Nachmittag trafen.

Es schneite jetzt. Alle zehn Minuten löste sich weit über uns der Neuschnee, der in kleinen Lawinen durch Rinnen und Kamin floß. Während wir uns über den unteren Teil der Gipfelwand abseilten, ergossen sich ständig kleine Schneestaublawinen über uns. Für kurze Zeit nahmen sie uns den Atem. Konrad empfing uns am Biwakplatz mit heißem Tee. Am nächsten Tag schon konnten wir alle gemeinsam den Erfolg im Basislager feiern.

38. Umkehr

Gescheitert an der Makalu-Südwand

Voller Erwartung waren wir durch das Barun-Tal zum Makalu aufgestiegen. Wir wollten ihn über seine unbezwungene Südwand erklettern. Sie war nach meinem Empfinden die formschönste Wand am fünfthöchsten Berg der Erde. Ein Jahr vorher war eine jugoslawische Expedition dort gescheitert. Wir waren eine Gruppe von Freunden, die Übriggebliebenen der so tragisch ausgegangenen Manaslu-Expedition. Dazu einige junge Bergsteiger, wie z. B. Albert Precht.

In weniger als drei Wochen überschritten wir die 7000-Meter-Grenze. Der Lastentransport zwischen den ersten drei Hochlagern lief lückenlos. Wir waren zuversichtlich. Oberhalb von Lager III wurde die Wand steil. Die Felsen waren vereist. Langsam, sehr langsam kamen wir voran. Zuerst 200 Meter, 100, dann nur mehr 50 Meter am Tag. Aber es ging noch. Es begann zu stürmen. Alle Tage schneite es. Wir hofften auf besseres Wetter. Bei den ersten Gutwettersignalen stiegen wir ins dritte Hochlager auf.

Am nächsten Tag brachen wir frühzeitig auf. Gerhard Markl blieb auf der schmalen Leiste zwischen beiden Zelten stehen. Die Luft war kalt. Der Himmel von einem tiefen, dunklen Blau. Im Osten lagen weiße Wolken wie Wattebäusche in den Tälern. Die ungezählten Gipfel im Süden und Westen wurden von der Morgensonne überflutet. Das Licht rot, gold, gelb und blau. Ich sah diese zarten Farben als ein Zeichen für gutes Wetter.

Es war neun Uhr, der 4. Mai 1974, als ich unbeholfen aus dem Zelt kletterte. Ich zog meine Handschuhe an. Dann suchte Uschi unter feinem Treibschnee meine Steigeisen.

Ich fand unsere Expedition jetzt weniger sinnlos als vorher. Feiner Schneestaub rieselte von oben auf das Zeltdach. Der Lärm im Sherpa-Zelt verriet, daß der Tee bald heiß sein würde.

Diese kleine Plattform in 6900 Meter Meereshöhe, die Josl Knoll, Horst Bergmann und einige Sherpas einen halben Monat vorher aus dem 50 Grad geneigten Eis gehauen hatten, war kühn. Die beiden Whillans-Boxen standen so im Hang, daß kleine Lawinen über die Zeltdächer

In der Mitte der Makalu-Südwand. Der helle Granit war da und dort von dunklen Bändern durchzogen. Überall auf Griffen und Tritten lag Schnee.

hinwegspülten. Nach jedem Neuschneefall gingen sie in regelmäßigen Abständen ab. Der Platz zwischen den Zelten, anfänglich gut zwei Meter im Quadrat, war in der Zwischenzeit geschrumpft. Da standen allerlei Ausrüstungsgegenstände, Kisten voller Nahrungsmittel. Nur ein schmaler, ausgesetzter Korridor war übrig, über den man von einem ins andere Zelt gelangte. In jeder Nacht füllte Preßschnee den Keil zwischen den Boxen. Eingänge und Laufstege mußten jeden Morgen freigeschaufelt werden.

Die kleinen weißen Wolken, die plötzlich hinter dem Ostgrat des Makalu auftauchten, trieben uns zur Eile an. Mittags würde es schneien. Auf der Plattform vor den Zelten pflegten wir uns an einem Geländerseil zu sichern.

Gerhard schaute in die Runde. Er sah die Wolken und die Nebel am Gipfel des Baruntse. Er gab sich Mühe, ein gleichmütiges Gesicht zu machen. Dann fingerte er an seiner Steigeisenbindung herum.

Langsam begann ich den Aufstieg an den Fixseilen. Ich setzte die Schuhe jeweils dorthin, wo ich Tritte unter dem flauschigen Schnee vermutete. Winzige Pulverschneelawinen gingen ab. Weit unten lösten sie sich in Staubwolken auf. Die felsdurchsetzte Wand war unheimlich steil. Zum Glück war sie gegliedert. Ohne die fixen Seile, die wir in den Wochen vorher angebracht hatten, wären wir nicht weit gekommen. In einem Abstand von etwa 50 Metern stiegen wir an den Seilen aufwärts. Vorerst kümmerten wir uns wenig um die Schwierigkeiten, die dort begannen, wo die Seile aufhörten.

Unangenehm klang das Kreischen der Steigeisen auf den abschüssigen Gneisplatten. »Bei diesen Verhältnissen kommen wir mit den Sicherungsarbeiten keinen Meter weiter«, dachte ich. Leidenschaftslos stieg ich weiter. »Es ist besser, wir drehen um.« 500 Seilmeter hatten wir erklettert. Wir rasteten öfters. Dabei schauten wir uns über das verschneite Gelände hinweg fragend an. Ein Kopfnicken nur. Die Hände umklammerten fest die fixen Seile. Die Gestalt unter mir war Gerhard. Vermummt bis auf den Gesichtsausschnitt kletterte er hinter mir her. Er atmete hörbar. In seinen Bewegungen lag Kraft.

Als ich den höchsten Punkt der Seile erreichte, band ich mich fest. Ich verteilte Haken, Karabiner und Eisbeil am Klettergürtel. Heli Hagner war zehn Tage vorher bis hierher gekommen. Als Gerhard bei mir war, blickte er mich fragend an. Sollten wir weitersteigen? Ich betrachtete die Nebel, die um uns spielten. Dann die Wand über uns. Ein undefinierbares Unbehagen erfüllte uns beide. Spannung, Angst und Zweifel.

»Gehst du weiter?«, fragte Gerhard. Er hatte es so entmutigend nicht sagen wollen. »Ich versuche es wenigstens.« Er schaute mich an. Dann nahm er das Seil in die Hände, mit dem er mich sichern sollte. Ich säuberte jeden Tritt vom Neuschnee. Oft hielt ich mich an Griffen, die ich nicht sehen konnte. Als ich die ersten 30 Meter ausgeklettert war, fixierte ich das Seil an einem Haken. Gerhard kam nach. Über uns hing ein weißer Strick. Dorthin mußten wir kommen. Er stammte wohl von der jugoslawischen Expedition, die diese Flanke vergeblich berannt hatte. Eineinhalb Jahre vorher. Sie hatten in der Nachmonsunzeit 1972 eine trockene Wand vorgefunden, starke Stürme aber hatten die Expedition scheitern lassen.

Das Seil, etwa sieben Millimeter stark, hing wie ein rettender Faden an der verschneiten Wand. Es sah morsch aus, viel morscher als die Seilreste, die wir weiter unten angetroffen hatten. Trotzdem zog ich, am letzten Haken gesichert, mit aller Kraft an diesem Seil.

Wir standen an einer Leiste, einem schmalen, mit Schnee bedeckten Felssims. Darüber baute sich die Wand noch glatter auf. Es gab nur zwei Möglichkeiten, von der Stelle zu kommen. Die eine rechts über verschneite Stufen; die andere gerade empor über eine kleingriffige Wand. 50 Meter weiter oben schien ein Band zu sein.

Ich versuchte es rechts. Dabei kam ich nicht weit. Ich querte in gewagter Kletterei nach links und erkletterte einen Riß. Dabei bohrte ich die Fäuste durch den Schnee in seinen Grund. Drinnen verklemmte ich sie. So hatte ich mich in den Alpen nur bei Winterbegehungen oder nach Wetterstürzen abmühen müssen.

Inzwischen waren die Nebel dichter geworden. Ich konnte Gerhard nur in Umrissen erkennen. Es schneite. »Es hat nicht viel Sinn«, rief Gerhard, als ich wieder einmal vergeblich nach einem Weiterweg suchte. »Ein Stück noch!« Ich bedachte nicht, wie erschreckend mein Zögern auf ihn wirken mußte. »Du bist verrückt!«, rief er herauf.

Auf einem Schneeband stehend konnte ich einen verläßlichen Haken schlagen. Dann querte ich nach rechts. Im Laufe der nächsten Stunde gelang es mir, einen Felsaufschwung zu überklettern. Doch er brachte uns dem Gipfel um keine 20 Meter näher.

Oben schlug ich zwei Haken. Dann band ich mich an ihnen fest und lehnte meinen Oberkörper weit zurück. Vor mir eine senkrechte Wüste aus verschneitem Granit. Unmöglich, da hinaufzukommen! In diesem Augenblick überwogen erstmals negative Gedanken in mir. Rückzug! Nein, noch nicht. An diesem Tag gelangten wir bis ans obere Ende des anschließenden Schneefeldes. Wir schöpften neue Hoffnung.

Es gibt Wände, die eine Route zwingend vorschreiben, wie die Makalu-Südwand. Schade, daß wir damals diese Ideallinie nicht durchklettern konnten.

Für das vierte Hochlager hatten wir einen notdürftigen Platz entdeckt. Während des Abstieges redeten wir uns ein, den Weg nach Lager V, das ein letztes sein sollte, absichern zu können. Keiner von uns beiden ahnte, daß dieser Punkt der höchste sein sollte, den die Expedition in der Wand erreichen würde: 7500 Meter.

Wegen der täglichen Neuschneefälle wollte ich umdisponieren. Ich erwog einen Aufstieg über den Normalweg. Der Großteil der Mannschaft aber entschied sich dagegen. Alle anderen stimmten für einen letzten Versuch in der Südwand. Er scheiterte. Am frühen Morgen des 9. Mai kam Wolfi, der Expeditionsleiter, zu mir ins Zelt. Was tun? In der Nacht hatte es wieder geschneit. Wir entschlossen uns, die Expedition abzubrechen. Es schneite auch eine Woche später noch. Ich schlief viel, las, träumte Tagträume.

Ich saß oft in der rauchigen Küche und beobachtete Sona, unseren Sherpa-Koch, der an dünnen Bambusstangen Schweinefleisch grillte. Yves Buchheim hatte die Sau geschlachtet, die für die Feier nach dem Gipfel bestimmt gewesen war. Sie sollte uns auch so schmecken.

Über dem Herd war das Küchendach, eine Plane, schwarz. Die Steine, zwischen denen das Feuer während 50 Tagen und Nächten nicht ausgegangen war, waren innen weiß. Alles war mit einer fettigen Rußschicht überzogen. Ich fühlte mich wohl.

Es war wohl leichter, in einem unbesiedelten Bergtal gesund zu bleiben, wenn man vernünftige Vorsichtsmaßnahmen traf, als sich einzureden, daß ein Leben gut war, das ohne Gefahr vorüberging.

Für die Träger und Sherpas bedeutete eine Expedition harte Arbeit. Sie hätten sich über einen Erfolg gefreut, aber ohne ihn gingen sie genauso fröhlich nach Hause.

Wir Sahibs empfanden das anders. Ich fand hinterher für unser Scheitern keine Erklärung. Ich hatte mir alle Mühe gegeben. Für unser langsames Vorankommen oberhalb von Lager III sah ich keinen Grund. Vielleicht war die Umgebung im Basislager ungeeignet, unser Scheitern selbst begreifen zu können. Im Zelt, im geschützten Barunkessel, bekam das Gespräch über das, was wir noch wenige Tage vorher erlebt hatten, einen falschen Beiklang. Es schien mir unglaubhaft, daß es kein Vorankommen gegeben hatte. Gewiß, keiner hatte im Moment der Aufgabe an einen möglichen Erfolg geglaubt. Die Makalu-Südwand war unter den gegebenen Bedingungen unmöglich. Und doch suchten wir nach einer Erklärung, vielleicht sogar nach einer Entschuldigung. Was gab es da zu entschuldigen? Daß es jeden zweiten Tag schneite? Daß der Sturm uns von den Graten gefegt hätte, wären keine Fixseile dagewesen? Und vor allem: Daß die Mannschaft nach und nach ein Scheitern vorausgesehen hatte, ohne es sich einzugestehen? Das Scheitern der Makalu-Expedition war auch das Scheitern einer anfangs zu erfolgsbewußten Mannschaft, einer Mannschaft, die in der eisgepanzerten Wand keine Möglichkeit fand, über sich hinauszuwachsen.

39. Rekord

Acht Jahre und zehn Stunden für die Eigerwand

Sie war im Gespräch. Seit acht Jahren. Seit den gemeinsamen Tagen am Walker-Pfeiler lag das Ziel in der Luft: Eigerwand. Ihr Name tauchte in Briefen auf, die wir wechselten, bei Telefongesprächen oder zufälligen Treffen. Immer wieder Eiger-Nordwand.

Der erste Versuch sollte schon vor Beginn der Reise enden. »Eugen schläft – komme nicht, Peter«, stand in einem Telegramm, das mir der italienische Postbote brachte. Eine merkwürdige Mitteilung von dem sonst so sachlichen Peter Habeler, dachte ich. Nach einigem Überlegen wurde mir klar, daß der Text »Eiger schlecht – komme nicht« hätte heißen müssen. Das war Mitte der sechziger Jahre gewesen.

Auch unser zweiter Versuch wurde durch eigenartige Telegramminterpretationen vereitelt. Diesmal lag die Schuld nicht bei der italienischen Post, sondern bei uns. Ich ließ Peter die Nachricht »Treffpunkt Grindelwald Grund Eiger« ins Haus flattern und machte mich auf den Weg. An der Talstation der Jungfraubahn zur Kleinen Scheidegg – sie heißt »Grindelwald Grund« – wartete ich einen ganzen Tag lang. Vergebens, Peter war sonst zuverlässig. Wie ich Tage später erfahren sollte, irrte in Grindelwald zur gleichen Zeit Peter umher. Er fand die Idee, als Grund für eine Fahrt nach Grindelwald den Eiger anzugeben, höchst überflüssig. Vom Bahnhof »Grindelwald Grund« hatte er nie gehört. Auch er ärgerte sich über die verlorenen Tage. Zur gleichen Zeit machten wir uns – jeder für sich – auf den Heimweg.

Im Sommer 1969, in dem ich klettermäßig in der besten Form meines Lebens war, kam ich gleich zweimal nach Grindelwald. Einmal mit Erich Lackner auf der Heimreise vom Internationalen Bergsteigertreffen in Chamonix, ein zweites Mal allein. Während uns das erste Mal Regen und Schnee vertrieben hatten, war das Wetter bei meinem Alleinvorhaben schön, und ich fuhr zur Kleinen Scheidegg. Fritz von Almen riet mir von einer Alleinbegehung ab. Die Verhältnisse aber waren gut. So stieg ich ein, drehte aber in der Nacht noch um, weil die Seilschaften, die vor mir stiegen, immer wieder Steine lostraten. Diese schwirrten und polterten durch das Dunkel. Wenn auch die relativ geringen Schwierigkeiten und vor allem die enorme Kletterstrecke zu einem Alleingang geradezu herausforderten, konnte der geringste Steinschlag für einen Alleingeher den Absturz bedeuten.

Die Steinschlaggefahr war es auch, die das Ziel »Eiger-Nordwand« mehr und mehr in den Hintergrund drängte. Es vergingen einige Jahre, ohne daß ich mich um die Wand kümmerte. Mit zunehmender Erfahrung erkannte ich, daß in der Eiger-Nordwand Tempo entscheidet. Und sie erschien mir wieder als lohnendes Ziel. Der gefürchtete Steinschlag setzt erst am frühen Nachmittag ein, wenn die Sonne in die Gipfelwand scheint und das Eis löst, das die lockeren Steine kittet. Zudem konnte man als schnelle Seilschaft einem Wettersturz, der am Eiger urplötzlich da sein kann, nach unten oder nach oben entrinnen.

Peter Habeler war mit mir einer Meinung. Wir mußten im Sommer 1974 gleich dreimal nach Grindelwald fahren, bis alle Voraussetzungen für eine sichere Begehung erfüllt waren, bis es klappte. Das erste Mal kamen wir im Juli. Diesmal sicherheitshalber gemeinsam. Am Schwierigen Riß zwangen uns die Wasserfälle, die die Wand überspülten, zur Umkehr. Wir stiegen ab und fuhren noch am gleichen Tag nach Zermatt, um die Matterhorn-Nordwand zu versuchen. Trotz eines Wettersturzes durchstiegen wir sie in einem halben Tag.

Eine Woche später saßen wir abermals auf der Kleinen Scheidegg, die Rucksäcke waren gepackt, das Wetter gut. Nach dem Abendessen zogen graue Schleier über den Himmel. Um drei Uhr nachts war er wolkenverhangen. Um fünf Uhr regnete es. Wieder reisten wir ab. Mit stoischen Gesichtern und scherzend verabredeten wir uns für die nächste Schönwetterperiode. In diesem Sommer kletterte ich wieder mehr. Nicht nur als Organisator und Leiter meiner Alpinschule, auch privat. Es gelangen mir schwierige Touren in den Dolomiten und drei Erstbegehungen. Das wichtigste Ziel aber blieb die Eiger-Nordwand.

Am 14. August 1974 endlich schien alles nach Wunsch zu laufen. Die Wand war noch reichlich naß, der Wetterbericht aber war gut. Drei Seilschaften kletterten in der Wand. Sie waren langsam, die Verhältnisse offensichtlich schlecht. Am Abend unterhielten wir uns mit Martin Boysen, Dougal Haston und weiteren Bergsteigern vom Filmteam, das gerade damit beschäftigt war, die Eigerszene für den Hollywoodfilm »The Eiger Sanction« zu drehen. Haston, der beste englische Bergsteiger, schilderte die Verhältnisse in der Wand und empfahl uns, abzuwarten. Peter und ich wollten es wenigstens versuchen. Wir packten die Rucksäcke: Kletterausrüstung, Biwakzeug, Nahrungsmittel für zwei bis drei

Tage. Man konnte nie wissen. Bis zum Aufbruch genossen wir das Hotelleben. Frau von Almen, unser guter Engel, hatte uns im Hotel ein Frühstück bereitet: Tee, Kaffee, Brot, Butter, Käse, Marmelade.

Eine Stunde später saßen wir auf einem Grasrücken unmittelbar unter der Wand. Es war noch dunkel. Zu dunkel, um einzusteigen. Die Gesamtübersicht fehlte. Wir warteten auf den Morgen. Die Wand über uns war eine riesige, homogene Masse. Nur dort, wo Schnee auf den Eisfeldern lag, konnte man die Felsen vom Eis unterscheiden. Die Lichter von Grindelwald waren gut zu erkennen. Am östlichen Horizont kündigte sich der Tag an. Plötzlich meinten wir Lichtsignale zu sehen. Mitten in dieser Riesenwand. Ja, da blinkte wirklich jemand. Es mußte in der Höhe des Zweiten Eisfeldes sein. Ich zählte die Sekunden zwischen den einzelnen Zeichen, einundzwanzig, zweiundzwanzig ... sechsundzwanzig. Wieder erschien dieses winzige Licht. Ob jemand in Not war? Die Zeichen wiederholten sich. Das war das alpine Notsignal! Ob es vielleicht besser wäre, Alarm zu schlagen? Wir beratschlagten nur kurz. Dann stapften wir über Schutt, Eis und Schnee zum Einstieg. Wir waren gut ausgerüstet und konnten helfen, wenn etwas fehlte. Unsere Rucksackapotheke war bestens bestückt. Unsere Haken würden reichen, um einen Verletzten bis zum Stollenloch abzuseilen, rechnete ich aus, während wir links vom ersten Pfeiler über ein Band in die Wand einstiegen.

Es war jetzt hell, fünf Uhr früh. Wasserfälle rauschten über uns. Im Hotel Kleine Scheidegg war das erste Licht angegangen. Wir kletterten unangeseilt. Erster Pfeiler, Zerschrundener Pfeiler ...

Erst unterm Schwierigen Riß machten wir kurz Halt. Wir verteilten Karabiner, Eis- und Felshaken am Klettergürtel. Wir legten Schlingen und Reepschnüre zurecht und verbanden uns mit dem 50 Meter langen Seil. Biwakausrüstung, Proviant und Reservekleidung blieben in den Rucksäcken.

Bald standen wir am rechten Rand des Hinterstoisser-Quergangs. Über Eis- und Schneereste kletterte ich bis an den Rand eines Plattenschusses, der uns vom Ersten Eisfeld trennte. Die Felsen über uns waren glatt und abgewaschen, aber nicht ganz senkrecht. Unter uns fiel die Wand überhängend ab. Alte, zerfetzte Seilreste wiesen uns den Weg. Rasch querte ich nach links. In einer Nische ließ ich Peter nachkommen. Wasser rann vom Nischenüberhang auf meine Schultern, auf Rucksack und Steinschlaghelm. Alles am Körper war feucht und schwer.

Ohne am Stand stehenzubleiben, übernahm Peter die Führung. Dann kletterten wir über nassen Fels, kleine Eisfelder und senkrechte Felsstufen abwechselnd führend bis an den unteren Rand des Zweiten Eisfeldes. Da oben irgendwo mußte die Seilschaft biwakiert haben, deren Lichtsignale wir am Morgen gesehen hatten. Eine Felsstufe trennte uns noch vom größten Eisschild in der Wand. Ob sie noch da waren? Ob sie Hilfe brauchten? Wir wollten mit ihnen absteigen, wenn es sein mußte. Über einen senkrechten Aufschwung erreichten wir die untersten Ausläufer des Zweiten Eisfeldes. So lange wie möglich hielten wir uns an den Felsen. Diese waren abwärts geschichtet und wasserüberronnen, aber es steckten Standhaken.

Plötzlich hörte ich Peter über mir sprechen. Offensichtlich unterhielt er sich mit jemanden. Es waren die Verletzten, zwei Polen, die am frühen Morgen Notsignale gegeben hatten. Peter bot unsere Hilfe an. Die beiden winkten ab. Der Hubschrauber müßte bald kommen.

In diesem Augenblick dröhnte ein Helikopter. Ich hatte noch nicht begriffen, was vor sich ging, als ein Mann, am Drahtseil gesichert, aus der Kabine sprang und in die Tiefe schwebte. Einen Moment lang stand der Hubschrauber etwa 30 Meter über den hilfsbedürftigen Bergsteigern. Einige Steine, ausgelöst durch den Luftsog des Rotors, pfiffen an mir vorbei. Dann brauste der Hubschrauber davon. Weg von der Wand. Ein einziger Stein hätte genügt, den Helikopter aus dem Gleichgewicht zu bringen, ein einziger Stein. Der Retter hatte sich inzwischen bei den Polen gesichert. Er begann den einen, der sich am Vortag bei einem 40-Meter-Sturz ein Bein gebrochen hatte, zu schienen.

Peter und ich waren kaum eine Seillänge geklettert, da kam der Hubschrauber wieder. Er hielt direkt über der Dreiergruppe. Ein Drahtseil pendelte in der Luft. Der Schweizer Bergrettungsmann fixierte daran den Verletzten, ein Zeichen mit der Hand, und schon hob der Hubschrauber den Geretteten von der Wand ab. Weit draußen, in steinschlagsicherer Entfernung wurde der Verletzte in die Maschine gehievt. Wenige Minuten später landete er bei der Kleinen Scheidegg. Peter und ich waren von der Schweizer Flugrettung begeistert.

In dieser riesigen Wandflucht, 1000 Meter über dem Kar, war alles mit einer derartigen Präzision und Schnelligkeit abgelaufen, daß wir nur staunen konnten. Mit derartigen Techniken hätte man wohl viele der tödlichen Unfälle vermeiden können, die diese Wand in ihrer bald 40-jährigen Besteigungsgeschichte gefordert hat. Früher gab es so etwas nicht.

Wir hatten wieder die Steigeisen angelegt. Über blankes Eis kletterten wir gerade hinauf. Am oberen Rand des Zweiten Eisfeldes konnten wir Schutz vor Steinschlag finden. Die Eisschrauben hielten gut. Trotzdem war ich froh, als der Hubschrauber auch die beiden anderen abgeholt hatte. Jeder Anflug war mit erhöhter Steinschlaggefahr verbunden.

Die Querung am oberen Rand des Eisfeldes war dem Steinschlag am meisten ausgesetzt. Doppelte Vorsicht war geboten. Wir wählten die Standplätze so, daß sie steinschlagsicher waren und kletterten rasch, mit »gespitzten Ohren«. Lange Eiszapfen hingen wie Damoklesschwerter über uns. Ab und zu schlugen einige Steine, die direkt aus der Spinne kamen, unter uns im Eis ein. Die Frostgrenze lag bei 3500 Meter. Das war ein großer Vorteil. Wenn die obere Wandhälfte von der Sonne beschienen war, mußte hier die Hölle los sein, dachte ich, während Peter die letzte Seillänge über das Bügeleisen zum Todesbiwak führte. Am Nachmittag wäre es Wahnsinn, ja Selbstmord gewesen, hier zu klettern.

Es war noch früher Vormittag, etwa neun Uhr, als wir über das Dritte Eisfeld in die Rampe querten. Die Wand war noch ruhig. Vier Österreicher, sie waren seit drei Tagen in der Wand, kletterten über uns. Sie ließen uns bereitwillig vorbei.

Über den Brüchigen Riß versuchten wir, den Götterquergang zu erreichen. Wir waren naß. In der Rampe hatten wir das Wasser in Strömen abbekommen, und das hinderte uns beim Klettern. Aber wir kamen gut weiter. Eine Seillänge nach der anderen. Wir sicherten uns gegenseitig.

Um zwölf Uhr standen wir in der Spinne. Der Blick hinauf in die Gipfelwand löste Bedenken aus. Die Felsen sahen schwarz aus. Sie glänzten, die Risse und Kamine waren mit Schnee gefüllt. Die Ausstiegsrisse waren also verglast. Das Gewirr von Schluchten über uns sah länger aus, als ich es mir vorgestellt hatte. Ich wußte genau, daß diese Gipfelwand bei Vereisung frei unmöglich kletterbar war. Weiter rechts hingen Seilreste. Sie waren wohl bei der Erstbegehung der Winter-Direttissima dort hängen geblieben. An unserer Route fanden wir keinen Anhaltspunkt für den Weiterweg. Waren wir zu weit links? Oder lagen die Haken unter der Eisschicht versteckt?

Auf einem abschüssigen Stand unmittelbar über der Spinne beratschlagten Peter und ich über den Weiterweg. Noch war die Sonne versteckt. Sollten wir warten, bis die Sonnenwärme die dünne Eisglasur von Griffen und Tritten löste? Oder sollten wir die letzten steinschlagarmen Stunden nützen und trotz erhöhter Schwierigkeiten weiterklettern? Wir entschlossen uns fürs Weiterklettern. Wir hatten Vertrauen zueinander. Und die zweite Lösung erschien uns sicherer.

Das dünne Wassereis in den Ausstiegsrissen der Eiger-Nordwand sieht man auf dem Foto von Peter Habeler nicht. Es bremste mich aber beim Klettern.

Die erste Seillänge in den Ausstiegsrinnen war nicht steil. Peter kletterte wie bisher, so als ob er spazierengehen würde. Ohne einen einzigen Moment zu zögern. Die nächste Länge, ein völlig vereister Riß, ließ mich an Hermann Buhl denken, der sechsmal an dieser gleichen Stelle gestürzt war. Mit Mühe nur konnte ich mich an den von der Fingerwärme enteisten Griffen halten. Die Waden schmerzten. Viel zu lange stand ich auf ein und demselben Tritt. Oft nur einer fingerbreiten Leiste. Ich bekam keine Hand frei, um einen Zwischenhaken zu schlagen. Zu jeder Bewegung setzte ich mehrere Male an. Im entscheidenden Moment wurde ich dann vom Gefühl gebremst, abzurutschen. Zurücksteigen wäre relativ leicht gewesen. Die Haltepunkte unter mir waren enteist. Vorwärts aber brachte jede Bewegung, die nicht ruhig und überlegt ausgeführt wurde, ein Sturzrisiko. Peter ermunterte mich, es wieder und wieder zu versuchen. Es gelang. Nachdem ich mich in dieser Schlüsselseillänge viel zu sehr verausgabt hatte, führte Peter die beiden nächsten. Er spreizte über Überhänge hinweg, fand vereinzelt alte, rostige Haken und versicherte mir von oben, daß wir wieder auf dem richtigen Weg waren. In abwechselnder Führung kletterten wir dann über weniger geneigte Wandstellen.

Ich dachte an meine Frau, die unten auf der Kleinen Scheidegg auf uns wartete. Ob sie jetzt am Fernglas stand? »Wenn wir am frühen Nachmittag das Gipfeleisfeld erreichen«, hatte ich am Morgen gesagt, als ich mich von ihr verabschiedete, »kannst du die Badewanne einlassen.« Es war knapp 14 Uhr, als wir ein von der Sonne beschienenes Wandstück sahen. Schon stürzten die ersten Steine. Kleine Rinnsale kamen die Kamine und Risse herunter. »Laß die Badewanne ein«, summte ich, während ich an den Standplätzen sicherte.

Ich sah, wie kleine Steine vom Schmelzwasser in Bewegung gesetzt wurden, wie sie – fast möchte ich sagen, spielerisch – über die schroffige Gipfelabdachung sprangen, andere Steine mitstießen und als Steinlawinen in die Spinne hinabstürzten. Dort rollten sie über das blanke Eis und schwirrten dann wie Geschosse hinunter ins Zweite und Dritte Eisfeld.

100 Meter weit kletterten wir noch am Seil. Dann banden wir uns los. Über die letzten Wandstufen und das Gipfeleisfeld gingen wir gemeinsam. Jetzt konnte uns kein Stein mehr treffen. Jetzt brauchten wir keine Sicherung mehr.

Um drei Uhr nachmittags saßen wir am Eigergipfel. Das Wetter war gut. Den Steinschlag hatten wir vergessen.

Knapp zehn Stunden waren wir geklettert. Mit unserem Zeitplan waren wir dem gefürchteten Steinschlag in der Eigerwand entgangen.

40. Ausbruchsbereitschaft
Zu zweit durch die Nordwand des Hidden Peak

Ich träumte nicht nach Dienstschluß und nicht beim Lesen von irgendwelchen Abenteuern. Ich träumte bei langen Vortragsreisen über die Manaslu-Südwand von der Everest-Südwestwand. Ich wollte keine Stellvertreter dorthin schicken, ich wollte sie durchsteigen.

1973, bei der Heimreise vom Mount Kenya, hatte ich in Afrika Guido Monzino besucht. Dieser schwerreiche Italiener war im Besitz einer Genehmigung für den Mount Everest, und im Rahmen seines Unternehmens hoffte ich mit einem kleinen Team die Südwestwand versuchen zu können. Umsonst. Monzino wollte mich nicht mitnehmen, und in Eigenregie konnte ich eine so kostspielige Expedition weder finanzieren noch organisieren.

Die Everest-Südwestwand war damals das begehrteste Ziel unter den extremen Höhenbergsteigern. Ich hatte die Entwicklung der schwierigen Wandklettereien an den Achttausendern von Anfang an mitgemacht und verfolgt. Und ich wußte, die Südwestwand des Mount Everest war möglich geworden. Das beschäftigte mich. Mit nur drei Kletterpartnern wäre diese Wand sogar finanzierbar gewesen, wenn jeder einige tausend Mark beigesteuert hätte und die Exklusivrechte über die Besteigung im voraus an eine Illustrierte hätten verkauft werden können. Vielleicht wäre auch ein Verlag bereit gewesen, für ein etwaiges Buch einen Vorschuß zu zahlen.

1970 war einer englischen Expeditionsmannschaft die erste Durchsteigung der Annapurna-Südwand gelungen. Vom Basislager bis zum Gipfel fast 4000 Höhenmeter. Teilweise extreme klettertechnische Schwierigkeiten. Ein Eisgrat in der Wandmitte und das »Rock-Band«, eine senkrechte Felsbarriere zwischen 7000 und 7500 Meter Meereshöhe, waren die Schlüsselstellen gewesen.

Die Engländer hatten sechs Hochlager aufgebaut und einige tausend Meter Fixseile in der Wand befestigt.

Eine neue Phase des Bergsteigens hatte begonnen: Die Durchsteigung der höchsten Wände der Welt.

Je höher das Team stieg, desto schwieriger wurde die Wand. Der Partialdruck der Luft sank, der Sauerstoffmangel nahm zu.

Unser Basislager am Hidden Peak: Zwei Zelte und ein halbes Dutzend Materialkisten. Kein Müll blieb zurück.

Die Logistik – Wechsel in der Spitzengruppe, Probleme des Nachschubs, Wahl der sichersten Route – wurde mit jedem Meter Aufstieg schwieriger. Chris Bonington, Leiter der Expedition, löste alle diese Fragen souverän. Er war ein ebensoguter Bergsteiger wie Organisator. Zwei Männer kletterten voraus, die anderen trugen Lasten.

Mit dieser Taktik brachten die Engländer den Nachschub an die Spitzenseilschaft heran. In einer Staffette von Lager zu Lager, bis knapp unter den höchsten Punkt.

Am 27. Mai 1970 erreichten Dougal Haston und Don Whillans den Gipfel der Annapurna I. Das war ein Erfolg!

Chris Bonington war es auch, der jetzt die Südwestwand des Mount Everest in Angriff nehmen wollte. Er war schon einmal dort gescheitert. Er würde eine zweite, eine dritte Expedition dorthin finanzieren können. Ich nicht.

Also suchte ich mir ein anderes Ziel. Ich wollte schließlich nicht von den Abenteuergeschichten anderer unterhalten werden. Ich war besessen von der Möglichkeit, die schwierigsten Wände an den Achttausendern zu klettern.

In der Hidden-Peak-Nordwestwand stiegen wir ohne Seil. So sparten wir Zeit und Gewicht. Ein Foto von Peter Habeler.

Als ich mit der herkömmlichen Taktik zweimal hintereinander an einer Achttausender-Wand gescheitert war, entwickelte ich einen neuen Plan. Ohne Hochträger, ohne feste Lagerkette, ohne Fixseile wollte ich eine solche Wand versuchen. Das war in den Augen vieler Bergsteiger Wahnsinn. Ich nannte es den »Alpenstil«. Es war die althergebrachte Taktik beim Bergsteigen in den Alpen, aber im Himalaya wenig erfolgversprechend. Dieser Stil war nicht nur sportlicher, schneller und ökologisch sauberer, er war viel billiger. Eine Expedition im Alpenstil würde nur einen Bruchteil einer Großexpedition mit vielen Anmarschträgern, Hochlagern, Fixseilen kosten. Der Alpenstil war etwas für die Armen.

Als ich nur mit einem Dutzend Baltiträgern in Skardu im Karakorum aufbrach, um die Nordwestwand am Hidden Peak zu durchklettern, gaben mir die Fachleute keine Chance.

Ich hatte Peter Habeler zu diesem Unternehmen eingeladen, weil ich seine Schnelligkeit kannte und wußte, daß er meine Idee billigte. Nach zwei Wochen Fußmarsch schlugen wir am Fuße des Hidden Peak unser Basislager auf. Wir waren 5000 Meter hoch.

Es war im Sommer 1975. Wenige Wochen vorher war ich mit einer italienischen Expedition an der Südwand des Lhotse gescheitert. Was ich nun vorhatte, war nicht nur neu, es war vermessen. Ohne Fixseilkette, ohne Hochlager, ohne Helfer wollten wir über die Nordwand auf den 8068 Meter hohen Hidden Peak steigen. Am Fuß des Berges klangen diese Überlegungen ganz anders als daheim in der Schreibstube. Wir wollten es trotzdem versuchen.

Peter und ich planten unseren Aufstieg bis ins Detail. Die Kunst bestand darin, alles Überflüssige wegzulassen und nur das Notwendigste mitzunehmen. Es gab niemanden, der uns helfen konnte. Keine Hochträger, die uns etwas nachtrugen. Jede Schlamperei in der Vorbereitung konnte zum Tod führen, ein Druck im Schuh zu Erfrierungen. Peter korrigierte noch im Basislager seine Innenschuhe mit dem Taschenmesser.

Im Basislager bezahlte ich die Träger. Sie kehrten zurück zu ihren Familien.

Peter und ich blieben am Ende der Welt zurück. Wir hausten mit unserem Begleitoffizier unweit einer polnischen Frauenexpedition.

Anfang August stiegen wir über den Gasherbrum-Eisbruch bis in ein großes Gletscherbecken auf. Eine einmalige Welt tat sich vor uns auf, eine gigantische Arena aus Fels und Eis, von sechs formschönen Gipfeln umstanden. Der höchste war der Hidden Peak. Wir wollten ihn über seine

Die Gipfelwand des Hidden Peak ist 2000 m hoch. Unser Weg verlief durch die großen Eishänge links zur Schulter und rechts von der Kante zum Gipfel.

schwierigste Wand erklettern. Ohne jede Vorbereitung. Es schien möglich zu sein. Nach diesem Lokalaugenschein kehrten wir ins Basislager zurück.

Am 8. August biwakierten wir im Gasherbrum-Kessel. Mit dem Fernglas beobachteten wir die Wand. Was, wenn uns da oben ein Wettersturz überraschte?

Am Morgen des 9. August brachen wir frühzeitig auf. Durch das Gasherbrum-Tal näherten wir uns der Wand. 2000 Meter ragte sie über uns auf.

Um Gewicht zu sparen, hatten wir auf das Seil verzichtet. Sichern hätten wir uns wegen der großen Höhe und der brüchigen Felsen sowieso nicht können. Jeder trug neben der eigenen Kletterausrüstung auch die eigene Verantwortung. Nur äußerste Vorsicht und instinktives Kletterkönnen garantierten unsere Sicherheit. Sie waren die Garanten für unseren Erfolg.

Spät am Nachmittag erreichten wir einen Felsvorsprung in 7100 Meter Meereshöhe. Wir schlugen unser winziges Zelt auf und biwakierten wieder. Am dritten Klettertag erreichten wir den Gipfel und stiegen bis in dieses Biwak zurück.

Zwei Tage später waren wir wieder im Basislager. Über die Aufstiegsroute waren wir abgestiegen. Fünf Tage hatten wir für Auf- und Abstieg gebraucht. Fünf Tage später waren wir in Skardu. Im Herbst dann, ich war gerade auf Vortragsreise, las ich auf Seite 1 in »The Times«: »Two British climbers scale Everest by south-west-face.« Es war Freitag, der 26. September 1975. Ich war gerade in Salzburg und froh drüber, einen Stil gefunden zu haben, der das Bergsteigen weiterhin spannend machte. Das bewegte mich ebenso wie der Bericht über Dougal Haston und Doug Scott, die als erste in Boningtons Team den Gipfel des Mount Everest erreicht hatten. Meine Ausbruchsbereitschaft hatte sich gelohnt. Ich blieb Akteur und Abenteuer-Stellvertreter für all jene, die vor dem Fernseher oder im Vortragssaal ihr Unterhaltungsbedürfnis befriedigten.

Obwohl es Zeit gewesen wäre, erwachsen zu werden, wollte ich weiterhin aufbrechen, zum Mount Everest, nach Alaska und in die Sahara.

Abenteuer blieb Abenteuer. Es ließ sich gut dabei leben, wenn ich den anderen »Abenteurern« um eine Nasenlänge voraus war.

Ich ahnte es damals schon, wußte es aber nicht: Meine Ausbruchsbereitschaft war auch vom Wunsch diktiert, dorthin zu gehen, wohin die anderen nicht kamen. Zum Stellvertreter für ihre ungelebten Träume machten mich jene, die nach Dienstschluß in meine Vorträge kamen.

Die den Berg dicht umschlingenden Wolken zeigten schlechtes Wetter an. Also warteten wir. Wir durften einen Aufstieg im Alpenstil nur bei gutem Wetter wagen.

41. Wand der Mitternachtssonne

Erstbegehung am Mount McKinley

Alaska – das waren die langen Gletscherströme und die Schneemauern, die wir aufgestellt hatten, um unser Zelt vor Stürmen zu schützen. Die kargen Hügel unter uns waren Alaska und die ungezählten kleinen Seen, die silbern aufgeblitzt hatten, als wir mit unserer Cessna darüber hinweggeflogen waren. Auch der Gipfel des Mount McKinley vor uns, wo wir hinwollten, war Alaska, und das wilde weiße Flußbett mit den nackten Bäumen und zerfressenen Ufern, wo wir aufgebrochen waren.

Wie ein aufgegangenes Soufflé stand plötzlich ein etwa 80 Meter hohes Gebilde aus Eis und Schnee über uns. Im ersten Augenblick dachte ich, es müßte der Gipfel sein. Dann aber wurde mir klar, daß es das Kahiltna-Horn war. Wie ein Wächter stand es am Rande der Gipfelhänge des Mount McKinley. Am oberen Rand der Südwestwand.

Mein Freund Oswald Oelz kletterte ein Stück weit hinter mir. Wir waren nicht durch das Seil verbunden. Am frühen Nachmittag waren wir von unserem letzten Camp an der Westbuttress aufgebrochen. Fast 10 Stunden hatten wir für die 1800 Meter hohe Flanke gebraucht. 10 Stunden hatten wir gegen die Weigerung des Körpers, zu steigen, angekämpft. Die sauerstoffarme Luft war eisig kalt. Die Sonne hatte alle Kraft verloren. Es war elf Uhr nachts. Die Sonne stand sehr tief. Das allerletzte Licht hing blau auf den Spitzen der umliegenden Fünftausender. Die Westabstürze des Mount Hunter, der rechts über der Cassin-Rippe herausragte, warfen einen Hauch von Wärme zurück.

Fingerlang hingen die Eiszapfen an Oswalds Bart. Atemwolken standen zwischen uns, wenn wir miteinander sprachen. »Weiter.« Es war wie ein Befehl. Zuvor hatten wir längere Rastpausen einlegen können. Jetzt konnte jedes längere Verweilen tödlich sein. Die wenigen Augenblicke, die ich gebraucht hatte, um den Reißverschluß meiner Überhosen zuzuziehen, hatten genügt, meine Fingerspitzen weiß und gefühllos werden zu lassen. Wenn ich länger als fünf Minuten stand, kroch die Kälte durch die Gamaschen, die Dreifachhandschuhe und die Socken bis in meine amputierten Zehen. Deshalb bewegten wir Arme und Beine auch, wenn wir rasteten. Nur ständige Bewegung hielt den Körper unter der aufgeplu-

Oswald Oelz und ich in der Wand der Mitternachtssonne (Bildmitte, ganz rechts), fotografiert vom Normalweg des Mount McKinley.

sterten Daunenkleidung warm. Meine Finger lagen nebeneinander in dicken Daunenhandschuhen und ich fühlte sie einzeln. Also waren sie durchblutet.

Unsere Nasen sahen bläulich-weiß aus. Erfroren? Wir betasteten sie gegenseitig. Es war Leben in ihnen.

Die Erfrierungsgefahr war enorm. Bei 40 Grad minus und in 6000 Meter Meereshöhe war Vorsicht geboten. Nicht umsonst galt der Mount McKinley als der kälteste Berg der Erde. Viele hatten ihren Erfolg mit Amputationen bezahlt.

Eine Stunde fehlte noch bis Mitternacht. Würde es noch kälter werden? Der Abend floß langsam in den Morgen über. Die zwei Hörner über uns schienen im ersten Augenblick auf einem anderen Berg zu stehen. Sie waren angestrahlt vom zarten, durchsichtigen Licht der Mitternachtssonne. Die Täler und Mulden zwischen den Spitzen waren mit Schatten aus milchigem Blau gefüllt.

Weite Hänge lagen vor uns. In mehreren Wellen liefen sie zum Gipfel hinauf. Auf dem harten Firn kamen wir gut voran. Da und dort stand eine Bambusstange. Vereinsamt oder vom Wind halb geknickt. Zeichen von Menschen.

Wir waren allein. Kein Mensch weit und breit. Die Amerikaner, die uns von ihrem Camp am Normalweg zugewinkt hatten, waren vergessen. Im Nordwesten ging langsam die Sonne weiter. Sie strich über die Wolkendecke am Horizont, die wie ein ferner Gebirgskamm wirkte. Die Gipfelkuppe schimmerte jetzt im Gegenlicht wie rötlich-violettes Glas. Ob wir sie je erreichen konnten? Zeit und Dimensionen waren verloren. Wieder einmal. Bevor die Sonne unterging, mußten wir oben sein. Langsam, ganz langsam wurden die Hänge unter uns lila. Der Nordgipfel verlor sich in dunklem Nachtblau. Über der Wolkenmauer im Westen erschien ein schmutzigroter Streifen. In ihm verschwand die Sonne. Das war kein Sonnenuntergang, das war wie ein Verglühen. Mit dem Erlöschen des letzten warmen Lichts fühlten wir uns verloren. Eingetaucht in eine eisigstarre, tote Welt.

Automatisch gingen wir etwas schneller. Das Gelände war leicht. Die zerbrechlichen Ränder der Windgangeln traten hervor. Die Körnung des Firns erkannte ich im blauen Licht mikroskopisch genau.

Am Gipfel blieb ich nur wenige Minuten. Dann stieg ich ab. Ich kam mir vor wie auf einem eisigen Stern, wie ein Fremder in dieser fremden Polarnacht. Nur durch die Bewegungen spürte ich, daß ich noch am Leben war. Nur durch unser Gehen wiesen wir uns als Lebende aus.

Nach weniger als einer Stunde ging die Sonne wieder auf. Ihr Licht war jetzt weiß und kalt. Als wäre sie aus dem Eismeer aufgetaucht. Sie nahm ihre Bahn wieder auf. Wie sie zuvor am Horizont entlanggestrichen war, stand sie wieder da. Scheinbar verjüngt, abgekühlt. Dieses Erlebnis hatte die Zeit in zwei Teile zerhackt.

Über die Aufstiegsroute stiegen wir ab. An der Südseite des Mount McKinley stand der Mond wie ein Loch im malvenfarbenen Himmel. Klein und kalt. Mit dem Gesicht zur Wand kletterten wir an der scheinbar unendlich langen Flanke hinab. Dann tauchten unter uns, links und rechts der konkaven Wand, die senkrechten Granitpfeiler wieder auf, an denen wir uns beim Aufstieg orientiert hatten. Die Wand verengte sich zu einem schmalen Hals. Durch ihn kletterten wir auf den Frontalzacken hinunter. Immer tiefer. Wir seilten uns über die Randspalte ab. Auf den Skiern, die wir am Tag zuvor dort in den Schnee gerammt hatten, fuhren wir zu unserem Zelt am oberen Ende des Windy Corner. Todmüde legten wir uns schlafen.

Das Sonnenlicht berührte den Gipfel des Mount Foraker.

Nach einem Rasttag fuhren wir dann teilweise auf Skiern, teilweise mit unseren winzigen Transportschlitten, die wir wie Hunde hinter uns hergezogen hatten, hinab zum südöstlichen Kahiltna-Gletscher. Keine vier Stunden brauchten wir für die Strecke.

Noch am selben Nachmittag nahm uns der berühmte Gletscherpilot Cliff Huston in seiner ramponierten Cessna mit nach Talkeetna. Über immense Gletscherströme, vorbei an gigantischen Granitwänden – welche Herausforderungen für die Zukunft! – und über die karge Tundra des Nordens schwebten wir zurück auf unsere Erde.

Mein Rendezvous mit Oswald Oelz hatte alles in allem 10 Tage gedauert. Wir hatten uns in Talkeetna für den Mount McKinley verabredet. Ich war auf dem Rückflug von Japan nach Europa, er hatte einige Tage Urlaub beantragt. Oswald kehrte zurück in sein Labor an der Vanderbilt-Universität in Nashville/Tennessee. Ich setzte meine Heimreise fort.

42. Fluchtpunkt der Eitelkeiten

Versuch einer Erstbesteigung an der Dhaulagiri-Südwand

Auf einmal gehörte der Gipfel nicht mehr dazu. Nicht zu meinen Träumen. Nicht zu dieser Expedition. Nicht zu diesem Abenteuer. Ich versuchte mir vorzustellen, wie es weitergehen sollte. Nur um den anderen den Mut nicht zu nehmen, machte ich weiter. Genauso wie bisher. Ich tat so, als ob der Gipfel möglich wäre. Auf diese Weise machte ich mir selbst wieder Mut. Wenn ich mich, wie gewöhnlich, mit den anderen zum Essen setzte, redete ich von einer letzten Chance. Als ob es diese wirklich gäbe.

Beim Anmarsch schon, in der engen Schlucht des Thulo Khola, hatte ich am Erfolg gezweifelt, und wenn wir jetzt, im Basislager, von den Gefahren des Rückmarsches durch diese eisige Schlucht redeten, taten wir es, um von der Wand abzulenken.

Fünf Jahre vorher hatte ich diese Wand entdeckt. Wie eine Idee oder eine Möglichkeit. So wie Künstler plötzlich ein Motiv entdecken. Ich wollte diese Wand nicht fotografieren und nicht zeichnen, ich wollte sie durchsteigen.

Es dauerte zwei Jahre, bis ich von der nepalesischen Regierung eine Genehmigung erhielt. 1000 Dollar hatte ich dafür bezahlt, und nun standen wir vor der Umkehr. Aus, fertig, vorbei, es war für uns unmöglich, es war zu gefährlich, weiterzumachen.

Ein Jahr lang hatte ich geplant und organisiert. Ein halbes Jahr lang hatte jeder von uns trainiert. Steile Geländeläufe, autogenes Training, Unterdruckkammer. Ich lief damals viel, vor allem bergauf, und schaffte es, 1000 Höhenmeter in 35 Minuten zu überwinden. Dazu vertiefte ich mich in die Wand. Das war meine mentale Vorbereitung. Die Wand und ich waren eins. Jeder hatte sich auf seine Weise vorbereitet: Peter Habeler, Otto Wiedmann, Michael Covington und ich.

Seit vier Wochen waren wir unterwegs. Aber all die Ängste, Zweifel und Gefahren, die wir Tag für Tag ausstanden, sollten umsonst sein.

Peter war der erste, der sich mit dem Gedanken an eine Umkehr anfreundete. Vielleicht um sich trösten zu können, wenn wir scheitern sollten. Am 4. April schon hatte er diese Ahnung in sein Tagebuch geschrieben: »Ich bin nicht mehr gewillt, mein Leben für einen Berg einzusetzen. Mehr denn je freue ich mich auf zu Hause, auf meine Frau, die unglaublich viel Verständnis gerade kurz vor der Abreise zu erkennen gegeben hat. Sicherlich wäre es schön, mit einem Gipfelsieg in die Heimat zurückzukehren, wichtiger erscheint es mir aber, gesund und munter in München zu landen.«

»Welche Schande«, dachte Otto, der jüngste in der Mannschaft.

»Wie werde ich es meinen Kameraden erklären können?« Als ihm erstmals unser Scheitern dämmerte, war seine erste Sorge: »Was werden all die Neider sagen!« Peter, dem die Wand seit Monaten durch den Kopf ging, würde auch als Gescheiterter weiter sein Helden-Image vor sich hertragen. Er sah einerseits keinen ungefährlichen Weg zum Erfolg, andererseits klammerte er sich im Bewußtsein seines Könnens an eine letzte vage Gipfelchance. Seine Risikobereitschaft war von Anfang an klein gewesen. Peter war kein Typ, der sein Leben aufs Spiel setzte. Er beherrschte die Disziplin des Risikos ebenso wie die Show, die solche Expeditionen erst möglich machte. Bei Pressekonferenzen und Vorträgen verstand er es, das »Unmögliche« seiner Ziele herauszustellen und seine Heldenrolle zu unterstreichen.

Bei der ersten Erkundung schon hatten Peter und Otto eine Lawine erlebt. Ein riesengroßer Serac brach aus der Wand heraus. Otto schrie: »Die Lawine!« und lief 30 Meter weit weg. Dann warf er sich unter einen Stein. Er glaubte, sein letztes Stündchen hätte geschlagen. Peter legte sich flach hin und atmete durch den Pullover. Es dauerte keine 20 Sekunden, dann war es finster. Der feine Schneestaub deckte die beiden völlig zu. Der Druckwelle folgte ein starker Sog. Dann war der Spuk vorbei. Aber der Schock blieb. Der Schreck hatte sich tief in ihr Unterbewußtsein eingegraben. Jetzt noch kam er immer wieder hoch. Vor allem nachts, wenn irgendwo in der Wand ein Eisstück abbrach und der Boden unter den Zelten bebte.

Drei Wochen waren inzwischen vergangen, drei Wochen, in denen wir die Wand Handbreit um Handbreit nach einer verantwortbaren Route abgesucht hatten. Wir fanden sie nicht. Nun saßen Peter und ich im ersten Hochlager, in 5350 Meter Meereshöhe. Wir saßen am Fuße des Südpfeilers, an dem wir am anderen Morgen einen Blitzvorstoß wagen wollten.

Das Wetter war gut, als wir das Zelt verließen. Die Sonne stand so schräg, daß unsere Schatten wie langgezogene, dunkle Katamarane über die gewellte Firnfläche schwammen. Nur langsam stieg der Feuerball über eine bläulich-violette Silhouette im Osten. Es war die Annapurna-Gruppe. Peter ging hinter mir. Im gleichen Rhythmus. Schritt für Schritt. Ohne mich zu überholen oder zurückzubleiben. Ohne etwas zu sagen. Die Wand über uns wirkte im ersten Morgenlicht so nahe, daß wir jede Runse und Spalte erkennen konnten. Und doch fehlten 3000 Höhenmeter und eine Ewigkeit bis zum Gipfel. Wäre der Durchstieg gelungen, es wäre der schwierigste Anstieg der Welt gewesen.

Gleichzeitig blieben wir stehen. Wir legten die Köpfe weit zurück in den Nacken. Mutlosigkeit erfaßte mich. Es war nicht das Gefühl, das mich quälte, daß diese Wand nicht für mich bestimmt war, es war der Selbstvorwurf, die Schwierigkeiten und Gefahren unterschätzt zu haben. Ob ich ahnte, welche Bedeutung diese Wand in der alpinen Geschichte haben würde? Vielleicht doch. Wie die »Eroberer« der Jahrhundertwende nahmen auch wir Gefahren und Strapazen auf uns, um irgendwo die ersten zu sein. Die Dhaulagiri-Wand als Fluchtpunkt der Eitelkeiten.

Vielleicht ging es doch. Wie unzufrieden war ich mit unseren Versuchen. Als ob wir uns dabei etwas geschenkt hätten.

Weit über der Randspalte seilten wir uns an. Es wurde windig. Ich vertauschte die Sonnenbrille mit der Sturmbrille. Das Lächeln Peters bei meinen ersten Schritten gab mir Mut. Ich war ihm für jedes Wort dankbar. Wenn ich am brüchigen, vereisten Fels in der steilen Wand nach einem Weiterweg suchte, schaute ich zu ihm. So, als ob ich eine Bestätigung für diesen Irrsinn brauchte. Am Standplatz schaute ich mich um, als ob sich allein dadurch irgendwo eine leichtere Möglichkeit ergeben müßte: eine versteckte Rampe, ein Riß.

Über die senkrechten Felsen rechts von uns rieselte feiner Treibschnee. Die längste Zeit schon. Ob es darüber lawinengefährlich war? Endlich stand Peter neben mir. Scheinbar gedankenverloren, ohne Angst nahm er alle Haken, Karabiner, Schlingen und stieg ein steiles Schrägcouloir nach rechts hinauf. Er umkletterte einen braunroten Felsturm, an dem wir im Notfall ein Biwak hätten einrichten können. Diese morsche, schrank-große Felsgestalt war wie ein handfester Trost in dieser senkrecht aufragenden Eiswüste. Ich merkte mir die Stelle.

Peter kletterte rechts über mir. Nein, er kletterte nicht, er klebte an der Wand. Der kleinste Schneerutsch hätte ihn mitgerissen. Irgendwo fiel ein Stein. Warum wich Peter nicht aus? Die kleinsten Geräusche und Bewegungen empfand ich als Erschütterungen im eigenen Körper. Ich kauerte mich an die Wand, wenn Lawinen weit rechts von uns über die Wand donnerten. Bei jedem Stein, den Peter lostrat, zuckte ich zusammen.

Es wurde windig und frisch. Wie an jedem Vormittag, wenn dicke Nebelbänke den Himmel verstellten. Am Rand des Südostgrates türmten sich dunkle Haufenwolken. Da und dort schwappten sie über und drohten den Kessel unter der Dhaulagiri-Südwand wie bei einer Sturmflut zu füllen. Unsere Hoffnungen auf einen ersten Schönwettertag waren dahin. Trotzdem stiegen wir weiter. Vielleicht öffnete sich der Himmel bei unserem verzweifelten Versuch oder der Weg zum Gipfel wurde sichtbar.

Am oberen Ende der diagonalen Eisrampe, die den Schlüssel zum Mittelteil des Pfeilers bildete, fanden Peter und ich einen schmalen Sims. Wir drehten zwei Eisschrauben ein und banden uns fest. Auf diese Weise gesichert konnten wir ein wenig ausruhen. Von der vorspringenden Klippe über uns rieselte ein lebendiger Vorhang aus feinem Schnee. Die leicht überhängenden Felsen aber schützten uns vor Lawinen und Steinschlag, denen wir im unteren Teil der Wand bedingungslos ausgesetzt waren. Noch während wir eine Schwachstelle an diesem Bollwerk aus Fels und Eis suchten, um es erklettern zu können, sprangen einige Eisstücke über den Rand der Klippe. Sie sausten surrend in die Tiefe. Wenige Meter von uns entfernt. Tief unten auf den flachen Schrofen zerspritzten sie in tausend glitzernde Splitter.

Der Standplatz war so schmal, daß wir uns bei jeder Bewegung gegenseitig im Wege standen. Die hinteren Zacken der Steigeisen kragten über die Eisfläche.

Es war jetzt so warm, daß wir schwer atmeten. Wenn die Sonne die ziehenden Nebel durchbrach, schmerzten die Augen hinter der Sonnenbrille. Die Helligkeit überflutete alles rundherum. Der Tiefblick war atemberaubend.

Wenn der Wolkenvorhang aufriß, konnten wir bis zu den Hügeln über Pokhara sehen. Der dunkle Dschungel schien zu dampfen. Wie Atompilze ragten Wolkenformationen über den Niederungen auf. Diese Momentaufnahmen genügten, um uns zu verwirren. Wir standen zwischen Himmel und Erde. Auf einer fußbreiten Leiste in mehr als 6000 Meter Höhe. Ich kam mir entrückt vor, nicht mehr zu dieser Welt gehörend, und doch zog mich ein dumpfes Gefühl der Angst nieder.

Ich warf einen Blick auf Peter. Ob er weiter wollte? Nein. Sein gespanntes, unruhiges Gesicht verriet es. Auch er hatte Bedenken. Waren wir zu weit gegangen? War ein Rückzug über diese ausgesetzte Wand noch möglich? Über einen Vorsprung mußten wir noch hinauf, wollten wir endgültig wissen, ob es in dieser Route einen Weiterweg gab oder nicht.

Nochmals kontrollierte ich die Bindung meiner Steigeisen. Routinemäßig griff ich nach den Haken und Eisschrauben, die in geordneten Bündeln am Klettergürtel hingen, wie immer, wenn ich extrem kletterte. Dann band ich mich von den Standhaken los. Von Peter gesichert, kletterte ich in die freie Wand hinaus. Es schneite leicht, und die Schneekörner sprangen als winzige Bälle über die graue Felswand. Ich biß die Zähne zusammen, konzentrierte mich vollkommen darauf, sauber zu klettern. Ich mußte diese wenigen Meter bis zum großen Eisschild sturzfrei hinter mich bringen. Ich wußte, daß jeder Sturz in diesem brüchigen Gestein, auch wenn Peter ihn abfangen und gebremst hätte, tödlich war. Tödlich, weil in dieser Höhe und bei dieser übermenschlichen Anstrengung der eine dem anderen nicht hätte helfen können. Sich selbst aus hängender Lage zu befreien, daran war nicht zu denken.

Ununterbrochen rieselte Schnee von oben über die zu kletternde Steilstufe. Schnee, der nach und nach jede Unebenheit ausfüllte. Schnee, der mir allmählich jedes Gefühl in den Händen nahm. Mit Peter über die verzweifelte Lage zu reden, wäre nur Atemverschwendung gewesen. Ich wußte, daß er alles tat, um mich im Notfall halten zu können. Jede Faser in meinem Körper war gespannt. Während ich die entscheidenden Schritte tat und oben eine Standstufe schlug, wagte ich kaum zu atmen. Gerettet! Ich stand unter einer endlos scheinenden Eisflanke.

Rasch stieg Peter nach. Zuerst kam sein Helm unter mir zum Vorschein, dann sein Pickel. Er stieg an mir vorbei. Das Schlimmste war für heute vorbei. Vielleicht ging es doch. Es geht, dachte ich, während ich seine entschlossenen Kletterbewegungen sah. Dann war plötzlich alles aus. Peter konnte das Geräusch nicht überhört haben. Es hüllte uns vollkommen ein. Er machte noch einige Schritte. Dann preßte er seinen Körper gegen die Wand, als wollte er sich in ihr verkriechen. Obgleich ich nichts mehr sehen konnte, wußte ich, was vor sich ging. Eine Neuschneelawine. Sie überspülte uns. Sie zerrte am Seil, am Rucksack. Sie schlug auf mich ein. Ich fühlte, wie der Druck auf meine Hände, mit denen ich den eingerammten Pickel umklammerte, zunahm. Er drohte mich aus der Wand zu werfen.

Während die letzten Schneerutsche zwischen uns in der Tiefe verschwanden, schauten wir uns an. Über die blaugrüne Eisfläche hinweg. Angst. Im Kopf Leere. Die Lawine hatte sie dort zurückgelassen. Es war später Vormittag. Ohne ein Wort zu verlieren, begannen wir mit dem Rückzug. Hinunter. So rasch wie möglich. Weg von dieser Wand. Weiter hinaufzuklettern kam nicht mehr in Frage. Keiner von uns wußte, wie es

Die Südwand des Dhaulagiri aus dem Flugzeug. Auf dem stumpfen Pfeiler links der zentralen Eisrinne wollten wir aufsteigen.

weitergehen sollte. Der Fortgang der Expedition war uninteressant. Es gab kein Weiter mehr. Uns war die Lust vergangen, irgendwelche neuen Hoffnungen aufzubauen. In diesem Augenblick wollten wir nur überleben.

Nach einer kurzen Abseilstrecke kam ein zweiter Schneerutsch. Kein bißchen Ehrgeiz war noch übrig. Nur Scham vor dem Sterben.

Die Lawinen gruben sich ein in mein Bewußtsein. Die Lawinen waren zu einem Schock geworden. Zu einem Schreckensgespenst, das jeder Vernunft im Weg stand. Zu lebendigen Barrikaden, die den Gipfel verstellten. Wir zogen uns zurück, ohne es wirklich zu wollen. Immer öfter beschäftigten sich meine Gedanken mit dem Rückmarsch, mit meiner Frau. Mein Kopf war meinen Handlungen weit voraus. Gescheitert – das war die einzige Stimmung, die in meinem Bewußtsein fehlte. Und dies, obwohl ich wußte, daß wir nicht mehr in die Wand einsteigen würden.

Am Fuß der Wand war mir, als ob ich von etwas befreit wäre. Umgeben von dichtem Nebel und die Schuhe im sumpfigen Schnee, wandte ich mich noch einmal der Wand zu. Auf einmal wußte ich nicht mehr, was ich mit dieser Expedition beweisen wollte: sie erinnerte mich rätselhaft an einen Traum, der etwas Zukünftiges in die Vergangenheit projiziert: kein besonderes Erlebnis, nur eine momentane Hoffnungslosigkeit. In diesem Augenblick erst wurde mir klar, daß es ein Abschied für immer war. Ein Abschied nicht nur von der Wand, ein Abschied von den Hoffnungen, die mich jahrelang getragen hatten. Bis zum Umkehrpunkt. Wir hatten stundenlang abgeseilt, der Linie des Aufstiegs folgend. Alle Haken waren verbraucht, die Seile naß und schwer.

Es gab kein Zurück mehr in die Wand. Wir stapften über aufgeweichten Schnee zurück zum ersten Hochlager.

In meiner Müdigkeit knickten mir öfters die Knie ein. Ich blieb wieder stehen. Ich mußte mich mit etwas Neuem beschäftigen. Niedergeschlagen von der kurzen Zeit ohne Hoffnung kam ich im Lager an.

Die Zelte waren leer, die Sherpas aus dem Basislager noch nicht eingetroffen. Ich beschäftigte mich, indem ich jenen Brief noch einmal las, den ich zuletzt von meiner Frau erhalten hatte. Peter mit einer neuen Tagebucheintragung: »Lager I, am 20. April 1977.« Er schrieb flüssig und ohne zu zögern: »Hitze, die mich heute müde macht. Auch meine Laune läßt zu wünschen übrig. Mir ist es jetzt gleichgültig, ob Gipfel oder nicht. Es zieht sich nun schon zu lange hin. Die Expedition zeigt Auflösungserscheinungen.« Die Depression übertrug sich auf die anderen. Die Gedanken an das Nachher hatten die Hoffnung auf den Erfolg verdrängt. Peter war in Gedanken bei seiner Frau, wie ich bei Uschi. »Sie hat es sicher nicht leicht mit mir und ich hoffe, daß sie mir nicht eines Tages wegläuft.« Auch Otto, der damals vor dem Bergsteigen seine Ehe aufgegeben hätte, war in Gedanken schon daheim. Er war im dichten Nebel aufgestiegen und saß nun mit uns im Hochlager. Michael hatte sich geweigert, mit Otto ins erste Lager aufzusteigen und im Brief, den er mir schickte, enthüllte er seine Stimmung:

»Can't bring myself to go up...« Er hatte es satt, aufzusteigen, ohne zu wissen, wie es weitergehen sollte. Er weigerte sich, weiter bergzusteigen, wenn Zeitungen darüber berichteten. All dieser pathetische Kitsch!

Mit Otto, der nicht englisch sprach, wollte er nichts mehr zu tun haben. Harte Worte, die in Michaels Brief standen. Ich faßte den Vorsatz, nie mehr eine Expeditionsmannschaft zusammenzustellen, in der nicht alle eine Grundsprache beherrschen. Beim Funkgespräch am Nachmittag versuchte ich die Lage zu klären. Ich konnte den Streit schlichten. Bei der Nachricht aber, daß die Wand nicht möglich war, wurde Michael wieder wütend: »Bisher hatte ich keine Möglichkeit, da oben zu klettern! Wie soll ich wissen, daß die Wand unmöglich ist!«

Er witterte Verrat. Er glaubte, daß mit diesen hoffnungslosen Versuchen etwas nicht stimmte. Das Gefühl ließ ihn nicht mehr los, Peter und ich hätten uns nicht voll eingesetzt, weil wir unsere Kraft und die Expeditionsausrüstung für das Everest-Unternehmen 1978 aufsparen wollten. Ihm fehlte das unmittelbare Erlebnis zu unserer Überzeugung, daß die direkte Südwand unmöglich war. Für uns bei den gegebenen Wetterbedingungen unmöglich.

Unmittelbar nach den Lawinen war mir so klar nach Umkehr zumute gewesen, daß ich nicht darüber nachgedacht hatte. Jetzt, im Schutz des ersten Hochlagers, beschlichen mich Zweifel. Ob Michael vielleicht recht hatte? Ob unser fluchtartiger Rückzug richtig gewesen war? Wir könnten jetzt ebensogut hoch oben in der Wand hängen und die gefährlichsten Passagen unter uns haben, dachte ich. Gleichzeitig schaute ich auf den Höhenmesser, um mich zu vergewissern, daß der Luftdruck stieg. Ich durfte mir nichts einreden. Es war aus. Zeit, die Expedition abzubrechen. Als Teilnehmer hätte ich mehr wagen können, da wäre ich nur für mich selbst verantwortlich. Als Expeditionsleiter war ich verantwortlich für die ganze Expedition.

Jeder von uns mußte mit der Niederlage fertig werden. Wir waren eine internationale Gruppe. Keine richtige Expeditionsmannschaft, eher eine

Viererseilschaft. Jeder reagierte anders. Peter, der Erfolgsgewohnte, richtete sein Hoffen auf die Everest-Expedition 1978. Michael, der Hippie-Typ aus Colorado in den USA, war zuerst wütend. Dann spielte er sogar mit dem Gedanken, den »Kampf um die Südwand« allein aufzunehmen. Zuletzt vergaß er die Wand und seine Wut. Otto, der Jüngste, in großer Höhe ohne Erfahrung, ordnete sich unserem Entschluß unter. Er brannte darauf, so schnell wie möglich nach Europa zurückzukehren. Er wollte morgen schon in seinen heimatlichen, bayrischen Bergen klettern. Ich selbst war weder enttäuscht noch übermütig. Ich war nur froh, daß die Entscheidung gefallen war. Ich hatte mich während der Vorbereitungszeit mit der Möglichkeit des Scheiterns auseinandergesetzt, und nun war sie eingetroffen. Wie ein Schicksalsschlag. Als solchen nahm ich das Scheitern auf mich.

Die Tatsache, daß jeder von uns gesund war, wertete ich als Erfolg. Vielleicht war es wirklich so, daß wir Südtiroler aus jeder Niederlage einen Erfolg machen können. Vielleicht war mir der Gipfel von Anfang an nicht so wichtig gewesen wie das Spiel mit der Möglichkeit.

In der Nacht kamen wieder die Zweifel. Der endgültige Entschluß, aufzugeben, war unerträglich. Weitermachen? Mir grauste vor meinem eigenen Mut. Wieder schob ich ihn vor mir her. Weitermachen aber war genauso sinnlos wie aufgeben. Nur gefährlicher. Irgendwie lächerlich. Es war etwas passiert, das nicht mehr rückgängig zu machen war: Wir hatten aufgegeben. Warum war es so schwer, sich damit abzufinden?

Wenn man an einer Achttausender-Wand einmal aufgegeben hatte, konnte man nicht noch einmal von vorne anfangen. Wenigstens nicht im gleichen Jahr. Oder doch? Ich versuchte mir vorzustellen, wie es hätte weitergehen können. Über der Umkehrstelle eine fast senkrechte Eisflanke. Dann ein überwächteter Grat. Irgendwie schon zu machen. Aber gefährlich. Dort hätten wir ein Zelt eingraben können. Der einzig brauchbare Lagerplatz vor dem Gipfelplateau. Und die Felsnase darüber? Mindestens 200 Meter hoch, überhängend, brüchig. Und das in 7000 Meter Höhe! Nicht auszudenken, wenn dort einer gestürzt wäre. Wir wären alle verloren gewesen. Anders als bei der Erkundung war die Querung über der »Nase« nicht mehr möglich. Sie war ein von Lawinen bestrichener Felsgürtel. Eine Passage, geschaffen für ein Todeskommando. Und die Gipfelabdachung? Ununterbrochen gepeitscht von den Stürmen, die von Norden, von Tibet her über diesen weißen Gipfel fegten. Als wollten sie ihn umwerfen. Die Sturmstunden am Manaslu liefen vor meinem geistigen Auge ab. Wozu hatte ich mein Gedächtnis?

Peter Habeler folgt am fixierten Seil in der frisch verschneiten Südwand des Dhaulagiri.

Den Windanzug hatte ich damals mit dem Eispickel zerfetzt, um nicht zu rutschen, wenn ich hinfiel.

Eine so ausweglose Situation überlebte ich nicht noch einmal! Die Einsicht wuchs. Wir dürften nicht weitermachen! »Ich denke viel über uns nach und umarme Dich herzlich.« Das waren die letzten Zeilen des letzten Briefes, den ich von meiner Frau erhalten hatte. Auch ich hatte viel über uns nachgedacht. Oft überlegte ich, ob ich diesen Dhaulagiri und all die anderen Achttausender aus meinem Leben wegdenken hätte können. Für immer. Wie betäubt drehte ich mich auf die andere Seite. Ich schlief nicht. Als mit der nächsten Lawine gegen Mitternacht die Taschenlampe an der Zeltstange klirrte, lag ich immer noch wach.

Eine gute Woche später verließen wir das Basislager. Aufbruch Richtung Katmandu. Die Zelte waren abgebaut, die Träger mit ihren 30-Kilo-Lasten unterwegs ins Tal. Das also war unser Basislager. Wir hatten den Platz gesucht. Bestimmt, wo Zelte und Küche stehen sollten. Wir hatten es eingerichtet. Vier Wochen lang waren wir immer wieder nach oben aufgebrochen. Anfangs voller Hoffnung. Dann zögernd. Am Ende als Gescheiterte. Ein letztes Mal ging ich darin herum wie in einer Ruine. Ich sammelte Papierfetzen ein und warf sie ins Feuer. Wie ein Rauchzeichen markierte es das gewesene Basislager. Dann schnitt ich die Gebetsfahnen vom Felsen über der Feuerstelle ab. Eine Zeitlang blieb ich sitzen. Allein. Wo vier Wochen lang unsere Zelte gestanden hatten, war wieder Wildnis. Wie vorher. Auf uns allein gestellt hatten wir da oben gelebt. Es war mir ziemlich gleichgültig geworden, was in der Welt unten vor sich ging.

Jetzt mußte ich in diese andere Welt zurück. Ich schloß die Augen und versuchte, an nichts zu denken. Saß da, wie um etwas aufzuhalten. In diesem Moment beschloß ich, als hätte diese Expedition nie stattgefunden, die Wand unter die Kategorie »Unmöglich« einzuordnen. Für mich unmöglich. Mit dieser Endgültigkeit kam eine heitere Gleichgültigkeit über mich. Ich verließ den Platz. Auf der Moräne zwischen dem Thulo Khola und dem Wandfuß drehte ich mich noch einmal um. Die Wand war so steil und so hoch, daß sie mir wie ein Bild vorkam. Mit meinem Vorstellungsvermögen konnte ich sie nicht erfassen. Als wäre die Expedition, dieser Versuch nur ein Versehen gewesen. Hatten wir im Übermut das Unmögliche versucht? So wie andere »Gott versuchen«?

Bei diesem Blick zurück ließ ich die Expedition noch einmal vor mir ablaufen: die vielen Schlechtwettertage, die hoffnungsvollen Besprechungen, die zahllosen Versuche und das langsame Wachsen der Ängste, die bald alles beherrschten. Sie waren es, die den Aufstieg verstellten, nicht die Wand. Lange saß ich auf einem Stein. Weit unten im Tal verschwanden die Träger. Ich war nicht niedergeschlagen. Wir alle hatten doch getan, was möglich und verantwortbar war. Ich sagte es zu mir selbst. So, als ob ich mich dieser Entschuldigung schämen müßte. Noch einmal schaute ich zum Dhaulagiri hinauf. In diesen vier Wochen war nichts anders geworden: Diese Wand blieb geheimnisvoll, so geheimnisvoll, wie sie war, als wir gekommen waren.

Die Luft war klar. Ich konnte durch die Schlucht bis zu den bewaldeten Hügeln hinausschauen. Zwischen einzelnen Schneeflecken wurde es grün. Ich war jetzt offen für jede Einzelheit. Ich sah alles; nicht wie beim Anmarsch »den Berg« von allem anderen abgetrennt. Damals war es immer wieder die Wand, die ich nach jeder Wegbiegung gesucht hatte. Unsere Wand. Unser Ziel. Unser Problem. Sie hatte meine Aufmerksamkeit abgelenkt vom Gesamtbild. Jetzt gehörte die Wand – wie jede noch so winzige Einzelheit – zum Pauschaleindruck der Landschaft. Nichts erinnerte mich an den Aufstieg. Als ob ich einen anderen Weg gegangen wäre. Ich sah jetzt das Ganze. Auch wenn ich die Schneefahne des Dhaulagiri-Gipfels im Blickfeld hatte. Ich ging, befreit von jedem Ziel, vor mich hin.

Die steilen Schneehänge über der Schlucht waren lawinenschwanger. Das Wasser im Bach überspülte die Steinklötze, auf denen wir ihn überquerten. Wir bauten Brücken für die Träger und sicherten sie, wo einer hätte von der Strömung abgetrieben werden können.

So gefährlich es an diesem ersten Rückmarschtag auch manchmal war, nichts erschien mir unmöglich. Meine fröhliche Stimmung hielt an. Auch, als uns am Nachmittag ein schweres Gewitter überraschte. Ich dachte nicht daran, wie es anderntags weitergehen sollte. Ich lebte *jetzt*. Nach keiner meiner sechs Achttausender-Expeditionen war ich beim Rückmarsch so ausgeglichen gewesen. Nicht bei den drei »erfolgreichen« und nicht bei den beiden anderen »gescheiterten«. Und dabei war das Vorankommen nie so hoffnungslos gewesen wie am Dhaulagiri. Was machte meine Ruhe und Heiterkeit aus? Erstmals seit zehn Jahren, seit ich als »freiberuflicher Alpinist« lebte, hatte ich das Gefühl, auch ohne Gipfel leben zu können.

Diese Achttausender als Zielvorstellung. Diese Fluchtpunkte der Eitelkeit. Warum warf ich sie nicht über Bord?

Vorerst wußte ich nicht, was ich als nächstes tun würde. Ich konnte mir nur vorstellen, immerzu weiterzumarschieren. Offen für jede Möglich-

So sicher unser Basislager am Fuß des Dhaulagiri war, es war zu weit vom Berg entfernt und es lag zu tief. Die Akklimatisation blieb aus.

keit. Frei für jede Eventualität. Morgen und in den Tagen danach. Es gab nichts, was festgelegt war.

Hatte beim Anmarsch alles seine Ordnung gehabt, eine bestimmte Reihenfolge, jetzt beim Rückmarsch gab es kein System mehr. Ich ließ mich treiben. Ich wollte noch nicht nach Europa. Vielleicht war meine Frau nicht dort. Ich sollte in diesem Land bleiben, dachte ich. In dieser Landschaft immerzu weitergehen, am Bach sitzen bleiben. Nie ein Ziel verfolgen, weil jedes Ziel blind macht.

Nach zwei Marschtagen bemerkte ich, daß es in mir vollkommen ruhig geworden war. Ich ging jetzt am liebsten allein, so daß niemand sehen konnte, wenn ich über mich selbst nachdachte. Niemand sah, wie ich Uschi einen riesengroßen Rhododendronbusch schenkte, der am Wegrand blühte. Ich spürte eine pulsierende Welt. Ich hörte nur noch zu. Dem Wasser, dem Wind im Laub, dem Lebensgefühl. An der rechten Talseite gingen wir heimwärts. Da standen die ersten Hütten an der Berglehne. Über einen gewundenen Steig huschten einige Träger. Ab und zu bellte ein Hund. Irgendwo brüllte ein Wasserbüffel. Ich war mittendrin, und doch war alles voller Geheimnisse. Es waren die ersten Tage im Mai.

Zwei Wochen später landete ich in München-Riem. Ich erwartete nicht, daß sich meine Freunde am Flughafen versammelten, um mir zum Überleben zu gratulieren. Ich erwartete nur meine Frau. Sie war da. Um mir Ade zu sagen. Für immer! Ich nahm es zur Kenntnis. In diesem Augenblick erinnerte ich mich an nichts. Vielleicht war es unmöglich für eine Frau, mit einem Besessenen wie mir zu leben. Vielleicht war sie in meiner Abwesenheit ihren eigenen Träumen erlegen. Ich hatte doch immer die Meinung vertreten, jeder müsse seine Träume ausleben. Zuerst war ich gefaßt, dann erst begriff ich, daß ein Stück meines Lebens vorbei war. Ein anderes Stück hatte in meiner Abwesenheit stattgefunden. Die Ehe war vielleicht doch nicht die richtige Form des Zusammenlebens. Wenigstens nicht, wenn ein Teil mehr im Himalaya als daheim war. Im Augenblick der ersten Verzweiflung sehnte ich mich zurück an die Umkehrstelle am Dhaulagiri. Dort hätte ich das eine Stück meines Lebens in einer Variante wiederholen mögen.

43. Der große Abbruch

Erstbegehung der »Breach Wall« am Kilimandscharo

Im Frühjahr 1978 reiste ich mit ein paar Freunden zum Kilimandscharo in Ostafrika. Es sollte nichts anderes werden als eine Erholungs- und Akklimatisationstour. Dieses Vulkanmassiv, in dem die Einheimischen einen verzauberten oder heiligen Berg sehen, war ein beliebtes Ziel ambitionierter Bergwanderer. 5895 Meter hoch. Wir waren mit leichtem Gepäck aufgebrochen. Auf der Normalroute war der höchste Berg Afrikas leicht zu begehen. Ein hervorragendes Höhen-Anpassungstraining für den Mount Everest, den ich anschließend gemeinsam mit Peter Habeler ohne Hilfe von Sauerstoffgeräten besteigen wollte.

Um dieses ausgefallene Ziel zu erreichen, mußte mein Training optimal sein. Vor allem war es von Vorteil, vorher noch einmal in großer Höhe gewesen zu sein. Das Blut konnte dort mit Hämoglobin angereichert werden. Das bedeutete: Die Zahl der roten Blutkörperchen wurde erhöht, das Blut konnte mehr Sauerstoff transportieren, die Leistungsfähigkeit in großen Höhen wuchs. Der Kilimandscharo mit seinem allmählichen Anstieg eignete sich für diesen Zweck.

Zu viert gingen wir die Normalroute. Ich absolvierte in Höhen zwischen 4000 und 6000 Meter öfters »Sprints«. Das Trainingsprogramm lief wie geplant. Auf dem Weg zurück hatte ich mit Konrad Renzler den Mawenti bestiegen. Die Vegetation – riesiges Heidekraut, Rosenholz, Johanniskrautsträucher, die bis zu acht Meter hoch waren – hatte mich mehr beeindruckt als alles andere.

Als wir im Marangu-Hotel nach dem Abstieg den norwegischen Bergsteiger Odd Eliason trafen, erfuhren wir Details über einen Unfall an der »Breach Wall«. »Hast du von Taylor und Barber gehört?« fragte mich Odd.

»Ja«, sagte ich, »die haben die ›Breach Wall‹ versucht und mußten aufgeben. Ihr habt prima Rettungsarbeit geleistet. Herzlichen Glückwunsch!«

»Aufgeben ist gut.« Odd berichtete über den Versuch der beiden Amerikaner, erzählte von der Rettungsaktion. »Im Eiszapfen ist Taylor gestürzt, hat sich einen offenen Bruch am Knöchel zugezogen. Barber hat ihn zwei Tage lang über das zweite Eisfeld geschleppt und herausgebracht. Zwei Tage für 200 Meter!

Dann hat er Taylor in den Schlafsack gepackt und liegen gelassen. Er wollte Hilfe holen. Nach drei Tagen kam er bei uns an. Total erschöpft. Dann sind wir hoch. Wir haben gedacht, den kriegen wir nicht mehr lebend. Aber Taylor war am Leben. Er war eingeschneit. Nur der Kopf war frei. Er hatte sich ausschließlich von Schnee ernährt. Aber er war o.k.«

»Was ich sagen wollte«, fuhr Odd nicht ohne zu schmunzeln fort, »Scott ist gescheitert, Taylor und Barber sind gescheitert. Jetzt bist du dran, Reinhold.«

»Nein«, sagte ich. Die Idee begeisterte mich nicht. »Weißt du, Odd, ich bin hier, um mich zu akklimatisieren. Das ist alles.«

Aber mein Ehrgeiz war angestachelt. Taylor und Barber galten als zwei der besten Kletterer der Welt. Ganz tief im Innersten begann ich, einen Versuch »Breach Wall« zumindest in Betracht zu ziehen. Nicht nach dem Motto: »Was die können, kann ich auch.« Nein, ich wußte, daß ich in großer Höhe mehr Erfahrung hatte als jeder andere.

Ich versuchte einen schüchternen Einwand, der mich selbst nicht überzeugte. »Mir fehlt es am richtigen Material, Odd.«

Das war eine lächerliche Ausrede. Odd hatte alles da, was ich brauchte. Entscheidend war die Überzeugung, daß meine Kondition exzellent war. Nur das Selbstvertrauen, die Frechheit, die fehlten. Konrad Renzler wollte mitmachen. Er war immer bereit, etwas zu wagen.

Eliason stellte uns einige Seile, Steinschlaghelme, Eispickel und Eisschrauben zur Verfügung. Am nächsten Tag gingen Konrad und ich los.

Die Arme hinter dem Kopf verschränkt, lag ich in meinem warmen Schlafsack und schaute an die Decke unseres Zeltes. Es war Mitternacht. Draußen war es ruhig geworden. Nur vereinzelt fielen noch Steine klickernd auf das Eisfeld, das irgendwo über uns sein mußte.

»Was meinst du«, fragte Konrad Renzler, mein Freund aus Südtirol, »sollen wir, oder lassen wir es bleiben?«

Seit sechs Stunden waren wir hier oben. Am Kilimandscharo. Irgendwo unterhalb der »Breach Wall«. 4600 Meter hoch. Sechs Stunden dachten wir nach. War das Risiko zu groß? Wo war die Grenze zwischen kalkulierbarer Gefahr und Leichtsinn? Warum waren alle anderen vor uns gescheitert? Vor allem: war diese Wand überhaupt zu machen?

Wir wollten uns erst beim anbrechenden Tageslicht entscheiden.

Bisher hatten wir von dieser Wand nur gehört, sie aber nie gesehen. Als

Der zweistufige Abbruch links am Kilimandscharo wird »the Breach« genannt. Unsere Route führte über den zentralen Eiszapfen.

wir am Vorabend gegen 19 Uhr – nach zwei Tagen Anstieg durch Steppe und Dschungel – hier angekommen waren, versperrten uns düstere Wolken den Blick. Wir wußten nicht einmal, ob wir richtig waren. Aber selbst wenn ich den Zusicherungen unserer beiden afrikanischen Träger nicht geglaubt hätte, wir waren der Wand nahe. Das Donnern schräg über uns war der untrügliche Beweis.

Man hatte uns gewarnt. Aber was wir hörten war schlimmer, als wir es uns vorgestellt hatten. Es gluckste, schepperte, klirrte, schnaubte ununterbrochen. Die Wand kotzte ständig Geröll-Lawinen aus. Sie rotzte Sturzbäche von Wasser. Dies war die lebendigste Wand, die mir je untergekommen war.

Ich hatte mir ein Foto der Wand angesehen: Unteres Eisfeld, das bei etwa 4600 Meter begann. Eisschlauch. Zweites Eisfeld. Darüber der Wasserfall, der gefrorene Wasserfall, ein mehr als 80 Meter hoher Eiszapfen. Schließlich Ausstieg ins Diamond-Eisfeld. Der Gipfel in 5895 Meter Höhe. Nun – ein Foto machte keinen Krach. Jetzt verstand ich, daß der Engländer Doug Scott, ein genialer Kletterer, gescheitert war. Geröll und Eis hatten ihm im ersten Eisfeld der »Breach Wall« die Seile zerschlagen.

Das Drama der beiden Amerikaner Rob Taylor und Henry Barber beschäftigte mich noch mehr.

Es war fünf Uhr morgens. Ich steckte den Kopf aus dem Zelt. Es war dunkel. Aber es war völlig ruhig. Konrad und ich schauten uns an. Wir nickten. Die Entscheidung war gefallen. Wir wollten die Wand angehen. Fünf Uhr dreißig. Im fahlen Morgenlicht tauchte die »Breach Wall« links über uns auf. Ich erkannte das untere Eisfeld. Weit oben der Zapfen, das Ding, das uns wahrscheinlich zu schaffen machen würde. Wir packten unsere Rucksäcke.

Das Wichtigste war Tempo. Wir mußten beim Eiszapfen sein, bevor es wärmer wurde. Bevor die Sonne die »Breach Wall« erreichte. Wir hatten jetzt 10 Grad minus. Aber am »Kibo« wurde es schnell warm. Und Wärme bedeutete: Gefahr, Steinschlag, Wasser. Die festgefrorenen Steine lösten sich. Das massige Eis schmolz zu gewaltigen Sturzbächen.

Wenn wir schnell sein wollten, mußten wir leicht sein, wenig Ballast mitschleppen. »Wir müssen die Wand an einem Tag packen«, sagte ich zu Konrad. »Biwakieren ist sinnlos.« Wir ließen alles im Lager. Kochgeräte, Schlafsäcke. Die Träger sollten das überflüssige Material zum Camp zurückbringen. Um 10 Kilo erleichtert machten wir uns auf den Weg zum Fuß der Wand.

Sechs Uhr. Es war hell geworden. Wir kletterten in Richtung erstes Eisfeld. Eine spiegelglatte Fläche lag vor uns. 50 Grad steil. Und steiler. Das Eis schimmerte glasig. Dazwischen lagen kinderkopfgroße Geröllbrocken. Sie waren von ganz oben, vom Diamond-Gletscher, in diese Tiefe gestürzt.

Wir entschieden uns, französisch zu klettern. Das war auf Eis am sichersten. Und am schnellsten. Das ging so: In jeder Hand einen Pickel, der ins Eis hineingehauen wurde. Dann zog man die Füße nach, suchte Halt mit den Steigeisen. Die ersten 100 Meter schafften wir schnell. Ich ging voran. Eine Seillänge hinter mir ging Konrad.

Es machte sich bezahlt, daß Odd uns bestes Material mitgegeben hatte. Ein Pickel war – im Unterschied zum herkömmlichen Gerät – an der Spitze offen und hohl. Mehr ein Rohr als eine Spitze.

Das war ein ungeheurer Vorteil. Der Schlag sprengte das Eis nicht. Das Rohr grub sich tief ein. Ähnlich waren unsere Haken »gebaut«, an denen wir uns sicherten. Nach unten offene Spiralen, die sich ohne Sprengwirkung ins Eis hineindrehen ließen.

Neun Uhr. Wir hatten das erste Eisfeld unter uns. Keine Probleme. Daß Scott an diesem Punkt bereits aufgegeben hatte? »Wenn es ihm hier die Seile zerschlagen hat«, analysierte Konrad, »ist er zu spät, zur falschen Zeit losgegangen.«

Über uns lag der Eisschlauch. Die Verbindung zum zweiten Eisfeld. Wir erkannten die große Gefahr in diesem Teil der Wand. In diesem Becken sammelte sich das Geröll, das vom Diamond-Gletscher herunterkam. Aber noch war es kalt, deshalb ruhig. Die Wand schlief.

Die zweite Gefahr im Schlauch waren die Felsen. Sie waren brüchig. Ständig fielen größere und kleinere Brocken auf uns herunter. Es gelang mir trotzdem, eine »saubere« Route zu finden. Ein Felsüberhang schützte uns vor Geröll-Lawinen.

Elf Uhr. Es war wärmer geworden. »Wir müssen schneller sein!« rief ich Konrad zu. »Bis zwölf Uhr müssen wir den Eiszapfen erreicht haben.«

Der »Schlauch« ging glatt. Das zweite Eisfeld ähnelte dem ersten. Nur – das Eis war leicht »aufgefirnt«, weicher also. Wenn ich nach oben schaute, konnte ich die ersten Sonnenstrahlen sehen, die auf den Gletscher trafen. Die ersten Steinbrocken und Eisstücke kamen herunter.

Zwölf Uhr dreißig. Seit einer halben Stunde saßen wir am Fuß des Eiszapfens. Wir pausierten, aßen ein bißchen Trockenobst. »Jetzt haben wir nur noch die Schwierigkeiten vor uns«, beruhigte ich Konrad. Er betastete das Eis. »Steinschlag kann uns jetzt nichts mehr anhaben.«

Wir waren geschützt wie unter einem Dach. Von oben lief das Wasser in Strömen herunter. Eisstücke und Geröll sausten an uns vorbei. Treffen konnten sie uns glücklicherweise nicht.

Jetzt kam der kritische Punkt des Aufstiegs: der Eiszapfen. Ein gefrorener Wasserfall. Kirchturmdick und ebenso hoch. Ein bizarres Gebilde. Bernsteinfarben. 80 Meter hoch. Senkrecht. Ich schlug den Pickel ins Eis. Es splitterte. Pickel und Eisschrauben konnte ich vergessen. Konrad schaute mich kritisch an. »Da geht nur eins«, sagte ich. »Das muß man frei klettern.«

Konrad suchte einen guten Platz. Er sicherte sich an mehreren Haken. Ich seilte mich an und kletterte voraus. Wenn das Eis unter den Füßen bröckeln würde, stürzte ich. Die ersten Kaskaden waren steil. Das Eis war unberechenbar. Bei jedem Griff, bei jedem Schritt hatte ich Angst. Wenn das Eis brach? Innen im »Kirchturm« rauschte der Wasserfall.

Nach der ersten Seillänge war ich müde und verunsichert. Ich versuchte, wenn es ging, wie in einem Kamin zu steigen. Den Druck der Füße seitlich verteilt. So konnte nichts wegbröckeln. Ich versuchte mich zu sichern, indem ich Schlingen um dicke Eiszapfen legte. Karabiner, Seil eingehängt. Das gab ein beruhigendes Gefühl.

Blick vom oberen Ende des ersten Eisfeldes auf die untere Eiskaskade (Foto: Konrad Renzler).

Ich mußte daran glauben, daß der Zapfen mitsamt der Schlinge nicht riß. Wenn ich ins Seil fiel, war es aus. Konrad stand jetzt schlecht und die Sicherungen hielten wenig. Immerhin war ich schon 60 Meter weit oben. Ich wurde sicherer. Die letzten Meter gingen relativ gut. Ich war am Ende des Zapfens.

Mit Haken und Schrauben machte ich mich im Eis fest. Konrad, der jetzt 40 Meter unter mir auf einer Kaskade stand, sollte am fixen Seil nachsteigen. Noch einmal mußten wir das Glück nicht herausfordern. Wer wußte, ob das knirschende Eis noch hielt. Ich schaute auf die Uhr. Gut dreieinhalb Stunden hatten wir für diesen Eiszapfen gebraucht. Eine kleine Ewigkeit. Wir waren 500 Meter unter dem Gipfel. Jetzt lag nur noch das Diamond-Eisfeld über uns. Wir hatten das Gefühl, die Erstbesteigung der »Breach Wall« geschafft zu haben. Wir ahnten nicht, daß der relativ flache Gletscher uns schwer zu schaffen machen würde. Das Eis war weich geworden. Bei jedem Schritt sackten wir bis zur Hüfte ein. Schnell ging uns die Kraft aus.

Wir sahen den Gipfel vor uns. Aber auch die Dunkelheit. Wir hofften, daß der Schnee wieder fror. Wenn unsere Füße nicht mehr einsackten, war der Abstieg leichter. Wer wußte, was die Dunkelheit brachte.

»Das letzte Stück packen wir noch«, sagte ich zu Konrad, der nicht mehr konnte. Wir gingen weiter. So müde war ich selten in meinem Leben gewesen. Gleichzeitig wußte ich, daß wir weiter mußten. Oben am »Kibo« wären wir erfroren.

Achtzehn Uhr. Nach zwölf Stunden hatten wir den Gipfel des Kilimandscharo erreicht. 5895 Meter Höhe »Breach Wall« unter uns.

Erst hinterher – in der Hütte – wurde uns klar, was wir gemacht hatten.

Dieses Risiko war nicht kalkulierbar. Schwierigkeiten, technische Schwierigkeiten einer Wand, konnte ich berechnen. Aber wie berechnete ich Steinschlag, Geröll-Lawinen, Eisbrocken, die uns um die Ohren flogen? Wie berechnete ich, ob das Stück Eis, an das sich die Finger klammerten, das Körpergewicht aushielt?

»Nein«, meinte Konrad, als wir uns diese Tour noch einmal durch den Kopf gehen ließen. »Nein, noch mal würde ich das nicht machen.« Ich auch nicht.

Der Lohn für unseren Leichtsinn? Irgendwann einmal wird dieser Weg, der Weg, auf dem wir die »Breach Wall« als erste geklettert hatten, die Renzler-Messner-Route genannt werden. Das Wann spielte für uns jetzt keine Rolle mehr. Der Abbruch gehörte uns.

Das Eis war so morsch, daß ich mich fragte, wie Konrad Renzler das Doppelseil bedienen und fotografieren konnte.

44. Ein letztes Tabu

Erstbesteigung des Mount Everest ohne künstlichen Sauerstoff

Es war im Frühling 1977. In Katmandu, der Regierungsstadt Nepals, bestieg ich eine kleine Maschine, eine Pilatus Porter. Zusammen mit Leo Dickinsen und Eric Jones wollte ich mit dem Schweizer Piloten Emil Wick Richtung Everest fliegen. Wir flogen ohne Druckausgleich und hätten früher oder später Sauerstoffmasken aufsetzen müssen. Emil Wick tat es natürlich, auch die beiden Engländer neben mir. Wir hatten die 6000-Meter-Grenze überschritten und flogen auf die Lhotse-Nuptse Mauer zu, als Emil sich zu mir umdrehte und sah, daß ich ohne Maske flog. Wir überflogen den Grat und den Südcol. Wir waren mehr als 8000 Meter hoch. Ich war vom Dhaulagiri her gut akklimatisiert. So lange als möglich wollte ich ohne die Maske fliegen.

Über dem Südsattel schraubte Emil Wick die Maschine weiter hinauf. Bis über den Gipfel des Mount Everest. Wir waren in 9000 Meter Höhe. Fasziniert schaute ich auf die höchste Spitze der Erde hinunter. Ich hatte den Flug ohne Maske durchgestanden, und ich konnte noch reden, denken, alles wahrnehmen. Jetzt war ich sicher, daß ich diesen Gipfel auch ohne Maske besteigen konnte. Da oben wurde man ohne Sauerstoffgerät nicht ohnmächtig, wie mir Ärzte und Bergsteiger prophezeit hatten. Was ich da oben alles sah! Ich wußte jetzt, wie es sein würde, wenn ich die Welt unter mir hätte. Ich wußte aber noch nicht, wie es sein würde, den Mount Everest aus eigener Kraft zu besteigen. Zwischen dem Hinaufgeflogenwerden und dem Hinaufsteigen war ein himmelweiter Unterschied. Ich sah die Nordseite des Berges, bewunderte Emil für seine Kenntnisse der Grate und Flanken.

Ich konnte alles klar wahrnehmen und studierte den Berg so genau, daß ich ihn später nachformen hätte können. Ich sah die einzelnen Stellen, Episoden aus der alpinen Geschichte wurden lebendig. Als ich wieder unten war, wußte ich, wie der Berg da oben aussah. Aber ich wußte nicht, wie er war.

In den zwanziger und dreißiger Jahren hatten Engländer immer wieder versucht, auf den Mount Everest zu klettern.

Die Nordseite war die ideale Seite für die Bergsteiger. Englische

Bergsteiger hatten dort 1924 bereits eine Höhe von 8600 Metern erreicht. Mit »primitiver« Ausrüstung. Ohne viel Erfahrung in der Höhe. Ohne Sauerstoffgerät. Dort waren nicht so viele Eisbrüche wie an der Südflanke. Aber diese Nordseite war gesperrt. Die Chinesen, die Tibet besetzt hatten, erlaubten keine Besteigungen.

Nicht nur das. Der Mount Everest galt damals ohne Maske als unbesteigbar. Von Norden und von Süden. Die Mediziner sagten, es wäre unmöglich wegen des zu geringen Sauerstoffpartialdruckes. Die Bergsteiger behaupteten, der Everest wäre ohne Sauerstoffgeräte tabu. Die alten Engländer hatten gedacht, daß es vielleicht möglich sein müßte. Am 29. Mai 1953 hatten Edmund Hillary und Tensing Norgay erstmals auf dem Gipfel des Everest gestanden. Nachdem sie mit Sauerstoffgeräten Erfolg gehabt hatten, wollten alle weiteren Bergsteiger am Mount Everest auf eben diese Sauerstoffgeräte zurückgreifen.

Bis 1978 haben wir auf eine Genehmigung warten müssen. Wir trainierten, um schnell zu sein. Schnelligkeit war unsere Lebensversicherung. Hätten wir zu lange für das letzte Stück gebraucht – für die »Todeszone« –, wir wären wahrscheinlich geschädigt heruntergekommen. Das hatte man uns von medizinischer Seite prophezeit. In der sauerstoffarmen Luft sterben die Gehirnzellen ab. Ich wollte zwar auf den Everest hinaufkommen, aber auch ohne Geistesstörung wieder im Tal anlangen.

Unmittelbar oberhalb des Basislagers kam gleich die gefährliche Passage: der Khumbu-Eisbruch. Dieser Eisbruch ist einige hundert Meter mächtig. Er bewegt sich ununterbrochen, einen Meter pro Tag. Eine zerborstene Gletscherzunge, die aus dem »Tal des Schweigens« abbricht. Sie ist sechs Kilometer lang, zwischen Nuptse und Westschulter eingebettet. Wir brauchten 10 Tage, um durch den Eisbruch einen Weg zu finden. Zwischen Eistrümmern, Spalten und Lawinenbahnen legten wir einen Weg an, über den wir relativ schnell auf- und absteigen konnten. Wir bemühten uns, den sichersten Weg zu finden. Trotzdem war dieser Weg nicht sicher genug. Wir wußten es. Aber es gab zwischen dem Basislager und dem ersten Hochlager auf 6100 Meter Meereshöhe keinen besseren Weg. Es gab da zum Beispiel die »Große Mauer«. So nannten wir eine 100 Meter lange, 40 Meter hohe und 40 Meter starke Eiswand, die völlig frei stand. Und diese Mauer neigte sich langsam. Von Tag zu Tag neigte sie sich mehr. Wir konnten es sehen und uns ausrechnen, daß sie früher oder später den Gesetzen der Schwerkraft gehorchen und umfallen würde. Und sie fiel um. 13 Sherpas waren zwischen dem ersten

Hochlager und dem Basislager unterwegs. Vom Basislager aus sahen wir eine mächtige Staubwolke. Jeder wußte, was geschehen war. Wir rissen die Ferngläser aus den Zelten. Oben war die Hölle los. Alles stürzte ein. Als wir sahen, daß 6 Sherpas unterhalb der stürzenden Eismassen abstiegen, atmeten wir durch. Wo waren die anderen? Wir suchten mit den Ferngläsern den Eisbruch ab. Bis sie jemand entdeckte. In dem Augenblick, als das Eis zu bersten begonnen hatte, hatten sie Halt gemacht. Sie suchten einen Weg durch das Trümmerfeld. Den Sherpas war zwar der Schreck in den Leib gefahren, aber bald lächelten sie wieder.

Wir hatten am oberen Rand des Eisbruches ein erstes Hochlager erstellt. Oberhalb dieses ersten Lagers ging der Weg durch ein enges Hochtal zum Lager II, das auf 6400 Meter Meereshöhe stehen sollte. Wir setzten den Aufstieg durch die Lhotse-Flanke fort.

Es war Ende April, als ich am Südsattel, am höchsten Paß der Welt, ein letztes Hochlager errichtete. Zwei Sherpas waren bei mir. Wir bauten ein Zelt auf, um anderntags den Aufstieg zum Gipfel wagen zu können. Peter und ich hatten im Rahmen dieser Alpenvereinsexpedition das Privileg, die erste Gipfelseilschaft zu bilden. Peter war zurückgeblieben. Er hatte sich nicht wohl gefühlt und war abgestiegen ins Tal des Schweigens. Ich hatte allein weitergemacht. Die Hoffnung, allein zum Gipfel zu kommen, war gering. Aber nicht gleich Null. Es war anstrengend gewesen, vom dritten Lager in der Lhotse-Flanke über das Gelbe Band und den Genfer Sporn hinaufzuklettern. Ich hatte eine sonderbare Wolke beobachtet. Eine Wolke in den Regenbogenfarben, die über mir hing und die sich drehte. Ob sie schlechtes Wetter ankündigte? Ich wollte nicht an schlechtes Wetter glauben. Ich suchte Gut-Wetter-Zeichen: Haufenwolken, die über den Vorbergen hingen, steigender Luftdruck. Zwei Tage würde das Wetter schon halten!

' Eine Menge von leeren Sauerstoffflaschen lag herum. Hunderte von alten, leeren Sauerstoffflaschen. Dazu Gaskartuschen, Zeltstangen. Ursprünglich war ich aus sportlich-ethischen Gründen zu der Vorstellung gekommen, den Everest ohne Maske zu besteigen. Von nun an überwogen ökologische Gründe.

Wir hatten das Zelt aufgebaut, und es dauerte keine Stunde, da stürmte es. Der Sturm steigerte sich in der Nacht zum Orkan. Mit 150 Stundenkilometern jagte er über den Paß. 40 Grad unter Null. Wir drei saßen im Zelt und hielten die Plane von innen fest. Dauernd das Gefühl, der Wind würde uns mitreißen, ins andere Tal schleudern. Wir konnten das Zelt in der ersten Nacht aufrecht halten. Zum Glück zerriß es nicht. Sonst wären

Mehr als 1000 m hoch bricht der Khumbu-Gletscher aus dem Tal des Schweigens zwischen Nuptse und Westschulter ab.

Oswald Oelz gibt einem verletzten Sherpa Tee zu trinken. Wegen der Gefahren im Khumbu-Eisbruch stellt sich die Frage, ob der Einsatz von Trägern dort gerechtfertigt ist.

wir verloren gewesen. Das Zelt zerriß erst am Morgen. Wir bauten ein zweites Zelt auf. In diesem zweiten Zelt wollten wir abwarten, bis das Wetter besser wurde. Von unten konnten wir nicht gerettet werden. Von dort konnte niemand aufsteigen. Der Sturm hätte jeden Menschen hinuntergeblasen. Es wurde kritisch. Wir konnten nicht mehr kochen. Der Sturm preßte Schneestaub durch die Zeltnähte herein. Er blies den Kocher aus. Zentimeterhoch lag der Schnee auf unseren Schlafsäcken. Am Südostgrat hingen kilometerlange Schneefahnen. Wir mußten abwarten. Ich hoffte, daß der Orkan nicht mehr allzulange dauern würde. Doch 50 Stunden lang hielt dieser Sturm am Südsattel an. Zwei Tage und zwei Nächte lang.

Wir waren kaputt, als der Sturm ein bißchen nachließ. Es ging mir jetzt nur noch darum, mich selbst und die Sherpas ins Tal zu retten. »Wenn ich diesmal noch davonkomme«, sagte ich mir, »will ich aufgeben. Dann will ich auf diesen Everest verzichten.« Nach 50 Stunden in dieser Sturmhölle kam mir dieser Gipfel unmöglich vor. Ohne Sauerstoffmaske war ein Überleben in der Todeszone auf Dauer unmöglich. Als wir mit dem Abstieg begannen, schaute ich noch einmal hinauf zum Gipfel des

Everest. Als mächtige Pyramide stand er über dem Südsattel. Unendlich groß und unmöglich. Er war weit weg entrückt. In meinen Vorstellungen stimmte etwas nicht mehr. Realität und Utopie paßten nicht zusammen. Meine Idee hatte sich zerschlagen. Nur mich einmal noch ins Tal retten, das wollte ich. Wir stiegen über die Lhotse-Flanke ab. Im Eisbruch fiel ich in eine Gletscherspalte. Im Basislager angekommen, waren Ang Dorje, unser stärkster Sherpa, Mingma und ich so kaputt, daß wir uns nur in die Zelte schmissen. Wir tranken und schliefen, schliefen und tranken.

Langsam erholten wir uns. Wenn ich mich gut ausruhte, wenn ich noch einmal fähig war, alle meine Energie zu bündeln, all meine Kraft zu sammeln, dann mußte es gelingen. Wenn ich noch eine Chance hatte, eine Chance ohne Sturm, war es vielleicht doch möglich. Ich war auf 8000 Meter Höhe gewesen und hatte diesen Sturm überstanden. Warum sollte ich den Aufstieg nicht überstehen, von dem ich seit sechs Jahren träumte? Ein bißchen glaubte ich wieder daran, daß der Everest möglich war. Ich hatte mir vorgenommen, nicht aufzugeben, die Expedition bis zum Endpunkt fortzusetzen. Langsam wurde meine Kraft wieder größer. Auch die Idee, die in mir wuchs. Die alte Utopie kam als Frage zurück. War der Mount Everest für den Menschen geschaffen – oder nur für den Maschinen-Menschen? Ich war wieder von dieser Idee beseelt. Ich hätte nicht heimgehen können ohne einen zweiten Versuch.

Im Basislager gab es eine primitive Küche. Vier Steine, Gaskocher und Holzfeuer. Sonam, ein Sherpa, kochte für die ganze Expedition. Am Abend setzte ich mich meist zu ihm in die Küche. Ich aß Honig, Milch und Knoblauchbrot. Das waren meine Zwischenmahlzeiten.

Anfang Mai verließen Peter und ich das Basislager. Noch einmal wollten wir von ganz unten aufsteigen. Über den Eisbruch, das Tal des Schweigens, die Lhotse-Flanke. Unser zweiter Versuch. Das Basislager stand auf 5340 Meter Meereshöhe. Dahinter ragte dieser gefährliche Eisbruch auf. Unberechenbar, das gefährlichste Stück des Aufstiegs. Lager I hatten wir auf 6100 Meter erstellt, am Ende des Eisbruchs. Dahinter, zwischen Everest-Westschulter und Nuptse eingebettet, lag das Tal des Schweigens. Sechs Kilometer lang. In der Mitte Lager II. Oberhalb vom Tal des Schweigens galt es, die Lhotse-Flanke zu durchklettern. 1400 Höhenmeter, das steilste Stück am Mount Everest. Lager III irgendwo in der Mitte und Lager IV am Südsattel. Von diesem wollten wir an einem Tag zum Gipfel und zurück. Wir wollten!

Wir kannten jetzt den Eisbruch in jedem Punkt, in jedem Meter. Und trotzdem gab es viel Unbekanntes. Dieser Eisbruch veränderte sein Gesicht Tag für Tag.

Im ersten Hochlager, am oberen Rand des Eisbruchs, hielten wir uns nur kurz auf. Während wir über das Tal des Schweigens gingen, schauten wir immer wieder hinauf, Richtung Everest-Gipfel. Wir wußten, daß die erste Gruppe unserer Expedition zum Gipfel unterwegs war. Während Peter und ich im Basislager gewesen waren, um uns zu erholen, waren Wolfgang Nairz, der Expeditionsleiter, Robert Schauer, der Kameramann Horst Bergmann und der Sherpaführer Ang Phu aufgebrochen, um ihrerseits zum Gipfel zu gehen. Sie wollten nicht ohne Sauerstoffmasken steigen, sondern so, wie es seit Jahren gemacht wurde.

Peter und ich kamen im Lager II an und konnten ihren Aufstieg mit dem Fernglas beobachten. Am Fuß der Südwestwand warteten wir auf die Rückkehr der ersten Gipfelseilschaft. Wir wollten abwarten, was sie erzählen würden. Als sie bei uns ankamen, gratulierten wir ihnen. Wolfgang Nairz, Robert Schauer, Ang Phu und Horst Bergmann waren aufgedreht, euphorisch. Wir fragten sie natürlich, wie es gewesen war, wie sie den Aufstieg bewältigt hätten. Alle vier waren beeindruckt vom Everest. Von der Höhe, von der Spurarbeit, vom Klettern. Als wir wissen wollten, ob sie es für möglich hielten, ohne die Maske hinaufzukommen, verneinten sie spontan. »Ehrlich gesagt, nein.« Sie glaubten es nicht. Ohne Maske war der Everest unmöglich.

Peter zögerte jetzt. Er wollte auf den Everest hinauf. Ich erschrak nicht, als er plötzlich sagte: »Mir ist nicht so wichtig, wie ich hinaufkomme, nur, daß ich hinaufkomme.«

Wolfgang Nairz hatte am Gipfel die Maske für kurze Zeit abgenommen, und ihm war dabei schwindlig geworden. Robert Schauer hatte versucht, ohne Maske zu steigen und war nicht von der Stelle gekommen. Das löste Niedergeschlagenheit bei uns aus. Ich glaubte trotzdem, daß unser Vorhaben durchführbar sei. Ich mußte wissen, wie das war. Ich hätte es in einigen Jahren nochmals versuchen können. Peter hatte es schwerer. Er hatte sich vorgenommen, auf den Mount Everest hinaufzukommen und zwar jetzt. Seit die anderen oben gewesen waren, konnte er es sich nicht mehr leisten, zu scheitern.

»Meinen Kameraden und meinen Freunden ist gleichgültig, wie ich hinaufsteige, es ist nur wichtig, daß«, sagte er mir. Peter und ich diskutierten. Im Zelt im Lager II. Was konnten wir machen? Wie konnten wir es machen? Ich hatte mir meine eigene Taktik zurechtgelegt. Vielleicht war sie falsch. Peter akzeptierte sie nicht. Ob wir vielleicht gemeinsam gehen konnten – Peter mit der Maske, ich ohne Maske? Aber das war ein Schwindel. Das war keine saubere, faire Besteigung. Peter wäre vorausgestiegen, er hätte gespurt, er hätte die Verantwortung getragen. Er hätte mir Sauerstoff aus der Flasche geben können, wenn mir plötzlich schlecht geworden wäre. Die Ungewißheit, die zu einem solchen Abenteuer gehörte, hätte gefehlt. Mein Experiment, den Mount Everest physisch und auch psychisch als Berg zu erfahren, wäre nicht möglich gewesen. Wir hätten uns selbst betrogen. Dann ging ich lieber allein. Entweder wir stiegen beide ohne Maske oder wir mußten uns trennen.

Bis spät in die Nacht hinein lagen wir im Zelt und diskutierten. Wir beschlossen, uns zu trennen. Peter wollte mit Maske aufsteigen. Ich verstand ihn. In jeder Hinsicht. Ich unterstützte ihn in der Mannschaft, einen Kameraden zu finden. Wer von denen, die noch nicht am Gipfel gewesen waren, wollte mit Peter aufsteigen? Über Funk fragten wir im Basislager an. Keiner. Die anderen hatten sich zu Zweier- und Vierer-Gruppen zusammengetan. Auch die Sherpas zeigten kein Interesse. Wir taten uns also wieder zusammen. Peter wollte meiner ursprünglichen Idee weiter folgen. Ich war ihm dankbar dafür. Zu zweit waren die Erfolgschancen viel größer. Zu zweit konnten wir alles gemeinsam machen, uns psychisch stützen, im Spuren abwechseln. Zu zweit bestand die Chance. Das wußte ich.

Als wir am Morgen des 6. Mai die Zelte im Lager II verließen, kam mit der Körpererfahrung des Gehens die Selbstsicherheit zurück. Wir kamen gut voran und hatten eine gute Geschwindigkeit. In der Lhotse-Flanke unterstützten uns einige Sherpas, sie trugen Essen und Zelte. Zwei Briten waren dabei, Leo Dickinsen und Eric Jones, die für eine britische Fernsehgesellschaft einen Dokumentarstreifen drehten. Leo Dickinsen schaffte es bis auf 7200 Meter Meereshöhe. Er filmte, nahm Kommentare auf. Im Lager III, in der Lhotse-Flanke, drehte er um. Eric Jones sollte am nächsten Tag mit uns bis zum Südsattel gehen. Er beobachtete uns, filmte, soweit er konnte. Am Gipfel sollte ich selbst filmen; mit einer Super-8-Kamera, die eigens für die Expedition präpariert worden war.

Wir schliefen im Lager III in der Lhotse-Flanke, wo wir genügend Platz hatten und kochen konnten. Die Luft war noch nicht so dünn. Trotzdem gab es keine wirkliche Erholung mehr. Noch einmal kontrollierten wir unsere gesamte Ausrüstung. Vom Höhenmesser bis zum Eispickel, vom Steigeisen bis zu den Gelenken an den Schneebrillen.

Am nächsten Tag verließen wir das Lager. Und damit alle Sicherheit. Höher oben konnte uns niemand mehr helfen. Jeder war für sich selbst

Auf Knien zum Gipfel. Peter Habeler wenig unterhalb des Südgipfels im peitschenden Sturm.

verantwortlich. Wenn einer nicht mehr selbst heruntersteigen konnte, war er verloren. Beim Aufstieg zum Südsattel hing wieder eine sonderbare Wolke in der Luft. Bedeutete sie wieder schlechtes Wetter? Ich wollte nicht an schlechtes Wetter glauben. Unter dem Lhotse-Gipfel querten wir in das Gelbe Band und weiter zum Genfer Sporn. Wir stiegen langsam. Ein paar Schritte, Rastpause. Dann wieder einige Schritte. Verschnaufen. Der Blick ging hinunter ins geschwungene Tal des Schweigens. Darunter irgendwo, nicht sichtbar, das Basislager. Links der Nuptse-Grat. Darüber sah ich die Gipfel von Kangtega und Tamserku.

Da unten, irgendwo im Kloster, saßen die Mönche, die jetzt vielleicht meditierten.

Vor uns der Südsattel. Oberhalb des Südsattels sah ich die Aufstiegsroute zum Gipfel, die Südostflanke und den Südostgrat. Fast 900 Meter Höhenunterschied.

Im Zelt am Südsattel kamen wir zuversichtlich an. Wir hatten uns trotz harter Spurarbeit nicht verausgabt. Wir legten uns ins Zelt, schmolzen Schnee und tranken: Suppe, Kaffee, Tee. Wir mußten viel trinken. Durch das schnelle, hundehafte Atmen hatten wir viel Flüssigkeit verloren. Als ich am Abend noch einmal vor das Zelt ging und nach Westen schaute, war die Sonne untergegangen. Als scharfe Silhouette zeichnete sich der Horizont vom Himmel ab. Ich war optimistisch. Am nächsten Tag schaute ich um 5.30 Uhr aus dem Zelt. Und war wie erschlagen: Das Wetter war schlecht. Der Himmel grau, trostlos, wolkenverhangen. Unsere Chance gleich Null. Waren wir zu spät gekommen? Im Bewußtsein, daß es um unsere letzte Chance ging, redeten wir uns Mut zu. Solange wir uns orientieren konnten, solange über dem Makalu ein paar blaue Fleckchen waren, konnten wir ein Stück gehen. Wir gingen vom Lager zum Südsattel und stiegen 100 Meter höher. Ich kam nur langsam von der Stelle und fühlte mich bleiern schwer. Den Mund weit aufgesperrt, versuchten wir Luft in uns hineinzuziehen. Nach ein paar Schritten kauerten wir uns hin, rasteten. Dann wieder einige Schritte. Wenn wir so langsam weitergingen, war die Zeit zu kurz. Das Wetter wurde noch schlechter. Über uns hingen Nebel, in die wir hineinkletterten. Höher oben fanden wir einen besseren Rhythmus. Es ging schneller. Wir hatten uns warm gelaufen. In vier Stunden kletterten wir bis zum Lager V, das die erste Gipfelgruppe in 8500 Meter Höhe aufgebaut hatte. Am Hidden Peak hatten Peter und ich in der Gipfelzone 200 Höhenmeter in der Stunde geschafft. Jetzt waren es nur noch 100. Es fehlten aber nur noch 350 Höhenmeter bis zum Gipfel.

Wir rasteten eine halbe Stunde, kochten Tee, eine Schale für jeden. Dann mühten wir uns weiter. Plötzlich waren wir unter dem Südgipfel, 8760 Meter hoch. Mir war jetzt gleichgültig, wie hoch wir waren. Auch daß wir ohne Sauerstoffgeräte kletterten. Ich ging nur noch aufwärts, weil es noch aufwärts ging. Der Berg hatte kein Ende. Ob das jetzt der Everest oder das Matterhorn war, sollte mir gleichgültig sein. Ich ging aufwärts, weil ich noch nicht am Endpunkt angekommen war. Das Wetter war wieder besser geworden. Wir standen über den Nebeln. Der Sturm peitschte uns den Schnee ins Gesicht. In den Rastpausen knieten wir uns in den Schnee. Den Oberkörper frei zum Atmen. Wir schafften es manchmal nicht mehr, uns aufzurichten und weiterzugehen. Wir krochen weiter, wir robbten weiter. Und dieser Wind, der an uns zerrte! Die Eiskristalle brannten wie Nadelspitzen im Gesicht. Weiter! Als ob ich nicht anders könnte, als zu diesem Gipfel zu steigen. Am Südgipfel angekommen, sah ich den Hauptgipfel. Vor uns ein phantastischer Grat. Ich wußte plötzlich, mit meiner ganzen Person, mit meinem ganzen Wesen, daß wir diesen Gipfel erreichen würden. Mächtige Wächten kragten nach rechts aus. Ich hätte nicht sagen können, wie weit es noch war. Ich konnte auch nicht abschätzen, wie lange wir brauchen würden. Für Zeit und Raum hatte ich kein klares Maß mehr. Ich wußte nur, daß wir hinaufkommen würden, zum höchsten Punkt, wo der Schnee sich verlor.

Am Südgipfel seilten wir uns an. Der Grat zum Hauptgipfel war ausgesetzt. Uns gegenseitig sichernd, stiegen wir weiter. Links fiel die Wand ins Western Cwm ab. 2500 Meter tief. Nach Osten 4000 Meter. Das Klettern war jetzt eine normale Bewegung. Instinktiv wie das Gehen. Instinktiv filmte ich auch. Dann und wann holte ich die Kamera aus dem Rucksack und filmte Peter. Wie er am »Hillary Step« nachstieg, wie er den Pickel aus dem Schnee zerrte, wie er ein paar Schritte machte.

Die Wächten, die nach rechts auskragten, beeindruckten mich wenig. Daß ich am Gipfel war, wußte ich erst, als der Grat nach allen Seiten hin abfiel. Es ging nicht mehr aufwärts! Im ersten Augenblick empfand ich nichts Besonderes. Kein Glücksgefühl. Ich war ruhig. Ich nahm die Kamera und filmte Peter bei seinen letzten Metern. Erst als Peter unmittelbar vor mir stand, übermannte uns beide die Emotion. Wir kauerten uns hin und schluchzten. Wir konnten nicht stehen. Wir redeten nicht miteinander. Jeder wußte, was der andere empfand. Ich spürte, wie mich diese Gefühlsausbrüche in ein klares Gleichgewicht brachten. Die Anstrengung, die Spannung, die Angst, die Zweifel waren vorerst vorbei. Wir waren am Endpunkt. Der Spannungsbogen hatte sich gelöst. Wir fotografierten uns gegenseitig. Plötzlich stieg Peter ab. Fluchtartig. Er hatte Angst, länger zu bleiben. Ich blieb noch. Ich schaute in die Runde, obwohl nicht viel zu sehen war. Kein Kantsch, kein Lhotse, kein Makalu. Ab und zu tat sich ein Loch nach Tibet hin auf. Weit unten einige Bergrücken.

Als nach dem stundenlangen Steigen, das ich nicht als Quälerei empfunden hatte, die erste Erschöpfung vorbei war, wurde ich geistesabwesend. Jetzt gab es nur noch das rasche Aus- und Einatmen. Ich atmete wie jemand, der das Rennen seines Lebens gelaufen war und wußte, daß er sich nun für immer ausruhen konnte. Ich sah nicht, was ich mir vom Panorama des Everest erwartet hatte. Nur der Wind jagte die ganze Zeit den Schnee über die Grate.

Eine große Ruhe war überall.

Es war Zeit, den Gipfel zu verlassen. Über den »Hillary Step« kletterte ich ab und weiter zum Südgipfel. Ich hatte angenommen, daß Peter dort auf mich warten würde. Aber er war weiter abgestiegen. Ich stieg Schritt für Schritt ab bis zum Südcol. Im Zelt hatte ich ein starkes Gefühl der

Geborgenheit. Peter hatte über Funk ins Basislager gemeldet, daß wir es geschafft hatten.

Diese Nacht wurde schlimm. Ich konnte nichts mehr sehen. Ich hatte mir beim Filmen immer wieder die Brille abgenommen und mir so eine Schneeblindheit zugezogen. Dort, wo früher meine Augen waren, spürte ich jetzt zwei brennende Löcher. Nur die Tränen linderten den Schmerz. Ich konnte selbst nichts mehr machen, war hilflos. Peter betreute mich wie ein kleines Kind. Er kochte Tee, bereitete mein Lager. Wie sollte ich weiter absteigen? Peter konnte mich nicht tragen. Eric Jones und sein Sherpa auch nicht.

Da oben konnte mir niemand helfen. Am nächsten Tag stiegen wir so ab, daß Peter drei Meter vor mir ging. Ich konnte ihn wie in einem Nebel erkennen und stieg hinter ihm, orientierte mich an ihm. An den Fixseilen fand ich allein weiter. So tasteten wir uns hinunter bis ins Lager III. Dort war Dr. Oswald Oelz, der mir Augentropfen gab. Er sollte nicht mit mir absteigen, er war unterwegs zum Gipfel.

Als ich im Basislager ankam, hatte ich das Gefühl, daß mir etwas fehlte. Dort, wo früher die Utopie vom Everest ohne Maske gesessen hatte, war jetzt ein Loch. Zum Glück hatte ich noch eine Idee: ein Mensch und ein Achttausender. Ich beschäftigte mich jetzt mehr und mehr mit dem Ziel, den Nanga Parbat im Alleingang zu bewältigen. Meine Seele war zu diesem neuen Traum unterwegs. Zu einer neuen Utopie, die mich ebenso fesselte wie Monate vorher der Mount Everest *by fair means*. Es war immer so gewesen. Ein Traum nach dem anderen hatte sich zur Leere erfüllt. Ich hoffte, weiterhin fähig zu bleiben, immer wieder neue Träume zu finden.

45. Der Punkt auf dem i

Erster Alleingang am Nanga Parbat

Ich trank meine Suppe mit kleinen Schlucken aus einem Kochgeschirr, das kaum größer war als eine Tasse. Mein Rachen fühlte sich so rauh und wund an, als wäre jemand mit einem Reibeisen darüber gefahren. Ich zwang mich, ein Stück kaltes Corned beef aus der Büchse hinunterzuwürgen.

Das war ein Fehler. Ich mußte mich erbrechen. Aus dem winzigen Zelt, in dem ich kauerte, wandte ich den Kopf in den Schnee hinaus. Dabei kotzte ich auch die Hälfte der Flüssigkeit aus, die ich im Laufe des Vormittags mühsam zu mir genommen hatte. Und ohne genügend Flüssigkeit im Körper war ich hier oben von vornherein erledigt. Mein Höhenmesser zeigte etwas mehr als 6000 Meter über dem Meeresspiegel. Ich war in der Westflanke des Nanga Parbat im Himalaya, in Nordpakistan.

Ich holte die Strümpfe und die doppelschichtigen Schalenschuhe herein, die ich zum Trocknen vor das Zelt in die Sonne gestellt hatte. Der Feuerball im Westen tauchte zwischen atompilzartigen Haufenwolken unter.

Es wurde sofort kalt. Solange es warm gewesen war – in der Sonne sogar stickig heiß –, hatte ich im Zeltsack Schnee geschmolzen. Ehe das Schmelzwasser in der jähen Kälte wieder einfror, goß ich es vorsichtig in den kleinen Kochtopf und balancierte ihn auf die Gasflamme. Ich mußte trinken und die ausgespiene Flüssigkeit ersetzen, damit mein Blut nicht dick wurde. Es war Montag, der 7. August 1978, der zweite Tag meines dritten Versuchs, den 8126 Meter hohen Gipfel des Nanga Parbat im Alleingang zu erreichen.

Am Morgen war ich in die fast 4000 Meter hohe Westwand eingestiegen. Ohne Seil. Ohne Sicherung. Es war niemand da, der ein Seil halten und mich hätte sichern können. Nur mit Steigeisen an den Füßen und dem Eispickel in der rechten Hand hatte ich mich über drei mächtige Eiswälle hochgearbeitet. 15 Kilo auf dem Rücken. Es war niemand da, der mich abgefangen hätte, wenn ich abgerutscht wäre.

In sechs Stunden hatte ich 1600 Höhenmeter überwunden. Deshalb zitterte ich vor Erschöpfung und hatte Krämpfe in meinem rechten Unterarm, mit dem ich die ganze Zeit Stufen ins Eis geschlagen, Griffe ausgekratzt, mich über Spaltenränder gezogen hatte. Deshalb die Übelkeit. Ich mußte weitertrinken. Während es Nacht wurde und die Temperatur auf minus 15 Grad sank, mußte ich weitertrinken. Ich durfte mich nicht mehr übergeben. Noch einmal kotzen – und ich mußte umkehren. Wenn ich überleben wollte.

Alleingang. Der Verrückte, der vor mir versucht hatte, einen Achttausender solo zu nehmen, hieß Maurice Wilson. Er wollte 1934 auf den Mount Everest. Zwei Jahre später fand man in 6400 Meter Höhe seine Leiche.

Alleingang. Die nächsten Menschen waren jetzt 2400 Meter unter mir in einem winzigen Basislager. Dort warteten Ursula Grether, eine 27jährige Medizinstudentin, und Major Mohammed Tahir, genannt »Derry«, mein offizieller Begleiter, Offizier und Beobachter. Derry, der sich aus Neugier freiwillig für diesen Job gemeldet hatte, besaß keinerlei Bergerfahrung. Auch Ursula konnte mir in Bergnot nicht helfen. Aber vielleicht Hilfe holen, wenn ich mit Leuchtraketen oder über Sprechfunk zu erkennen gab, daß ich in Gefahr war.

Ich hatte weder Sprechfunk noch Raketen noch sonst ein Notsignal dabei. Es wäre sinnlos gewesen. Der nächste Ort mit gelegentlicher Verbindung zur Außenwelt hieß Babusar und war vier Tagesmärsche weit entfernt. Dort gab es ein Kurbeltelefon, das manchmal funktionierte. Meist aber nicht.

Ich hatte keine Taschenlampe mitgenommen, um Gewicht zu sparen. Die Gasflamme war meine einzige Lichtquelle. Als ich genug getrunken hatte, rollte ich mich zum Schlafen ein. Ich schlief recht gut. Nachts konnte mir nichts passieren. Mein Minizelt stand geschützt unter einem Eisüberhang. Ich hatte es mit einer Schnur an eine ins Eis gedrehte »Schraube« gebunden. Selbst dem Sog einer Lawine, die in der Nähe abging, hätte es standhalten müssen. Hoffentlich.

Der Treck zum Fuß des Nanga Parbat hatte am 2. Juli in Rawalpindi begonnen. Ursula Grether, Major Mohammed Tahir und ich – die kleinste Himalaya-Expedition, die es je gab. Zuerst 450 Kilometer mit dem Jeep. Dann acht Tagesmärsche mit acht Trägern für unsere Ausrüstung, die insgesamt 150 Kilo wog. Aus Europa hatte ich nur 20 Kilo mitgebracht. Das Basislager hatten wir in etwas über 4000 Meter Höhe errichtet, wo am Ende des Tales die Wiese aufhörte und das Geröll begann.

Drei Wochen vergingen mit Erkundungen. Tag um Tag, wenn das Wetter klar war, beobachtete ich die Diamir-Wand, um eine Route zu entdecken, auf der ich möglichst steil und schnell vorankommen konnte. Ich wollte nicht gleich Selbstmord begehen. Am 30. und 31. Juli stieg ich auf einen benachbarten Sechstausender, den Ganalo Peak. Es war mein Abschlußtraining.

Am 2. August war ich vom Basislager zum Fuß der Westwand gegangen. Biwakierte. Am nächsten Morgen mußte ich umkehren, weil das Wetter miserabel geworden war. Erst am 6. August konnte ich es von neuem versuchen. Ich stieg alleine und ohne jede bergsteigerische Unterstützung in diese Wand ein. Ein absoluter Alleingang.

Am Dienstag, dem 8. August, wachte ich um fünf Uhr morgens auf. Mein Höhenmesser zeigte 50 Meter mehr als am Vorabend. Ich war nicht im Schlaf emporgeschwebt – der Luftdruck war gefallen. Kein gutes Zeichen.

Ich schmolz hartgefrorenen Schnee. Dann machte ich das Wasser heiß und hängte einen Teebeutel hinein. Nach dem Tee gab es Suppe aus Wasser und einem Konzentrat aus Vitaminen und Salzen. In der eisigen Stille ein Geräusch wie von einem gewaltigen, fernen Wasserfall.

Ich riß den vereisten Zelteingang auf, steckte den Kopf hinaus. Unglaublich! Unter mir mußte die halbe Eiswand abgebrochen sein. Alles schien in Bewegung. Links von mir tosten Eislawinen wie Sturzbäche zu Tal. Unter mir wälzte sich eine breite Lawine wie eine Flutwelle hinunter zum Bergfuß. Sie bestand aus dem Eis, über das ich bis hierher geklettert war. Sie überrollte den Biwakplatz, von dem ich aufgebrochen war. Vor genau 24 Stunden. Gebannt schaute ich dem Ende zu, das mich jetzt ereilt hätte, wenn ich 24 Stunden später aufgestiegen wäre.

Keine Panik. Obwohl mir das Blut in den Schläfen pochte. Ich sagte mir: »Da rauscht sie hin, deine Abstiegsroute.« Als spräche ich mit jemand anderem. »Da kommst du nicht mehr hinunter. Da mußt du dir etwas anderes einfallen lassen für den Heimweg.«

Im kaltblauen Schatten der Wand klappte ich mein Zelt zusammen. Ich verstaute die Sachen im Rucksack: zwei fingerdicke Schlafmatten, einen Daunenschlafsack, die Koch-Utensilien, sieben bierbüchsengroße Gaspatronen. Ich hatte Verpflegung für acht bis zehn Tage dabei: zwei Dosen Corned beef, eine Dose Leberwurst, eine Pfunddose mit Streichkäse, zwei halbpfündige harte Südtiroler Fladenbrote, Sportiv-Suppen und Cracker, Pulverkaffee (schon mit Zucker und Milchpulver gemischt), Teebeutel. Dann die Eisschraube, die Kamera, einen Felshaken

Blick aus dem Biwakzelt auf Pickel und Steigeisen und die bizarren Wolkenformationen im Westen, die schlechtes Wetter ankündigten.

aus Titan, den ich nie benutzte, einen Fettstift gegen aufgesprungene Lippen, Sonnencreme, zwei Paar starke Sonnenbrillen. Schneeblind zu werden wie am Everest konnte ich mir diesmal nicht leisten. Ferner: Toilettenpapier. Aber ich benutzte es nur ein Mal. An diesem Morgen nach dem Lawinenabgang. Auch Heftpflaster hatte ich mit. Für leichtere Verletzungen. Bei schweren wäre es sowieso aus gewesen. Schließlich zehn Schlaf- und zehn Schmerztabletten. Aber keinerlei Aufputschmittel. Ich wußte, daß ich in so schwierige Situationen kommen würde, daß mich die Versuchung übermannt hätte, diese Pillen zu schlucken. Und wenn ich sie nahm, war ich tot. Vielleicht hätte ich sie geschluckt.

Für die ersten 100 Höhenmeter brauchte ich länger als am Vortag für 500 Meter – fast zwei Stunden. Ich hatte das Gefühl, mich nicht warmlaufen zu können. Der Schnee war ungleich: einmal blankes Eis, einmal Bruchharsch, einmal pulvrig. Meine Füße fühlten sich nur sicher, wenn fester Grund unter den Steigeisen knirschte. Im Westen schwebten Zirruswolken am Himmel, und auf dem Nanga-Parbat-Gipfel saß wie ein Schlapphut eine Wolke. In den Farben des Regenbogens. Ein kalter Wind blies mir ins Gesicht. Ich fürchtete, daß Schnee kommen würde.

Ich durchkletterte einen nahezu senkrechten Eisabbruch. Dabei krallte ich mich mit den vorderen Zacken meiner Steigeisen ins Eis und schlug meinen Pickel über mir in die gefrorene Mauer. Wenn er Halt hatte, zog ich mit dem rechten Arm mein Gewicht plus Rucksack ein kleines Stück höher.

Gegen halb zehn Uhr streifte mich erstmals die Sonne. Sie schien steil von oben die Wand herab. Es wurde warm, dann heiß. Wie durch ein Brennglas fühlte ich die Strahlen, wenn die Luft auch kühl blieb. Ich war jetzt höher als 7000 Meter und kam in flacheres Terrain. Der trapezförmige Gipfelaufbau aus Fels stand vor mir.

Flacheres Gelände, aber schwerer, tiefer Schnee. Oft sank ich bis zur Hüfte ein. Fuß für Fuß wühlte ich mich weiter. Fünf Schritte. Pause. Mein Atem rasselte. Fünf Schritte. Pause. Pulsfrequenz 130, 140. Und dieses Gefühl des Verlorenseins!

Ich spürte in jeder Körperzelle, wie allein ich war. Niemand, der mich beim Spurmachen ablöste. Niemand, mit dem ich ein paar gekeuchte Flüche oder Ermunterungen hätte tauschen können.

Endlich fand ich an den Felsen des Gipfelmassivs einen brauchbaren Lagerplatz. Ich war völlig ausgetrocknet, hatte keine Kraft mehr und ließ mich in den Schnee fallen. Das Zelt aufzubauen schaffte ich nicht mehr.

Warum darüber nachdenken, was zum Teufel mich hier heraufgebracht hatte. In dieses Elend. In diese Einsamkeit. Als ob die Besteigung des Mount Everest ohne Sauerstoffgerät nicht schon genug des Zuvor-für-unmöglich-Gehaltenen gewesen wäre. Hatte ich die Genehmigung für den Nanga Parbat in diesem Jahr zufällig erhalten? Ich war auch geflohen aus Europa. Sechs Wochen Trubel waren mir zuviel.

Ich hatte lange davon geträumt, einen Achttausender im Alleingang zu schaffen – etwas, das damals unter Bergsteigern als »noch unmöglicher« galt als der höchste Berg der Erde ohne Atemgerät. Mein körperlicher Zustand war perfekt. Ich tat gut daran, den Versuch gleich im Anschluß daran zu wagen. Durch die langen Wochen am Everest war mein Organismus noch akklimatisiert und höhentauglicher, als wenn ich ein Jahr Pause eingelegt hätte.

Ich lag im Schnee. Ich saugte die dünne Luft ein und stieß sie wieder aus, daß sie sich kurz vor dem Ausatmen noch einmal in der Lunge staute. Die Nachmittagssonne glühte. Ich mußte trinken. Schnee schmelzen. Mit Bewegungen, die mir sehr langsam vorkamen und gewiß noch langsamer waren, spannte ich mein Zelt auf.

Unter mir ein Nebelmeer! Alle Täler und Berge waren bis auf 6500

Meter eingehüllt. Im Westen stand ein rotgelber Dunststreifen am Horizont. War das ein gutes Wetterzeichen? Während ich kochte und trank, staute ich zwischendurch die Luft in meiner Lunge. Die Zuversicht kehrte allmählich zurück. Wieder schlief ich ohne Schlaftabletten. Morgen war der entscheidende Tag. Ich mußte rechtzeitig aufstehen.

Ich schlief schlecht, kam am Morgen erst um sieben Uhr aus dem Zelt. Das Wetter war trüb. Aber ich konnte den Gipfel sehen. Wenn fester Schnee oder Eis zwischen mir und ihm gewesen wäre, hätte ich den Aufstieg in zwei, maximal drei Stunden geschafft. Der Schnee aber, durch den ich mich weiterwühlte, war grundlos und tückisch wie Treibsand.

Um zehn Uhr, nach drei Stunden Schinderei, war mir klar, daß ich den Gipfel so niemals erreichen konnte. Ich wußte, daß ich auch nicht mehr hinunterkam, wenn ich mich noch mehr verausgabte. Entweder auf der Stelle umkehren... Oder? Oder die letzte Möglichkeit riskieren, die mir noch blieb: auf der kürzesten Linie zum Gipfel klettern. Über die steile Felsbarriere, die sich neben mir auftürmte, versuchte ich es.

Felsklettereien war von Kindheit an meine Stärke gewesen. Ich kletterte vorsichtig. Trotzdem ging ich ganz aus mir heraus. Wie ich es in senkrechten Dolomitenwänden gemacht hatte. Aber Dolomitenwände waren heitere Klettereien gegen das hier. Schlechter Fels, 8000 Meter Höhe, die plumpen Doppelschuhe an den Füßen und schlechte Sicht durch die Gletscherbrille.

Ich balancierte über handbreite Leisten, wühlte mich durch eine Schneerinne. Alle meine Instinkte waren wach. Innere Reserven wurden mobil. Ich hatte nicht geglaubt, daß ich sie noch besaß.

Um sechzehn Uhr, am 9. August, war ich oben. Ich stand auf der Gipfelkuppe des Nanga Parbat. Ich sah den »Silbersattel«, unter dem die beiden deutschen Bergsteiger Willo Welzenbach und Willy Merkl umgekommen waren und über den Hermann Buhl 1953 den Gipfel erstmals erreicht hatte. Rechts das Rupal-Tal. Dazwischen ein himmelhoher Abbruch. Vor acht Jahren stand ich schon einmal hier. Damals war mein jüngerer Bruder Günther dabei gewesen. Wir hatten uns umarmt. Es war unser erster Achttausender gewesen.

Ich fühlte mich ruhig, nicht aufgeregt wie damals. Ich schraubte meine Kamera auf den Kopf des Pickels, auf dem ich ein Gewinde hatte anbringen lassen, damit ich ihn auch als Stativ verwenden konnte.

Ich fotografierte mich. Und zwar so, daß man den Hintergrund zweifelsfrei erkennen konnte. Dann befestigte ich mit meinem ungenutz-

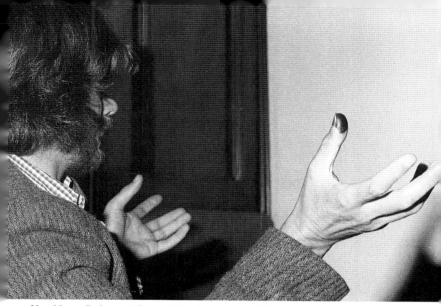

Vom Nanga Parbat zurück, ging ich sofort wieder auf Vortragsreise. Ich mußte »arbeiten«, um die Spesen meiner drei Expeditionen 1978 wieder einzuspielen!

ten Titan-Haken eine Metallhülse am Gipfelfelsen. In der Hülse steckte eine Pergament-Reproduktion der ersten Seite der Gutenberg-Bibel: »Am Anfang schuf der Herr...«. Ein Freund hatte sie mir mitgegeben. Ich setzte das Datum und meinen Namen auf das Pergament und steckte es wieder in die Hülse.

Oft hatte ich darüber nachgedacht, wie es wäre, wenn ich auf so einem Achttausender einfach sitzenbliebe. Was war der geheime Sinn des Bergsteigens? Oben zu bleiben? Nicht wieder zurückzukehren in die Welt, die ich gerade mühsam hinter mir gelassen hatte?

Nach einer Stunde stieg ich wieder ab. Ich ging nicht über die Felsbarriere, sondern außen herum. Zuerst über den Südgrat, dann durch den Schnee der Westmulde. Abwärts kam ich leichter durch den frostigen Treibschnee. Noch vor der Dunkelheit erreichte ich das Zelt, das ich am letzten Lagerplatz zurückgelassen hatte.

Am nächsten Morgen herrschte Schneetreiben. Dichter Nebel. An Abstieg war nicht zu denken. Ich würde mich unweigerlich verirren wie Franz Jäger und Andi Schlick beim Abstieg vom Manaslu. Im Schneesturm war es ohne Markierungsstangen unendlich schwierig, sich zu orientieren. Ich wartete ab. Wie lange? Ich mußte Brennstoff und Nahrungsmittel rationieren. Das schlechte Wetter hätte über eine Woche andauern können. Ich kauerte im Zelt. Ich war ausgedörrt und sehr, sehr müde. Ich wurde ungeschickt. Zweimal fiel mir an diesem Tag der volle Kochtopf um. Dabei verbrannte ich meinen Daunenschlafsack. Das Wetter am Abend sah schlecht aus. Es war der 10. August. Noch drei, vier Tage, dann war ich für den Abstieg zu schwach. »Wenn ich nach zehn Tagen nicht zurück bin, könnt ihr das Basislager abbrechen und mich bei den Behörden in Islamabad als vermißt melden«, hatte ich zu Ursula Grether und Major Tahir gesagt. »Im übrigen ist nichts zu tun. Eine Suche wäre sinnlos.«

Halb vier Uhr am folgenden Morgen. Das Wetter schien sich zu bessern. Ich war taumelig. Aber nichts hielt mich mehr. Um fünf Uhr war ich aus dem Zelt. Ich war entschlossen, alles auf eine Karte zu setzen.

Ich mußte versuchen, das Basislager in einer einzigen Gewaltetappe an diesem Tage zu erreichen: 3000 Höhenmeter tief hinab in der steilsten, direkten Linie. Schaffte ich es nicht, würde ich die kommende Nacht nicht mehr überleben. Mit diesem Wissen ging ich los. Es war ein letzter, mächtiger Ansporn. Ich ging schräg zum Hang. Plötzlich rutschte ich ab und konnte mich nur durch schnellste Reaktion noch festkrallen. Glück gehabt! Ein gestauchter Knöchel, ein gebrochenes Schienbein hätte das Ende bedeutet. Der Schock forderte mich, alle Kräfte zu konzentrieren.

Rechts der »Mummery-Rippe«, die steinschlaggefährdet war, stieg ich 2000 Höhenmeter in einem Stück ab. Über blankes Eis, das 50 Grad steil war. Gesicht zur Wand. Keine Zwischenfälle mehr. Keine Lawinen. Am späten Vormittag übersprang ich ein Dutzend Spalten im flachen, unteren Wandbereich. Ich fühlte mich halbtot und neugeboren zugleich.

Vom Basislager aus hatte Derry mich längst gesehen. Über das Geröll des riesigen Kars kam Ursula Grether mir entgegen. Sie hatte meine Turnschuhe in der Hand. Das war ein Geschenk! Wir erreichten einander. Ich zog meine Klumpfuß-Stiefel aus, wollte sie nicht mehr sehen. Mit dem Scharfblick der Medizinerin konstatierte Ursula, daß ich »grün« aussah. Wie eine »Mumie«.

Deshalb gibt es auch kein Foto von der Rückkehr. Ursula fand, mich in diesem Zustand zu knipsen, wäre »geschmacklos« gewesen.

46. Ein anderer Mensch

Erstbegehungen im Hoggar-Gebirge in der Sahara

Nach meiner Rückkehr vom Nanga Parbat war ich nicht mehr derselbe Mensch. Ich wurde zum Spieler. Es waren nicht mehr sosehr die hohen Gipfel, die mich herausforderten, es waren Wege – und ich wollte sie in ihrer ganzen Länge gehen.

Im Flugzeug von Frankfurt nach München traf ich mit Hermann Magerer zusammen, den ich vom Klettern und von seiner TV-Arbeit gut kannte.

Er steckte mir das Everest-Buch von Peter Habeler zu, das in der Zwischenzeit erschienen war.

Ich las es durch. Anfangs neugierig, dann erstaunt, am Ende enttäuscht. Die europäische Realität hatte mich eingeholt. So viele Ungereimtheiten konnte Peter nicht verbrochen haben! Am selben Nachmittag noch fuhr ich ins Zillertal, um mit Peter Habeler zu reden. Ich wußte inzwischen, daß der Journalist Eberhard Fuchs aus allerlei Berichten, Rundfunkreportagen und aus den Erzählungen Peters dieses Taschenbuch zusammenredigiert hatte. Aber der Name Peter Habeler stand als der des Autors darüber, und das war es, was die Geschichte so unangenehm machte. Ob sich Peter für dieses Geschäft hatte mißbrauchen lassen, oder ob er bewußt Tatsachen verfälscht hatte, war mir weniger wichtig als Peter selbst. Er gehörte auch zu meinen Ideen von morgen.

Ich wollte keinen Streit. Im Gegenteil, Peter sollte auch weiterhin mein Partner sein. Er blieb es nicht. Peter hatte zwar ein schlechtes Gewissen und entschuldigte sich bei mir, aber er brach seine Versprechen immer wieder. Ich zog mich von ihm zurück.

Die Trennung von Uschi hatte mich auf unglaubliche Weise leiden lassen. Die Trennung von Peter war die Konsequenz eines Vertrauensbruchs. Menschen waren so. Das hatte ich viel zu spät erst erfahren. Aber ich erfuhr es gründlich.

Im Februar 1979 reiste ich mit einigen Freunden in die Sahara. Auch Konrad Renzler war wieder dabei. Wir wollten im Hoggar klettern, wandern, ein Stück Welt kennenlernen. Von Tamanrasset brachen wir mit Kamelen nach Norden auf, in die Wüste. Oft ging ich viele Stunden

lang einfach so dahin. Ich weigerte mich, überhaupt etwas zu denken. Sand, Felsen: Wüste überall, horizontal, vertikal.

Es war so leicht, mein Gleichgewicht zu finden. Wenn ich all meine Ambitionen wegsteckte und in die Wildnis aufbrach, war ich glücklich.

Die Welt war klein geworden. Es schien, daß auch die Wildnis ihre Spannungen verloren hätte. Alles war erforscht, fotografiert oder wenigstens vom Satelliten aus erfaßt. Der Deutsche Alpenverein und Neckermann organisierten »Abenteuer« in aller Welt. Kann man Abenteuer organisieren? Ein Erlebnis kaufen? Die Frage stellte sich für mich anders. Was war Voraussetzung dafür, auf dieser unserer ramponierten Welt das zu erleben, was vor hundert Jahren als »Abenteuer« bezeichnet worden war? Die Neugierde eines Alexander von Humboldt und die Bereitschaft, streckenweise auf die Technik zu verzichten! Der »Abenteurer« lebt nur dann im Zustand des Wachseins, der Spannung, der Empfindsamkeit, wenn er der Natur als Mensch und nicht als Maschinenmensch gegenübersteht.

Die Welt ist noch voller Geheimnisse geblieben. Diese Geheimnisse sind da, damit wir unser Menschsein entdecken, damit wir von ihnen durchgeschüttelt werden. Wissenschaft, Technik und die Medien haben es sich zur Aufgabe gemacht, die Welt aufzuschlüsseln. Sie wird uns bis ins kleinste Detail im geheizten Wohnzimmer präsentiert. Sie wird uns vorweggenommen. Wir sind dadurch nicht wacher, sondern abgestumpft geworden. Ich wollte keinen Naturpark und keine erforschte Welt. Ich wollte Möglichkeiten haben, wenigstens einmal im Jahr über meinen Gartenzaun zu springen und in die Wildnis zu gehen. Nur so konnte ich mich selbst entdecken. Nur so konnte ich alle Fragen aufheben, weil ich selbst die Antwort war.

Als ich die erste Trägheit überwunden hatte und in östlicher Richtung der Sonne entgegenging, wuchs eine Kraft in mir, so wie die Berge vor mir wuchsen.

Äußerer Anlaß für meine »Abenteuer« waren oft nur eine Laune oder eine Idee. Erst die Wildnis, die Menschen in den höchstgelegenen Siedlungen, Sandstürme, das gleißende Licht machten mich durchlässig für Grenzerlebnisse. Eingefahrene Verhaltensmuster zerbrachen. Eine Ziegenherde, die alten Mauern der letzten Einsiedelei und das leise Windspiel in den Sandkristallen waren so wirklich wie ich selbst. Ich ging ganz meinem Gefühl nach. Die treibende Kraft, die mich bewegte, wie sonst nichts auf der Welt, war der Fluß der Natur.

Ich war nicht vorsätzlich in das Hoggar-Gebirge gereist, um neue

Meine Neugierde auf die Wüsten der Erde war Jahr für Jahr größer geworden. (Im Hoggar-Gebirge, Sahara).

Routen zu erschließen. Konrad und ich kletterten, weil die senkrechten Felsen vor uns standen. Dabei gelangen uns einige Erstbegehungen an diesen Konglomeratwänden inmitten der Wüste.

Seit der Bergsteiger die Möglichkeit hatte, ferne Gebirge in Asien, Südamerika, Alaska und Afrika zu besuchen, hat er sie zunehmend mehr genutzt. Im vergangenen Jahrhundert waren es einige wenige gewesen, die sich an diese Berge herangetastet hatten. Diese ersten Expeditionsbergsteiger waren Pioniere in jeder Hinsicht gewesen. Meist hatten sie nicht gewußt, wohin ihre Reise führen würde. Ihre Ausrüstung war einfach, der Erfahrungsschatz gering gewesen. Für diese Unternehmungen galt der Ausdruck »Expedition ins Abenteuer«.

In der Zwischenkriegszeit dann waren Expeditionen mehr Eroberungsfahrten gewesen. Die Fahne im Rucksack, getragen von nationalistischem und viktorianischem Geist, mußten die »letzten weißen Flecken auf der Landkarte« erobert werden.

Ich verstand unter einer Expedition etwas anderes. Mir ging es mehr um Erfahrungen nach innen als um Erfahrungen nach außen. Soweit Ungewißheit in den Unternehmungen steckte, galt das Wort Expedition in seiner ursprünglichen Bedeutung: Hinausgehen ins Ungewisse. Im übrigen bezeichnete ich meine Reisen lieber als Klettertouren im Himalaya oder als Auslandsfahrten. Es war nicht der Name der Reise, der die Erlebnisse ausmachte. Es war die Bereitschaft, aufzubrechen und zu tun, was ich wollte.

47. Zeit und Geld

Der Abruzzi-Grat am K 2

Biwak in 7910 Meter Höhe. Sturm umtoste das Zelt, in dem Michl Dacher und ich die Nacht verbrachten.

Um sieben Uhr flaute der Wind ab. Grell überfiel uns das Licht der Sonne, als wir ins Freie krochen. Beide trugen wir blaue, daunengefüllte Anzüge. Wie Mondmenschen standen wir uns gegenüber. Ich schaute den vermummten Michl an. Seine Bewegungen waren langsam. Zeitlupenartig. Sein Gesicht war klein und spitz.

Entschlossen ging ich los. Kurz oberhalb des Zelts blieb ich stehen. Mit einer Kopfbewegung fragte ich, ob ich warten sollte. Nein, das war nicht nötig. Michl kam nach.

Wie zwei Dackel im Tiefschnee wühlten wir uns den Hang hinauf. Eine Zeitlang hatten wir Angst, die Schneemassen würden uns mit hinunternehmen auf den Godwin-Austen-Gletscher. Sehr viel Schnee.

Es war Mittag, als wir den Felsklotz erreichten, der wie ein Findling im Schneefeld links der großen Seracs lag. Schnee, Schnee, Schnee. So weit mein Auge sehen konnte. Darüber der schwarzblaue Himmel. Unser Gehen war ein unregelmäßiges Kriechen geworden. Der Schneehang vor uns wuchs endlos. Ich wollte es nicht glauben: Er weitete sich mit jedem Meter, den wir uns nach oben schoben. Diese unberührte Leere nahm mir das Raumgefühl. Auf dem Hang unter uns sah ich keine Spur. Sie hatte sich verloren. Endlos gingen wir durch Schnee aufwärts.

Die Sonne stand versteckt hinter dem Berg. Es war eisig kalt.

Wir hatten noch Zeit, obwohl es spät für den Gipfel war. Immer dasselbe Gefühl der Hilflosigkeit, wenn ich nach einer Rast den Kopf hob und nach oben schaute. Mir fehlte ein Maß für Raum und Zeit. Das machte mir Angst. Schweigend wühlten wir uns durch den Schnee: vorne Michl, hinten ich, oder umgekehrt. Ich war stolz auf jeden Meter, den wir weiterkamen. Es war nicht ungefährlich, was wir taten. Das Gelände war streckenweise so steil wie ein Kirchendach. Tiefer unten fiel die Wand senkrecht ab. Wir hatten keine Chance zu überleben, wenn einer rutschte. Bei einem Windgang rastete ich, auf meinen Pickel gelehnt. Müde kauerte ich mich nieder, ohne vorher einen Standplatz in den Schnee zu

Zum Erfolg einer Expedition gehört auch der richtige Umgang mit den Einheimischen.
Hier Baltis im Karakorum.

Balti-Träger, die mit ihren 30-kg-Lasten tagelang durch Bäche, Staub und Schnee gehen – für eine Handvoll Rupien

treten. Für Michl und mich war es der fünfte Klettertag. Der Abruzzi-Grat war bis über die Schwarze Pyramide mit drei Lagern und Fixseilen abgesichert. Wir hatten diese Vorbereitungsarbeiten getroffen, um leichter absteigen zu können. Friedl Mutschlechner, Alessandro Gogna und Robert Schauer hatten dabei geholfen. Für die »Magic Line« waren wir zu wenige und die Zeit zu kurz. Und es war zuviel Schnee da.

Aus dem Inneren des Berges vernahm ich ein Rauschen. Woher kam es? Dann das Geräusch von Steigeisen über mir. Michl kroch auf allen vieren weiter. Mit Schwimmbewegungen. Als mir kalt wurde vom Rasten, mußte ich weiter. Michl wartete. Ich löste ihn beim Spuren ab. Im Vorbeigehen sah ich sein Gesicht. Es kam mir unbekannt vor.

Die Strecken, die wir zwischen den Rastpausen zurücklegten, wurden immer kürzer. Ich wußte nicht, wie lang sie waren. Während ich ging, konnte ich die Schritte nicht zählen, und beim Rasten fiel mir nichts ein. Wenn ich rastete, lag ich, wenn ich ging, ging ich wie ein Tier.

Das hatte mit Bergsteigen nicht mehr viel zu tun. Es ging nur noch um das Durchhalten. Eine Tortur, jenseits von Schmerz und Erschöpfung. Vielleicht machten wir nur noch weiter, weil jeder hoffte, daß der andere

Seite 296–297 Die Zelte standen auf dem Toteisgletscher. Regen ging über sie hinweg.
Seite 298–299 Michl Dacher (Bildmitte) verläßt das letzte Lager am K2.

Wilhelm Bittorf hat uns als Journalist am K2 bis nach Dassur begleitet; später arbeiteten wir noch öfters zusammen.

zuerst aufgab. Die Partnerschaft wurde zu einem verbissenen Ringen miteinander, das uns weitertrieb. Und Michl, der zähe 45jährige Michl Dacher war, was das Zuerst-Aufgeben anlangte, ebenso stur wie ich.

Eigentlich hatte ich diese Expedition nur leiten wollen. Es war nicht mein primäres Ziel gewesen, selbst bis zum Gipfel zu klettern. Ich hatte Lust und Zeit, auf einen Berg zu steigen. Endlich hatte ich auch das nötige Geld dafür.

Es war mir möglich geworden, auch kostspieligere Expeditionen zu finanzieren. Obwohl es nicht meine Lieblingsbeschäftigung war, mit Verlegern und Sponsoren zu verhandeln, ich tat es. Wollte ich meine Ideen in die Tat umsetzen, wollte ich dorthin aufbrechen, wohin ich wollte, mußte ich zuerst das nötige Geld dafür aufbringen. Dabei hielt ich mich weiter an den Grundsatz: ein Abenteuer mußte finanzierbar sein, nichts abwerfen. Das Geld zum Leben verdiente ich mit Vorträgen, Büchern, als Werbeträger und Designer.

Es genügte mir nicht, die Kunst des Bergsteigens zu beherrschen. Ich wollte auch gestalten, etwas produzieren, spielen. Als Nur-Bergsteiger hätte ich nicht leben wollen. Es lag mir allerdings nichts daran, irgendwelche Geschäfte anzufangen. Mein Bewegungstrieb war nach wie vor groß. So hielt ich einige Wochen lang Vorträge und schrieb Bücher, dann brach ich wieder zu einer Expedition auf, wie im Sommer 1979 zum K 2.

An der Gipfelpyramide nahm der Schnee allmählich ab. Der Grat vor mir lief halbmondförmig nach links, leicht ansteigend, unendlich weit. Ich konnte seine Länge nicht abschätzen. Ob meine Kräfte bis an sein Ende reichten? Ich kam schneller voran. Der Schnee war stellenweise hart. Ich war mir dessen nicht bewußt.

Plötzlich stand ich in der Sonne. Zugleich wußte ich, daß wir am Gipfel waren.

Wir waren da! Wir waren oben!

»Wir sind oben!« Ich schrie es Michl zu. Ich wollte ihm die Hand geben, obwohl er noch zehn Schritte von mir entfernt war. Ich wartete. Dann standen wir gemeinsam da. Wir konnten es nicht glauben. Wir wunderten uns. Den Grund unseres Hierseins hatten wir vergessen.

Michls Gesicht hatte wieder den Ausdruck eines Lausbuben. So wie es beim Aufbruch gewesen war. Ich warf den Rucksack weg. Wir unterhielten uns, ohne zu sprechen.

Schließlich erinnerte ich mich an das Funkgerät. Ich holte es aus dem Rucksack, drückte die Sprechtaste. »Kappa due ruft Basislager, Kappa due ruft Basislager, bitte melden.«

Die Verständigung war schlecht. Sie reichte gerade aus, um unseren Standort zu erklären.

Als ich das Funkgerät Michl gab, hockte er sich hin. Während ich die höchste Erhebung der Gratschneide fotografierte, hörte ich, wie er Blumen bestellte für seine Frau daheim.

48. Tod am Heiligen Berg

Rettungsaktion am Ama Dablam

Sie waren mitten in der Wand. Die Südwestwand des Ama Dablam ist 1300 Meter hoch, vereist, glatt und teilweise senkrecht.

Peter Hillary war mit seinen drei neuseeländischen Partnern im Basislager aufgebrochen, kurz nachdem wir dort eingetroffen waren. Er wollte gleich auf seiner ersten Himalaya-Tour etwas ganz Besonderes leisten. Peters Vater, Edmund Hillary, hatte 26 Jahre vorher zusammen mit dem Sherpa Tensing Norgay den Mount Everest bestiegen. Dafür war er von der englischen Königin geadelt worden.

Ich sah Peter Hillary durch mein Fernglas. Der Neuseeländer kletterte zusammen mit seinem Landsmann Merv English in einer Seilschaft. Über ihnen, auf einem Felspfeiler, der wie eine vorgeschobene Faust aus der Wandmitte ragte, waren Ken Hyslor und Geoff Gabites. Es war 13.30 Uhr.

Plötzlich Lärm. Eine Lawine! Die Mittagshitze hatte ein paar hundert Meter über den vier Kletterern das Eis aufgeweicht. Eine zimmergroße Eisscholle löste sich. Sie zersprang in viele Brocken, die über die Steilwand hinunterprasselten, eine lange Staubwolke hinter sich herziehend. Es war wie ein Spuk, nein, kein Spuk, es war ein Schock, etwas Ungeheuerliches, was sich da vor meinen Augen abspielte.

Ken, der Jüngste, warf die Arme über dem Kopf zusammen und stürzte hintüber aus der Wand. Der Druck der Lawine hatte ihn weggeblasen. Geoff, der zweite im Seil, konnte ihn nicht halten, er stürzte ebenfalls. Ken und Geoff hatten Glück. Ihr Seil verfing sich über Hillary. Jetzt hing das Leben der drei an Mervs Seil.

Keiner konnte entkommen. Merv stand gerade auf einer schmalen Leiste. Peter wurde von mehreren Brocken erwischt, an den Beinen, an der Schulter, sein linker Arm war gebrochen. Er konnte sich nicht halten und stürzte ab. Merv fing ihn ab. Peter blieb im Seil hängen.

Merv stand nach wie vor auf seinem schmalen Sicherungsplatz. Er wußte, daß die ganze Gruppe abstürzen würde, wenn er sich nicht mehr halten konnte. Er beugte seinen Oberkörper über die eine Schlinge, die er um einen Felszacken gelegt hatte. Das war seine Selbstsicherung. Sie durfte nicht von den stürzenden Eismassen durchschlagen werden.

Peter Hillary schrie vor Schmerzen. Geoff hing irgendwo in der Wand. Von Ken keine Spur. Um Mervs Bein war das Seil geschlungen. Eine halbe Stunde lang blieb er bewegungsunfähig. Als er sich endlich befreien konnte, ließ er das Seil am Fixpunkt hängen und kletterte herab zu den anderen. Das Seil, an dem Kens Körper hing, spannte. Er hing unter einem überhängenden Felsen. Für die anderen nicht einsehbar. War er verletzt? Wenn sie ihn nicht heraufziehen konnten, würde er den Erstikkungstod sterben. Oder war er längst tot?

Und was konnten wir tun?

Ich überlegte nicht lange. Mein Teamgefährte und alter Freund Dr. Oswald Oelz war meiner Meinung: Wir mußten sofort handeln und helfen.

Wir packten das Wichtigste zusammen: 400 Meter Seil, einige Zelte, Gaskartuschen, Verpflegung, Haken. Dann stiegen wir bis spät in die Nacht auf. Bei etwa 5400 Meter Höhe, in einer windgeschützten flachen Mulde, wollten wir die Nacht verbringen, um uns anderntags von der Seite in die Wand zu seilen und den Neuseeländern zu helfen. Vom Basislager aber erfuhren wir über Funk, daß drei Mann den Rückzug angetreten hatten. Also mußte der Vierte schwer verletzt sein. Ich wußte, was es bedeutete, sich durch diese Wand abzuseilen: sie war eine gefährliche Steinschlaghölle, ein Eisschlund, durch den alle Lawinen rasten, wenn sich irgendwo ein Eisstück löste.

Wir entschlossen uns, in der Nacht mit Taschenlampen ins Basislager abzusteigen, um am nächsten Tag von unten her in die Wand einzusteigen. Schlafen konnten wir kaum.

Morgens um fünf Uhr waren wir wieder auf den Beinen. In der Wand war nichts zu sehen. Es war dunkel. Erst um halb sieben Uhr sahen wir Bewegungen. Nach drei Stunden erreichten wir Hillarys Lager.

Über einen Eishang stiegen wir hinauf zu dem Lawinenkegel, der sich am Fuß der Südwestwand des Ama Dablam auftürmte. Dort entdeckten wir den toten Körper von Ken Hyslor. Ein fürchterlicher Anblick. Wir bestatteten den Toten in einer Gletscherspalte. Seine Kameraden hatten das Seil, an dem der Tote gehangen hatte, gekappt, um sich selber retten zu können.

Dann beobachteten wir, was die drei Neuseeländer taten. Sie kamen langsam voran. Ich wußte, daß es sinnlos war, an diesem Tag noch weiter aufzusteigen. Jetzt, am Nachmittag, gingen zu viele Lawinen ab. Am Fuß der Wand brachten wir hundert Meter Seil an. Dann mußten wir vor dem Stein- und Eisschlag flüchten.

Der Ama Dablam ist kein hoher Berg, aber er ist unvergleichlich schön.

Wieder eine kurze Nacht. Ich konnte nur minutenweise schlafen, lag meist wach da. Den Steinschlag, die drei Neuseeländer in der Wand, die Gefahr, in der sie schwebten, all das sah ich deutlich vor mir.

Morgens brachen wir wieder auf. Mit dem ersten Tageslicht waren die Ängste abgefallen. Wir nahmen die am Vortag erkundete Route. Noch lag die Wand im Schatten, noch war die Steinschlaggefahr gering. Wir fanden die Fixseile, erreichten die offene, freie Wand. Zügig kletterten wir durch jenen Trichter, der die größten Gefahren bot. Wir mußten einen senkrechten Felsaufschwung erreichen, unter dem es Schutz gab.

Von diesem Standplatz aus querte ich in die senkrechte Wand. Die Neuseeländer seilten über uns ab. Ich rief ihnen zu, sie sollten ihre zerfetzten Seile zusammenknoten und sich einzeln zu mir abseilen.

Der erste, der kam, war Geoff. Als ich ihn hereinzog aus der Eisflanke unter den Felsüberhang, brach er in Tränen aus. Er weinte um Ken, seinen besten Freund, und aus Erleichterung. Ich sicherte ihn, während ihm Oswald Oelz beruhigend zusprach.

Als nächster kam, Zentimeter für Zentimeter, den Rucksack zwischen den Beinen, Peter Hillary herunter. Er biß die Zähne aufeinander. Ihm war anzusehen, wie sehr ihn jede Bewegung schmerzte. Bei jedem Schritt drohte er aus dem Gleichgewicht zu kippen. Er hatte nur die rechte Hand zum Abstützen. Die linke war unter dem Pullover eingebunden. Sein Gesicht war grün. Oswald kümmerte sich um ihn.

Merv kam zuletzt. Auch er hatte Tränen in den Augen. Er war mit 25 Jahren der älteste der Gruppe, aber auch der Stärkste und der mit den besten Nerven. Er hatte seine beiden Kameraden ständig aufgemuntert, 45 Stunden lang. Beim Abstieg hatte er sie gesichert.

Wieder polterten Eisbrocken in die Tiefe. Steine, so groß wie Kohlköpfe, prasselten die Wand herunter. Wie Granatsplitter zischten sie durch die Luft.

Wir mußten schleunigst heraus aus dieser Region. Noch ein Biwak hätten die drei Ausgelaugten kaum überlebt. Wir ließen Peter Hillary hinunter, so lang unser Seil reichte, dann stiegen wir Stück für Stück nach. Wir erreichten ein Felsband unter überhängenden Felsen, wo wir für einige Stunden vor Stein- und Eisschlag sicher waren.

Für die letzten 200 Meter der senkrechten Wand brauchten wir eine Ewigkeit. Erst um sechs Uhr abends waren wir zurück im Camp am Wandfuß. Es war bereits dunkel.

Am nächsten Morgen kam der Hubschrauber, den Wolfgang Nairz inzwischen angefordert hatte. Der schwerverletzte Peter Hillary wurde

Obwohl wir mit 100 m langen Seilen und häufig im Steinschlag kletterten, hatte Oswald Oelz am Ama Dablam noch die Nerven, zu fotografieren.

Öfters setzte der Helikopter auf dieser Plattform am Fuße der Ama-Dablam-Westwand auf, um Verletzte und Retter zu holen.

als erster nach Khunde geflogen, in das nach seinem Vater benannte Hillary-Hospital. Dann folgten Geoff und Merv. Zusammen mit unserem österreichischen Expeditionschef Wolfgang Nairz und den anderen Mitgliedern der Ama-Dablam-Gruppe baute ich die Zelte unseres Lagers ab. Unser Ziel, den Gipfel des Ama Dablam von Süden her zu erreichen, war vergessen. Wir hatten zuviel Zeit und Kraft verloren. Uns blieb ein friedlicher Heimweg zu Fuß.

49. An meiner Grenze
Erste Alleinbesteigung des Mount Everest

Plötzlich gab der Schnee unter mir nach. Meine Stirnlampe erlosch. Ich fiel in die Tiefe – zeitlupenartig, so erlebte ich es –, einmal mit dem Rücken, einmal mit der Brust an den Eiswänden anschlagend. Mein Zeitgefühl war weg. Stürzte ich nur Sekundenbruchteile, oder waren es schon Minuten? Plötzlich hatte ich wieder Halt unter den Füßen. Jetzt wußte ich: Ich war gefangen. Vielleicht für immer!

Ich hätte doch ein Funkgerät mitnehmen sollen. Dann hätte ich jetzt Nena rufen können, die ich 500 Meter weiter unten in unserem vorgeschobenen Basislager auf 6500 Meter Meereshöhe um fünf Uhr morgens verlassen hatte. Nena war eine erfahrene Bergsteigerin. Sie hätte jetzt vielleicht bis hierher aufsteigen, mir ein Seil herunterlassen und mich aus diesem eisigen Gefängnis befreien können. Aber ein Funkgerät wog soviel wie drei Gaskartuschen, und Brennstoff für meinen Kocher erschien mir wichtiger als die Möglichkeit, um Hilfe rufen zu können.

Ich fingerte an meiner Stirnlampe herum, und plötzlich war es hell. Ich legte den Kopf in den Nacken und sah etwa acht Meter über mir ein baumstammdickes Loch, darüber ein paar Sterne. Die Eiswände, etwa zwei Meter weit auseinanderklaffend, schillerten blaugrün und liefen nach oben hin zusammen. Da würde ich nicht mehr herauskommen. Mit meiner Stirnlampe versuchte ich, den Grund der Spalte auszuleuchten. Doch es gab kein Ende. Die Schneebrücke, die meinen Sturz gestoppt hatte, war nur etwa einen Quadratmeter groß. Glück, dachte ich und spürte, wie ich am ganzen Körper zitterte. Ich hatte Angst. Ich überlegte, ob ich auf der morschen Schneeunterlage meine Steigeisen anziehen konnte. Aber bei jeder Bewegung überkam mich die Furcht, tiefer zu fallen. Da entdeckte ich eine Rampe, die schräg nach oben leitete. Das war der Ausweg. In wenigen Minuten war ich wieder an der Oberfläche – aber immer noch auf der Talseite.

Wie in Trance ging ich zum Loch zurück, durch das ich zehn Minuten vorher verschwunden war. Das erste Dämmerlicht erhellte den Nordsattel des Mount Everest. Ich schaute auf meine Uhr: Es war kurz vor sieben. Der Sturz in die Gletscherspalte hatte mich hellwach gemacht. Ich wußte, es gab nur diese eine Stelle, wo ich die Spalte, die die 300 Meter hohe Eiswand unterhalb des Nordsattels quer durchriß, überschreiten konnte. Vor vier Wochen, bei meinem ersten Erkundungsmarsch zum 7000 Meter hohen Nordsattel, hatte ich diese knapp zwei Meter breite Schneebrücke entdeckt. Damals hatte sie mich getragen. Sie mußte auch jetzt kurze Zeit halten, denn ich hatte bei meinem Alleingang keine Aluminiumleitern und Seile dabei, mit deren Hilfe sich vielköpfige Expeditionen über derartige Hindernisse halfen. Zwei Skistöcke und der Eispickel aus Leichtmetall waren meine einzigen Hilfsmittel. Ich war vorsichtig. Jenseits der Spalte stand eine steile Schneewand. Ich beugte mich vornüber und schlug die Skistöcke – Handknauf voraus, bis zu den Tellern – hoch in die Wand. Dann schwang ich mich mit einem Kraftakt nach drüben. Ich wußte: mehr als zehn Bergsteiger hatten in den Hängen zum Nordsattel ihr Leben verloren.

Es wurde Tag. Weit im Osten stand das mächtige Massiv des Kangchendzönga über einem graubläulichen Nebelmeer. Es war richtig gewesen, den Versuch im Juli abzubrechen. Der Schnee, aufgeweicht durch den warmen Monsun, war damals grundlos tief gewesen und die Lawinengefahr groß. Jetzt, am 18. August, war der Schnee festgefroren und gut zu begehen.

Über dem Gipfel des Mount Everest lag eine leichte Morgenröte. Er stand so klar gegen den tiefblauen Himmel, daß ich den freistehenden Felsturm am Nordostgrat klar erkennen konnte. Dort waren George Mallory und Andrew Irwine 1924 bei ihrem kühnen Gipfelvorstoß zum letztenmal gesehen worden. Niemand wußte, ob die beiden beim Aufstieg oder erst während des Abstiegs umgekommen waren. Hatten die beiden damals den Gipfel erreicht? Waren sie die Erstbesteiger des höchsten Berges der Welt, den die Tibeter Tschomolungma nennen, »Göttin der Mutter Erde«?

Die Engländer hatten sich als erste die Eroberung des Mount Everest in den Kopf gesetzt. Nach einer großangelegten Erkundung 1921 war ein Jahr später der erste Angriff über die Route, an der jetzt auch ich kletterte, gefolgt. Mit einer für heutige Begriffe kärglichen Ausrüstung, mit der ich nicht einmal mehr aufs Matterhorn steigen würde, hatten Mallory und seine Freunde Norton und Somervell erstmals in der Geschichte des Bergsteigens die 8000-Meter-Grenze überschritten. Und der Feuergeist George Mallory hatte schon damals erkannt, daß der Mount Everest nach gründlicher Vorbereitung und einer sechswöchigen Akklimatisationsspanne vom Basislager beim Rongbuk-Kloster (5100 Meter) in sechs

Tagen zu erstürmen sein müßte. Zwei Jahre später war Mallory tot. Doch erst 1953 – Tibet und damit die Nordseite des Mount Everest war inzwischen von den Chinesen für Ausländer gesperrt worden – bestiegen Edmund Hillary und der Sherpa Tensing Norgay den Berg über die nepalesische Südseite.

In diesem Frühjahr 1980 hatten die Chinesen die Grenzen geöffnet. Die ersten Ausländer, die kamen, waren Japaner. Mit einer Großexpedition schafften sie als erste nach den Chinesen den Gipfel über die Nordroute. Kurz nach ihnen hatte ich über Lhasa und Shigatse das Basislager erreicht. Sieben Wochen waren vergangen. Auf dieser Reise hatte ich auch vielfältige Eindrücke von Tibet gewonnen, von diesem Land mit seiner schier endlosen Weite. Die Pastellfarben der Hügelketten hatten mich gefangengenommen. Dies war das Land, von dem ich bisher nur geträumt hatte. Gleichzeitig hatte es mich oft deprimiert. Vor den weiß gekalkten Lehmhäusern mit den schwarzen Fensterlöchern wehten keine tibetischen Gebetsfahnen mehr, dort hingen nur noch rote Tücher. Das Kloster Rongbuk, früher von 400 Mönchen bewohnt, war leer. Geplündert. Tausende von Wandmalereien bröckelten von den morschen Wänden. Die Dächer der Tempel waren eingestürzt. In den Bergdörfern hatte ich arme, stumpfe Gesichter gesehen. Hier lachten die Leute nicht wie in den Bergen Nepals. Und wo war die so reiche tibetische Kultur geblieben? Der Potala in Lhasa, der ehemalige Palast des Dalai Lama, stand noch, aber in ihm war kein Leben mehr. Die wenigen Mönche fungierten als Statisten. Ein Volk hatte seinen Gott verloren.

Der Höhenmesser zeigte 7360 Meter. Es war etwa neun Uhr. Ich stieg jetzt langsamer. Die Strecke bis zum Nordsattel hatte ich in zwei Stunden geschafft und mir so ein Biwak sparen können. Ab und zu war der Schnee knöcheltief, und die Schneeverwehungen kosteten Kraft. Ich durfte mich nicht verausgaben. Morgen und übermorgen würde es viel anstrengender werden. Die zwei ausziehbaren Skistöcke waren eine große Hilfe. So konnte ich mein Gewicht auf Beine und Arme verteilen.

Die Nordflanke rechts von mir war eine riesige Schneefläche mit dunklen Felsinseln. Deutlich waren Lawinenstriche zu erkennen. Ich blieb vorerst auf dem stumpfen Nordgrat. Das war die sicherste Route. Keine Spur von meinen Vorgängern. Alles war unter einem dicken Schneemantel begraben. Nur einmal, auf 7500 Meter etwa, sah ich ein rotes Seil im Schnee, »Müll« der vorhergehenden Expedition. Es war an einer Felsinsel verankert. An diesen Seilen waren die Bergsteiger ins Basislager abgestiegen, wenn das Wetter schlecht geworden war, und an

ihnen hatten sie sich hochhangeln können, um die Aufstiegsroute weiter zu präparieren. Stufe um Stufe.

Mit dieser Taktik hatte auch ich 1978 den Mount Everest über die Südroute bestiegen. Diesmal hatte ich niemanden, der mir tragen half, der mir die Biwaks vorbereitete. Keinen Kameraden, der mir im tiefen Schnee spuren half, und keine Sherpas, die meine Ausrüstung schleppten.

Wie eine Schnecke ihr Haus auf dem Rücken trug ich mein Zelt im Rucksack. Ich wollte es aufbauen, darin schlafen und es wieder mitnehmen für die nächste Nacht. Ein zweites Zelt wäre zu schwer gewesen, gar nicht erst zu reden von den Sauerstoffgeräten, die meine Last verdoppelt hätten. Meine 15 Kilo drückten in dieser Höhe so schwer, daß ich nach einem Dutzend Schritten stehenblieb, nach Atem rang und alles rings um mich vergaß. Die Strecken zwischen den Rastpausen wurden immer kürzer. Oft, sehr oft setzte ich mich jetzt hin, um zu verschnaufen.

Es kostete mich jedesmal größere Willensanstrengung, wieder aufzustehen. Schritt für Schritt quälte ich mich bis auf 7800 Meter. Ich hatte das Gefühl, als wäre da jemand hinter mir, der mich ermunterte.

Der erste Lagerplatz, auf dem ich den Schnee festtrat, gefiel mir nicht. Ich mußte an einem Felsen lagern, um das Zelt gut verankern zu können. Wenige Meter unter mir sah ich ein ideale Stelle. Aber mir fehlte die Kraft, meinen Rucksack auszupacken und das Zelt aufzustellen. Ich saß da und schaute hinunter zum vorgeschobenen Basislager, wo ich um fünf Uhr früh aufgebrochen war. Jetzt war es nach drei Uhr nachmittags. Ich erkannte einen winzigen roten Fleck. Nena hatte wohl den Schlafsack auf das Zeltdach gelegt, um sich vor der Hitze zu schützen. Die Hitze war bisher schlimmer gewesen als die Kälte. Nachts sank im Basislager das Thermometer nur auf minus 10 Grad. Hier oben auf minus 20 Grad. Untertags dörrte die Sonne mich aus. Die sauerstoffarme Höhenluft rieb den Rachen förmlich auf. Ich erinnerte mich, daß ich ein winziges Fläschchen mit japanischem Heilpflanzenöl bei mir hatte und nahm zwei Tropfen auf die Zunge. Das spendete für eine Weile Erleichterung und öffnete die Atemwege. Neben Aspirin war dieses Pflanzenmittel das einzige Medikament, das ich nahm.

Nena mußte mich mit ihrem Fernglas sehen können. Ich hoffte, sie war beruhigt. Vor dem Start hatte ich ihr erklärt, daß es keine Probleme geben dürfte, wenn ich am ersten Tag mehr als 1200 Höhenmeter schaffte. Beim Alleingang auf den Nanga Parbat zwei Jahre vorher, der mir den psychischen Rückhalt für diese Solo-Tour auf den Everest gegeben hatte, konnte ich am ersten Tag zwar 1600 Höhenmeter klettern, aber damals

Der Mount Everest ist von Norden ein majestätischer Berg. Mehr als zwei Monate standen unsere Zelte im letzten Grün vor der Moräne.

war ich bei 4800 Metern gestartet. Und es war ein himmelweiter Unterschied, ob man in 6000 oder 7000 Metern Meereshöhe kletterte. Hier wurde jeder Handgriff zur Überwindung.

Mein winziges Zelt, keine zwei Kilogramm schwer und doch so gebaut, daß es Stürme mit bis zu 100 Stundenkilometern Geschwindigkeit standhalten konnte, brauchte nicht viel Platz. Es war gerade so groß, daß ich mit angewinkelten Knien darin liegen konnte. Ich hatte Mühe, es aufzuspannen, weil immer wieder eine Windböe hineinfuhr und es hochhob. Mit Skistöcken, Eispickel und dem einzigen Felshaken, den ich dabei hatte, fixierte ich es. Ich legte eine fingerdicke Schaumgummimatte auf den Boden und kroch hinein. Eine Zeitlang lag ich nur da und hörte dem Wind zu, der die Eiskristalle auf die Zeltwand warf. Er kam aus Nordwesten. Das war ein gutes Zeichen: Das Wetter blieb gut.

Ich sollte kochen. Aber von den vielen kleinen Vorbereitungen für das Nachtlager war ich so müde, daß ich mich nicht dazu aufraffen konnte, obwohl ich seit dem Morgen nichts gegessen hatte.

Mit Bewunderung dachte ich an Maurice Wilson, einen religiösen Fanatiker, der 1934 bereits einen Alleingang auf den Everest gewagt hatte, obwohl er kein Bergsteiger gewesen war. Er war felsenfest davon überzeugt gewesen, daß Gott ihn auf den Everest führen würde. Er hatte auch nach schlimmsten Schneestürmen und mehreren Abstürzen nicht aufgegeben. Beim ersten Anlauf zum Nordsattel hatte er die Strecke vom vorgeschobenen Basislager bis auf den Paß in 7000 Meter Meereshöhe in vier Tagen nicht zurücklegen können. Am Ende seiner Kräfte war er zurückgekrochen in sein letztes Lager, wo zwei Träger auf ihn gewartet hatten. Sie hatten gewußt, daß es Wilson nicht schaffen konnte und versucht, ihn zum Aufgeben zu überreden. Als er sich wieder auf den Beinen hatte halten können, war der Besessene wieder aufgestiegen. Ein Jahr später hatte man am Fuße des Nordsattels seine Leiche gefunden. Die letzten Zeilen seines Tagebuches lauteten: »Herrlicher Tag, auf geht's.«

War ich genauso verrückt wie Wilson, besessen von einer Idee, die niemand verstand, nicht einmal die Bergsteiger? Ich hatte den Mount Everest schon einmal bestiegen. Warum ein zweites Mal das Risiko, die Schinderei? Diesmal war ich auf einem anderen Berg, auch wenn er denselben Gipfel hatte.

»Fai la cucina«, sagte jemand neben mir, »kümmere dich um die Küche«, und ich dachte wieder ans Kochen. Ich redete halblaut vor mich hin. Das starke Gefühl, mit einem unsichtbaren Begleiter zu sein, ließ mich hoffen, daß der andere kochte. Ich fragte mich, wie wir wohl Platz

haben würden beim Schlafen in diesem winzigen Zelt. Ich wollte das erste Stück Trockenfleisch, das ich aus dem Rucksack holte, in zwei gleiche Hälften teilen. Ich redete Italienisch, obwohl für mich als Südtiroler Deutsch die Muttersprache war und ich mit meiner kanadischen Freundin Nena seit drei Monaten nur Englisch sprach.

Der Wind war so stark geworden, daß das Zelt flatterte, und immer, wenn ich den Eingang zwei Handbreit öffnete, um mit dem Deckel meines Kochtopfes Schnee hereinzuschaufeln, blies er die Flamme meines Gasbrenners aus. »Das wird eine schlimme Nacht«, dachte ich.

Es brauchte eine Menge Schnee, bis ich einen Liter Wasser geschmolzen hatte. Zuerst machte ich eine Tomatensuppe. Dann zwei Töpfe mit tibetischem Salztee. Von Nomaden hatte ich gelernt, ihn zuzubereiten. Eine Handfläche voll Kräuter für einen Liter Wasser, dazu zwei Prisen Salz. Ich mußte viel trinken: Vier Liter am Tag, wenn ich nicht austrocknen wollte. Mein Blut würde zu dick werden, wenn ich nicht genug Flüssigkeit zu mir nahm.

Das Kochen dauerte einige Stunden. Ich lag nur da, hielt den Kochtopf und schob ein Stück Trockenfleisch oder Parmesankäse in meinen Mund. Dazu kaute ich hartes Südtiroler Bauernbrot. All die kleinen Handgriffe summierten sich zu einer körperlichen Qual.

Ich lag mit meinen Kleidern im Schlafsack und döste vor mich hin. Wenn ich die Augen aufschlug, wußte ich nicht, ob es Abend oder Morgen war. Aber auf die Uhr sehen wollte ich nicht. Ganz tief drinnen in mir saß die Angst. Es war nicht Furcht vor etwas Bestimmtem, die mich packte, es war die ganze Erfahrung meines Bergsteigerlebens, die Anstrengung von 30 Jahren Kletterei, die in mir wach wurde. Lawinen, Erschöpfungszustände, die ich erlebt hatte, verdichteten sich jetzt zu einer breiten, tiefen Angst. Ich wußte, was mir alles zustoßen konnte da oben. Ich wußte, wie groß die Schinderei unter dem Gipfel sein würde. Hätte ich es nicht gewußt, wie hätte ich mich später Stunde um Stunde, Schritt für Schritt überwinden können, weiterzugehen.

Als die Sonne am Morgen mein Zelt traf und den Rauhreif von der Innenwand leckte, packte ich alles wieder ein. Zwei Sardinenbüchsen und eine Gaskartusche sowie die Hälfte der Suppen und des Tees ließ ich zurück. Ich mußte mit dem Rest der Nahrungsmittel auskommen. Das Wetter war gut, andertags mußte ich auf dem Gipfel sein.

Die ersten 50 Meter war ich langsam. Dann fand ich meinen Rhythmus wieder. Ich kam ganz gut voran. Ich kletterte jetzt etwas rechts vom Nordgrat, das Gelände wurde steiler und steiler. Ich blieb im Schnee

Mich im Eisbruch (Bild) sichern zu lassen, entsprach nicht meiner Vorstellung von einem Alleingang.

stecken. Es ging unendlich langsam. Bis ich an eine Lawinenbruchstelle kam. Rechts in der Nordwand sah ich eine Chance. Die ganze Flanke war ein einziger Lawinenstrich. Dort könnte ich mich schnell genug bewegen. Ich redete mir ein, daß nach den zwei Schönwetterwochen keine Lawinengefahr bestand, daß der Schnee sich da oben verfestigt hatte. Zwei Tage würde das Wetter schon noch halten.

So begann ich eine lange, leicht ansteigende Querung nach oben, mit vielen Pausen, aber gleichmäßig. Über der Anstrengung und Konzentration hatte ich nicht bemerkt, daß das Wetter schlecht geworden war. Ringsherum war alles mit Nebel verhangen.

Die Berge unter mir hatten sich verflacht. Ich selbst ging mit dem Gefühl, nicht mehr zur Welt da unten zu gehören. Als ich um drei Uhr nachmittags nahe der Norton-Schlucht auf den Höhenmesser schaute, war ich enttäuscht. Er zeigte nur 8220 Meter. Ich wäre gern weiter hinaufgekommen. Aber da gab es keinen Biwakplatz. Im übrigen war ich zu müde. Also blieb ich.

Auf einem Felsvorsprung stand eine Stunde später mein Zelt. Das Fotografieren hatte ich aufgegeben. Es kostete zuviel Anstrengung, die Kamera auf den Eispickel zu schrauben, auszulösen, zehn Schritte wegzugehen und auf das Klicken des Selbstauslösers zu warten. Es war viel wichtiger, daß ich mir etwas zu trinken machte.

Der Schnee war am Rand des Felsens zu Eis geworden. Ich war sicher, es taute im Hochsommer, wenn es windstill und nebelig war, sogar auf dem Gipfel des Mount Everest.

Ich durfte trotzdem nicht leichtfertig werden, weil in dieser Höhe schon einige Grad unter Null Erfrierungen verursachen konnten. Was wäre, wenn sich morgen der dichte Nebel nicht auflöste? Sollte ich abwarten? Nein, das war sinnlos. Auf dieser Höhe gab es keine Erholung mehr. Übermorgen wäre ich so geschwächt gewesen, daß es für einen Gipfelangriff nicht mehr gereicht hätte. Ich mußte entweder hinauf oder hinunter. Es gab keine andere Wahl.

Zweimal maß ich während des Schneeschmelzens meinen Puls. Weit über 100 Schläge in der Minute. Diese Nacht dauerte lange. Ich behielt meine plumpen, doppelschichtigen Plastikstiefel an, damit sie nicht auskühlten.

Am Morgen des 20. August ließ ich alles zurück. Auch der Rucksack blieb im Zelt, aber schon nach kurzer Zeit vermißte ich ihn wie einen treuen Freund. Er war mein Gesprächspartner geworden, er hatte mich aufgemuntert weiterzugehen, wenn ich völlig erschöpft gewesen war.

Sauerstoffmangel und die ungenügende Durchblutung des Gehirns waren wohl die Ursache für diese rational nicht erklärbaren Erlebnisse, die ich auch bei meinem Alleingang auf den Nanga Parbat kennengelernt hatte. Hier oben hatte schon der Engländer Smythe 1933 seinen Keks mit einem imaginären Partner geteilt.

Der Rucksack war mein Begleiter gewesen. Aber ohne ihn ging es viel leichter. Und mein zweiter Freund, der Eispickel, war ja noch da.

Der Weg hinein in die Norton-Schlucht war nicht allzu schwierig. Die Einbildung, hier schon einmal geklettert zu sein, half mir, die einzig richtige Route zu finden. Eine Schneerinne führte zu einer Steilstufe, die mit hellerem Fels durchsetzt war. In der Mitte ein schmales, durchgehendes Schneeband, das den Aufstieg erleichterte. Hier war vor nicht allzulanger Zeit eine Lawine abgegangen, und deshalb trug der Schnee. Aber er wurde weicher und mein Tempo immer langsamer. Auf Händen und Knien kletterte ich nach oben, wie ein Vierbeiner, völlig apathisch, unendlich weit der Weg. Als ich auf einem Band unterhalb des Gipfels stand, war der Nebel so dicht, daß ich mich kaum orientieren konnte. Eine dunkle, senkrechte Felsmauer über mir riegelte den Weg ab. Aber irgend etwas in mir zog mich nach links. In einer kleinen Schleife umging ich das Hindernis.

Die nächsten drei Stunden nahm ich als Zeit nicht mehr wahr. Immer, wenn der blaue Himmel zwischen den dicken Wolken durchkam, glaubte ich, den Gipfel zu sehen. Und dann war ich doch erstaunt, als plötzlich das Aluminiumstativ, das kaum noch aus dem Schnee ragte, das Gipfelzeichen des Everest, vor mir stand. Die Chinesen hatten es 1975 am höchsten Punkt verankert, um genaue Vermessungen durchführen zu können. Aber jetzt in der Monsunzeit war alles anders hier oben. Schneewächten türmten sich nach Süden hin, die mir höher erschienen als mein Standort.

Ich hockte mich hin, fühlte mich schwer wie ein Stein. Ein Stoffetzen, um die Stativspitze gewickelt, war gefroren. Ich mußte einige Bilder machen. Das sagte ich mir wie eine Formel vor. Aber ich konnte mich lange nicht dazu aufraffen.

In diesem Augenblick war ich nicht enttäuscht, daß ich wieder keine Fernsicht hatte. Zum zweiten Mal war ich auf dem höchsten Punkt der Erde, und wieder konnte ich nichts sehen. Dafür war es völlig windstill. Die Wolken quollen rundum, als ob die Erde darunter pulsierte. Ich wußte noch nicht, wie ich es geschafft hatte, aber ich wußte, daß ich mehr nicht konnte.

Ich konnte nur noch aufstehen für den Abstieg.

Beim ersten Versuch war ich am Nordsattel im Schnee steckengeblieben. Beim letzten Versuch fotografierte mich Nena Holguin mit Tele von unten.

50. Von Gipfeln zu Gesichtern
Auf dem Shisha Pangma und unter dem Makalu

Es hatte keinen Sinn weiterzusteigen. Zwei Stunden lang hatte ich mir selbst etwas vorgemacht. Der Monsun war da! Meterhoher Schnee verwandelte den Abstiegsweg innerhalb von Stunden in eine Lawinenhölle. Wenn wir nicht rechtzeitig abstiegen, war es zu spät. Die Orientierung wurde unmöglich, wenn das Schneetreiben und der Nebel dichter wurden.

Friedl Mutschlechner, der vor mir den Schnee niedertrat, ging wie ein Stier. Er war es gewesen, der am Morgen trotz Sturm zum Aufbruch gedrängt hatte. Er war es, der nicht aufgeben wollte. Er wußte so gut wie ich, daß dies unsere letzte Chance war. Eine winzige Chance. Wir wühlten uns durch den kniehohen Schnee.

Es war acht Uhr früh, als wir ein winziges, altes Zelt fanden. 7500 Meter über dem Meer und 2500 Meter über dem tibetischen Hochland. Das Zelt war aufgerissen. Der Wind jagte Pulverschnee hinein, der sich drinnen wie ein Kreisel drehte. Durch ein Loch krochen wir ins Zeltinnere. Mit den Rucksäcken verstopften wir den Eingang. Zusammengekauert, über und über mit Schnee bedeckt, Eiszapfen an den Bärten, hockten wir da. Niedergeschlagen, verzweifelt, müde. Der Sturm nahm zu. Es gab keinen Zweifel. Das war der Monsun! Diese feuchtwarmen Luftströmungen, die im Sommer drei Monate lang den so dringend notwendigen Regen über Indien, Bhutan und Nepal brachten, führten in den Bergen zu ausgedehnten Schneefällen. Mit all seiner Kraft prallte der Monsun dieses Jahr zwei Wochen früher als üblich an die mächtige Mauer der Himalayakette, die das trockene Hochland von Tibet nach Süden abriegelt wie ein gigantischer Schutzwall.

Als »Bulle« mittags nachkam, war die Lage hoffnungslos. Gemeinsam stiegen wir ab.

Die Steinschläge waren lawinenschwanger, der Nebel im Korridor, einem Hochtal zwischen Haupt- und Vorgipfel, so dicht, daß wir das Zelt erst sahen, als wir davorstanden. Es war aus. »Bulle«, dessen Biwakzelt eine Wegstunde tiefer lag, fuhr auf seinen Tourenskiern ab. »Wenn das Wetter so bleibt, müssen wir morgen abfahren bis ins vorgeschobene Basislager«, sagte ich beim Abschied. »Die Expedition abbrechen?«

»Ja! Die unten sind sicher voller Zweifel.«

Uschi, meine frühere Frau, begleitete mich auf dieser Tibet-Reise. Sie hütete seit einigen Tagen das Basislager. Mit einigen Chinesen und Tibetern wartete sie auf unsere Rückkehr. Sie versuchte seit zwölf Stunden, ein Loch im Nebel zu finden. Sie hoffte, uns mit ihrem Riesenfernrohr sehen zu können. Sie sah nichts. Sie wußte nichts. Ihr war klar, was der Monsuneinbruch bei einem Achttausender bedeutete. Niemand hätte uns holen können, wenn wir den Abstieg nicht aus eigener Kraft geschafft hätten. Gerhard Baur, der berühmte Berg-Kameramann, saß mit »Bulles« Frau Vanessa im vorgeschobenen Basislager. Unsere Lage war hoffnungslos.

Die chinesischen Begleiter, ein Dolmetscher und ein Offizier, waren im Basislager, um uns zu kontrollieren, und nicht, um uns im Notfall zu retten. Um ihre Besorgnis leichter ertragen zu können, beschäftigte sich Uschi mit ihrem Tagebuch. Sie ergänzte, trug nach.

Seit mehr als einem Monat waren wir unterwegs. Unterwegs in einem Land, von dem wir alle viele Jahre lang geträumt hatten. Zwei Jahre vorher erst hatte die chinesische Regierung beschlossen, einzelne Ausländer nach Tibet zu lassen, in das »Schneeland«, das seit der Eroberung durch die Volksrepublik hermetisch abgeriegelt gewesen war. Nun gehörten wir zu jenen »Privilegierten«, die sehen konnten, wie sehr sich das »Dach der Welt« seit 1959, seit der Flucht des tibetischen Gottkönigs, des Dalai Lama, verändert hatte.

Lhasa, die »heilige Stadt«, war eine Enttäuschung gewesen. Dort wurde nicht mehr in Pferdelängen und Gebeten gemessen, dort jagten hupende Lkws die Fußgänger an den Straßenrand. Wie die Tibeter waren die Trucks unterwegs zu den Fabriken, in denen Batterien, Streichhölzer, Teppiche, Zement und Schuhe produziert wurden. Aber Menschen und Maschinen lebten noch in einem verschiedenen Rhythmus. Lhasa war aus der Leibeigenschaft in das 20. Jahrhundert hineingeschleudert worden. Die Bevölkerung, obwohl mit einer Welle neuer Ideen konfrontiert, hatte ihre Religion nicht vergessen. Der Mönchsstaat war tot. Aber die Menschen in den Straßen schienen noch in der anderen Zeit zu leben. Ihr Glaube hing an den goldenen Dächern des Dschokhang-Tempels. Sie beteten immerzu, beteten bei der Arbeit am Fließband, der Dalai Lama möge wiederkommen. Gesichter mit Tränen in den Augen, Menschen voller Verzweiflung und Hoffnung wurden mir plötzlich wichtiger als alle Berge der Welt.

Einem Zauberberg gleich hatte der Potala-Palast im ersten Morgenlicht dagestanden, während wir nach Westen gefahren waren. Diese Festung aus Stein und Stroh schien mit ihren Goldpagoden den Himmel zu berühren. Lhasa, wohin einst Millionen asiatische Gläubige in monatelanger Reise zu Fuß gepilgert waren, um das letzte Geheimnis des Ostens zu begreifen, war eine geteilte Stadt. Hier Klöster, dort Kasernen. Der magische Zauber dieser Stadt war im weißroten Potala konzentriert, der in Jahrhunderten von Sklaven für ihren Gott und König gebaut worden war.

Allerorts hatte sich die Erinnerung an Mord und Unterwerfung mit dem Glauben an das Wiedererwachen des Lamaismus in den Straßen von Lhasa vermischt. »Aberglaube« nannten das die chinesischen Machthaber. Die »Urkraft des Hochlandes« nannte ich es.

Auf unserem langen Weg von der Hauptstadt Lhasa zum Basislager hatte uns die holprige Jeepstraße immer wieder an den Ruinen zerstörter Klöster vorbeigeführt. 3600 Klöster, so schätzte man, hatte es vor der Besetzung gegeben. Sechs von ihnen waren übriggeblieben. Seit zwei Jahren wurden sie restauriert und zurechtgeputzt. Man wollte der westlichen Welt zeigen, wie tolerant die kommunistische Regierung seit der Zerschlagung der Viererbande ihren Minderheiten und deren Religionen gegenüber war. Echte Mönche fand ich allerdings selten. Viele von ihnen waren in Arbeitslagern umgekommen, andere geflohen. Auch die Gesichter der Gombas, der Tempel, hatten sich gewandelt. Umgeben von Butterlampen und Buddhas meditierten immerhin 650 Mönche im Kloster Tashi Lhumpo in Shigatse, wie uns ein Lamapriester versichert hatte. In ihren roten Kutten schlichen sie durch die Hallen.

Religion und Handel hatten das Leben der Tibeter bestimmt. Aber jetzt waren Gebet und Handel verboten. Kein Wunder, daß sich dieses Volk, das im Herzen dem Dalai Lama die Treue hielt, immer wieder gegen die chinesischen Machthaber auflehnte. Vergebens. Erst 1980, nach der Afghanistankrise, waren einige Verbote gelockert worden. Mit den Pilgern waren wieder Händler in Städte und Dörfer eingezogen, Yaknomaden lebten wieder auf dem Hochland unter dem Shisha Pangma.

Die ganze Nacht über zerrte der Sturm an der Zeltplane. Wir schliefen nicht. Um zwei Uhr früh drängte Friedl zum Aufbruch. Der Himmel war klar. Der Sturm würde aufhören. Friedl sagte es so überzeugt, daß ich mich anzog. Obwohl ich dachte, daß es sinnlos war. Wieder brachen wir um fünf Uhr früh auf, wieder stapften wir zum Fuß der Nordwand. Wieder jagte uns der Sturm Eiskristalle ins Gesicht. Aber es standen

Der Shisha Pangma in Tibet ist ein leichter Achttausender. Bis 6000 m weisen die Steinmänner der Einheimischen den Weg.

immer noch Sterne am Himmel. Durch die linke der beiden Rinnen in der Nordwand war eine Lawine abgegangen. Das war unser Glück. Wir kletterten durch die Rinne hoch, verließen sie auf zwei Dritteln über steile Felsen nach links und erreichten den Grat und damit den Weg der Erstbesteiger. Wieder Nebel, und der Sturm am Osthang war so stark, daß wir uns zum Rasten hinkauern mußten. Friedl stieg voran. Er wollte zum Gipfel gehen – trotz des Monsuns. Während wir einen Augenblick lang ein Stück des tibetischen Hochlandes erhaschten, erinnerte ich mich an den Abschied von meiner Mutter. »Bleib in Tibet, wenn es Krieg gibt«, hatte sie mir beim Weggehen gesagt, mehr ihrem Instinkt als der weltpolitischen Lage vertrauend.

Aus dieser Höhe wirkte die Hochebene unwirklich, unbewohnbar, unendlich weit. Kein Land auf der Welt war durch die Natur so geschützt wie Tibet. In keinem anderen Land war es für Fremde so schwer zu überleben wie hier. Die Kälte, der Sturm, die Höhe höhlten auch den stärksten Körper aus, wenn er nicht im »Schneeland« geboren war. Mit Hilfe von Flugzeugen hatten die Chinesen Tibet erobert, mit kleinen Freiheiten wollten sie jetzt das Volk für sich gewinnen.

Im Herbst dieses Jahres wollte ich zum Makalu. Ich wollte den fünfthöchsten Berg der Erde besteigen und die Menschen dort wiedersehen, die Gesichter, die dem Himalaya Leben und Geschichte geben.

Nena wollte unbedingt mit, obwohl sie schwanger war. Das Kind sollte Anfang November in Starnberg bei München auf die Welt kommen. Alles war vorbereitet worden. Nach zwei Anmarschtagen eilte Nena zurück nach Tumlingtar, um von dort über Katmandu nach Europa zu fliegen. Ich war inzwischen im Basislager und dann mit Doug Scott und einigen Sherpas auf den Mittelgipfel des Chamlang gestiegen.

Als wir ins Basislager zurückkamen, um den Makalu zu überschreiten, lag ein Brief von Nena da. Sie hatte in Katmandu eine Frühgeburt gehabt. Ein Mädchen. Es war klein und sehr schwach. Ich las den Brief. Dann packte ich meine Sachen. In zwei Tagen und zwei Nächten lief ich bis nach Tumlingtar, normalerweise ein Fußmarsch von zwei Wochen. In Katmandu angekommen, suchte ich Nena im Hospital. Sie war nicht mehr da. Auch im Hotel war sie nicht. Nach zwei Tagen fand ich sie bei Freunden. Unser Mädchen war zwar klein, aber quicklebendig, gesund und einmalig schön. Wir nannten es Layla.

Unsere verschneiten Zelte im Basislager des Kangchendzönga. Trotz des dramatischen Finales war es ein guter Platz gewesen.

51. Der Hattrick

Besteigung von drei Achttausendern im Rahmen einer Expedition

Mitte März 1982 brachen wir in Katmandu auf. Nena und Layla, Friedl Mutschlechner und ich. Dazu ein paar Sherpas. Drei Wochen sollte der Fußmarsch bis ins Basislager des Kangchendzönga dauern. Drei Wochen Hitze, Regen und Schnee.

Zuerst ging es durch tropischen Regenwald, dann durch tiefe, ausgedörrte Schluchten, am Ende über matschigen Frühlingsschnee.

Layla war sechs Monate alt. Sie sollte die Höhe und Kälte besser überstehen als wir. Während der zehn Expeditionswochen war sie nie krank.

In Gunza, dem letzten Dorf auf dem Weg ins Basislager, wechselten wir die Träger. Die Männer und Frauen aus Kathmandu gingen nach Hause. Die Bauern aus dem Ort übernahmen mit ihren Yaks den Lastentransport. Es waren noch drei Tage Fußmarsch bis ins Basislager in »Pangpema«. So hieß ein kleiner, ebener Fleck an der rechten Randmoräne des Kangchendzönga-Gletschers, 5000 Meter hoch.

Hier erstellten wir unser Basislager: eine Küche, einige Zelte für die Sherpas und den Begleitoffizier, zwei Zelte für uns.

Bevor Friedl Mutschlechner und ich in die Nordwand des Kangchendzönga einstiegen, wohnten wir einem langen Gebetszeremoniell bei. Unsere tief religiösen Begleiter beschworen die Götter, warfen Reis in die Luft und murmelten Gebetsformeln. Der Kangchendzönga war ein heiliger Berg.

Kangchendzönga läßt sich aus dem Sanskrit übersetzen mit »die fünf Schatzkammern des Schnees«. Vermutlich kommt der Name daher, daß fünf Gletscher von diesem Bergmassiv ins Tal fließen – Gletscher, die Wasser, Leben und Reichtum bringen für die Menschen, die unten in den Tälern leben.

Wir versprachen den Sherpas, nur bis knapp unter den Gipfel zu steigen, den Sitz der Götter nicht zu stören. Drei Wochen lang kletterten wir in der Wand. Wir sprangen über Gletscherspalten, schoben uns durch Eiskamine, mühten uns über endlose Schneehänge.

Auf einer teilweise neuen Route stiegen wir durch die Nordwand, den

Mitten in der Serac-Mauer ein Riß. Anfangs hatten wir Angst, das Eis könnte zusammenstürzen; später gingen wir hier gedankenverloren.

1930 war G. O. Dyhrenfurth an der Nordwand des »Kantsch« gescheitert. Mehr als 50 Jahre später stiegen wir über »seine« Route zum Gipfel.

Nordgrat und das Gipfeldreieck bis wenige Meter unter den höchsten Punkt. Den Gipfel selbst betraten wir nicht. Wir wollten unser Versprechen halten, die Religion der Einheimischen respektieren.

Der Abstieg wurde zum Wettlauf mit dem Tod. Ein Orkan zerfetzte unsere Biwakzelte in 8000 Meter Höhe. Kochen war unmöglich geworden. Halluzinationen. Friedl Mutschlechner zog sich beim Abstieg schwere Erfrierungen an Händen und Füßen zu. Für ihn war der qualvolle Rückmarsch das Ende dieser Reise. Ich blieb in Asien.

In Skardu, in Pakistan, warteten seit Tagen Nazir Sabir und Sher Khan auf mich, die beiden stärksten Bergsteiger aus Pakistan. Wir rüsteten eine kleine Trägerkolonne aus und zogen mit 500 Kilogramm Expeditionsgepäck los. Durch die gefährliche Braldo-Schlucht und über den endlosen Baltoro-Gletscher wollten wir ins Gasherbrum-Basislager marschieren. Zu dritt dann auf die Achttausender Gasherbrum II und Broad Peak steigen. Die Idee, zwei Überschreitungen durchzuführen, hatte ich aufgegeben, nachdem Friedl ausgefallen war. Den Hattrick aber wollte ich zu Ende bringen. Die Vorbereitungen, die bürokratischen Arbeiten, das Verpacken und Verteilen der Lasten, das ebenfalls zu einer Expedition

Tiefblick von der Schulter auf den Nordgrat des Kangchendzönga. Der Schnee war weich, die Sonne brannte. Knochenarbeit.

gehörte wie der Aufstieg zum Gipfel, sollten nicht umsonst gewesen sein. Wenn die hektische Zeit des Planens vorbei war, das letzte Telegrafenamt einige Tage Fußmarsch zurücklag, begann jener Lebensrhythmus, der mir am meisten zusagte. Auch wenn der Weg steil und schwierig war.

Im Basislager gab es andere Expeditionsmannschaften und schlechtes Wetter. Eine Woche lang regnete und schneite es. Als das Wetter besser wurde, packten wir unsere Rucksäcke für den Aufstieg zum Gasherbrum II. Inzwischen waren wir so gut akklimatisiert, daß wir ohne Risiko vom Basislager bis zum Gipfel durchgehen konnten.

Sher Khan, Nazir Sabir und ich stiegen durch den zerklüfteten Gasherbrum-Eisbruch. Am Fuß des Südwestgrates bauten wir ein erstes Biwakzelt auf. Die Schneeverhältnisse waren gut.

Die Plattform für den zweiten Biwakplatz gruben wir in den Hang auf einer Höhe von 6800 Meter. Die Schneeverhältnisse wurden nach oben hin immer schlechter.

Es war ein anstrengender Weg bis zum Gipfel: Treibschnee, Lawinengefahr, harte Spurarbeit. Wir waren zu dritt, trugen selbst die ganze Ausrüstung, Gas als Brennstoff und Proviant im Rucksack.

Je höher wir stiegen, um so stärker wurde der Sturm. Im Abstieg von der Scharte unterm Hauptgipfel steigerte er sich zum Orkan.

Am dritten Tag stiegen wir bis unter das felsige Gipfeldreieck des Gasherbrum II. Dort biwakierten wir zum dritten Mal. Am nächsten Morgen jagte der Sturm ums Zelt. Dichter Nebel. Schneetreiben. Trotzdem wagten wir den Aufstieg. Die Orientierung war das schwierigste.

Wir fanden den messerscharfen Gipfelgrat, fotografierten, blieben nur einige Minuten.

Eine knappe Woche später brachen wir zum Broad-Peak-Gipfel auf. Nach dem Abstieg vom Gasherbrum hatten wir das Basislager verlegt, zwei Tage gerastet. Alle drei waren wir in blendender Verfassung. Das Wetter war gut.

Wieder wurde die Ausrüstung geprüft. Die Rucksäcke wurden abgewogen. Dieser Aufstieg mußte gelingen, so zuversichtlich waren wir.

Über den Westsporn, die Route, die 25 Jahre vorher von Hermann Buhl, Kurt Diemberger, Markus Schmuck und Fritz Wintersteller erstbegangen worden war, stiegen Nazir Sabir, Sher Khan und ich in drei Tagen bis zum Gipfel. Es gab keinerlei Probleme. Eine ganz normale Bergtour.

Wir blieben lange oben. Um zu fotografieren, zu schauen, zu genießen.

Nazir Sabir und Sher Khan auf der Plattform am Gasherbrum II, Platz des zweiten Biwaks im Steilhang am Südwestgrat.

Es war mir gelungen, hintereinander drei Achttausender zu besteigen: der Hattrick.

Auch dieser Hattrick sollte nur ein Schritt sein auf dem langen Weg zu immer neuen Dimensionen im Alpinismus. Ich plante schon den nächsten Schritt: Die Doppelüberschreitung zweier Achttausender, der beiden Gasherbrum-Gipfel, im Alpenstil und ohne Zwischenlager.

52. Gipfelgesichter

Winterexpedition zum Cho Oyu

Hans Kammerlander und ich waren entschlossen, bis zum Gipfel zu klettern. Als ob dies ein Auftrag gewesen wäre. Eine Woche vorher hatten wir Fixseile bis in eine Höhe von 7300 Metern befestigt. Wir wußten, daß 200 Meter höher die Wand leichter war, anstrengend zwar, aber, von einigen Steilaufschwüngen abgesehen, Gehgelände.

Die richtige Taktik machte bei einem so großen Berg den halben Erfolg aus. Mein Plan war es, mit Hans in aller Frühe vom Lager II aufzusteigen und den schwierigen Pfeiler bis 7500 Meter mit fixen Seilen zu sichern. Dann wollten wir in die Randspalte in 7100 Meter Höhe zurückkehren. Dort sollten die drei Sherpas Ang Dorje, Phurba und Nawang inzwischen ein Notlager für eine einzige Nacht einrichten. Am nächsten Tag, dem 19. Dezember, wollten wir dieses bis über den senkrechten Eispfeiler stellen. Von diesem dritten Lager aus würden wir den Gipfel an einem Tag erreichen und ohne Biwak zum Zelt zurückkommen können.

Am Morgen des 18. Dezember, noch im Lager, wirkte Ang Dorje verstört. Er war unwillig und mißmutig. Hatte er Angst? Draußen, vor dem Zelt, begann der Tag. Eine Zeitlang sagte ich nichts. Ang Dorje hantierte mit Töpfen. Er atmete schwer. Immer wieder fiel Rauhreif, der einige Zentimeter dick an der Innenseite der Zeltplane klebte, auf mein Gesicht. Plötzlich begann Ang Dorje zu erzählen. Er redete, unaufgefordert und ohne Unterbrechung. Ich verstand die Geschichte erst, als er sie beendet hatte: In der Nacht hatten plötzlich zwei nackte Cho-Oyu-Götter am Zelteingang gestanden. Von Kopf bis Fuß grün, so grün wie die Türkise, die er am Halse trug. »Türkisgrün und ganz und gar unbekleidet waren sie«, wiederholte der Sherpa. »Komm heraus!« hatten die Götter gerufen. Weil sie keine erwachsenen Götter waren, sondern kleine, ungezogene Buben, hatte sich Ang Dorje widersetzt. Er packte einen von ihnen am Arm. Als er ihn aber berührte, lösten sich die beiden Götterknaben in Luft auf. Ang Dorjes Körper war von einem glühenden Strahl durchzuckt worden. Wieder im Schlafsack, voller Unruhe, war ihm stundenlang der Schweiß aus allen Poren getreten.

Der Steilaufschwung in der Gipfelwand der Südostflanke des Cho Oyu mußte abgesichert werden, um den Rückweg offen zu halten.

Ang Dorje redete weiter. Als er das Erlebte wiederholte, merkte man ihm an, daß er es nicht verstehen konnte. Er fügte Einzelheiten an. Ja, dick und stark waren sie gewesen. Und lebendiger als du und ich.

Auch Hans war unsicher geworden. Sollten wir aufgeben? Ich war nicht abergläubisch, aber diese Geschichte machte mir zu schaffen. Trotzdem brachen wir auf.

Hans und ich kletterten voraus. Ang Dorje, der die Türkisgötter anscheinend vergessen hatte, trieb seine Freunde an. Wir hatten einen anstrengenden Tag vor uns. Die Sherpas mußten zurück ins zweite Lager, ehe die Nacht kam.

Im Osten stand wie ein schwarzes Dreieck der Mount Everest. Am Lhotse hing eine Wolkenfahne. Alles verlief nach Plan. Am nächsten Tag aber, am Ende des Eispfeilers, wurde ich unsicher. Je flacher das Gelände wurde, desto tiefer lag der Schnee: kristalliner Treibschnee, wie Zucker, meterhoch.

Als ich dort stand, wo das letzte Lager geplant war, wußte ich, daß wir ein tödliches Risiko eingehen oder scheitern mußten. Schneebrettgefahr.

Wir hätten die lawinenschwangere Gipfelflanke diagonal queren müssen. Von rechts unten nach links oben.

Der Entschluß, aufzugeben, wurde nicht diskutiert. Er stand fest.

Lieber gescheitert als tot.

Am gleichen Abend noch seilten wir ab. Am nächsten Tag stiegen wir ins Basislager hinunter. Wir waren müde, vom Wind zermürbt, aber irgendwie noch auf den Beinen. Wie auf der Flucht gingen wir gegen den Sturm. Vorwärts, abwärts. Während ich über die funkelnden Eisbrocken einer zerborstenen Seracmasse stolperte, fühlte ich die große Wand wie eine Sturmflut im Nacken. Die drei Sherpas vor mir gingen gebückt. Sie beförderten den Rest der Ausrüstung. In einem körperlangen Sack schleiften sie diese hinter sich her.

Wie ich so hinter den anderen herging, das Inferno überstanden, das schützende Basislager im Visier, wußte ich, daß wir gescheitert waren. Alles war umsonst gewesen. Die jahrelange Planung, die monatelangen Vorbereitungen, die vier Wochen Akklimatisation, die neunzehn Klettertage in der Wand. Nur ein Tag hatte uns vom Gipfel getrennt. In den Stunden, da wir hätten zum Gipfel klettern wollen, spuckte uns diese Wand unten aus. In einem einzigen Moment hatten wir uns für das Aufgeben entschieden, drei Wochen Anstrengung in den Wind geschlagen und mit dem Abstieg begonnen.

Die Sherpas waren glücklich. Mit lachenden, entspannten Gesichtern

Hans Kammerlander und Michl Dacher waren bei der erfolgreichen Cho-Oyu-Expedition im Frühjahr 1983 dabei. Hans wurde mein Dauerpartner.

erzählten sie den anderen von diesem letzten Versuch, von senkrechten Eisrippen und grundlosem Treibschnee. Noch lange hörten wir am Abend einen choralartigen Singsang aus ihrer Küche. Sie waren erleichtert. Die Götter waren besänftigt.

Ein paar Wochen später waren wir zurück in Europa. Ich erlebte keinen Heimkehrerschock. Das Leben war nicht schlimmer als vorher. Mit der gleichen Selbstverständlichkeit, mit der ich vorher das »östliche Leben« versucht hatte, warf ich mich ins westliche. Ich organisierte, arbeitete, hetzte. Was ich aus der Ferne an Erfahrung mitbrachte, konnte ich in Europa nicht leben. Ich plante nicht einmal eine neue Expedition.

Es gab keinen »nützlichen Grund«, auf diese Berge zu steigen. Vielleicht den Zwang, meinen Träumen nachzujagen, und einen starken Bewegungstrieb.

Ich war aber auf Dauer nicht dazu geschaffen, nur Geschäfte zu machen. Und als ich im Frühling 1983 unerwartet die Genehmigung für eine Cho-Oyu-Besteigung erhielt, brach ich wieder auf. Dieses Mal mit Hans Kammerlander und Michl Dacher. Als das Permit da war, stürzte ich mich in die Vorbereitungen. Ich fand keine Zeit, auf die Vorbehalte

Im Sommer 1983 gelang den beiden Polen Kurtyka und Kukuszka die Überschreitung des Broad Peak von Norden nach Westen.

meiner Mitmenschen zu antworten. Sie schüttelten so und so nur den Kopf über so viel Hartnäckigkeit.

Wir hatten es nicht eilig. Zur Musik des Waldrauschens und Schneerieselns gingen wir ins Basislager. Wir kamen viel weiter als beim ersten Versuch.

Wir kamen bis zum Gipfel. Diesmal von Südwesten und nach anstrengenden Umwegen. Ich schaute oben in zwei Gipfelgesichter: Vor Begeisterung stolz und von der Anstrengung gezeichnet. Ohne diese Spiegel wäre ich wohl zusammengebrochen.

Die 3000 m hohe Nordwestwand der Annapurna I. Die Route verläuft in der riesigen Verschneidung und oben über den flachen Gipfelgrat.

53. Die Leidenschaft bis zur Krankheit weiterentwickelt

Die letzten vier Achttausender

Mit dem stillen Entschluß, alle vierzehn Achttausender zu besteigen, war wieder Hektik in mein Leben gekommen. Ununterbrochen organisierte ich eine Reise oder war unterwegs. Im Frühling 1984 scheiterte ich am Dhaulagiri-Nordostgrat. Gleich anschließend gelang mir mit Hans Kammerlander die Gasherbrum-Doppelüberschreitung.

Beide Gasherbrum-Achttausender, G I und G II, hatte ich schon einmal bestiegen. Sie gehörten nicht zu jenen vier, die in meiner »Sammlung« noch fehlten. Was mich dabei interessierte, war die Frage, ob ich zwei Achttausender hintereinander besteigen konnte, ohne zwischendurch zu pausieren, ohne ins Tal abzusteigen, ohne den Weg vorzubereiten oder Depots anzulegen.

Es gelang. Hans und ich kletterten zuerst auf den Gasherbrum II. Über eine neue Route stiegen wir ab ins Gasherbrum-Tal und gleich weiter über die Nordwand auf den Gasherbrum I.

Den Gipfel erreichten wir im Schneesturm, und im Schneesturm stiegen wir über den Westgrat ab. Das war nicht nur eine Gewalttour, es war ein weiterer Schritt in der möglichen Auseinandersetzung Mensch–Berg.

In diesem Sommer begann ich, Schloß Juval zu restaurieren, eine etwa tausend Jahre alte Burganlage auf einem Felsvorsprung zwischen dem Vinschgau und dem Schnalstal. Ich hatte die Teilruine 1983 erworben. Einen Teil wollte ich bewohnbar machen, den Nordtrakt festigen, so daß er nicht weiter verfiel. Diese »Arbeit« füllte mich ebenso aus wie das Bergsteigen oder das Gestalten von Büchern.

Obwohl ich 1985 die Wiederaufbauarbeiten abschließen und in Juval einziehen wollte, konnte ich auf die geplanten Reisen nicht verzichten. Im April standen Hans Kammerlander und ich auf dem Gipfel der Annapurna I. Wir hatten die gefährliche und extrem schwierige Nordwestwand erstmals durchstiegen, eine Route, auf die ich stolz war. Zwei Wochen später machten wir uns im Kali-Gandaki-Tal auf, um den Dhaulagiri zu besteigen. Wieder hatten wir Erfolg. Und wir hatten Glück. Wir konnten allein und auf uns selbst gestellt bergsteigen. Die ungezählten Gruppen,

Der Anmarsch zur Annapurna I über den Thulo Begin ist streckenweise gefährlich, dazu kam, daß die Hälfte der Träger den Anstrengungen nicht gewachsen war.

die zu den Achttausendern drängten, waren auf die anderen Gipfel verteilt. Ich hatte nichts gegen die vielen Höhenbergsteiger im Himalaya, aber ich wollte meine Aufstiege ohne fremde Hilfe durchführen. Höhenbergsteigen war für mich identisch mit »Auf-sich-selbst-gestellt-Sein«.

Wenn die »Eroberung« der großen Achttausender mit wenigen Ausnahmen nur mit Sauerstoffmasken erreicht worden war, so deshalb, weil man alle Chancen auf seiner Seite haben wollte. Man hatte in den fünfziger Jahren Unternehmen ausgerüstet, die sehr viel Geld kosteten und von einzelnen Nationen unterstützt wurden. Dafür sollte die entsprechende Fahne am Gipfel aufgepflanzt werden. Die Bergsteiger wollten kein Risiko eingehen.

1985 waren die Überlegungen anderer Art. Die Ausrüstung, das Material, waren technisch weiterentwickelt worden. Wir hatten beinahe perfekte Zelte, Schuhe, Kleider, Kocher. Wir wußten, wie wir uns vorbereiten mußten, wie man sich akklimatisiert. Wir wußten, daß wiederholte Aufenthalte in großer Höhe zur besseren Anpassung und damit zu Höchstleistungen beitrugen. Durch all das hatten diese höchsten Höhen ihr Geheimnis verloren. Am meisten aber, so empfand ich es,

Im Schneesturm näherten wir uns dem Gipfel des Hidden Peak, nachdem wir den Gasherbrum II überschritten hatten. Oben die Gipfelwächte.

waren die großen Berge wegen der ungezählten Expeditionen, die allerorts parallel operierten, »geschrumpft«. An den Achttausendern war es vor allem die Abgeschiedenheit gewesen, die sie so unzugänglich gemacht hatte.

Diese Ruhe aber, die von immer mehr Menschen gleichzeitig gesucht wurde, war abhanden gekommen. Ich beklagte das nicht, sondern suchte mir andere Ziele.

Im Sommer 1985 reiste ich mit einigen Freunden zum Kailash, dem heiligsten Berg der Tibeter. Dabei umrundete ich den »Götterthron« und den daneben gelegenen See Manasarowar. Ich ahnte, daß auch diese Form des Unterwegsseins mich ausfüllen könnte.

Auf der Heimreise erfuhr ich vom Tod meines Bruders Siegfried. Er war am Stabeler Turm in den Dolomiten vom Blitz getroffen worden, dabei gestürzt und lebensgefährlich verletzt worden. In der Klinik war er gestorben, ohne das Bewußtsein wiedererlangt zu haben.

Mir wurde wieder einmal bewußt, wieviel Glück ich gehabt hatte. Wie viele Gewitter hatte ich am Berg überstanden, wie viele Stürme? Erst wenige Monate vorher am Dhaulagiri waren Hans und ich viele Stunden

Im Sommer 1985 starb mein Bruder Siegfried, nachdem ihn an den Vajolettürmen in den Dolomiten ein Blitz getroffen hatte.

lang durch Blitz und Donner gegangen, ohne getötet zu werden. Das Leben in den Bergen war nicht »hart und gerecht«, es war vor allem unberechenbar. Diese Erkenntnis war es, die meine Mutter ängstigte.

Nach meiner Rückkehr aus Tibet, Siegfried war seit zwei Wochen begraben, bat sie mich, mit dem Himalaya-Bergsteigen aufzuhören. Sie hatte Verständnis dafür, daß ich Makalu und Lhotse, meine beiden »letzten Achttausender«, noch besteigen wollte. Nachher, so versprach ich ihr, wollte ich auf keinen so hohen Gipfel mehr klettern.

Dieses Versprechen fiel mit der Erkenntnis zusammen, daß ich diese kleine Welt der höchsten Berge inzwischen zu gut kannte. Sie waren mir zu vertraut, Fremdheit erlebte ich dort oben nur noch selten. Dabei hatte ich mehr als ein Jahrzehnt lang aus dieser Spannung zwischen Fremdheit und Vertrautheit geschöpft: Erkenntnisse, Ideen, Energie. Ich wußte inzwischen, wie sich Menschen beim Bergsteigen verhielten. Ich hatte einige Freunde dabei gewonnen, von anderen Partnern war ich enttäuscht worden. Und letzteres nur, weil ich anfangs nicht wahrhaben wollte, daß es auch unter Bergsteigern unehrliche und ehrliche, selbstgefällige und hilfsbereite, neidische und lebensfrohe Menschen gab. Wir waren keine

»besseren« Exemplare der Gattung. Wir waren wie alle anderen auch, mit dem Unterschied vielleicht, daß unsere Eigenschaften in Grenzsituationen oft anschaulicher zu Tage traten als beim »Mann auf der Straße«.

Im Herbst 1985 zog ich in Juval ein. Das war ein Wonnegefühl! Ich hatte endlich genug Raum, vieles war gar nicht auszufüllen. Ich hatte diese Stelle gefunden, die einzelnen Türme und Gärten benannt, jedes Detail selbst geplant und viele Restaurierungsarbeiten selbst ausgeführt. Hier war ich daheim, und hier würde ich bleiben. Vielleicht mein Leben lang.

Im Winter reiste ich wieder nach Nepal. Im Expeditionstroß befand sich eine italienische TV-Crew. Hans und ich scheiterten trotzdem. Die Aufmerksamkeit der Öffentlichkeit sollte mich nicht dazu verleiten, meine Risikobereitschaft zu erhöhen. Obwohl mir jeder öffentliche Auftritt Freiheit wegnahm, mußte ich PR-Arbeit leisten. War es die finanzielle Freiheit aber wert, allerorts begafft und mit Autogrammwünschen belästigt zu werden? Ich wußte es nicht. Ich mußte nur meine Erlebnisse an die Medien und meine Erfahrung an die Hersteller verkaufen, wenn ich weiterhin kostspielige Expeditionen finanzieren wollte.

Im Sommer 1986 marschierte ich durch Osttibet, von Kham nach Lhasa. Gleich anschließend bestieg ich mit meinen Südtiroler Freunden Friedl Mutschlechner und Hans Kammerlander den Makalu. Es war mein vierter Anlauf auf diesen Berg gewesen. Drei Wochen später standen Hans und ich im Schneesturm am Lhotse-Gipfel!

Jetzt fühlte ich mich frei für neue Aktivitäten. Meine Kletterschule in Südtirol gab ich an die Bergführer ab, die sie schon länger betreut hatten, meinen Sportladen in Villnöß versuchte ich zu verkaufen. Ich erwarb auf Juval einen Bergbauernhof, den ich intensiv und biologisch bewirtschaften wollte. Meine Sorge, mit vierzig Jahren keine praktische Lebensgrundlage zu haben, war unbegründet gewesen. Ich war kein Unternehmer und kein Bürokrat. Was mich ausfüllte, war die Wildnis, das Gestalten von Büchern und Filmen, das Unterwegssein »am Ende der Welt«.

Meinem Großvater väterlicherseits, bei dem ich mit drei Jahren die Sommermonate verbrachte, hatte ich einmal verraten, daß ich Bergbauer werden wollte. Nun hatte ich den Hof dazu und die Begeisterung, ein Stück alpine Kulturlandschaft nach meinen Vorstellungen zu gestalten. Dieser Bauernhof war mir nun ebenso wichtig wie die Gipfel.

Mein Vater war inzwischen gestorben und so konnte er nicht mehr den Kopf schütteln über seinen zweitältesten Sohn, der seine Leidenschaft, das Leben in den Bergen, »bis zur Krankheit weiterentwickelt« hatte.

An der Annapurna-Wand wendeten wir eine Mischtaktik an: unten Expeditionsstil, ab 6000 m Alpenstil. Das war sicher und schnell.

54. Mehr wollte ich nicht
Auf den sieben höchsten Gipfeln aller Kontinente

Das Bergsteigen lebte immer von Ideen. Auch vom Ehrgeiz, der Erste zu sein. Damit begann auch sein Untergang. Denn nicht nur der Entdeckerehrgeiz, der Erste zu sein, war ein Wahn, der die persönliche Eitelkeit befriedigen sollte. 1983 hatten sich zwei Dollarmillionäre aus den USA ein verrücktes Ziel gesetzt: Als erste wollten sie den jeweils höchsten Berg auf allen sieben Kontinenten besteigen. Und das innerhalb eines Jahres. Dick Bass besaß Kohlevorkommen in Alaska und betrieb in Utah Ski-Gebiete. Frank Wells war Präsident von »Warner Brothers«, einer der größten Filmproduktionsgesellschaften der Welt. Mit einem Millionenbudget in US-Dollar, den besten Bergführern und einem Stab von Beratern machten sie sich auf den Weg.

Sie ließen ein Flugzeug umbauen, um damit mitten in der Antarktis landen zu können, kauften sich in eine Mount-Everest-Expedition ein und reisten nach Australien, wo sie den Mount Kosciusko bestiegen, einen »Grasbuckel«, der 2228 Meter hoch ist. Damit war mir klar, daß die beiden das Ziel verfehlen würden, das auch ich seit Jahren verfolgte: »The Seven Summits.«

Den Mount Kosciusko hatte auch ich bestiegen, er ist aber nach meinen Geographiekenntnissen nicht der höchste Berg des Fünften Erdteils. Australien ist nur Teil jenes größeren Kontinents, der Ozeanien oder englisch »Australasia« genannt wird. Zu diesem gehört auch Neuguinea. Dort aber steht, mitten im Dschungel, ein steiler Felsberg, fast 5000 Meter hoch und wegen Kriegswirren zur Zeit unzugänglich. Diese Carstensz-Pyramide hatte ich 1971 bestiegen. Nachdem ich 1978 auf dem »Dach der Welt« gestanden hatte, nahm ich mir vor, alle sieben höchsten Gipfel zu besteigen. Bergsteigerisch kein besonders schwieriges Ziel, aber logistisch nicht einfach. Bevor ich in die Sand- und Eiswüsten dieser Erde gehen wollte, hoffte ich, den siebten Gipfel erreichen zu können. Mehr wollte ich als Bergsteiger nicht.

Dick Bass und Frank Wells wußten, daß ich eine Expedition zum Mount Vinson in die Antarktis plante. Ein eigenes Flugzeug aber konnte ich mir nicht leisten, und alle meine Bemühungen, mit argentinischen

Abstieg vom Makalu. Der 13. der 14 Achttausender-Gipfel lag hinter mir. Erst im dritten Anlauf erreichte ich ihn.

Das Basislager am Mount Vinson in der Antarktis. Hier entwickelte ich erstmals den konkreten Plan, die Antarktis zu Fuß zu überqueren.

oder chilenischen Militärmaschinen an den Fuß des Mount Vinson zu fliegen, scheiterten. Die dafür nötigen Skier fallen unter strategisch wichtige Geheiminstrumente. Für einen Laien wie mich waren sie nicht zu haben. Zu Fuß war es vorerst undenkbar, dorthin zu kommen. Naomi Uemura, der berühmte japanische Abenteurer, der allein im Hundeschlitten bis zum Nordpol gekommen war, scheiterte bei dem Versuch, den Mount Vinson über Land anzusteuern. Er war damit »aus dem Rennen«, das im Ansatz schon Jahre vorher begonnen hatte, als der Schweizer Bergsteiger-Veteran Dölf Reist die Nachricht verbreitete, die fünf höchsten Berge der fünf Kontinente bestiegen zu haben. Ein Primat, das ihm niemand streitig machen wollte. Aber da stimmte etwas nicht.

In der Volksschule hatten wir gelernt, daß es fünf Kontinente gibt: Asien, Afrika, Amereika, Australien und Europa. Dölf Reist aber hatte Amerika als zwei Kontinente gezählt und Australien einfach weggelassen. Wenn man nun Nord- und Südamerika als zwei Kontinente zählte und die Antarktis dazunahm, die heute von den Geographen als eigenständiger Erdteil betrachtet wird, sind es sieben Kontinente und sieben

Der höchste Berg der Antarktis (kleiner Gipfel rechts) ist relativ leicht. Schwierig sind der Anmarsch und das Überleben im Sturm.

Gipfel. Wer war der erste »Seven Summits Summiter?« Strittig blieb vorerst, ob der Elbrus im Kaukasus der höchste Gipfel Europas ist oder der »altehrwürdige« Montblanc, mit 4810 Meter der höchste Gipfel der Alpen. Wells und Bass, die ein Team von Geographen beauftragt hatten, die »sieben Gipfel« zu bestimmen, stiegen auf den Elbrus in der UdSSR. Die Gletscher dort sollen nach Europa entwässern, und so gehört der Berg zu Europa, obwohl er an der Grenze zwischen Asien und der »Alten Welt« steht.

1983, wenige Wochen nach Frank Wells und Dick Bass, stand ich im Schneesturm auf dem 5633 Meter hohen Elbrus im Kaukasus, der klettertechnisch leicht zu besteigen ist. Von den »magischen« sieben Gipfeln fehlte mir nun nur noch der Mount Vinson in der Antarktis. Den Montblanc hatte ich schon öfters bestiegen und den Mount Kosciusko in Australien zufällig erwandert. Aber die beiden zählten ja nicht, der Montblanc nicht für Europa und der Mount Kosciusko ist nicht der höchste seines Erdteils. Zu welchem Kontinent gehört denn sonst die fast 3000 Meter höhere Carstensz-Pyramide?

Das Spiel ging weiter. Vor allem, weil meine millionenschweren

»Konkurrenten« am Mount Everest scheiterten. Kaufen konnten sie den höchsten Berg der Welt nicht. Das war ein gutes Gefühl für mich.

Im Winter 1983/84 luden mich Wells und Bass ein, mit ihnen zum Mount Vinson zu kommen. Das war sehr großzügig. Endlich hatte ich meine Chance! Ich bereitete alles vor, stellte zirka 25 000 Dollar als meinen Expeditionsbeitrag bereit. Im letzten Augenblick, kurz vor der Abreise, wurde ich per Telex wieder ausgeladen. Frank Wells und Dick Bass hatten erfahren, daß ich ihr einziger Konkurrent war in diesem Spiel, der erste »Seven Summits Summiter« zu werden. Naomi Uemura, der zähe Japaner, war am Mount McKinley in Alaska verschollen. Er wollte mitten im Winter auf den kältesten Berg der Welt. Dölf Reist war inzwischen zu alt, um auf die Carstensz-Pyramide und den Mount Vinson zu klettern.

Dick Bass und Frank Wells erkletterten den Mount Vinson. Aber am Mount Everest scheiterten sie ein zweites Mal. Also standen meine Chancen immer noch gut.

Ich hatte 1974 den Aconcagua in Südamerika bestiegen und zwar über seine schwierigste Wand, die 3000 Meter hohe Südwand. Auch am Mount McKinley in Nordamerika war mir 1976 eine neue Route gelungen, die »Wand der Mitternachtssonne«. Bei minus 40 Grad Celsius und um Mitternacht sind Oswald Oelz und ich damals auf den Gipfel gekommen. Den Kilimandscharo in Afrika hatte ich als Training für den Mount Everest 1978 über seine »Breach Wall« erklettert, eine senkrechte Wand, gefährlicher als die Eiger-Nordwand.

Diese schwierigen Routen zählten für mich, nicht aber in diesem Spiel um die sieben Gipfel. Es zählte auch nicht, daß ich den Mount Everest gleich zweimal und immer ohne Maske bestiegen hatte. Für die beiden Amerikaner zählte nur, wer der erste auf allen sieben Gipfeln war. Frank Wells gab das Spiel 1985 auf. Der Mount Everest war ihm zu hoch. Nicht Dick Bass. Er erstieg den höchsten Berg der Welt mit Sauerstoffgerät und Sherpa-Hilfe. Mit seinen 54 Jahren eine großartige Leistung! Respekt. Die Carstensz-Pyramide aber schenkte er sich.

In den ersten Dezembertagen 1986 flog ich mit dem erfahrensten Pol-Piloten, Giles Kershaw, in einer Maschine von Adventure Network zum Vinson-Massiv in der Antarktis. Das Wetter war gut. Die Sonne ging nie unter. Nur 48 Stunden nach der Landung am Fuße des Berges stand ich mit meinem Freund Oswald Oelz und dem Kameramann Wolfgang Thomaseth auf dem Gipfel des Mount Vinson. Nebel lag über dieser unendlichen Eiswüste am Südpol. Wir standen darüber, nach neuesten

Wolfgang Thomaseth und Oswald Oelz am Gipfel des Mount Vinson. Für mich der letzte der begehrten »Seven Summits«.

Messungen 4897 Meter hoch. Doch wir stiegen gleich wieder ab. Es war zu kalt, um da oben herumzustehen. Mindestens 50 Grad minus. Im Aufstieg hatten wir einmal biwakiert, anderntags die eisigen Nebel durchklettert und am Gipfel einen Skistock vorgefunden.

Es war nicht nur kalt da oben. Das Nebelmeer und die wenigen Bergspitzen, die daraus hervorstachen, gaben dieser Welt etwas Irreales. Nur weil »Wolfi« und »Bulle« da waren, war auch ich da. Als ob wir außerhalb der Erde stünden.

Schnell stiegen wir abwärts. Sonderbar dieser Widerspruch, Spuren zu sehen, die es nach dem Empfinden gar nicht geben dürfte. Unsere eigenen Tritte im Schnee. Dieser Kontinent ist nicht für den Menschen geschaffen. Er ist unbewohnbar. Im Schatten war es so kalt, daß alles fror. Jede Feuchtigkeit wurde sofort zu Eis. In der Sonne konnte man es aushalten, wenn man sich bewegte.

Unser Zelt stand unter einem einzelnen Monolithen aus Eis. Er war vor Monaten oder Jahren aus einem Serac gebrochen und fast bis in die Mulde gerollt, über die der Anstieg zum Mount Vinson führt. Jetzt bot er uns Schutz.

Seit 1985 wohnte ich auf Schloß Juval im Südtiroler Vinschgau, eine Burganlage die mich als Baumeister, als Renaissance-Mensch und als Sammler begeistert.

Schon beim Aufstieg hatten wir hier gelagert. Anderntags bauten wir das Zelt wieder ab, räumten auf, gingen zum Basislager zurück. Mir war, als sei da oben nie jemand gewesen.

Pat Morrow, ein stiller Kanadier, hatte in der Zwischenzeit die »verbotene« Carstensz-Pyramide bestiegen. Auf den Mount Everest war er zwar nicht ohne Sauerstoffmaske gestiegen, aber er war oben gewesen. 1986 hatte er den letzten der sieben Gipfel erreicht. Ein paar Monate vor mir. Er ist der erste der »Seven Summits Summiter«.

Auf dem Heimweg aus der Antarktis bestieg ich mit Oswald Oelz und Wolfgang Thomaseth den Aconcagua. Es war für mich das zweite Mal. Ein Geschenk an den Freund. Ihm hatte dieser Gipfel noch gefehlt.

Auf dem Mount Everest war »Bulle« schon gewesen. Nun wollte auch er sie alle besteigen – die sieben Gipfel, die für einen Bergsteiger die Welt bedeuten können.

55. 1000 Meter bis zum nächsten Jahrtausend
Internationale Expedition zur Lhotse-Südwand

»Die Südwand des Lhotse ist architektonisch eines der kühnsten Naturdenkmäler der Welt: ein schwieriger Weg, eine ideale Linie führt zum Geheimnis jener Gipfelwand, wo sich die extremen Schwierigkeiten mit der trügerischen Perspektive der Höhe vermischen. K. Wielicki und A. Hajzer sind die Alpinisten, die 1987 bis 8300 Meter, dem bisher höchsterreichten Punkt, geklettert sind. 200 Meter fehlten bis zum Gipfel.

Nachdem ich alle Erfahrungen, die in dieser Wand in 16 Jahren gesammelt worden sind, kenne, bin ich der Meinung, daß es einen Schlüssel gibt, um dort durchzukommen, wo alle anderen gescheitert sind. Ich möchte den jungen europäischen Bergsteigern helfen, dieses große Kletterproblem zu lösen.«

So habe ich meine Expedition 1989 zur Lhotse-Südwand vorgestellt. Ich war also Leiter dieses Unternehmens. Es ist mir aber nie gelungen, im Basislager zu sitzen und eine Mannschaft von unten zu dirigieren. Von einem halben Hundert Expeditionen hatte ich vierzig selbst organisiert und geleitet, immer war ich dabei selbst an der Spitze geklettert. Ich wollte zum Gipfel und motivierte meine Kameraden auch dadurch, daß ich selbst vornewegstieg.

In diesem Frühling sollte das anders sein. Ich wollte nicht zum Gipfel des Lhotse, als wir am 24. März in München aufbrachen. Ich hatte eine Genehmigung für diese 3500 Meter hohe Wand und wollte mit meiner Familie bis ins Basislager mitkommen. Sabine Stehle und unsere 15 Monate alte Tochter Magdalena hatten so die Möglichkeit, in diesem reiseintensiven Jahr 1989 möglichst viel mit mir zusammenzusein. Im Basislager aber, auf 5200 Meter Meereshöhe, war es anfangs so windig und kalt, daß Magdalena nicht aus dem Zelt konnte. Zudem krabbelte sie nachts immer wieder aus dem Schlafsack. Sie wollte sich nicht einsperren lassen. Nach einigen Tagen entschlossen wir uns, ins Tal abzusteigen. Sabine und Magdalena flogen vorzeitig wieder nach Europa.

Allein kehrte ich ins Basislager zurück und stand mit einer Handvoll Starkkletterern erneut unter der »Wand der Wände«. Leider waren nur drei von den elf Teilnehmern – Hans Kammerlander, Krzystof Wielicki, Artur Hajzer – von Anfang an bereit und in der Lage, sich voll einzuset-

zen. Die anderen waren krank oder ihnen fehlte die für eine solche Wand nötige Begeisterung. Deshalb sollten wir vier Wochen später scheitern.

Die Lhotse-Südwand ist die Wand des 21. Jahrhunderts. Sie ist ein Symbol der modernen Himalaya-Problematik, mit Schwierigkeiten auf 8000 Meter Höhe, wie sie bisher noch nie überwunden worden sind. Schon im Jahre 1973 hatte es einen ersten japanischen Versuch gegeben. Dann, im Jahre 1975, erreichte ich zusammen mit Italienern unter der Leitung von Riccardo Cassin eine Höhe von 7450 Metern. Nach diesem Versuch definierte ich diese Wand als ein »Ziel für das Jahr 2000«. 1981 erreichten Jugoslawen die Höhe von 8200 Metern.

Für 1989 hatte ich einige der allerbesten europäischen Alpinisten in mein Team eingeladen und die Expedition so organisiert, daß alle von ihnen eine Chance haben sollten, den Gipfel zu erreichen. Die Bergsteiger waren: der französische Starbergsteiger Christophe Profit, die Polen Krzystof Wielicki und Artur Hajzer, die Südtiroler Hans Kammerlander und Roland Losso, der Spanier Enric Lucas. Dazu die Franzosen Michel Arizzi, Bruno Cormier und Sylviane Tavernier, als einzige Frau. Die Mannschaft war also europäisch. Dieses unser Europa überschritt die Grenzen einer bloßen Wirtschaftseinheit. Wir waren auf der Suche nach einer mindestens genauso schwierigen Einheit, der Einheit von Ideen und Aktionen, getragen von einem gemeinsamen Ziel. Es ist nicht meine Art, Befehle zu erteilen und Verträge abzuschließen. Jeder sollte frei sein, am Berg zu tun, was er wollte, und die Ergebnisse anschließend frei auszuwerten. Diese Wand, so dachte ich, wäre Anreiz genug, ein Dutzend Bergsteiger auf das eine gemeinsame Ziel einzuschwören. Wir sollten trotzdem scheitern.

Dabei waren die Voraussetzungen anfangs ideal: keine andere Expedition in der Wand; drei von uns kannten sie von früheren Versuchen her; vier Wochen lang war das Wetter relativ gut. Auf den Vorschlag von Hans Kammerlander hatten wir uns nach einer Grundsatzdiskussion im Basislager entschlossen, einen Eisgrat im rechten Wandteil mit Hochlagern und Fixseilen abzusichern. An dieser Route sollte sich jeder akklimatisieren und im Notfall sicher ins Basislager zurückkehren können. Zu gegebener Zeit sollte jeder die Möglichkeit haben, im eigenen Stil und über die selbst gewählte Route zum Gipfel steigen.

Warum wir trotzdem über 7200 Meter nicht hinauskamen? Weil wir nicht konsequent zusammenarbeiteten. Hätten von Anfang an alle an einem Strick gezogen, wir hätten Anfang Mai ein drittes Hochlager in 7500 Meter erstellen können, und wenigstens zwei Seilschaften hätten

Auch bei meinem zweiten Anlauf zur Lhotse-Südwand scheiterten wir.

Mit Hans Kammerlander (rechts) war ich auf sieben Achttausender-Gipfeln: Auch für die Zukunft haben wir gemeinsame Pläne.

vor dem großen Schlechtwettereinbruch über verschiedene Routen eine Chance gehabt, bis zum Gipfel zu steigen. So sind wir nach drei Anläufen gescheitert. Nach dem 12. Mai war kein Aufstieg mehr möglich: es schneite jeden Tag, und oberhalb von 7200 Meter war es lawinengefährlich.

Nachdem wir den »rechten Weg« abgesichert hatten und ich mit zwei Sherpas Ausrüstung und Proviant im Lager III deponiert hatte, starteten zwar Hans Kammerlander und Christophe Profit sowie die beiden Polen jeweils ihren Versuch, den Gipfel zu erreichen, aber es war zu spät. Die einen erreichten über die vorbereitete Linie, die beiden anderen über die »Polenroute«, einen Weg, den sie 1985 und 1987 benützt hatten, eine Höhe von nur 7200 Metern. Es begann zu schneien, und es schneite fast zwei Wochen lang.

Ich weiß sicher, daß diese Wand machbar ist. Sie ist sogar im Alpenstil machbar. Vielleicht ist nicht das Frühjahr, sondern der Winter die beste Jahreszeit. Vielleicht sollte gerade in dieser Wand ein kleines, eingespieltes Team einer internationalen Gruppe vorgezogen werden. Wir sind auch deshalb gescheitert, weil wir in unserer demokratischen Beschluß-

Die Schlüsselstelle an der Südwand des Lhotse ist der Einstieg in die schmale Eisrinne unter den beiden Gipfeln.

findung zu langsam waren. Lange Diskussionen und Bürokratie lähmen ein Unternehmen am Berg. Trotzdem, ich bereue diese Expedition nicht. Was mir Genugtuung gab, war nicht die Tatsache, selbst bis 7200 Meter gestiegen zu sein, es waren die Menschen rings um mich herum, die am Ende – allen voran Profit – viel Einsatz gezeigt hatten und heil wieder talwärts marschierten. Es war kein schlechtes Gefühl, zusammen mit Christophe Profit, Hans Kammerlander, Artur Hajzer und Krzyzstof Wielicke gescheitert zu sein. Auch wenn ich mir vorgenommen habe, keine »so großen« Expeditionen am Berg mehr zu organisieren, hoffe ich, daß der Geist des klassischen Expeditionsabenteuers – eine Handvoll Freunde unter einer großen Wand am Ende der Welt – nicht ausstirbt.

Die Versuche, eine Besteigung in Szene zu setzen, um damit das öffentliche Interesse zu gewinnen, nehmen von Jahr zu Jahr zu. Showbergsteigen ist in. Die Ungewißheit aber, die dabei geopfert wird, ist Grundvoraussetzung für das, was ich als Abenteuer definiere.

Es ist nicht nur das Versprechen meiner Mutter gegenüber, das mich vor weiteren Gipfelbesteigungen an Achttausendern abhält. Es ist auch die Tatsache, daß die höchsten Berge so überlaufen sind. Abenteuer sind dort immer schwieriger realisierbar. Nicht, weil die Berge kleiner geworden wären, nein, weil die Voraussetzungen fehlen: Abgeschiedenheit, Ungewißheit und Gefahren.

Ich bin als Kind mit dem Bergsteigen in den Zustand des Abenteuers hineingewachsen, und ich werde immer das Abenteuer suchen: am Berg, in der Wüste, im Leben. Mein Unterwegssein hat wenige Richtlinien. Eine davon ist von den Bedingungen des Abenteuers definiert: erstens, daß ich dorthin gehe, wo die anderen nicht sind; zweitens, daß ich mich von der Neugierde leiten lasse; drittens, daß ich bis zur Grenze gehe; viertens, daß ich riskiere, verändert oder nicht wieder zurückzukommen und fünftens, daß ich dem Weg meines Herzens folge. Ich gehe nicht dorthin, wo mich die Medien, die Fans oder meine Vertragspartner gerne sähen, ich gehe dorthin, wo ich immer auch scheitern könnte. Was mir zehn Jahre vor dem nächsten Jahrtausend und 1000 Meter unter dem Lhotse-Gipfel geblieben ist, sind ein gutes Dutzend Träume, die Überzeugung, daß Abenteuer nicht zur inszenierten Show verkommen dürfen, und die Freiheit, aufzubrechen, wohin ich will.

Die Opferfeuer im Basislager, die Gebete der Sherpas, das monotone Murmeln der Tibeter werde ich in Arktis und Antarktis vermissen.

56. Die Rache der zerstörten Mythen

Klettern, wandern, leben

Neben dem großen Spannungsbogen des Lebens, getragen von Geburt und Tod, gibt es noch einen zweiten: den zwischen Fremdheit und Vertrautheit. Solange ich in den Dolomiten, die mir seit meiner Kindheit vertraut gewesen waren, auch Zweifel, Angst und Fremde spürte, war ich motiviert, dort zu klettern. Als ich dort fast alles kannte, ging ich in den Himalaya und in die Anden zum Bergsteigen. Dabei hielt ich es in den letzten Jahren nicht mehr für wichtig, der beste Kletterer zu sein oder irgendwelche Rekorde zu verbuchen. Erfahrungen zu sammeln bedeutete mir mehr. Dies aber wurde Jahr für Jahr, mit jedem Erfolg, schwieriger. Ich hatte Mythen zerstört, und das war es, was sich jetzt rächte. Höher als der Mount Everest ist, kann ich nicht steigen, und »alleiner« als allein gibt es nicht. Also suchte ich ein neues Spielfeld.

Im Sommer 1986 durchquerte ich den Osten von Tibet. Zu Fuß von Tarchengompa bis Lhasa. Beim Gehen wurde mir die Welt immer größer. Die Berge hingegen schrumpften, wenn ich auf sie hinaufgestiegen war. Also suchte ich die Landkarte nach Gegenden ab, wo es noch keine Straßen, kein Telefon, keinen Flugplatz und wenig menschliche Siedlungen gab. 1987 und 1988 war ich in Bhutan und Tibet unterwegs, 1989 in der Wüste Judäa und in Patagonien. Mein Wunsch, ganze Landstriche zu Fuß zu durchqueren, war so elementar, daß ich dabei oft weder fotografierte noch Tagebuch schrieb. Gehen als Selbstzweck. Erlebnisse, von denen ich nicht erzählte, blieben langlebiger als die vermarkteten Abenteuer. Eine häufig fotografierte Landschaft büßt an Ausstrahlung ein, genauso wie ein häufig erzähltes Abenteuer.

Was mich bereicherte, war die subjektive Erfahrung beim Steigen, beim Gehen, beim Schauen.

Ich bin ein Fußgänger und werde ein Leben lang laufen können. Daß ich zwischendurch einen Berg besteigen müßte, um nicht verrückt zu werden, war bei diesen Überlegungen so klar, daß ich es mir nicht eigens sagen mußte.

Zwischen meinen Wanderungen und Reisen lebte ich auf meinem Schloß und dem dazugehörigen Bergbauernhof. So wie ich es mir als

In Juval hatte ich endlich Platz – vor allem für meine Freunde. Häufig lade ich Künstler – im Bild Alberto Moravia – dorthin ein.

Kind erträumt hatte. Seit 1986 organisiere ich in Südtirol eine kleine Landwirtschaft nach biologisch dynamischer Anbauweise. Wir bauen Gemüse und Obst an; züchten Pferde, Kühe, Schafe, Zwergziegen, Hühner und vieles andere mehr. Wir haben also unser eigenes Fleisch, Obst und Gemüse. Ich strebe mehr und mehr eine autarke Lebensführung an.

In dieser komplexen und kaputten Welt war das Leben in den Bergen wie ein Fluchtpunkt meiner Hoffnungen. Nicht das Klettern, das Leben dort. Also wurde ich mehr und mehr seßhaft. Wenn ich daheim bin, bin ich Bauer. Unterwegs bin ich neugierig. Ein Leben kann nicht nur in Höhepunkten ablaufen. Vielleicht war ich als Wanderer wie auch als Bergbauer voller Ruhe und Gelassenheit, weil ich dabei von Anfang an nur unterwegs war, nirgendwohin, ohne Ambitionen.

Als ich aufhörte, Bergsteiger sein zu wollen, kam mehr Friede in mein Leben. Als Bergsteiger habe ich zu lange auf den Gipfel gehofft.

So wie ich in mein »Abenteurer-Leben« Ordnung brachte, teilte ich auch meine Zeit in Europa neu ein. Früher hatte ich die Expeditionen nach einem klaren System organisiert: Sie wurden vorher finanziert, dann

Die Yaks wurden in Sulden am Ortler (1900–3200 m) bald heimisch: Ein Stück Tibet in Südtirol.

gemacht und nachher ausgewertet. Nun baute ich meine geschäftlichen Aktivitäten mehr und mehr ab, um intensiver gestalten zu können. Die »Alpinschule Südtirol« überließ ich meinen Freunden unter den Kletterlehrern – Heindl Messner, Friedl Mutschlechner, Hans Kammerlander und Hans-Peter Eisendle – und sie führten sie bravourös weiter.

Mein Vorsatz, mit vierzig eine bürgerliche Existenz zu haben, war falsch gewesen. Sie entsprach nicht meinem Wesen.

Dabei werde ich weiterhin etwas produzieren. Ich kann und will mich von der Gesellschaft nicht als Kletterkünstler aushalten lassen. Von wem auch immer. Ich werde weiterhin als Autor Bücher und Filme, als Bauer Äpfel, Milch und Fleisch, als »Zampano« Ideen und Aussagen produzieren. Dabei bleibt mir wichtig, daß *ich* entscheide, wie viel an Freiheit ich für den notwendigen Gelderwerb hergebe. Ich weiß, daß eine Erfahrung auf der Bühne leergeredet werden kann und daß Wirklichkeiten eigentlich nicht teilbar sind.

Ich erzählte von »meinen Bergen« wie ich von meinen Erlebnissen erzähle. Und nur so lange und so oft, wie ich es will. Wenn ich als Vortragsredner auf der Bühne stehe, bin ich Erzähler und nicht ein

Müll am Fuße des Mount Everest. Meine Glaubwürdigkeit und Bekanntheit setzte ich bei Vorträgen dafür ein, auf Umweltschäden in den Bergen aufmerksam zu machen.

dreiköpfiges Kalb. Deshalb ist mir das Erzählen ebenso wichtig wie das Erlebnis, von dem ich berichte. Meine öffentlichen Auftritte will ich nicht als Spektakel verstanden wissen, sowenig, wie ich bereit bin, meine Abenteuer zu einer Show zu machen. Ich tue ja alles schlußendlich für mich.

Wenn ich mich seit zwanzig Jahren für die Erhaltung der wilden Landstriche eingesetzt habe, auch deshalb, weil ich unser Spielfeld verteidigen möchte und die Natur als Gesetzgeber respektiere.

Jeder kann heute unter unendlich vielen Möglichkeiten wählen, woher er seine Maßstäbe bezieht. Man muß nicht unbedingt auf den Mount Everest hinaufsteigen, um zu wissen, wie begrenzt wir mit unseren menschlichen Fähigkeiten sind. Abenteuer hat auch mit Bescheidenheit zu tun. Wichtig dabei ist, daß wir alle Gebiete, die wir aufsuchen, so verlassen, wie wir sie vorgefunden haben. Dann können auch die nächsten Generationen genau das finden, was wir dort gesucht haben: ein Medium. Wüsten und Berge sind ein Katalysator für unser Menschsein. An ihnen können wir unsere menschlichen Fähigkeiten und Begrenztheiten herausfinden. Natur in der Form wilder Landschaft ist der beste

Im Sommer 1988 protestierten wir mit einer gewagten Aktion gegen die unnütze Seilbahn zwischen Punta Heilbronner und Aiguille di Midi am Montblanc.

Spiegel unserer Seele. In den Städten, bei der Arbeit, wo vieles sehr schnell geht, ist es schwierig geworden, einen Spiegel für unsere Seele zu finden. Auch deshalb haben wir eine große Verantwortung für die wilden Landschaften. Die Berge und Wüsten will ich so erhalten wissen, wie sie waren. Denn jede Konservendose, jeder Haken, jede Seilbahn und jeder Weg, die Neugierige einer späteren Generation finden könnten, ist wie ein Kratzer in diesem Spiegel. Wer aber in einen verkratzten Spiegel schaut, kann sich nicht deutlich darin erkennen.

Unverfälschte Landschaften, so unnütz sie vordergründig sein mögen, erlauben eindeutige Erfahrungen.

Mit diesen Ideen konnte ich in Italien und Frankreich die Bewegung *Mountain Wilderness* anregen, und ich werde nicht müde werden, dafür einzutreten, daß die »weißen Flecken« auf der Weltkarte nicht unbedingt eine Farbe bekommen müssen. Nur als »White Wilderness« sind sie eine Art unbegrenzter Rohstoff für Erfahrungen mit der Natur, auch ein Maß für das Wesen Mensch.

Ich will die Antarktis nicht durchqueren, um der Wissenschaft zu dienen oder dem Nationalstolz. Ich will ein Maß finden für mich. Ich will

10000 Zuhörer im Palazzetto dello Sport in Mailand. Ich sehe mich als Erzähler und Unterhalter – und ich will die Menschen wachrütteln.

auch ein Exempel statuieren: Die Antarktis soll die letzte große Urlandschaft auf dieser Erde bleiben!

Allein die Absicht, dieses »Abenteuer« zu wagen, brachte mir mehr Bewunderung ein, als alle meine Alpenklettereien zusammengenommen.

Ich hoffe, daß meine Bewunderer nicht nur meine Taten sehen, sondern auch den Anspruch, den ich an mein Leben stelle.

Zweimal ging ich im Sommer 1985 um den heiligsten Berg der Tibeter, den Kailash, herum. Mein Wunsch, diesen Gipfel zu besteigen, war der Neugierde gewichen, zu wissen, was hinter diesem Berg war und darüber. Nicht mehr dem Gipfel folgte mein Blick, sondern den Menschen, die seit Jahrtausenden um diesen Berg herumgehen, in dem sie die Achse der Welt sehen.
Mein Vater war ein Jahr vorher gestorben und meiner Mutter hatte ich versprochen, auf keinen Achttausender-Gipfel mehr zu klettern, sollte mir einmal die Besteigung aller 14 höchsten Berge der Welt gelungen sein. Meine Neugierde hatte sich verlagert: von den Gipfeln auf die Menschen, von den senkrechten Fels- und Eisflanken auf die großen Wüsten dieser Erde. So faszinierend es mir einmal erschienen war, durch die Nordwand der Großen Zinne zu klettern oder auf den Mount Everest zu steigen, so fesselten mich jetzt die Antarktis, Tibet, Patagonien.

Inhalt

1. **Villnöß:** Kinderjahre in den Dolomiten, mein erster Dreitausender (1949) 7
2. **Als erster am Seil:** Mit meinem Vater durch die Ostwand der Kleinen Fermeda (1956) 15
3. **Zwei Buben, zwei Haken und ein Helm:** Mit meinem Bruder Günther durch die Saß-Rigais-Nordwand (1960) 19
4. **Frei Solo:** Alleinbegehung der Kleinen-Fermeda-Nordwestwand (1961) 24
5. **Jugend am Berg:** Meine ersten Varianten und Erstbegehungen (1963–1965) 29
6. **Wettersturz in der Pelmo-Nordwand:** Eine dramatische Wiederholung der Simon-Rossi-Route (1965) 36
7. **Die Kunst, am Leben zu bleiben:** Begegnung mit Sepp Mayerl, genannt »Blasl« (1965) 44
8. **Das Vogelnest in der Civetta-Mauer:** Wiederholung der Aste-Verschneidung an der Punta Civetta (1966) 48
9. **Jenseits des Gipfels:** Wiederholung der »Philipp-Flamm« an der Punta Tissi (1966) 52
10. **Die Prüfung:** Soldà-Verschneidung am Piz-de-Ciavàces Solo (1966) 60
11. **Die lange Kante:** Erste Winterbegehung der Monte-Agnèr-Nordkante (1967) 63
12. **Wettlauf im Winter:** Erste Winterbegehung der Furchetta-Nordwand (1967) 69
13. **Das Riesendach:** Dritte Begehung der Südwand des Spiz delle Roé di Ciampedié (1967) 72
14. **Die Wand mit den schwierigsten Kletterstellen:** Dritte Begehung der Scotoni-Südostwand (1967) 77
15. **Eine gefährliche Falle:** Zweite Begehung der »Via Ideale« an der Marmolada (1967) 82
16. **Die verratene Idee:** Erstbegehung der direkten Civetta-Wand (1967) 86

17. **Im Schatten des Monte Agnèr:** Erste Winterbegehung der Nordwand (1968) 93
18. **Peitler, große Klasse:** Bericht von Günther Messner über die Erstbegehung der Nordwand (1968) 101
19. **Bergsteigen gegen die Uhr:** Klettern in den Dolomiten und Westalpen (1968) 104
20. **Die Ideen der anderen:** Eiger-Nordpfeiler, erste Begehung (1968) 106
21. **Realisierte Träume:** Erstbegehungen am laufenden Band (1968) 113
22. **Burél – das heißt Abgrund:** Zweite Begehung der Südwestwand (1968) 117
23. **Expedition in die Anden:** Jubiläumsexpedition des ÖAV Innsbruck in Peru (1969) 121
24. **Nur eine halbe Stunde Schlaf:** Erste Alleinbegehung der Droites-Nordwand (1969) 129
25. **Ein seltsames Gesicht:** Erster Alleingang an der direkten Langkofel-Nordkante (1969) 136
26. **Die fixe Idee vom unbekannten Ziel:** Erste Alleinbegehung der Punta-Tissi-Nordwestwand (1969) 138
27. **Fingertraining eines Selbstmörders:** Erstbegehung der direkten Südwand an der Marmolada di Rocca im Alleingang (1969) 146
28. **Kein Ausweg:** Erste Alleinbegehung der Soldà-Führe an der Langkofel-Nordwand (1969) 150
29. **Wenn ein Löffel vom Tisch fällt:** Zweite Begehung, gleichzeitig erster Alleingang der Furchetta-Nordwand, Meraner Weg (1969) 154
30. **Odyssee am Nanga Parbat:** Erstbegehung der Rupalwand (1970) 157
31. **Nachspiel und Zwischenbilanz:** Der Weg zum Profibergsteiger (1971) 174
32. **Ndugundugu:** Zwei Erstbegehungen an der Carstensz-Pyramide in Neuguinea (1971) 181
33. **Womöglich unmöglich:** Erstbegehung der Puncak Sumantri-Brogonegora (1971) 189
34. **Über den Berg:** Suchexpedition am Nanga Parbat (1971) . . . 195
35. **Schicksalsstunden am Manaslu:** Erstbegehung der Südwand (1972) 202

36. **Unterwegs:** Zwischen den Expeditionen (1973) 209
37. **Viento blanco:** Erstbegehung an der Aconcagua-Südwand (1974) 214
38. **Umkehr:** Gescheitert an der Makalu-Südwand (1974) 222
39. **Rekord:** Acht Jahre und zehn Stunden für die Eigerwand (1974) 228
40. **Ausbruchsbereitschaft:** Zu zweit durch die Nordwand des Hidden Peak (1975) 235
41. **Wand der Mitternachtssonne:** Erstbegehung am Mount McKinley (1976) 242
42. **Fluchtpunkt der Eitelkeiten:** Versuch einer Erstbesteigung an der Dhaulagiri-Südwand (1977) 246
43. **Der große Abbruch:** Erstbegehung der »Breach Wall« am Kilimandscharo (1978) 260
44. **Ein letztes Tabu:** Erstbesteigung des Mount Everest ohne künstlichen Sauerstoff (1978) 268
45. **Der Punkt auf dem i:** Erster Alleingang am Nanga Parbat (1978) 281
46. **Ein anderer Mensch:** Erstbegehungen im Hoggar-Gebirge in der Sahara (1979) 289
47. **Zeit und Geld:** Der Abruzzi-Grat am K 2 (1979) 294
48. **Tod am Heiligen Berg:** Rettungsaktion am Ama Dablam (1979) 303
49. **An meiner Grenze:** Erste Alleinbesteigung des Mount Everest (1980) 309
50. **Von Gipfeln zu Gesichtern:** Auf dem Shisha Pangma und unter dem Makalu (1981) 322
51. **Der Hattrick:** Besteigung von drei Achttausendern im Rahmen einer Expedition (1982) 328
52. **Gipfelgesichter:** Winterexpedition zum Cho Oyu (1982/83) 334
53. **Die Leidenschaft bis zur Krankheit weiterentwickelt:** Die letzten vier Achttausender (1984–86) 340
54. **Mehr wollte ich nicht:** Auf den sieben höchsten Gipfeln aller Kontinente (1986) 347
55. **1000 Meter bis zum nächsten Jahrtausend:** Internationale Expedition zur Lhotse-Südwand (1989) 353
56. **Die Rache der zerstörten Mythen:** Klettern, wandern, leben 360

»Ich bin, was ich bin.«

Reinhold Messner

320 Seiten mit 56 Farbfotos
und 14 Karten. Leinen

Mit diesem Buch zeigt uns Reinhold Messner die andere Seite seines Wesens, die bisher
allzu oft hinter seinen sensationellen Abenteuern verborgen blieb: seine selbst verordnete
Einsamkeit, seine Flucht in die Arbeit und in die Tröstlichkeit von Wüstensand, Eis und
Schnee. In keinem seiner Bücher hat Reinhold Messner einen so tiefen Blick in sein
Innerstes tun lassen wie in diesen 13 Geschichten, die seine Seele nach draußen spiegeln.

Rund um Südtirol

256 Seiten mit 120 farbigen und 113 einfarbigen Fotos. Leinen